왕권과 법

한국 고대 법제의 성립과 변천

김창석

지식산업사

김창석金昌錫

　1966년 전북 전주 출생. 서울대학교 인문대학 국사학과를 졸업하고 같은 대학원 국사학과에서 문학석사와 문학박사학위를 받았다. 한신대학교 학술원 연구교수를 거쳐 2005년부터 강원대학교 사범대학 역사교육과 교수로 재직 중이다. Harvard대학교 방문학자(2011~2012), 강원대학교 중앙박물관장 등을 역임했다.
　주요 저서로는 《삼국과 통일신라의 유통체계 연구》(2004), 《한국 고대 대외교역의 형성과 전개》(2013), 공저로는 《동아시아 국제질서 속의 한중관계사》(2010), 《한국고대사 연구의 시각과 방법》(2014), 《문자와 고대한국 1,2》(2019) 등 다수가 있다.

왕권과 법
한국 고대 법제의 성립과 변천

초판 1쇄 발행　　2020. 11. 27.
초판 2쇄 발행　　2023.　4. 10.

지은이　　김창석
펴낸이　　김경희
펴낸곳　　(주)지식산업사
본사　　　10881, 경기도 파주시 광인사길 53(문발동)
전화 031－955－4226~7 팩스 031－955－4228
서울사무소　　03044, 서울시 종로구 자하문로6길 18－7
전화 02－734－1978, 1958 팩스 02－720－7900
영문문패　www.jisik.co.kr
전자우편　jsp@jisik.co.kr
등록번호　1－363
등록날짜　1969. 5. 8.

책값은 뒤표지에 있습니다.

ⓒ 김창석, 2020
　　ISBN 978－89－423－9083－0(93910)

이 책에 대한 문의는
지식산업사로 연락해 주시길 바랍니다.

왕권과 법

한국 고대 법제의 성립과 변천

김 창 석 지음

지식산업사

책머리에

이 책을 마무리하던 2020년 초에 국내에서 신종 코로나바이러스 유행이 시작되었다. 처음엔 새로운 독감 정도려니 여겼다가 전염성이 강하고 완치되더라도 후유증이 심각하다는 것을 알게 되면서 세정제로 손을 소독하고 마스크를 사러 줄을 선 기억이 새삼스럽다.

출처를 알 수 없는 여러 정보가 SNS를 통해 퍼져 나갔다. 그때 믿을 수 있는 정보를 제공해 준 곳은 정부가 매일 여는 공식 브리핑이었다. 그리고 마스크, 손세정제 등 방역용품 수요가 폭증하자 우체국, 농협이 운영하는 도매상점, 공공 온라인 쇼핑몰을 통해 제한적인 공급이 이뤄졌다.

비상상황이 되면 먹을 것을 챙기고 질병을 치료하려는 원초적인 욕구가 분출하고, 이를 해결하는 것은 결국 정부와 같은 국가기구라는 사실을 뼈저리게 체험할 수 있었던 소중한 시간이었다. 전쟁이 일어나도 이런 상황과 진배없으리라는 생각이 들었다.

21세기가 이럴진대 고대사회는 어땠을까? 자연재해가 닥쳐 기근이 들고 전염병이 창궐하면 역시 국가가 나섰다. 민간의 시설이나 재원財源이 부족한 여건에서 정부기구의 역할은 지금보다 더 컸을 것이다. 곰곰 생각해 보면, 고대사회에서 일찍이 우역郵驛과 관시官市가 설치되고 관도官道가 개설된 것이 마치 오늘날 우체국과 같은 공적기구를 통해서 방역용품을 공급하듯이, 중앙정부의 명령과 필수물자를 영역 안 곳곳에

안전하고 신속하게 전달하기 위한 제도적 장치가 아니었을까 한다. 국민에게 긴급재난지원금을 지급한 것도 농민의 몰락을 막기 위해 왕명王命으로 진휼을 실시한 사실을 떠올리게 한다. 코로나-19 사태는 역사적인 재난이었지만 나에게는 기록과 명칭으로만 무미건조하게 남아 있던 고대의 제도를 시대를 뛰어넘어 살아 숨 쉬는 기구와 시스템으로 생동하게 실감할 수 있는 기회였다.

　필자는 사실 제도사 연구에 대해 편견을 갖고 있었다. 한국 고대의 경우 관련 자료가 적어서 제도에 대한 접근 자체가 어려운 측면이 있다. 하지만 정치제도, 과거제도, 상속제도 등에 관한 자료가 비교적 풍부하게 남아 있는 고려, 조선시기의 경우에도 그것에 접근하는 방향과 방법론이 구태의연하다고 생각했다. 그 근저에는 제도는 제도일 뿐 현실과는 거리가 있고 제대로 작동하지 않았을 것이라는 예단이 자리 잡고 있었다. 제도가 성립되고 나서 어느 정도 시간이 지나면 실제로 껍데기만 남을 정도로 유명부실해지는 경우가 많았다. 그러나 그렇다고 하더라도 작동하고 있을 때의 제도는 분명 그 사회를 틀 지우고 움직이는 중요한 장치였다. 마치 2020년의 질병관리본부처럼. 쇠퇴기에 접어들었다면 원래의 취지와 원리를 안 다음 그것이 형해화되어 가는 추이와 원인을 살피는 것이 순서이다.

　어떤 제도가 작동하도록 기준과 규칙을 제공하고 물리적·행정적 수단을 사용할 수 있도록 근거를 마련해 주는 것이 법률法律이다. 필자는 대학원에서 박사과정 수업을 들으면서 고대의 법에 대해 관심을 갖게 되었다. 〈포항 냉수리비〉의 탁본을 보며 판독을 하고 해석을 시도할 때 '證'이라는 글자가 눈에 띄었다. 증證은 증거, 곧 판결의 근거를 의미한다. 증거에는 물적 증거, 증언, 자백, 정황증거 등이 있을 터인데 비문에서는 앞선 왕의 판결을 증거로 삼았음을 명언하고 있었다.

이것은 재판의 판례判例라는 생각이 퍼뜩 들었다. 재미있는 것은 〈냉수리비〉가 신라에서 율령이 반포된 520년보다 앞서 제작되었다는 사실이다. 이 비문은 율령 반포 전 신라 법제의 실상을 핍진하게 보여 주는 일급 자료이다. 〈울진 봉평비〉는 524년에 건립되어 율령 반포로부터 4년이 지난 뒤의 자료이다. 양자를 비교하면 고대국가에서 율령이 반포되기 전후의 양상이 어떻게 달라졌고, 율령이 기왕의 법체계와 사회, 문화에 어떤 영향을 미쳤는지 파악할 수 있지 않을까 하는 데 생각이 미쳤다. 이러한 문제의식으로부터 출발했기 때문에 이 책에서는 근래 발견된 〈집안 고구려비〉〈포항 중성리비〉및 나주 복암리 목간을 포함하여 금석문, 목간과 같은 동시기의 자료를 적극 활용하였다. 그 속에서 고대의 법을 추출하고 율령의 구성체계를 떠올려 보았다. 또 이를 문헌사료와 연관 지어 법제의 시기별 변화 과정을 살펴보는 등 출토자료와 문헌을 통합적으로 이해하고자 노력했다.

한국 고대의 법 하면 으레 율령을 떠올리게 된다. 율령은 법전 형태의 새로운 법체계를 의미하므로 법제의 발전 역사에서 획기적인 의미를 갖는 것이 사실이다. 이로써 전국에 걸친 일원적 지배의 법적인 기반이 마련되었다. 그 내용은 중앙의 왕권王權이 주민 각각의 인신人身을 직접 지배하는 것이었다. 율령의 의의를 강조하다 보니 그보다 앞선 시기에는 마치 무법천지 혹은 법이 있더라도 원시적인 수준이거나 관습법만이 존재했으리라고 막연하게 인식하게 된 것이 아닐까? 나는 이러한 인식상의 편향을 바로잡기 위해서 율령 반포 전 고대국가의 법문화, 법제의 실체를 밝히는 것이 중요하다고 생각했다. 본론에서 자세히 밝히게 될 교령법教令法이 그 가운데 하나이다. 그리고 율령 또한 고대 법의 발전선상에서 등장한 법체계의 하나이므로 율령법律令法이라고 고쳐 불렀다.

고대국가에서 법의 발포 주체는 국왕이다. 율령법은 물론이고, 그 전에 국법의 역할을 한 教교 역시 원래는 다수의 유력자가 공동 명의로 공포했으나 점차 국왕이 독점하여 발포했다. 법의 제정과 포고는 고대 사회 왕권의 성립과 밀접히 연관되어 있었다. 이 책의 제목을 "왕권과 법"이라고 지은 이유는, 고대법의 형성과 시행에 왕권이 핵심적인 역할을 했고 또 역으로 고대법이 체계화 과정 속에서 왕권이 성립되었다고 여겼기 때문이다.

왕권이라고 하면 신권臣權과 반비례 관계가 있어서 왕권이 강하면 좋고 약하면 나쁜 것이라는 소박한 이해가 통용되던 때가 있었다. 1970년대 유신체제 아래서 대통령 중심의 강력한 동원체제가 작동하던 시절에 이러한 정치체제를 고대에 투영하여 권력의 성장과 집중을 설명하려는 비역사적인 접근방식이 등장했다. 이 때문에 한편에서는 왕권이라는 개념 자체를 백안시하고 기피하는 경향조차 나타나지 않았을까 짐작된다.

그러나 고대국가의 왕권은 신권과 대비되어 권력의 소재를 가리키는 데 그치지 않는다. 왕권에 관한 논의의 본질은 권역圈域 안의 인민과 토지 등 자원에 대한 장악과 통제력이 얼마나 집권화集權化되었나를 살펴보는 권력구조 또는 지배체제의 문제이다. 소국小國과 같은 지역 정치체가 고대국가로 성장하는 데 종래의 분산적인 권력구조가 어떻게 극복되어 중앙의 국왕을 중심으로 하는 지배체제로 재편되는지를 왕권이라는 프리즘을 통해서 가늠해 볼 수 있다. 그리고 정치적 지배자가 권력의 집중을 위해 물리력을 행사할 수 있도록 뒷받침해 주는 것이 법이었다.

나는 이와 같은 견지에 서서 이 연구를 밀고 왔다. 이렇게 볼 때 이 책은 법제사 연구라기보다는 법이라는 구멍을 통해서 엿본 고대의 정치사, 사회문화사를 담았다고 하는 것이 어울릴지 모르겠다. 여러 가지로 부족하지만 관련 금석문, 목간 자료를 더 깊이 이해하고, 고대법의 생리와 왕권의 모습을 그려 보는 데 작으나마 도움을 줄 수 있기를 바란다.

마지막으로 국학 출판의 산증인이자 대학의 대선배로서 배려를 아끼지 않으신 김경희 사장님, 난삽한 원고를 이렇게 번듯한 책으로 만들어 주신 김연주 님께 깊은 감사를 표한다. 지식산업사에서 책을 내는 것은 35년 전 어린 학부생의 꿈이었다.

2020. 5. 6.
북한강변의 서재에서
김창석

차 례

일러두기

※ 이 책은 저자가 쓴 기왕의 논문을 수정·보완하고 새로운 체재에 맞춰 해체·재배치하여 이뤄졌다. 일부는 새로 쓰기도 했다. 따라서 원래 논문의 형식과 체계가 많이 바뀌었으나, 그 논지는 변하지 않았다. 각 장·절의 중심이 된 논문의 원래 제목과 서지사항은 다음과 같다.

서론, 제1장, 제2장 2절, 제4장 1절, 제6장 3절, 결론	새 글
제2장 1·3절	2017, "Public Administration and the Laws of Silla from the 3rd-5th Centuries", *Korea Journal*, vol. 57, no.3
제3장	2014, 〈5세기 이전 고구려의 王命體系와 집안고구려비의 '敎'·'令'〉, 《韓國古代史硏究》75
제4장 2절	2011, 〈7세기 초 榮山江 유역의 戶口와 農作-羅州 伏岩里 木簡의 분석〉, 《百濟學報》6
제4장 3절	2017, 〈咸安 城山山城 17차 발굴조사 출토 四面木簡(23번)에 관한 試考〉, 《韓國史硏究》177
제4장 4절, 제6장 1·2절	2018, 〈신라 중대의 國制 개혁과 律令 改修〉, 《歷史學報》238
제5장	2015, 〈고구려 守墓法의 제정 경위와 布告 방식-신발견 集安高句麗碑의 분석〉, 《東方學志》169
제7장	2013, 〈한국 고대의 복수관(復讐觀)과 그 변화〉, 《역사와 현실》88

이 저서는
2017년 정부(교육부)의 재원으로 한국연구재단의 지원을 받아 수행된
연구임(NRF-2017S1A6A4A01020159)

서론

동아시아 율령론律令論에 관한
비판적 검토

사회와 역사 발전의 동력은 과연 무엇일까? 다양한 논의가 있어 왔고 이견이 백출할 수 있는 질문이다. 필자는 우선 생존을 위한 생산이 이뤄져야 하고, 그 성장과 분배를 보장할 수 있는 사회관계와 정치체제가 성립되어야 하며 이를 위해 경주한 사회성원들의 노력이 결국 역사를 추동해 왔다고 본다.

인간이 먹고살 자원을 확보하고 공동체를 유지, 운영하기 위해서는 이를 효과적으로 달성하기 위한 전문적인 기술이 필요하다. 1990년대에 구미 사회가 비약적으로 성장한 근저에는 IT 분야와 같은 신기술 개발과 이에 걸맞은 사회의 재조직화가 자리 잡고 있었다. 이른바 과학기술혁명Scientific and Technological Revolution이 그것이고, 요즘은 이를 잇는 4차 산업혁명의 구호가 식상할 정도로 곳곳에서 들린다.

전문적 기술은 신석기혁명에서 농사를 짓기 시작할 때는 물론 구석기를 만들 때도 필요했고 산업혁명에서 증기기관을 만들 때도 결정적 역할을 했다. 그런데 이러한 기술에는 농업, 수공업, 어업 등에 쓰이는 생산기술만 있는 것이 아니라는 점을 유의해야 한다. 사회적 기술Social Technology 또한 사회적 관계를 조정, 변혁하고 여러 제도를 운영할 때 긴요했다. 고대사회에서는 문자의 사용, 印章Seal 등을 이용한 보안, 도량형, 행정기술 등이 대표적이다. 사회적 기술을 통해 지배가 정교해지고 자원에 대한 통제가 고도화될 수 있었다. 법法 또한 사회적 기술의 일환으로 파악할 수 있을 것이다.

고대의 법 문제를 법률 자체의 내용 파악과 국가 간 비교에 그치지 않고 어떤 정치체 혹은 사회 속에서 법의 위상과 역할을 이해해야 하

는 이유가 여기에 있다. 법제만을 고립시켜 이해할 경우 그 정치·사회
적 성격을 사상시켜 버릴 우려가 있으며, 주변 여건의 변동에 따라 법
의 내용과 구조가 변화해 가는 계기를 찾기가 어려워진다. 이러한 시각
에서 그간의 한국 고대 법제사, 나아가 동아시아 고대 법의 성립과정과
특징에 관한 기왕의 연구를 개관해 보고자 한다.

종래 한국 고대 법제사 연구는 법의 내용과 형식에서 외래의 요소를
찾고 그 계통성을 따져 보는 것에 치중했다. 그러나 신라의 율령법은
사로국斯盧國 이래 전개되어 온 전통 법제를 제쳐 놓고는 그 실체와 특
성을 이해할 수 없다. 백제의 경우는 불분명한 부분이 있으나, 신라 법
과 밀접한 관계를 맺고 있던 고구려의 법제는 기성의 법을 기초로 하
여 율령법으로 형성되어 가는 과정이 자료로써 확인된다. 이러한 관점
에서 고대법이 연구되어야 신판神判 이래의 법속法俗이 성장하여 율령
으로 형성되고, 다시 그 율령이 확충·수정되어 가는 과정에서 중국식
율령법이 어떤 영향을 주었는가를 더욱 입체적으로 파악할 수 있을 것
이다.

신라의 율령에 관한 그동안의 연구를 통해서 이에 관해 살펴보자.

한때 법흥왕대 율령 반포와 시행이 부정되기도 했는데,[1] 이는 '율령'
을 중국식의 율령제도로 이해한 데서 비롯된 바가 크다. 법흥왕대 율령
이 중국 율령처럼 체계화된 법전法典의 형식을 갖추었는지는 확인할 수
있는 자료가 없다. 하지만 후술하듯이 여러 사정을 고려할 때 일관된
원칙에 따라 편찬되고 각 편목篇目이 유기적 관련을 가진 형식이었다고
보기는 어렵다. 그렇다면 법흥왕대에 반포된 '율령'을 중국 고대사회의
역사적 산물인 율령이라고 부르는 것은 사실 적절하지 않다. 그러나 자

[1] 林 紀昭, 1967, 〈新羅律令に關する二·三の問題〉,《法制史研究》17; 北村秀人, 1982,
〈朝鮮における律令制の變質〉,《東アジア世界における日本古代史講座 7》, 學生社.

료에 '율령' 혹은 '율조律條'(〈봉암사 지증대사탑비〉)라고 되어 있고, 이것이 신라인의 인식을 반영한 용어일 가능성이 크므로 폐기할 수는 없다. 현재로서는 신라의 '율령'을 그대로 쓰되 그 성립과정과 성격을 규명하여 중국 율령과의 공통점과 차이를 파악하는 것이 중요하다.

대부분의 연구자들은 신라의 율령 시행 사실을 인정하고 그 계통성系統性을 추적하는 데 집중했다.[2] 이러한 연구 경향은 신라 율령의 기원을 탐색한다는 점에서 의미가 있지만, 고유법固有法과 계수법繼受法을 이분하여 계수법의 계통성을 따지려는 일본 학계의 문제의식이 투영되었다고 보인다. 주지하듯이 나라奈良시대의 율령체제는 수당隋唐과 한반도 고대국가의 율령을 수용함으로써 성립했다.[3] 나라시대 자체를 이해하기 위해서 그 율령의 기원을 추적해야 했던 것이다. 문제는, 고유법과 외래법을 이분법적으로 이해하는 논의 구도를 신라 율령에 적용할 경우 신라 율령 자체의 성립과 체계화 과정을 내부의 논리로부터 파악하는 데 지장이 생길 수 있다는 점이다.[4]

고유법/계수법론을 따르면, 고유법은 이미 존재하는 어떤 것에 불과

2 田鳳德, 1968, 〈新羅律令攷〉, 《韓國法制史研究》, 서울大學校出版部; 金龍善, 1982, 〈新羅 法興王代의 律令頒布를 둘러싼 몇 가지 問題〉, 《加羅文化》 1; 朱甫暾, 1989, 〈蔚珍鳳坪新羅碑와 法興王代 律令〉, 《韓國古代史研究》 2; 尹善泰, 2003, 〈新羅 中代의 刑律－中國律令 受容의 新羅的 特質과 관련하여〉, 《강좌 한국고대사 3》, (재)가락국사적개발연구원.

3 이에 대해 최근 노태돈, 2010, 〈古代 東아시아 國際秩序의 再編과 韓日關係 －7~9세기〉, 《제2기 한일역사공동연구보고서 1》, 한일역사공동연구위원회와 사카우에 야스토시·모리 기미유키, 2010, 〈古代 東아시아 國際秩序의 再編과 日韓關係 －7~9세기〉, 上同書가 한·일 학계의 연구사를 정리한 바 있다.

4 石母田 正, 1973, 〈古代法の成立について〉, 《日本古代國家論 1 －官僚制と法の問題》, 岩波書店, 222~223쪽은, 고대 법제사를 고유법과 계수법의 대립과 상호관계의 틀로 파악하는 것은 古代法의 발전을 그 성립기반이 되는 사회·정치적 모순 및 역사적 기반과 유리시킴으로써 표면적 이해에 그칠 우려가 있다고 지적했다.

했고 그 위에 선진적인 중국의 법체계가 위로부터 덮어씌워지는 형태로 발전했다고 보아 고유법과 외래법 사이의 유기적 관계 설정이 어려워진다. 고유법과 외래법을 수직적 상하관계로 설정함으로써 고유법 자체의 발전과정을 탐색하는 시야를 가리게 되는 것이다.

필자는 고유법과 중국적 율령법을 이처럼 상하관계로 파악할 것이 아니라 수평관계로 바꾸어 접근할 것을 제안한다. 이렇게 바라보게 되면 고유법 자체의 발전과정을 추적할 수 있는 시야가 열리고, 전통(고유법)과 외래문물(계수법)이라는 단순한 설명방식에서 벗어나, 이하 본론에서 서술하듯이 신정법神政法 이래의 법속이 소국법小國法, 교령법教令法으로 성장해 가는 과정에서 중국을 포함한 외부 정치체의 법체계와 상호작용하고, 법흥왕대의 율령법을 거쳐 결국 7세기 중엽에 중국식 율령격식律令格式 체제를 갖추게 되는 양상을 더욱 역동적으로 이해할 수 있다고 본다.

한국 고대 율령의 내용을 추정하거나 복원해 보려는 여러 시도가 있었다.[5] 그 가운데서 초기에는 법흥왕대 율령을 의관제衣冠制와 관위령官位令 정도에 그친 것으로 보았다가 〈울진 봉평비〉의 '장형杖刑' '노인법奴人法' 기록을 통해서 율령이 포괄하는 범위가 다른 규정에까지 미쳤다고 인정한 것은[6] 주목되어야 마땅하다. 그러나 주된 방법론이 중국의 율령 규정, 편목명을 기준으로 삼아 한국의 문헌사료 가운데 관련 있는 것과

5 武田幸男, 1974, 〈新羅法興王代の律令と衣冠制〉, 《古代朝鮮と日本》, 龍溪書舍; 盧重國, 1979, 〈高句麗律令에 關한 一試論〉, 《東方學志》 21; 李基東, 1984, 〈新羅 官等制度의 成立年代 問題와 赤城碑의 發見〉, 《新羅骨品制社會와 花郎徒》, 一潮閣; 朱甫暾, 1984, 〈新羅時代의 連坐制〉, 《大丘史學》 25; 盧泰敦, 1989, 〈蔚珍鳳坪新羅碑와 新羅의 官等制〉, 《韓國古代史研究》 2; 李仁哲, 1994, 〈新羅律令의 編目과 그 內容〉, 《정신문화연구》 17-1; 梁正錫, 1999, 〈新羅 公式令의 王命文書樣式 考察〉, 《韓國古代史研究》 15; 양정석, 2007, 〈營繕令을 통해 본 《三國史記》 屋舍條〉, 《韓國史學報》 28.
6 武田幸男, 2003, 〈新羅·蔚珍鳳坪碑의 '教事' 主體と奴人法〉, 《朝鮮學報》 187.

비교하는 방식이어서 일반 기사記事를 무리하게 법령 조문으로 끌어 붙이거나 관련 기사가 나오면 이를 마치 그러한 편목이 존재했던 것처럼 비약해서 해석하는 문제점이 있었다. 무엇보다 금석문, 목간과 같은 동시기 기록을 참조하지 못하고 후대의 편찬자료를 엄밀한 사료 비판 없이, 예컨대 서술에 사용된 용어가 고려 중기 이후의 것일 가능성을 감안하지 않고 무리하게 해석하는 경우가 종종 눈에 띈다.

이러한 문제점은 자료를 상호 비교함으로써 해결의 실마리를 찾기도 했다. 〈광개토왕릉비〉의 "守墓人 自今以後 不得更相轉賣 雖有富足之者 亦不得擅買 其有違令 賣者刑之 買人制令守墓之"라는 규정은 〈집안 고구려비〉에 유사한 내용이 보이므로 고구려 율령 가운데 수묘법의 한 조목이 인용된 것이라고 보고, 〈남산신성비〉에 공통적으로 보이는 "作後三年 崩破者 罪敎事" 역시 신라 율령 조목의 일부라고 하였다.[7] 문헌기록에서 사라져버린 고구려와 신라의 율령 조문을 복원해 낸 성과라고 할 수 있다.

사회사의 관점에서 예속禮俗의 법률적 성격을 고찰하거나[8] 지배체제의 변천 속에서 율령 반포의 의의를 찾아보려는 연구도[9] 있었다. 특히 신라 금석문 자료와 중국의 용례를 활용하여 율령의 수찬修撰 과정을 추정한 연구는[10] 방법론상의 진전을 이룬 것이라고 평가할 수 있다.

한편 법흥왕이 반포한 율령이 앞으로 건설하고자 하는 신라의 율령체제, 국가질서의 청사진을 제시한 것이라는 이해가 제기되었다.[11] 일본 학계의 《대보율령大寶律令》에 관한 최신 연구성과를 차용한 것으로 보이는데, 당시 신라는 7세기 말의 일본과 여러 가지 면에서 여건이 달랐다

7 주보돈, 2018, 《한국 고대사의 기본 사료》, 주류성.

8 金哲埈, 1975, 〈三國時代의 禮俗과 儒敎思想〉, 《韓國古代社會硏究》, 知識産業社.

9 姜鳳龍, 1992, 〈三國時期의 律令과 '民'의 存在形態〉, 《韓國史硏究》 78.

10 盧鏞弼, 2007, 〈新羅時代 律令의 擴充과 修撰〉, 《新羅高麗初政治史硏究》, 韓國史學.

11 全德在, 2011, 〈신라 율령 반포의 배경과 의의〉, 《歷史敎育》 119.

는 점을 고려해야 한다. 신라의 율령은 그전부터 시행되어 오던 전통 법제를 정리한 측면이 중심이고 따라서 율령 내용의 대부분은 이를 따랐다고 보인다. 《삼국사기》 찬자가 법흥왕대 율령에 대해서 "猶是夷俗"이라고 평가한 것은, 6세기 초 신라 율령의 본질이 미래의 청사진보다는 구래의 법제를 율령법의 형식에 맞춰 재구성된 것이었음을 시사한다.

신라 형률의 고유법적 성격을 강조하면서, 율령을 고대국가의 집권체제 수립과정에서 요구되었던 지방지배의 법적 수단으로 파악한 근래의 견해는[12] 진일보한 인식을 보였다. 그러나 중대의 율령 개편을 중고기와 동일하게 신라의 고유 법제 중심으로 이해한 점은[13] 납득하기 어렵다. 진덕왕대 이후의 대중對中 관계와 제도 개편을 고려하면 율령의 형식은 물론 내용 면에서도 수당대隋唐代 율령의 심대한 영향을 받았다고 보이기 때문이다. 한편으로 고고학 자료를 이용하여 관위령官位令과 상장령喪葬令의 복원을 시도하고, 종래의 재력財力과 무장력을 이용한 지배질서가 율령지배를 통해서 제도에 근거한 계서화階序化된 질서로 전환되었음을 제시한 연구가 있었고,[14] 궁궐과 주거의 공간구조의 특징을 율령 규정의 적용이라는 관점에서 접근하기도 했다.[15]

이상의 연구를 통해서 신라 율령의 규제 범위와 내용, 그리고 외부로부터 수용된 요소에 대해 기본적인 지식을 얻을 수 있었다. 이제 이를 기반으로 하여 연구를 한 단계 진전시켜야 한다고 본다. 이른바 왕

---

[12] 洪承佑, 2004, 〈新羅律의 基本性格 −刑罰體系를 중심으로〉, 《韓國史論》 50; 同, 2009, 〈百濟 律令 반포 시기와 지방지배〉, 《韓國古代史研究》 54.

[13] 洪承佑, 2011, 《韓國 古代 律令의 性格》, 서울大學校 國史學科 博士學位論文.

[14] 山本孝文, 2006, 《三國時代 律令의 考古學的 研究》, 서경.

[15] 梁正錫, 2002, 〈新羅 宮闕構造에 대한 試論 −東西堂制의 採用問題를 중심으로〉, 《韓國史研究》 119; 梁正錫, 2007, 〈新羅 王京人의 住居空間 −《三國史記》屋舍條와 王京遺蹟의 關係를 중심으로〉, 《신라문화제학술논문집》 28.

법王法이라고 하더라도 그 자체 변화과정을 세분하여 제시해야 하고, 율령 반포의 의미를 정치·사회적인 차원으로부터 더욱 구체화하여 법체계 자체의 발전선상에서 논의를 심화시켜야 한다. 이러한 작업은 율령 반포 전후의 자료를 비교함으로써만 이뤄질 수 있다. 〈단양 적성비〉 〈울진 봉평비〉 〈포항 냉수리비〉에 이어 2009년에 〈포항 중성리비〉가 발견됨으로써 어느 정도 가능하게 되었다고 여긴다.

율령 반포 전야의 신라의 법체계와 성격을 알려 주는 당대의 자료를 확보했으므로 율령 이후의 법제와 비교를 통해서 신라 율령을 역사적 맥락에서 파악할 수 있게 되었다. 종래 율령 반포의 역사적 의의를 강조하면서도 자료의 한계 때문에 이를 율령 이후의 법제 위주로 설명할 수밖에 없었는데, 이제 율령법을 단절이 아닌 앞 시기와의 연속선상에서 이해할 수 있게 된 것이다. 무엇보다 〈포항 중성리비〉를 통해서 율령 전 신라 법제의 실상을 생생하게 접할 수 있게 된 것이 신라 법제사 연구에서 획기적인 의미를 갖는다.

이 책은 이러한 문제의식으로부터 출발하여 한국 고대 법제의 발전 과정을 '형성'의 관점에서 살펴보고자 한다. 즉 '율령'이라는 중국식 용어에 구속되어 고유법과 외래법의 범주로 양분하여 법제를 파악하는 방식을 지양하고, 고대국가의 성립 과정에서 왕권의 출현과 지배기구의 작동을 법적으로 보장해 주는 지배의 수단으로서 율령을 이해하고자 한다. 한국의 율령법 체계가 고대국가의 성장과 더불어 점진적으로 성립되었으며, 지배체제가 정비되고 중앙의 권력이 지역으로 침투해 들어가 당시 다양한 차원에서 발생하던 정치·사회적 과제를 해결하는 과정에서 형성되어 갔다고 보는 것이다.

그리고 율령법은 물론 그보다 앞서 시행되었던 여러 법제 역시 주변 정치체로부터 필요한 요소를 차용借用하고 영향을 받았음을 유념해야 한다. 이러한 시각에서 전통적인 고법古法과 중국을 포함한 주변 정치

체의 법제의 관계를 통일적으로 파악할 수 있을 것이다.[16]

내가 이 책에서 말하는 '법'은 물리적 강제력으로 뒷받침되는 국가와 사회의 규범을 가리킨다. 이런 의미에서 보자면, 법은 율령 제정 이전에도 존재했다. 그 단초의 출현은 신석기시대로 거슬러 올라갈 수 있으나, 정치적 지배관계가 성립된 청동기시대부터 구체적인 양상을 추적할 수 있다. 상商·주대周代의 사기정師旂鼎, 대우정大盂鼎 등 청동제 예기禮器에 판결문이나 행정명령이 기록된 것이 그러한 예이다.[17] 그런데 고대 사회에서는 법 규범이 예제나 관습과 혼효되어 있는 경우가 많기 때문에 필요에 따라 이들도 법의 개념 속으로 포괄하여 사용하고자 한다. '법제法制'는 법에 관한 제도, 즉 사건의 조사·재판 등의 사법제도와 그 운영 시스템으로서의 국가제도, 그리고 판결의 실행을 위한 행정절차와 집행구조 등을 의미한다.

한국 고대국가는 동아시아의 국제질서 속에서 존립했으므로 주변 정치체, 특히 중국 및 일본과 법제의 교류가 이뤄졌다. 주변 국가의 법제와 비교연구가 필요한 것이다. 또 한국의 고대 법제사 연구가 초기 단계에 이들 주변국의 선행 연구성과를 흡수하면서 태동했으므로 동아시아 차원의 법제사 연구 동향에 대한 검토가 요구된다. 그동안 율령에 관해서 논의가 집중되었으므로 율령론을 중심으로 하여 간략하게 살펴보겠다.

시가 슈조滋賀秀三는 서양법의 개념과 법문화를 기준으로 하여 중국 법제사에 접근하였다. 그 결과 중국법은 황제 통치술의 일부였으므로

---

16 韓容根, 1989, 〈三國時代의 刑律研究〉, 《龍巖車文燮敎授 華甲紀念史學論叢》은 삼국 사회에서 시행되던 전통적 刑律이 율령 반포 뒤 크게 변화하지 않은 점을 들어 고대의 관습법이 중국식 율령 제정의 기반이 되었음을 지적한 바 있다.

17 張晋藩 主編·한기종 외 옮김, 2006, 《중국법제사》, 소나무, 69~71쪽.

중립적 규제의 개념이 없다고 보았다. 그리고 《태시율령泰始律令》 전에는 율령이 없었다고 주장함으로써[18] 진한대 율령의 실상과 역사적 위치를 파악하기 어렵게 되었다고 보인다. 나카다 카오루中田薰는 중국의 율령을 협의와 광의로 구분해서 보았다. 협의의 율령은 편찬된 법전Code으로서 내용이 율과 령, 그리고 각각이 다시 분류되어 명례율名例律, 직제율職制律, 관위령官位令, 직원령職員令 등의 편목을 갖고 체계화된다. 그러나 광의의 율령은 단순한 법규의 의미로서 조詔, 칙勅의 형태를 띠는 단행법(單行法Edict, Decree)을 가리킨다고 했다.[19] 조서, 칙서와 같은 황제 명령의 법적 효력을 주목한 점이 돋보이나 이를 율령으로 포괄하는 견해는 수긍할 수 없다. 여하튼 이렇게 양자가 한대漢代 이전의 법제에 대해 다른 이해를 갖게 된 데는, 법의 형식과 완결성을 중시하는 접근과 역사적 연원 및 변천을 중시하는 역사학적 접근의 차이가 작용했을 것이다.

국내 연구자 가운데 중국법을 불문不文/성문법成文法으로 구분하여 접근하는 시가 슈조의 방법을 한국 고대 법제사 연구에 암묵적으로 적용한 경우가 많이 있었다. 최근의 연구로서 한국의 고대법이 불문법에서 성문법으로 발전했다고 파악한 견해를[20] 보자. 이를 따르면 반포된 율령이 성문법이고 그전의 관습법은 불문법이었으며, 삼국의 율령을 단행법이라고 보아 '원시율령原始律令'이라고 규정했다. 불문법/성문법의 구분은 법의 형식과 형태에 주목한 것이어서 법제사 연구의 초창기에는 이러한 방향의 접근이 유효했을 수 있다. 그러나 현재의 연구 수준

18 滋賀秀三, 2003, 〈法典編纂の歴史〉, 《中國法制史論集 −法典と刑罰》, 創文社.

19 中田薰, 1964, 〈古法雜觀〉, 《法制史論集 4(補遺)》, 岩波書店(靑木和夫, 1992, 〈淨御原令と古代官僚制〉, 《日本律令國家論考》, 岩波書店, 77쪽에서 재인용).

20 鄭東俊, 2019, 《古代東アジアにおける法制度受容の研究》, 早稻田大學出版部.

에서 볼 때 서구사회의 경험을 바탕으로 하여 근대법의 성립과정을 설명하던 위의 개념과 범주를 한국 고대사회에 적용하여 과연 그 법제의 실상을 구체화할 수 있을지 의문이다.

예컨대 성문법, 불문법, 관습법, 제정법制定法 등의 개념과 범주는 연구자에 따라 다양하게 정의될 수 있다. 문자화되었다는 측면을 중시하면 적어도 교령법教令法부터는 성문법의 범주로 넣을 수 있다. 부체제部體制 시기의 교教는 제가(간)회의諸加(干)會議의 공론共論을 거쳤으므로 일종의 입법·제정 절차를 거친 것이라고 볼 수 있다. 삼국에서 문자 기록과 목간, 비문 작성이 언제부터 이뤄지기 시작했는지도 불분명하다. '원시율령'이라는 용어, 개념은 나중에 율령화된다는 것을 전제로 한 것이어서 그 독자적 성격을 파악하기 어렵게 만든다.

불문법으로부터 성문법으로 발전했다는 가설은 어떠한가? 예컨대 영국의 경우 근대 대의정치체제가 수립된 이후에도 불문법·관습법을 기초로 한 법체계를 갖고 있는데, 위의 이해를 따른다면 영국은 아직까지 동아시아로 치면 율령 성립 전 단계의 법문화를 갖고 있는 셈이다. 불문법/성문법의 구분은 법의 유형을 나누기 위한 법학의 분류 방식이다. 형식적이고 단순하며 비역사적 기준이어서 동아시아는 물론 서구의 고대 법제사를 이해하기에도 부적절하다.

히로세 요시오廣瀬薫雄는 진한대秦漢代의 법제를 율과 령으로 파악하고, 지방관리가 일상 업무에서 불합리한 점을 개선하기 위해 율령 제정을 청원하면 중앙관의 신사를 거쳐 황제가 제가制可함으로써 제정이 이뤄졌다고 보았다. 이와 더불어 각 관부는 고사故事(선례)를 축적하여 활용하고 있었다고 한다.[21] 그러나 진한시기의 자료에 '율' '령'이라고 표기되었더라도 그 실체는 황제의 조, 칙이었고, 이것이 율령의 법령과 같

---

21 廣瀬薫雄, 2010, 《秦漢律令研究》, 汲古書院.

은 효력을 갖고 있었다고 이해해야 하지 않을까 한다. 곧 황제의 조칙을 한국 고대의 교령법과 같은 성격으로 파악하는 것이다. 후술하듯이 교령법은 율령이 편찬되기 전에 시행되었는데, 판례判例로서의 기능에 그치지 않고 국제國制의 제정과 형벌 부과 등 법적 효력을 충분히 발휘한 단행법이었다. 황제의 명령 가운데 법률로서 안정성을 인정받은 것이 형률, 행정령이 되고,[22] 이들이 다시 법전의 형식으로 편찬된 것을 율령이라고 보아야 한다.

진한대의 율과 령이 과연 어느 정도 체계화된 것이었는지에 대해 논란이 있다. 그럼에도 불구하고 위의 논자가 서진西晉의 《태시율령泰始律令》이 형률과 행정령이 분화된 최초의 법전이라는 통설을 따르지 않고, 진한대 황제의 명령이 중심이 된 법체계를 조명한 점은 주목되어야 마땅하다.

일본의 율령제에 관해서는 수많은 연구가 축적되어 왔다. 일본의 율령법에 대한 일반적인 이해는 고유법으로서 족장법族長法으로부터 발전한 국조법國造法과 왕법王法이 있었고, 7세기 후반 이후 당률唐律과 중국 제도를 계수繼受하여 율령을 편찬했으며, 그전의 고유법을 율령 내부에 흡수했다는 것이다.[23] 그리고 섭관기攝關期 이후 율령법은 격식格式 중심으로 변질되어 간다고 본다. 중국 고대에는 율령과 함께 예제禮制가 국제의 일부를 구성했고, 일종의 법전처럼 《대당개원례大唐開元禮》가 편찬되었다. 그러나 일본은 율령만 계수하고 예제는 받아들이지 않았음이 지적되기도 했다.

---

22 任仲爀, 2016, 〈秦漢시기 詔書의 律令化〉,《中國古中世史硏究》 42는 진한시기의 律이 황제의 制, 詔에 의해 1條씩 제정되었다고 본다.

23 大津透, 2001, 〈律令法と固有法的秩序 −日唐の比較を中心に〉,《新體系日本史2 法社會史》, 山川出版社.

근래 가네가에 히로유키鐘江宏之는 그동안의 연구가 7세기 일본사의 시대 성격을 8세기로 나아가는 과도기라고만 안이하게 인식해 왔다고 비판했다. 7세기의 관위12계제官位12階制, 다이카大化개신, 《정어원령淨御原令》 등은 백제와 신라의 제도를 수용한 것이며, 8세기에 당唐 방식의 지배질서가 성립하는 계기는 《대보율령》이 편찬되기 직전인 7세기 말에 백제, 신라 지향의 외교 방향이 중국 지향으로 바뀌면서 마련되었다고 했다.[24] 그러나 당시의 대외정세를 고려하면 《대보율령大寶律令》 역시 당 일변도가 아니라 신라가 수당의 율령을 소화하여 편찬한 신라 율령의 깊은 영향을 받았다고 보인다.

이처럼 최근 중국, 일본의 고대 법제사 연구에서는 《태시율령》 이전의 법제를 어떻게 이해하고 그 법원法源을 어떻게 파악할 것인가, 7세기 일본 국제國制의 연원이 어디에 있었는가[25] 하는 문제가 논의의 핵심에 자리한 것으로 보인다. 이러한 상황에서 율령 반포 전의 한국 고대 법제에 대한 이 책의 연구가 오히려 중국과 일본의 초기 법제를 이해하기 위한 단서를 제공할 수 있다고 생각한다. 또한 《대보율령》 전의 일본 법제의 모델이 삼국의 제도였다면 일본 측 자료에 남아 있는 법규를 통해서 역으로 삼국시기 법제의 내용을 구체화해 볼 수 있다.

이상의 여러 논점에 대한 검토를 통해서 한국 고대의 법률문화를 율령이라는 단일한 잣대가 아니라 각 정치체의 전통적인 법체계가 발전하면서 새로운 체계의 외부 법제를 만나 상호 변용되어 가는 계기적 과정으로 이해해 보고자 한다. 나아가 고대 중국과 일본을 포함한 동아

[24] 鐘江宏之, 2011, 〈日本の七世紀史再考 −遣隋使から大寶律令まで〉, 《學習院史學》 49.

[25] 大隅淸陽, 2008, 〈大寶令の歷史的位相〉, 《日唐律令比較硏究の新段階》, 山川出版社는 689년에 반포된 일본의 《淨御原令》이 520년에 반포된 신라 율령이나 蓋鹵王 때 처음 제정된 것으로 보이는 백제 율령처럼 單行法을 集成한 성격을 지녔을 것이라고 본 바 있다.

시아의 율령사를 새로운 각도에서 재구성할 수 있는 실마리를 찾을 수
있으리라 기대한다.

제1장

고조선과 부여의
법속法俗

1. 범금팔조犯禁八條의 기원과 성격

만주와 한반도에 자리 잡고 있던 고대 정치체의 법률 가운데 기록으로 전하는 최초의 것은 범금팔조犯禁八條이다.

> 상대가 죽이면 당시에 죽임으로써 갚는다. 상대가 상해를 입히면 곡물로써 배상하도록 한다. 상대가 도둑질하면 남자는 그 집의 노奴를 삼고 여자는 비婢를 삼는다. 이를 면하려면 1인당 50만을 내야 한다. ……
>
> 《한서》 권28하, 지리지8하 연지燕地)

주지하듯이 8개 조항 가운데 3개만 남아 전한다. 각기 살인죄, 상해죄, 절도죄에 해당하는 처벌 내용이 밝혀져 있다. 원래 있던 8개 조항에서 순서를 따져 보면 이들 3조가 어디쯤 있었을까? 기원전 1800~1600년의 바빌로니아 제1왕조 시기에 함무라비 왕이 제정한 《함무라비 법전》은 전문前文, 후문後文과 함께 총 282개의 조문條文으로 구성되어 있다. 크게 보면, 주술呪術, 사법 질서, 재산, 가족, 형벌 규정, 직종에 따른 보수報酬와 책임, 임차료, 노예 등에 관한 규정으로 분류된다.[1]

주술로 인한 범죄가 가장 먼저 언급된 것은 이 법전의 종교적 성격과 신정법神政法의 전통을 단적으로 보여 준다고 생각된다. 그 조항을 살펴보자.

---

[1] 한상수, 2008,《함무라비 법전 – 인류 법문화의 원형》, 인제대학교출판부, 19~83쪽.

제1조. 만약 한 자유인이 다른 자유인을 살인죄 혐의로 고소했으나 그의 범죄를 입증하지 못했다면, 고소인은 사형에 처해질 것이다.

제2조. 만약 한 자유인이 다른 자유인을 주술을 행한 혐의로 고소했으나 그의 범죄를 입증하지 못했다면, 주술 혐의를 받은 피고인은 강에 가서 물에 뛰어들어야 한다. 만약 강물에 피고인이 제압당하면, 고소인은 피고인의 재산을 취할 것이고, 만약 강물이 피고인의 무죄를 입증하여 그가 무사히 강물에서 나온다면, 피고인을 주술 혐의로 고소한 사람은 사형에 처해질 것이고, 강물에 몸소 뛰어들어 갔던 사람은 고소인의 재산을 취할 것이다.²

1조를 보면, 위의 번역은 '살인죄'라고 했으나 원문은 '저주(Nertum)를 받을 (사람)'이라고 되어 있다. 이 때문에 이 조항이 주술범죄로 분류된 것이다. 그런데 저주를 받을 만한 사람은 곧 저주에 의해 신들이 죽음을 내릴 정도로 중죄를 저질렀다는 의미이므로 저주를 받을 사람은 살인죄를 저지른 사람과 통한다고 한다.³

그러나 신성모독죄도 중죄의 범주에 포함되었음은 물론이다. 고대사회에서는 신의神意에 반하는 행위가 씨족 존립의 토대를 해치는 범죄로서 중시되었다.⁴ 《함무라비 법전》의 1조가 실질적으로 살인죄를 지목하면서 그에 대해 신의 징치와 응보應報를 요구하는 '저주'를 언급했고, 2조에서 무단으로 주술을 행함으로써 신의 분노를 일으킨 범죄를 언급했다. 모두冒頭의 1, 2에서 주술과 관련된 범죄를 지목한 것은 신성모독죄가 중시되었다는 근거이다.

따라서 《함무라비 법전》에서 1조는 살인죄에 관한 법률이라고 할 수

---

2 제임스 B. 프리처드·강승일 외 옮김, 2016, 〈함무라비 법전〉, 《고대 근동 문학 선집》, CLC, 363쪽.

3 한상수, 2008, 앞의 책, 269쪽.

4 白川靜 지음·고인덕 옮김, 2008, 《漢字의 世界》, 솔, 376~395쪽.

있다. 물론 살인죄 자체는 아니고, 그 증거 제시의 의무와 무고誣告일 경우 처벌을 제시하였지만, 고대 바빌로니아인들에게 살인죄가 저주를 받을 정도로 중죄이고 1조에 규정될 정도로 대표적인 범죄로서 인식되었다는 사실이 중요하다. 그리고 그 근저에 주술적 사유가 깔려 있었다.

근동·지역으로부터 동아시아로 눈을 돌려 보자. 중국의 경우 상주商周 시기의 청동기 명문銘文 가운데 소송법, 경제법, 행정법 등의 단편을 전하는 것이 있다. 전국 위魏나라의 재상 이회李悝가 도법盜法, 적법賊法, 수법囚法 등 6개 편으로 이뤄진 《법경法經》을 지었고, 한漢의 소하蕭何는 여기에 호율戶律, 흥률興律, 구율廄律을 더해 《구장률九章律》을 제정했다고 하나 유실되어 구체적인 내용을 알 수 없다.[5] 다만 1970년대에 발견된 운몽수호지진간雲夢睡虎地秦簡, 1980년대 출토된 강릉장가산한간江陵張家山漢簡에 들어 있는 《이년율령二年律令》과 같은 출토문헌을 통해 진한대 율령 일부의 구체적인 내용을 알 수 있게 되었다. 운몽진간의 경우 전률田律, 구원율廄苑律 등 30조목, 이년율령은 적률賊律, 도율盜律 등 27조목의 율律과 진관령津關令 등 행정령 성격의 법률조문을 전한다.[6] 그러나 이들 법규는 황제지배체제가 성립된 뒤 제정된 것이고 초기적이나마 법전의 체계를 갖추고 있어 범금팔조의 비교 대상으로 삼을 수 없다.

한 초의 약법삼장約法三章을 주목해 보자.

11월에 (고조가) 여러 지방의 호걸을 불러 이르기를, "부로父老들이 진秦의 가혹한 법률에 시달린 지 오래되었다. (이를) 비방한 자는 족형族刑, 어울려 말

---

5 張晉藩 主編·한기종 외 옮김, 2006, 《중국법제사》, 소나무, 69～163쪽.
6 尹在碩, 2007, 〈彭浩·陳偉·工藤元男 主編,《二年律令與奏讞書》(上海古籍出版社, 2007年)에 대하여〉, 《木簡과 文字》 創刊號, 384～390쪽.

한 자는 기시형棄市刑에 처해졌다. …… (내가) 부로와 더불어 삼장三章의 법만
을 약조한다. '살인자는 죽인다. 상해를 입힌 자와 도둑질한 자는 죄에 따라
(처벌한다.)' 나머지 진법秦法은 모두 폐지하니 관리와 백성은 모두 안도할 것이
다. ……"라고 했다.

《《한서》 권1상 고제기高帝紀1상 원년)

　유방劉邦이 관중關中에 들어가 즉위한 직후 진나라의 엄형을 폐지하
고 새로운 법질서로서 제시한 것이 약법삼장 혹은 삼장지법三章之法이
다. 곧이어 소하에게 명하여 위에서 언급한 《구장률》을 제정하므로 이
약법삼장은 왕조 교체의 과도기에 민심을 수습하고 혼란을 진정시키기
위해 임시로 시행한 것이다. 그러나 이러한 상황일수록 고대사회에서
가장 기초적인 질서와 관련된 것, 그리고 혼란기임에도 묵과할 수 없는
주요 범죄를 열거했다고 보아야 한다. 살인, 상해, 절도가 그것이고 고
조선 범금팔조 가운데 3개 조항과 죄목, 열거 순서가 일치한다.

　살인죄는 근동지역은 물론 동아시아 고대사회에서 중시된 원초적인
범죄였다. 이렇게 볼 때 범금팔조의 원래 규정 역시 살인죄가 첫째였고
그 뒤를 상해죄, 절도죄가 이었을 것이라고 짐작된다. 범금팔조에서 살
인죄가 가장 먼저 언급된 것은, 고조선 사회에서 살인이 중죄로 취급되
었기 때문이다. 그리고 "相殺 以當時償殺"이라고 하여, 살인자를 사형으로
처벌한 것은 《함무라비 법전》에 나타나는 "눈에는 눈, 이에는 이"의 원
칙, 곧 동해보복同害報復Les Talionis의 원칙과 부합한다.[7]

　살인죄에 대한 사형 규정은 원시사회 이래의 응보 원리에 따라 행해
지던 보편적인 처벌 형태였던 것이다. 따라서 고조선 사회에서 살인자
에 대한 보복살인이 일반적으로 행해지고 반복되면서 관습법慣習法으로

---

7 李丙燾, 1987, 〈'箕子朝鮮'의 正體와 所謂 '箕子八條敎'에 대한 新考察〉, 《韓國古代史
　研究》, 博英社, 63쪽.

굳어진 결과가 범금팔조의 첫 조항이라고 생각된다.

그러면 범금팔조는 고조선 전역에 걸쳐 시행되었을까? 기원전 3세기 이후에 해당하는 후기 고조선은 여러 유력 지역정치체가 왕권 아래 연합하는 형태로 형성되어 있었다.[8] 왕도王都가 있던 중심지역을 제외하고 다른 지역에 대해서 왕권의 통제력이 직접 미치지 못했고 그곳의 전통적인 수장首長에게 통치를 위임할 수밖에 없었으며, 이러한 체제는 기원전 108년에 멸망할 때까지 지속되었다. 그렇다면 지역정치체에 따라 법속에 차이가 있었을 터이고, 범금팔조는 그 가운데서 고조선의 핵심지역, 곧 왕험성王險城이 자리 잡고 있던 현재의 평양 일대의 정치적 핵심지역에 한정하여 작동하던 법률조항이었다고 보인다.

> 현토군과 낙랑군을 무제武帝 때 두었는데 모두 조선朝鮮, 예맥濊貉, 구려句驪의 오랑캐(의 땅이다). 은殷의 도道가 쇠퇴하자 기자箕子가 조선으로 가서 인민들에게 예의, 농작, 양잠, 베짜기[織作]를 가르쳤다. 낙랑조선 백성의 법금팔조는 다음과 같다. …… 이로 말미암아 백성들이 도둑질하지 않고 문을 닫아걸지 않았으며 부인이 정조와 믿음이 있어 음란하지 않았다. …… 군郡 초에 관리를 요동遼東에서 취했는데 관리가 인민들이 문을 잠그지 않는 것을 보았고, 상인들이 이르러서는 밤에 도둑질을 하니 풍속이 점차 각박해졌다. 이제 범금이 늘어 60여 조에 이르렀으니, 귀하구나 인현仁賢의 교화여!
>
> 《한서》권28하, 지리지8하 연지燕地)

여기서 범금팔조의 서술 맥락을 살펴볼 필요가 있다. 반고班固는 고조선의 연혁을 설명하면서 한사군漢四郡 설치 사실을 먼저 기술했다. 그리고 한사군 설치 전의 고조선 사회를 묘사하기 위해 기자동래설箕子東來說을 끌어온 것이다. '직작織作'의 作자를 《삼국지》《후한서》의 찬자가 뒤 구절에 붙여서 '作八條之敎'라고 오독했다고 비판하고, 원래 기자와 범금팔조는 분리해서 해석해야 한다고 이해하기도 했다.⁹ 그런데 이것은 사실의 문제가 아니라, 사서 찬자들의 인식의 문제이다. 마지막에 "귀하구나 인현의 교화여!"라고 하여, 한사군 설치 전 고조선의 순박한 풍속이 기자의 교화로부터 말미암았음을 찬양했다.《한서》등의 찬자는 분명히 범금팔조의 유래를 기자와 연결시켜 인식한 것이다.

문제는 기자동래설 자체가 허구라는 사실이다. 따라서 범금팔조는 '기자'와 무관하고, 그 원형을 고조선의 전통적인 법속에서 찾아야 한다. 고조선의 권역 안의 정치·문화적 중심지에서 통용되던 법률이었을 것이다.《한서》지리지에 채록된 범금팔조에 관한 내용은 한나라가 고조선을 점령한 다음에 수집했고, 그 대상이 된 곳은 한군현 지배의 중심이 된 낙랑군 지역이었을 것이다. 위 자료에서 "樂浪朝鮮民犯禁八條"라 하여 '낙랑'조선을 강조한 것이 그 방증이다. '낙랑조선민'은 낙랑군이 있는 조선의 주민이라는 뜻으로 보인다. 구체적으로는 낙랑군의 수현首縣인 조선현이 있던 고조선의 왕도를 가리킨다. 따라서 범금팔조는 낙랑조선의 주민, 곧 낙랑군치樂浪郡治가 있던 지금의 평양을 중심으로 설정된 낙랑군 지역의 주민들이 준행하던 법률이었다. 왕험성을 중심으로 시행되던 법제가 있었고, 한의 점령군에게 함락당한 뒤 고조선의 법제가 기초가 되어 형성된 것이다.

그 밖의 지역에서는 각 정치체가 나름의 전통 법제를 가졌을 터이다. 범금팔조가 고조선 전체가 아니라 그 가운데 최선진지역인 정치적·문화적 중심지에서 행해졌다는 지역적 한계성을 유의해야 한다.

---

9 李丙燾, 1987, 앞의 논문, 57~58쪽.

2. 신판神判과 속법俗法

범금팔조의 8개 조항 가운데 살인죄가 수위였다. 그런데 《함무라비 법전》을 상기해 보면, 살인죄는 저주詛呪와 같은 종교적 행위와 연관되어 있었다. 그 2조는 주술범죄에 관한 규정이었고 고대사회에서 일반적으로 신성모독죄와 같은 주술적 범죄가 중시되었다. 그러나 범금팔조에서 이러한 종교성, 주술성을 찾을 수 없다. 범금의 앞부분을 차지하고 있는 3개 조항에서 종교적 성격이 보이지 않는다면 전하지 않는 5개 조항에서도[10] 이는 나타나지 않았다고 보는 것이 합리적이다.

그렇다면 범금팔조가 고조선 법률의 원래 모습을 보여 준다고 할 수 있을까? 현전하는 범금팔조가 형성된 시기는 언제일까? 위에 인용한 《한서》 지리지의 기사를 살펴보면, 기자동래 시기와 '군 초'를 대별하여 서술하고 있으므로 범금팔조는 한사군 설치 전에 실시된 것처럼 여겨질 수 있다. 그러나 여기에 종교적 성격이 탈색되어 있다는 사실은 범금팔조 자체가 이미 역사적 변천을 겪어 변형된 결과임을 시사한다.

> 웅雄이 무리 3,000을 거느리고 태백산 정상에 있는 신단수神壇樹 밑에 내려와 신불神市[11]이라 하고 이에 환웅천왕桓雄天王이라 하였다. 풍백·우사·운사를 거느리고 곡식, 수명, 질병, 형벌, 선악 등 무릇 사람 사이의 360여 가지 일을 주관하며 세상에서 다스리고 교화하였다.
>
> (《삼국유사》 권1, 기이1 고조선)

---

10 李丙燾, 위의 논문, 61~62쪽에서 '婦人의 姦淫을 금하는 조항'이 나머지 5개 중에 들어 있었으리라고 추정한 바 있다.

11 종래 이를 神市(신시)라고 읽어 왔으나 神市(신불)로 읽고 신성한 수풀이라고 새기는 것이 옳다(李成珪, 2002, 〈문헌에 보이는 한민족문화의 원류〉, 《한국사1(총설)》, 국사편찬위원회; 金昌錫, 2016, 〈新羅 왕경 내 市場의 위치와 운영〉, 《韓國文化》 75).

단군신화의 원형이 언제 체계적으로 성립되었는지 확정할 수 없지만 위만衛滿이 왕위를 차지한 기원전 194년보다 앞선 시기임은 분명하다. 고조선의 건국시조가 신성한 존재이고 그 후손이 천손天孫으로서 고조선을 대대로 다스려 왔다는 점을 내세우기 위한 건국신화이므로 그 왕계를 변동시킨 위씨衛氏 정권의 정통성과 어긋나기 때문이다.

이때 핵심 지역집단이 자신의 신성한 출자를 수식하기 위해 환웅, 웅녀, 신단수와 같이 신화적 모티프를 동원했다. 그러나 이러한 요소 가운데 단군신화를 표방한 이들이 경험한 역사적 현실을 바탕으로 하여 구성된 것이 있다. 대표적으로 "환웅이 신단수 밑에서 곡식, 수명, 질병, 형벌, 선악 등을 주관"했다는 것을 들 수 있다. 신단수는 세계의 중심에 서 있으며 세상 만물을 낳았다는 우주수(宇宙樹, Cosmic Tree)에 관한 보편적 관념을 보여 준다. 실제로 고조선 시기에 통치의 중심이면서 국가적 제의祭儀가 행해지던 장소가 있었고, 이러한 경험을 소재로 하여 신단수 밑이라는 특별한 공간이 구상되었다.

그런데 환웅이 여기서 살피던 업무 가운데 '형벌과 선악'이 들어 있다. 고조선 초기의 최고지배자가 재판, 처형 등의 사법권을 장악했음을 반영한다. 단군왕검檀君王儉이란 명칭에서 드러나듯이 고조선 초기로 올라갈수록 권력의 성격은 제사권과 밀착된 제정祭政 미분리의 상태에 가까웠고, 최고지배자의 핵심적인 활동공간은 신성처로서의 색채가 짙었다.[12] 이 시기 사제왕(司祭王, Priest King)의 성격이 강한 고조선의 왕 지王者가 신성한 장소에서 범죄행위에 대해 내린 판결은 일종의 신판神判이었다.[13]

---

12 김창석, 2004, 《삼국과 통일신라의 유통체계 연구》, 일조각, 32~36쪽.
13 神判Ordeal이란 인간의 잘잘못이나 시비를 인간의 힘이 아니라 신의 도움을 받아 가리는 재판의 형식이다(李恩奉 編, 2000, 〈신판의 종교적 의미〉, 《神判 −神明裁判》,

《함무라비 법전》의 두 번째 조항을 자세히 검토해 보자.

> 제2조. 만약 한 자유인이 다른 자유인을 주술을 행한 혐의로 고소했으나 그의
> 범죄를 입증하지 못했다면, 주술 혐의를 받은 피고인은 강에 가서 물에 뛰어
> 들어야 한다. 만약 강물에 피고인이 제압당하면, 고소인은 피고인의 재산을
> 취할 것이고, 만약 강물이 피고인의 무죄를 입증하여 그가 무사히 강물에서
> 나온다면, 피고인을 주술 혐의로 고소한 사람은 사형에 처해질 것이고, 강물
> 에 몸소 뛰어들어 갔던 사람은 고소인의 재산을 취할 것이다.

혐의자를 강물에 빠트려 물살에 휩쓸려 가면 유죄이고, 그렇지 않고
무사하면 무죄라는 원초적 사유방식을 보여 준다. 당시 사람들은 거센
강물을 헤쳐 나오는 것이 인위적으로는 불가능하고 신이 허여해야만
가능한 신의 영역이므로, 이를 성취한 사람이라면 비록 무단으로 주술
을 행했을지라도 그 행위가 신의神意와 부합하거나 신이 이를 용인했다
고 간주한 것이다.

이런 방식은 일본에서 다이카大化 전대에 이뤄졌던 맹신탐탕盟神探湯
을 연상시킨다. 곧 황족皇族 또는 천강족天降族이라고 주장하는 유력자
들의 출자를 확인하기 위한 방법으로서 목욕재계한 다음 미강구味橿丘
에 놓인 탐탕옹探湯瓮이라는 항아리에서 뜨거운 진흙을 꺼내도록 했다.
손이 온전한 사람은 그 씨족 전승을 인정받고 화상을 입은 사람은 인
정받지 못했다.[14]

범죄 혹은 허위진술 여부를 판별할 때 불가항력적인 자연의 힘을 활
용하여 그것을 극복해 내면 무죄로 인정해 준다. 이러한 방식의 배경에
는 인지人智로써 알 수 없는 혐의자의 말과 행동의 진위 여부를 초월적

新書苑, 13~14쪽).
14 《日本書紀》 卷13, 允恭天皇 4年 9月.

존재는 판별할 수 있다는 사유가 깔려 있다. 신은 강물, 불(火)과 같은 자연현상을 주재하는 초자연적인 존재이므로 강에 빠지거나 뜨거운 흙을 만진 이가 무사한지를 통해서 신의 의사를 확인할 수 있다는 것이다. 신판이면서 동시에 종교적 의례였고 이런 원초적 방식으로 범죄 여부가 가려졌다.

고조선을 비롯하여 여러 고대국가의 모체를 이룬 집단은 물론이고 수많은 지역집단들이 신석기시대, 청동기시대를 경과하면서 하나의 정치체로서 등장했을 때 그 수장은 제사장祭司長의 기능을 겸하고 있었다. 따라서 그들이 주관한 재판과 판결은 주술적 성격이 강한 신판으로서 이뤄졌다. 현전하는 범금팔조에 신판의 요소가 확인되지 않는 것은, 고조선의 왕권이 사제왕의 성격을 탈피하고 세속권력으로서 확립되었고, 그 과정에서 초기의 법률이 주술성, 종교성이 탈락하는 방향으로 변화한 결과라고 생각된다.

신판의 축소는 속법俗法의 신장과 강화로 나타난다. 양자는 반비례 관계이다. 범금팔조의 경우 3조를 보면, 절도죄의 범인이 피해자의 노비가 되는 처벌을 피하기 위해서 벌금 50만을 내는 속형贖刑 규정까지 들어가 있을 정도이다. 2조의 "相傷 以穀償" 역시 속형 규정이라고 이해하기도 하지만[15] 이는 상해죄에 대한 처벌을 밝힌 것이다. 1조의 "相殺 以當時償殺"처럼 '償'은 어떤 범죄에 대한 처벌의 내용을 가리키는 용어라고 보인다. 살인죄는 즉시 죽이는 것, 상해죄는 곡물로 배상하여 죗값을 치르도록 한 것이다. 3조는 절도에 대한 처벌로서 노비화 규정을 밝히고, 뒤에 별도로 속전贖錢 제도를 서술해서 1·2조와 다른 구조이다.

2조가 속형은 아니지만 신판의 과정에서 물, 불과 같은 제3의 신비

---

15 尹在碩, 2002, 〈古代韓中法制交流淺析 —以"犯禁八條"爲中心〉, 《中國文化硏究》 2002 年冬之卷(總第38期), 119~121쪽.

적 요소를 개입시키지 않았고, 처벌이 1조와 같은 동해보복同害報復 방식이 아니라 곡물로 배상토록 하여서 합리성이 증대되었다. 속법의 특성을 분명히 보여 준다.

3조는 여기서 더 나아가 속형贖刑 규정을 담고 있다. "欲自贖者 人五十萬"에서 50만은 무엇을 센 것일까? 한국 고대국가에서는 국정國定의 주조화폐 대신 철, 금, 은, 곡물, 직물과 같은 현물화폐가 유통되었다.[16] 이러한 현물화폐의 가치를 계산한 것이 50만일 수 있다. 그러나 2조에서 이미 곡물이 배상 품목으로 나와 있고 그 구체적인 액수가 제시되지 않은 것으로 보아 50만은 현물화폐와 종류가 다른 국정화폐, 곧 실제 전錢의 액면가를 더한 숫자라고 생각된다.

이 화폐는 과연 무엇일까? 이북 학계에서 일화전一化錢, 명화전明化錢 등을 고조선의 고유화폐라고 주장한 바 있으나[17] 이는 전국시대 연燕의 화폐이다. 현재까지의 조사성과를 종합해 보면, 한반도 서북지역에서는 고조선 시기부터 고구려 초에 이르기까지 전국시대와 진한대의 중국 화폐가 토착민들 사이에서 유통되고 있었다. 50만 전은 중국계 화폐의 액수라고 보아야 한다. 그리고 기왕의 연구가 지적했다시피 50만 전의 속형제는 기원전 97년과 95년에 내려진 한 무제의 조령詔令과 형법규정에서 비롯된 것이라고 여겨진다.[18] 중국 측은 사형을 50만 전으로 속죄하는 규정이라서 범금팔조의 절도죄 속형과 차이가 있으나, 금액이 50만으로 동일하고 속전贖錢이라는 취지가 일치하므로 한나라의 제도를 수용한 결과라고 인정된다.

속형은 원래의 처벌을 대신하는 것이므로 속법俗法의 발전과 정교화

---

16 김창석, 2001, 〈삼국 및 통일신라의 현물화폐 유통과 재정〉, 《역사와 현실》 42.
17 홍희유, 1989, 《조선상업사 ─ 고대·중세》, 과학백과사전종합출판사, 18~19쪽.
18 李丙燾, 1987, 앞의 논문, 59~60쪽; 尹在碩, 2002, 앞의 논문, 122~123쪽.

과정에서 출현한 것이다. 세속권력에 의해서 호구 파악도 이뤄지고 있었다고 보인다. 절도죄를 저지른 남녀를 노비로 강등시키려면 호적의 형태는 아닐지라도 가해자와 피해자의 가호家戶에 대한 조사와 파악이 전제되어야 하기 때문이다.

한나라의 50만 전 속형제가 기원전 1세기 초부터 시행되었으므로 이는 고조선 멸망 뒤 한사군이 지배하던 시기에 해당한다. 현전하는 범금팔조가 고조선 멸망 전에 성립된 것처럼 《한서》 지리지에 서술되었지만, 그것은 기자가 조성한 순후淳厚한 풍습이 한사군 설치 뒤 변질되었다는 점을 강조하기 위한 찬자의 필법에서 나온 것이다. 물론 범금팔조의 원형이 된 관습법 조항은 고조선 시기에 형성되었지만 고조선 역사의 전개과정 속에서 그 자체 변화해 온 것이다. 앞서 언급한 주술 관련 신판 조항이 빠진 것이 하나의 예이다.

3조에서 한대의 요소가 발견되는 것 또한 그 예가 된다. 따라서 이 조항은 고조선이 멸망한 기원전 1세기 이후에 현전하는 형태로 성립된 것이다.[19] 그럼 3조가 혹시 고조선이 멸망한 다음 한나라로부터 이입된 조항이 아닐까. 신성 모독, 살인, 상해, 절도, 간음 등의 범죄는 고대사회에서 일반적으로 중시되었으므로 고조선 시기의 전통적인 관습법에 이미 처벌 규정이 있었을 것으로 보인다. 그 내용이 문제인데, 진대秦代의 절도, 공도公盜, 군도群盜 행위에 대한 처벌을 보면, 내耐·경黥·의劓와 같은 신체형, 성단城旦과 같은 노역형, 내위예신耐爲隸臣과 같은 일부 신분형,[20] 유배형, 벌금형 등이 가해졌다. 한대漢代에는 간독자료에 절도

---

19 50만 전의 절대가치는 환산할 수 없으나 범죄자가 현실적으로 조달하기 어려운 액수였을 것이다. 50만이라는 금액은 절도를 저지를 경우 破産하거나 노비가 될 수밖에 없음을 보여 주는 威嚇的 기능을 했다고 보인다.

20 耐는 죄수의 수염을 깎는 형, 隸臣은 남자 죄수를 국가의 예속인(官奴婢 혹은 刑徒)으로 삼아 노역에 동원하는 형벌이다. 이를 전하는 秦簡은 司寇가 절도를 범하고

죄에 대한 요참腰斬, 책형磔刑(기시棄市), 경성단용黥城旦春, 완성단용完城
旦春, 내예신첩耐隷臣妾, 벌금형이,[21] 《한서》《후한서》《염철론》《태평어
람》 등 문헌자료에는 족형族刑, 자진형自盡刑, 곤위성단형髡爲城旦刑이 보
인다.[22]

이들은 범금팔조의 3조의 절도죄에 대한 처벌, 곧 범인을 피해자 집
의 사노비로 삼는다는 신분형과 분명히 다르다. 고조선 시기에 절도죄
에 대한 위의 처벌규정이 있었고 한사군이 설치되면서 여기에 속형제
가 부가된 것이다.

고조선의 관습법이 시간이 흐르면서 일부가 탈락하고 또 추가되면서
범금팔조의 원형을 이루었다. 그리고 멸망 직후 한의 일부 형률의 영향
을 받아 현전하는 범금팔조로 성립되었다. 범금팔조는 고조선의 전통
법제와 중국 법제가 결합한 결과인 것이다. 흔히 삼국시기의 율령 반포
를 주목하여 중국의 법제가 이때 전면적으로 수용되었다고 평가해 왔
는데, 이상의 검토를 통해서 이미 고조선 시기부터 중국을 포함한 주변
정치체, 종족집단과 교류하면서 상호 영향을 주고받고 전통적인 법제가
변화해 왔음을 확인할 수 있다.

신판 형태의 법속은 권력의 세속적 성격이 증가하면서 종교성이 희
석되고 주술의 비중이 낮아졌다. 속법이라 할지라도 초기에는 관습법으
로서 형성되었으며 한자가 도입되기 전에는 당연히 불문법의 형태였다.
이러한 관습법, 불문법이 사회가 분화하고 복합화하며 주변 정치체와
교류가 이뤄지면서 변화해 갔다. 변화의 방향은 속법화俗法化의 강화,

자수했을 경우의 처벌을 기록한 것이다. 이상 처벌의 내용과 용어에 대한 설명은 윤
재석, 2010, 《수호지진묘죽간 역주》, 소명출판을 참조했다.

[21] 張家山漢簡에 들어 있는 《二年律令》의 盜律에 관해서는 林炳德, 2006, 〈江陵張家山
漢墓出土《二年律令》〈賊律〉·〈盜律〉集注釋〉, 《湖西史學》 44를 참고했다.

[22] 張晋藩 主編·한기종 외 옮김, 2006, 앞의 책, 261~263쪽.

범금팔조 3조의 속형 규정과 같이 단서但書 조항의 부가, 조항의 증설이었다고 보인다.

선학이 지적한 바 있는데, 후한대 허신許愼의 《설문說文》과 송대에 나온 《설문해자說文解字》에 주석을 붙인 저서를[23] 보면 '낙랑설령樂浪挈令'이 언급되어 있다. 이것은 한나라 중앙의 율령 가운데 낙랑군이 필요로하는 법령을 발췌하여 편집한 법령이라고 한다.[24] 《한서》 지리지의 기록에, 군郡 초 이래 한나라 관리, 상인의 활동으로 고조선의 풍속이 각박해졌고 이로 말미암아 범금이 60여 조로 늘었다고 하였는데, 8조로부터증설된 60여 조의 범금이 바로 낙랑설령의 실체일 것이다.[25] 범금팔조의제3조는 한 형률이 일부 도입된 것이어서 낙랑설령 시기에도 존속되었을 가능성이 높다.

중국 황제의 명령이 한군현에 내려지기도 했다. 거연한간居延漢簡 가운데 왕망 천봉天鳳 6년(19)의 조서가 기록된 간독은 요동군과 낙랑군을 대상으로 하여 해적을 생포하면 현상금을 내린다는 내용이고, 후한건무建武 5년(29)의 것은 낙랑군, 현토군 등 여러 변군邊郡에 대해 대사大赦를 포고한 조서이다.[26] 이 가운데 후자는 30년에 '토인土人' 왕조王調가[27] 일으킨 반란이 진압된 뒤 실제로 적용되어 연루자들이 사면되었다.[28] 제정된 법령뿐 아니라 황제의 명령이 고조선의 고지故地에 법의

---

23 段玉裁 注, 1985, 《說文解字注》, 黎明文化事業公司, 602쪽.

24 金秉駿, 2006, 〈중국고대 簡牘자료를 통해 본 낙랑군의 군현지배〉, 《歷史學報》 189, 159~161쪽.

25 李丙燾, 1987, 앞의 논문, 63~64쪽.

26 张德芳, 2018, 〈从出土汉简看两汉时期对北部边疆的有效管理 -汉简中的乐浪郡〉, 《簡牘자료를 통해 본 고대 동아시아사 연구 국제학술회의 발표 논문집》, 慶北大學校 史學科 BK事業團.

27 《後漢書》 卷76, 循吏列傳 66 王景.

28 윤용구, 2019, 〈'낙랑군 호구부' 연구의 동향〉, 《역사문화연구》 72, 14~15쪽.

효력을 갖고 적용된 것이다.

고조선의 전통적인 법률이 범금팔조로 정착되고 다시 낙랑설령으로 변천하는 과정에서 관습법이 초기의 주술적 성격을 벗어나 속법으로 발전해 갔으며, 이때 이미 주변 정치체의 법제가 영향을 끼쳤음을 확인할 수 있다.

3. 신정법神政法과 소국법小國法

신판에 기초하여 인간사회를 규제하는 법이 관습법의 일종인 신판법이다.[29] 그러나 신판법의 개념은 신판이라는 일종의 재판 형식을 근거로 한 것이어서 포괄 범위가 지나치게 좁다는 문제가 있다. 당시의 정치·사회 상황을 배경으로 하여 법문화의 특성을 표현할 수 있는 용어를 꼽자면 신판법보다 신정법神政法이 적절하다고 생각된다.

고대국가로 진입하기 전의 지역 정치체는 그 초기에 제정 미분리의 시기를 거쳤다. 이때는 왕자王者가 곧 사제이면서 신의 대리인으로서 세속적 지배와 제의를 통괄했다. 이러한 신정정치Theocracy의 정체[30] 속에서 통치의 일환으로 사법이 이뤄졌으므로 이 시기의 법제를 신정법이라고 부르고자 한다. 제·정이 분리되고 난 다음 정치체가 본격적으로 세속법을 운영해 나가게 되는데, 신정법은 그전 단계의 법체계로 위치 지울 수 있으므로 신판법이라는 형식적 개념보다 역사성을 갖고 있기

---

29 李丙奉 編著, 2000, 앞의 책, 6쪽.
30 나희라, 2003, 《신라의 국가제사》, 지식산업사, 169~170쪽.

도 하다. 신정법에는 신판법은 물론이고 제의 과정에서 이뤄지는 처형과 사면, 주술적 처벌 방식까지 포함된다.

신정법의 양상은 여러 부면에서 찾아볼 수 있다.

단군신화를 보면, 굴속에서 100일 동안 금식을 하기로 하고 21일 만에 사람의 몸을 얻었다고 하는데, 이것은 고조선 사회에서 행해지던 금기(禁忌, Taboo)를 소재로 삼은 것이다. 고조선 초기에 신판으로 내려진 일종의 처벌과 속죄 방식이 그 기원이었다고 보인다. 신권통치자의 면모를 보이는 단군왕검이 신불神市에서 "형벌과 선악 등을 주관했다."고 하는 것도 제정 미분리 사회의 신정법의 면모를 보여 준다.

한반도에서는 주로 기원전 2세기~기원후 4세기 전반의 유적에서 출토되는 복골卜骨,[31] 부여와 고구려의 우제점牛蹄占 풍습은 점복의 습속을 보여 주는 것이지만, 당시 최고지배자층이 불가사의한 현상을 해석하고 미래를 예측하는 등 현실 문제를 해결하는 데 이를 동원했음을 알려 준다. 그리고 점복은 신판의 수단 가운데 하나였다.[32]

> 풍속에 산천을 중히 여긴다. 산천에는 각각 부분이 있어서 서로 함부로 건너거나 들어갈 수 없다. …… 해마다 10월이면 하늘에 제사를 지내는데, 밤낮으로 술 마시며 노래 부르고 춤추니 (이를) 무천舞天이라고 한다. 또 호랑이를 제사하여 신으로 여긴다. 읍락 간에 상호 침범하면 곧 그 벌책으로 생구生口와 우牛, 마馬를 내야하니 이를 책화責禍라고 한다. 살인자는 죽인다. 도적질(하는 사람)이 적다.
>
> (《삼국지》 위서魏書30, 동이전東夷傳 예濊)

예의 습속을 전하는 기록이다. 법속과 관련된 내용은 뒷부분에 책화

---

31 殷和秀, 1999, 〈韓國 出土 卜骨에 對한 考察〉, 《湖南考古學報》 10.
32 李恩奉 編, 2000, 앞의 논문, 38~42쪽.

—살인—구도寇盜의 순서로 서술되었다. 책화의 앞에 무천과 호신虎神 제사에 관한 서술이 나오는 것은 3세기 전반의 예 사회에서 종교, 제의가 중시되었음을 시사한다.[33] 이는 신정의 유제라고 할 수 있을 것이다.

책화의 습속은 "함부로 건너거나 들어갈 수 없는 산천의 부분"과 관련되어 있다. 앞의 규제는 산천에 관한 내용이고 책화는 읍락을 침범하는 것으로 구분하여 적고 있으나 같은 계통의 습속이라고 여겨진다. 산천의 '부분'은 일반적으로 각 읍락이 배타적으로 이용하는 읍락 단위의 공유지共有地라고 이해되고 있다.[34] 산림, 소택沼澤, 하천과 같은 공유지가 '산천'에 형성되어 있었다고 했으니, 이러한 자연 지형은 읍락의 중심에 있던 평탄한 곳이 아니라 주로 읍락의 주변에 소재했을 것이다. 《후한서》 예전은 "其俗重山川 山川各有部界 不得妄相干涉"이라고 하여 경계 지점임을 강조했다.

읍락 중심으로부터 떨어진 곳에 공유지가 있었으므로 이웃한 읍락과의 사이에 존재하는 중간지대에 각 읍락의 공유지들이 자리 잡게 된다. 그리고 타 읍락민의 침입을 방지하기 위해 중간지대 자체에 신성 관념이 덧씌워졌다. 자기 읍락의 공유지를 독점하고 읍락 안에서는 공동이용을 보장하기 위해서도 신성 관념은 필요했을 것이다. "不得妄相涉入"이 이를 암시한다.

책화는 이러한 배경을 고려하여 이해해야 한다. 《삼국지》의 기록은 마치 읍락 사이에 분쟁이 발생했을 때 이를 책화를 통해 해결하는 것처럼 되어 있지만, 어떤 읍락 내부를 침범할 정도로 적대적인 행위를 한 집단이 그에 대한 책임을 지고 배상한다는 것은 납득하기 어렵다.

---

33 徐永大, 1992, 〈東濊社會의 虎神崇拜에 대하여〉, 《歷史民俗學》 2.
34 金哲埈, 1990, 〈新羅時代의 親族集團〉, 《韓國古代社會研究》, 서울大學校出版部, 262
    쪽; 徐榮洙 外, 1987, 《中國正史 朝鮮傳 譯註 一》, 國史編纂委員會, 279~280쪽.

따라서 다른 읍락민이 침범한 곳은 읍락과 읍락 사이에 있는 타 읍락의 공유지이거나 중간지대 안에서 자기 공유지를 벗어난 공간이었을 것이다. 책화는 주로 읍락과 읍락 사이에 존재하는 중간지대를 어느 한 집단이 자의로 침범했을 때 그 책임을 묻는 법속이었다고 보인다.

중간지대 또는 경계지점에 대한 금기에 관해서는 인류학적 보고가 있다. 반 게넵Van Gennep에 따르면, 고대사회나 원시부족에서 집단과 집단 사이에 넓은 중간지대가 존재하며, 이는 일종의 완충지대이자 공동 이용지이며 신성한 공간이었다. 따라서 이곳을 통과하기 위해서는 특별한 의례가 필요했으며, 이는 〈분리 – 전이–통합〉으로 구성되는 공간적 통과의례의 하나였다고 한다.[35] 예는 그 중간지대를 '중'히 여기고 자의적인 출입을 '화禍'로 간주했으며, 이에 대해 엄중한 책임을 묻고 있으므로, 게넵이 지적한바 집단 사이의 신성한 중간지대를 바탕으로 형성된 관념과 습속을 보여 준다. 3세기 무렵 예를 구성하고 있던 여러 읍락들은 권역 간 경계에 대한 금기와 처벌을 관습법 형태로 공유하고 있었고, 이러한 법속은 제천행사인 무천, 호신虎神 숭배와 같은 신정의 전통을 배경으로 하여 현실에서 작동될 수 있었다.

경계 지역에 대한 신성 관념 또는 금기의 습속은 이후 오랜 시기 동안 지속되었다.

> 가을 8월에 제사에 쓸 돼지〔郊豕〕가 달아나므로 왕이 탁리託利와 사비斯卑를 시켜 좇게 하였다. 장옥택長屋澤의 가운데에 이르러 이를 잡았다. 칼로 (돼지) 다리의 힘줄을 끊었다. 왕이 듣고 화를 내며 말하기를, "하늘에 제사 지낼 희생을 어찌 상하게 할 수 있는가?"라고 하고, 드디어 두 사람을 구덩이 속에 던져 넣어 죽였다.
>
> (《삼국사기》 권13, 고구려본기1 유리명왕 19년)

---

35 A. 반 게넵·全京秀 譯, 1992, 《通過儀禮》, 을유문화사, 45~56쪽.

고구려에서 이 사건은 장옥택이라는 못이나 늪으로 달아난 희생용 돼지를 둘러싸고 벌어졌다. 제사용 희생물을 훼손한 두 사람의 조치는 아무리 돼지가 달아났다고 하더라도 지금의 관념으로는 이해하기 어렵다. 희생용 돼지가 신성 지역인 장옥택을 침범했으므로 그 처벌로서 다리 힘줄을 잘랐다고 생각된다. 이들은 신성 지역에 대한 터부 관습을 지키고자 하는 전통적 성격의 인물이라고 할 수 있다. 아마 장옥택 소재지의 수장首長 출신으로서 계루부 집단에 포섭되었다고 보인다.

이와 대비되는 것이 유리명왕의 조치인데, 교시를 훼손한 죄로 두 사람을 혹형酷刑에 처해 버렸다. 왕권의 견지에서는 장옥택 같은 지역 단위의 신성처보다 하늘에 대한 제사가 더 중요했던 것이다. 국왕은 지역을 넘어서 명목상 전국을 통치하는 최고지배자였으므로 읍락과 같은 정치체의 신정으로부터 비롯된 소단위의 신보다 격이 높은 천신을 자신과 비견했고, 지고신至高神에 대한 제사를 강조했다. 천신을 중시하던 왕권과 전통적 신성 관념에 사로잡혀 있던 유력자 사이의 마찰에서 비롯된 사건이라고 할 수 있다.

유리명왕 때는 또 기산箕山 벌판에서 이인異人을 얻었다고 한다.[36] 고대 중국에서 수백 살 먹고 긴 털이 온몸을 덮는다거나 날개가 달린 이인이 경계지점에 출몰하는 예를 확인할 수 있다. 후한 말 이전에 쓰인 중국 최고最古의 선인仙人 전기인 《열선전列仙傳》, 그리고 시기가 내려오긴 하지만 같은 선전류仙傳類인 《신선전神仙傳》《태평광기太平廣記》를 보면, 이상한 모습의 선인들이 시市에 출현하여 약, 술 등을 판매하고 선행을 베푸는 예가 나타난다. 선인은 '산인山人' -해인海人, 하인河人을 포함하여- 이 변형된 용어이다. 긴 털과 장발, 사각형의 눈, 불결한 행

---

36 《三國史記》卷13, 高句麗本紀1 琉璃明王 24年 "秋九月 王田于箕山之野 得異人 兩腋有羽 登之朝 賜姓羽氏 俾尙王女"

색, 등에 달린 날개 따위는 평야의 이인里人들이 이들의 상이한 외형을 형상화한 것이다. 이인里人이 산인山人 등 이계異界의 사람들과 접촉하여 교환을 벌인 곳이 '시市'이고, 초기의 시는 경계지점에서 열렸기 때문에 중국 고전의 선인, 곧 이인들이 시와 같은 경계지점에 출몰하는 것으로 그려지게 되었다고 한다.[37] 이를 참고한다면, 고구려에서 이인을 얻은 기산箕山 벌판 역시 고구려 초기의 경계지역으로서 신성시되었다고 여겨진다.[38]

가야에서도 비슷한 양상이 발견된다. 〈가락국기駕洛國記〉를 보면, 허왕후許王后 일행이 탄 배가 수로왕의 왕궁 쪽 항구로부터 떨어진 별포別浦에 정박했다. 그리고 수로왕이 대기하던 행궁行宮으로 이동하는데 경로 중에 있는 능현綾峴이라는 고개에서 제사를 지냈다. 허왕후는 여기서 바지를 벗어 산령山靈에게 폐백으로 바쳤다고 한다.[39] 이 행위는 여성의 혼례를 상징하는 일종의 통과의례이면서 동시에 두 공간의 중간지점에서 치르는 경계의례였을 것이다.

당시 금관가야 사회에서 능현을 경계로 하여 그 안쪽은 수로왕으로 상징되는 최고수장의 직접 통치영역이고, 그 바깥쪽은 정치적 성격이 다른 공간이었다. 허왕후 일행과 같은 외래인들도 이를 숙지하고 있었으며, 중간지대를 통과하여 금관가야의 직접 통치가 미치는 권역으로 들어가기 위해서 제사 절차를 밟았던 것이다.[40]

고대국가가 성립하고 성장해 가면서 세속권력은 종래 공유지로 이용

---

37 相田 洋, 1997, 〈市と異人〉, 《異人と市 —境界の中國古代史》, 研文出版.

38 이상 중간지대에 관한 신성 관념에 대해서는 金昌錫, 2005, 〈古代 領域 관념의 형성과 王土意識〉, 《韓國史研究》 129, 7~15쪽 참조.

39 《三國遺事》 卷2, 紀異2 駕洛國記.

40 김창석, 2012, 〈고대 交易場의 중립성과 연맹의 성립 —3~4세기 加耶聯盟體를 중심으로〉, 《歷史學報》 216, 238~239쪽.

되던 산림, 천택 등을 자신의 직할지로 전환시켰고, 이와 더불어 유력 소국 중심으로 통합이 이뤄지면서 지역 정치체 사이의 중간지대가 소멸했다. 이는 곧 제·정이 분리되면서 세속권력이 지배체제를 갖춰 나가는 과정이었다. 이 추세를 따라서 신정법을 대신하여 속법이 적용 대상의 범위를 넓혀 갔다. 하지만 경계에 대한 신성 관념과 같은 신정의 유제遺制는 속법이 보편화된 다음에도 오랫동안 잔존했다.

고구려가 대수對隋 전쟁에서 승리한 뒤 수나라와의 접경 지점에 경관京觀을 세운 사실이[41] 좋은 예이다. 경관은 전승을 기념하고 군사의 용맹성을 과시하기 위해 세운 일종의 무덤이자 기념물이다. 고구려로 통하는 관문이 되는 곳에 수나라 전사자들의 시신을 쌓아 경관을 만든 것은, 일차적으로 중국 세력의 재침을 막으려는 군사·정치적 목적 때문이었다. 하지만 하필 경계지점에 적군의 시신을 이용하여 조형물을 만든 것은 중간지대에 남아 있는 전통적 성격으로부터 유래한 것이라고 하지 않을 수 없다.

중국에서는 전국시대 초楚와 진晉의 전쟁에서 경관을 쌓은 예가 보이며, 이를 통해 무공武功을 현창하고 악을 물리쳤다고[懲惡] 한다. 또 경京은 원래 높은 언덕을 의미하며 종宗, 창고倉庫의 의미를 가진 종교적 건조물이었다.[42] 경계를 넘어선 이방인들은 일종의 터부를 범한 것이고, 이에 대해 경관을 쌓은 것은 그에 대한 처벌을 현시함으로써 재발을 막고자 하는 관념이 기저에 깔려 있었다. 이는 일종의 주술적·종교적 방어벽이며, 당이 631년 사신을 보내 경관을 파괴하자 이를 침략으로 간주하여 곧 장성長城이라는 물리적 장벽을 보강하여 쌓게 되는 것

---

41 《舊唐書》 卷199上, 列傳149上 高麗 "五年 詔遣廣州都督府司馬長孫師 往收瘞隋時戰亡骸骨 毁高麗所立京觀"
42 李成九, 1991, 〈中國古代의 市의 觀念과 機能〉, 《東洋史學研究》 36, 26쪽.

이다.[43]

태조왕대에 현토군玄菟郡과의 경계에 쌓은 책구루幘溝漊는 외교교섭의 의례적 장소이자 호시互市의 기능을 겸하고 있었는데,[44] 이것도 경계지점에서 벌인 제의와 교환의 전통을 이은 것이라고 생각한다.

신정법의 양상을 가장 잘 보여 주는 것은 부여의 사례이다.

《논형論衡》 길험편吉驗篇에 실린 부여의 동명신화를 보면, 북이北夷 탁리국橐離國에서 태어난 동명이 남쪽으로 달아나다가 이른 곳이 엄호수掩淲水였다. 이는 자라와 물고기가 풍부한 하천이었고 탁리국의 수장이 관장하던 권역의 남쪽 경계였을 것이다. 동명은 '천자天子'로서 주술의 힘을 이용하여 강을 건널 수 있었다. 그러나 이러한 능력이 없는 추격군은 도하渡河가 불가능했다. 엄호수는 탁리국과 다른 정치체 사이의 중간지대였고 아무나 건널 수 없는 신성한 경계였다.

> 그 민들은 토착생활을 하고 궁실과 창고, 감옥이 있다. …… 나라에는 군왕이 있고 육축六畜의 이름으로 관명官名을 정하였다. …… 은정월殷正月에는 하늘에 제사하는 국중대회國中大會가 열리고 며칠을 음주 가무하는데 영고迎鼓라 불린다. 이때는 형옥을 판결하고 죄수를 풀어 준다. …… 성책城柵을 둥글게 만들어서 마치 감옥과 같다. …… 옛 부여 습속에 기후가 고르지 못하고 곡식이 영글지 않으면 왕에게 허물을 돌려 왕을 바꾸거나 죽여야 한다고 했다.
>
> (《삼국지》 권30, 위서30 오환선비동이전30 부여)

기상 이변으로 흉년이 들었을 때 왕위가 교체될 수 있었던 까닭은, 자연현상을 주재하는 왕이자 주술사呪術師로서의 능력이 쇠잔해졌기 때문이다.[45] 부여의 지배층은 국왕이 풍흉을 좌우할 수 있는 초자연적인

---

43 金昌錫, 2005, 앞의 논문, 16~17쪽.
44 김창석, 2013, 《한국 고대 대외교역의 형성과 전개》, 서울대학교출판문화원, 131~134쪽.

힘을 가진 존재로 여겼다. 이러한 습속이 '옛 부여'의 것이라고 했으므로 초기로 올라갈수록 신정의 성격이 강했고 신판이 속법을 압도했을 것이다.

그 전통이 3세기 전반까지 이어져 영고 행사에서 중죄인에 대한 재판과 사면을 행하였다. 국중대회로서 벌이는 최고 제의에서 형옥을 판결했으므로 그 근거가 된 법은 곧 신정법이라 할 수 있다. 사면 조치역시 종교적 속죄贖罪 방식으로 이뤄져서 영고 참석자들에게는 신이 내린 시혜로 받아들여졌을 것이다.

그러나 이때 풀려나는 죄수들이 일단은 부여의 법으로 규제받던 처지였다는 점을 유의해야 한다. 부여의 법속은 고조선보다 발전된 모습을 보여 준다.

> 형벌은(用刑) 엄하고 지체 없이 처벌한다. 사람을 죽인 사람은 사형에 처하고 그 집안사람을 적몰籍沒하여 노비로 삼는다. 도둑질을 하면 (그 물건의) 12배를 변상케 한다. 남녀 간에 음란한 짓을 하거나 부인이 투기하면 모두 죽인다.
>
> 《삼국지》 권30, 위서30 오환선비동이전30 부여)

절도죄에 대한 12배 배상의 조항은 신판과 별도의 속법이 시행되고 있었음을 전한다. 맨 앞에 '용형用刑'이 언급되고 있으므로 범법자의 처리에 국가권력이 개입했음을 알 수 있다. 부여에는 감옥도 있었다. 따라서 영고 행사에서는 상징적인 의미가 있는 중대 사건에 대해서만 판결과 사면이 이뤄졌다고 보인다. 살인자를 사형에 처하는 것은 고조선과 마찬가지인데, 더하여 그 가족을 노비로 삼도록 했다. 3세기 전반의 부여 사회에 세속법과 신정법이 병존하고 있었으나 속법이 신판의 영

---

45 프레이저·장병길 옮김, 1990, 《황금가지 Ⅰ》, 삼성출판사, 130~134쪽.

역을 잠식해 가는 추세를 보여 준다.

신라에서는 6세기 후반~7세기 전반에 해당하는 진평왕대에 주술적인 처벌이 확인된다. 《삼국유사》 죽지랑竹旨郞조를 보면, 모량부의 유력자인 익선益宣의 맏아들을 세욕洗浴시키고, 왕명으로 모량부 출신자의 관직 박탈과 출가 금지 조치를 취했다. 그 집단적이고 종교적인 방식을 주목하고자 한다. 더럽혀진 심신을 깨끗한 물로 씻어 낸다는 불계祓禊의 풍습은 세계 도처의 고대문화와 미개 사회에서 찾아볼 수 있는 자연종교적 행사이다.[46]

신판이 죄의 유무를 판별하기 위해 행해지는 것과 달리 익선의 경우는 범죄행위에 대한 처벌과 속죄의 의미가 강하다. 그러나 범죄에 대한 사회적인 인식이나 교정 노력은 보이지 않고, 이를 더럽고 추하게 보고 그 때를 씻기 위해 성곽 안에 있는 연못에서 한겨울에 목욕을 시키는 즉자적인 대응방식은 과거 독신瀆神 행위에 대한 불계의식의 전통을 잇는 것이다. 화랑 집단뿐 아니라 국왕도 모량리인牟梁里人의 관직 취임과 출가를 금지하는 집단적이고 종교와 관련된 처벌을 가했다.[47]

법흥왕 7년인 520년에 율령이 반포된 지 100년 가까이 지난 시점인데 이렇게 주술적 처벌이 행해지고 있었다. 그렇다면 율령 반포 전 신라 법제는 어떤 모습이었을까? 당대의 문헌사료로서 가장 이른 것은 《삼국지》 위서 변진전弁辰傳의 기록이다.

> 변진은 진한辰韓과 잡거하며 성곽이 있다. 의복과 거처는 진한과 같다. 말과 법속도 비슷하지만 귀신을 제사하는 (방식은) 차이가 있다. …… 법속은 특히 준엄하다.

---

46 李弘稙, 1987, 〈삼국유사 竹旨郞條 雜考〉, 《韓國古代史의 硏究》, 新丘文化社, 533쪽.
47 김창석, 2004, 《삼국과 통일신라의 유통체계 연구》, 일조각, 113~119쪽.

변한 사람들의 언어와 법속이 진한과 유사하다고 하고 뒤에 다시 변한의 법속이 엄격함을 강조했다. 정작 진한전辰韓傳에는 법에 관한 언급이 없으므로 변한의 법속을 통해서 간접적으로 유추할 수밖에 없는데, 위의 기록을 따르면 진한 사회에 법이 존재했으며 변한에는 미치지 못하지만 강제력을 동원하여 법률이 집행되고 있었다고 볼 수 있다. "法俗特嚴峻"이라는 표현이 앞서 서술한 진한과 비교해서 나온 것이라고 생각되기 때문이다.

법의 준엄한 시행이 꼭 법제가 발달하고 법문화가 선진적이라는 뜻은 아니다. 하지만 다음의 사례는 이와 관련하여 시사하는 바가 있다.

> 가을 8월에 음즙벌국과 실직곡국이 강역을 다투다가 왕에게 와서 판결해 주기를 청했다. 왕이 어렵게 여겨, 금관국의 수로왕이 나이가 들고 지혜가 많다고 하며 그를 초빙하여 물었다. 수로는 다투던 땅을 음즙벌국이 차지하도록 입의立議했다. 이때 왕이 6부部에게 명하되, 모여 연회를 베풀어 수로왕을 대접하도록 했다. 5部는 모두 이찬을 보냈으나 한기부漢祇部만은 지위가 낮은 자를 보냈다. 수로가 노하여 노奴 탐하리耽下里에게 명하여 한기부의 부장 보제保齊를 죽이고 돌아갔다.
>
> 《《삼국사기》 권1, 신라본기1 파사이사금婆娑尼師今 23년)

《삼국사기》의 파사이사금대 기록인 만큼 이 사건의 기년紀年은 믿기 어렵지만 그 경위나 대략적인 전개과정은 사실로 간주해도 좋을 것이다. '수로왕'은 가야의 시조라고 전해지는 그 인물이 아니라 당시 가야 연맹체의 맹주였던 구야국狗邪國의 수장이라고 이해된다.

음즙벌국과 실직곡국이 어떤 지역에 대한 영유권을 놓고 분쟁을 벌이다가 사로국에게 해결을 요청했는데, 사로국 수장은 이 사건을 해결하지 못하고 변한 소국의 연맹장인 구야국 수장에게 판정을 의뢰했다. 우선 진한 지역에서 벌어진 사건을 변한 쪽에 의뢰했다는 것은《삼국지》변진전에서 두 사회의 법속이 유사하다는 기록을 입증해 주는 듯하다. 진한과 변한 사회의 판결 내용이 서로 동떨어져서는 쟁송爭訟 당사자들이 그 결과를 받아들이지 못할 것이기 때문이다. 그리고 위 기록에는 변한 수장의 개인적 능력 때문에 초빙했다고 했지만, 앞서 제시한 《삼국지》의 기록과 연결하여 생각해 보면 '수로'의 현명함이란 결국 변한 사회의 사법 수준이 진한보다 우수함을 반영한다고 생각된다.[48]

사로국의 후진성은 구야국 수장에 대한 접대에서도 나타난다. 부장部長들이 연회에 동등한 지위의 인물을 보내지 않았다는 것은, 이에 관한 예제가 정비되지 못했을 뿐 아니라 이를 강제할 수 있는 법규가 갖춰지지 못한 상황을 시사해 준다. 사로국 수장이 여러 부部를 규제할 통제력이 미약했음은 물론이다.

하지만 간과할 수 없는 사실은, 쟁강爭疆을 벌이던 음즙벌국과 실직곡국으로부터 처음 판정을 요구받은 것은 사로국斯盧國 수장이었다는 점이다. 당시 사로국이 진한 소국들의 연맹장 역할을 했기 때문이라고 볼 수 있지만, 분쟁 상황의 판단과 처결이라는 사법의 측면에서 보면 사로국이 두 소국보다는 법체계가 상대적으로 발달해 있었기 때문이다. 사로국이 구야국보다는 후진이었으나 진한 연맹체의 다른 소국들보다는 앞선 법 운용능력을 갖추고 있었다.

음즙벌국과 실직곡국의 쟁강은 앞서 살펴본 예濊의 책화 습속을 연상시킨다. 읍락사회의 폐쇄적인 질서를 확대해 보면, 음즙벌국과 실직곡국처럼 소국 단위에서도 어떤 지역에 대한 침범과 이에 대한 처벌을

---

48 수로왕이 '立議'했다고 했는데, 입의는 판결을 위한 특정한 審議 절차라고 하기보다는 사전적 의미에(《漢語大詞典》 디지털판, 竪議 條) 따라 建議의 뜻으로 보아야 하겠다. 그가 이미 사로국에 초빙되어 왔으므로 구야국의 유력자들과 회의를 개최하여 이를 의논할 수는 없었을 것이기 때문이다.

두고 다툼이 일어날 수 있다. 이 쟁강 사건은 원인을 알 수 없지만, 두 소국 간 중간지대를 차지하기 위해 진출하면서 충돌했거나 경제·군사 요충지를 사이에 두고 영유권 분쟁을 벌였을 것이다.

쟁강 사건이 쉽게 판가름 나지 않은 것은 이해관계의 대립이 첨예했기 때문이라고 볼 수 있으나, 법 적용의 측면에서 보면 당사자가 모두 수용할 수 있는 판결의 기준이 없었던 데 원인이 있었다고 생각된다. 곧 음즙벌국과 실질곡국이 서로 다른 법제를 운용했으므로 각기 자신의 정당성만을 주장할 뿐 시비를 가릴 수 있는 법규를 공유하지 못했던 것이다.

진한에 속한 대부분의 소국들은 이처럼 소국 단위의 자체 법 규범을 갖고 있었을 터이다. 이것은 청동기시대 이래 오랜 기간을 거치면서 정치적 사회를 유지하고 규율하던 경험을 토대로 하여 형성된 것이다. 따라서 진한 소국들의 법제가 다른 연맹체와 비교하여 전체적으로는 유사성을 보인다고 할지라도, 여러 소국들이 처한 자연·지리적 조건과 사회 복합화 진전의 차이, 외부 정치체와의 접촉 여건의 차이 등을 고려하면 세세한 면에서는 소국 단위의 전통에서 비롯된 소국 간 법제의 차별성이 작지 않았음을 짐작케 한다. 이러한 양상은 초기철기시대, 청동기시대의 정치체로 거슬러 올라갈수록 현저했을 것이다.

일본 고대사회의 경험은 이러한 면을 고찰할 때 참고할 바가 있다. 일본의 고대법은 5세기 이전의 족장법族長法으로부터 출발하여 성립되었다고 한다. 족장법이란 지방 족장층이 지배하는 영역인 쿠니クニ 안에서 형성된 법 규범이다. 족장의 지배권 안에서 일어난 범죄는 족장을 포함한 쿠니 구성원 전체가 집단적으로 대응했고, 사적인 범죄가 공동체로부터 분리되지 못하여 사범私犯이 공범公犯으로 간주되었다.[49] 5세기

---

[49] 石母田 正, 1973, 〈古代法小史〉,《日本古代國家論 1 -官僚制と法の問題》, 岩波書

이전 일본의 지역집단에서 형성된 법 규범 역시 강고한 공동체적 유대에 기초하고 있었다는 것이다.

그렇다고 하더라도 이를 바로 진한 소국 시기의 법속과 등치시킬 수 없음은 자명하다. 일본의 쿠니와 진한의 소국 사회는 존립 시기가 차이가 나고, 일본의 족장법은 공동체 내부의 범죄와 처벌에 대한 것인데 견주어 진한의 경우는 그에 관한 기록을 찾을 수 없어 비교가 힘들다. 그러나 진한 소국이 읍락공동체를 기반으로 형성되었고 시기가 올라갈수록 사회분화가 미진했을 것이기 때문에 이로 미루어 보면 당시 법의 집단적 성격은 인정해도 좋으리라 생각된다.

이를 일본 학계에서는 족장법이라 불렀으나, 신라의 경우는 진한 소국 이전 단계에서 이러한 양상이 현저하게 나타난다고 생각되므로 이를 '소국법小國法'이라고 부르고자 한다. 진평왕 때 익선에 대한 처벌이 모량부에 대한 집단적 처벌로 확대된 것은 이러한 소국법의 잔재라고 여겨진다. 소국법의 특징으로서 종교적 속성을 또한 간과할 수 없다. 《삼국지》 한전韓傳에는 유명한 소도蘇塗 기사가 나오는데, 소도와 같은 신성처는 마한뿐 아니고 삼한 사회에 보편적으로 존재했을 것이다. 소도로 도망쳐 온 죄인은 잡아가지 못했다고 한다. 세속적 지배자인 주수主帥가 엄존했으나 신성처 내부로 침투하여 그 질서에 개입할 수 없었다. 제·정이 분리되고 나서는 이렇게 속법과 신법이 대립하는 모습마저 보인다. 고대 일본의 경우 쿠니 공동체 안에서 일어난 범죄행위는 의식을 통해서 불제祓除되어야 했다. 종교적 속죄가 필요했으며, 그러한 의미에서 주술적 형벌이었다.

4세기 초에 이사금 자리에 올랐다고 보이는 벌휴伐休는[50] "바람과 구

店, 168~175쪽.

50 강종훈, 2000, 《신라상고사연구》, 서울대학교 출판부, 42~43쪽.

름을 점쳐서 홍수와 가뭄, 그해의 풍흉을 미리 알 수 있었고, 사람의
거짓과 참됨을 알아서 성인聖人이라고 일컬어졌다.”고 한다.[51] 자연재해
와 기후를 관장한다고 기대되었던 부여 초기 왕의 모습이다. 그리고 다른
사람의 사정邪正을 알아차려 성스럽게 여겨졌다는 것은 신판을 이용하
여 범죄 유무를 판단하던 신정법이 방식을 유교적으로 표현한 것이다.

따라서 소국법은 구체적인 양상은 알 수 없으나 처벌 방식의 집단성
과 종교적 성격을 그 특성으로 상정할 수 있다. 제정 미분리 시기의 신
정법의 전통이 이러한 성격 형성에 영향을 미쳤다. 곧 청동기문화와 공
동체 질서를 배경으로 한 신정 시기의 집단성과 종교성이 이후 개별
소국들이 각기 독자적인 법속을 갖게 했다고 보인다. 소국 단위의 종교
적 전통과 공동체의 제약은 소국법이 각기 특색을 갖도록 했고, 어떤
소국의 법속이 여타 소국들에게 적용될 수 있는 보편성은 결여되었다.
각 소국의 법은 그 소국이 관할하는 범위 안에서만 통용되었다는 점에
서 이를 소국법의 국지성局地性이라고 할 수 있다. 소국법의 집단적이고
종교적인 속성도 결국은 국지성이라는 특성으로 수렴될 수 있다고 생
각한다.

국지성은 소국 내부에서도 나타난다. 소도를 통해서 보았듯이 소국
내부에 법이 보편적으로 적용되지 못하는 특수 구역이 존재했다. 이렇
게 법이 분절적으로 적용되는 것은 소국법의 한계를 분명히 보여 준다.
같은 소국 안에 있는 읍락 사이에도 법 적용에서 상대적인 차별이 있
었을지 모른다. 앞서 제시한 쟁강 사건에서 사로국에 속한 유력한 집단
들이 사건을 처리하는 과정에서 제일성齊一性을 보이지 않은 것은 이러
한 사정을 반영한다고 생각된다.

하지만 새로운 면모가 나타난다. 바로 음즙벌국과 실직곡국이라는 개

---

[51] 《三國史記》 卷2, 新羅本紀2 伐休尼師今 元年.

별 소국들이 법제의 국지성으로 말미암은 장벽 때문에 소국 간 분쟁의 합의점을 찾지 못하자 그 해결을 제3의 소국인 사로국에게 의탁했다는 점이다. 사로국의 법 운영이 자신들보다 앞서 있어 두 소국 사이의 장벽을 넘어설 수 있는 판결을 기대했기 때문일 것이다. 더욱이 사로국은 이러한 과정을 통해서 소국법의 한계를 넘어 법체계와 운영을 한 단계 발전시키는 계기를 잡을 수 있었다.

제2장

교령법敎令法:
삼국 초기의 법제

1. 행정체계와 집행의 구조

　　기원전 3세기 이전 한반도 남부에서 청동기시대가 시작되면서 취락
군聚落群 사이에 우열관계가 나타나고 취락군 내부에서 정치적 통솔자
가 출현하였다. 이때 집단을 운영·관리하기 위한 원초적인 행정작용이
발생했을 것이다. 이를 진한辰韓 지역을 중심으로 살펴보고자 한다.

　　기원전 108년에 고조선이 멸망하자 그 유민 가운데 일부가 남하하여
진한 지역에 흡수되었다.[1] 이들을 통해 전해진 철기문화 등의 선진문물
은 진한 사회의 발전을 자극했다. 그 가운데는 고조선에서 활용된 행정
경험이 포함되었으며, 이것이 진한 지역의 전통적인 행정기술과 결합되
었을 것이다. 이를 기초로 하여 읍락邑落, 그리고 나아가서는 사로국을
비롯한 여러 소국이 형성되었고 또한 지역 우두머리가 읍락과 소국을
통솔할 때 이러한 행정력은 요긴하게 사용되었다.

　　　　왕망王莽의 지황地皇 연간에 이르러 염사치廉斯鑡가 진한辰韓의 우거수右渠帥
　　가 되었다. (그는) 낙랑군의 토지가 기름지고 인민이 풍요롭게 산다는 말을 듣
　　고 망명하여 항복하고자 했다. 그 읍락을 나와 밭에서 참새를 쫓고 있는 한 남
　　자를 만났는데 그 말이 한인韓人의 것이 아니었다. 물어보니 남자가 말하길,
　　"우리는 한인漢人이고 (저의) 이름은 호래戶來입니다. 우리 1,500명이 벌목을

---

[1]　《三國史記》 卷1　新羅本紀1　始祖赫居世居西干 "先是　朝鮮遺民分居山谷之間　爲六村
　　…… 是爲辰韓六部" 고조선 문물의 진한 지역 유입은 경주 朝陽洞에서 출토된 고조
　　선계 철제 유물을 통해서 고고학적으로 입증되었다.

하다 한韓의 습격을 받아 포로가 되었습니다. 모두 머리를 깎이고 노예가 된 지 3년입니다."라고 했다. 염사치가 말하길, "내가 이제 한漢의 낙랑군에 항복하려 하니 당신도 가려는가?"하니, 호래가 말하길 "가겠습니다."고 했다. 염사치가 호래를 데리고 탈출하여 함자현含資縣에 이르렀다. 현縣에서 군郡에 보고하니, 군은 염사치를 통역으로 삼고 수초 사이[苓中]를 따라 큰 배를 타고 진한에 들어갔다. (낙랑군은) 호래를 맞이하고 그의 무리 1,000명을 쇄환했으나 나머지 500명은 이미 죽은 뒤였다. 염사치가 진한을 깨우쳐 말하길, "너희는 500명을 반환하라. 그렇지 않으면 낙랑군이 마땅히 1만의 병사를 배에 태우고 와서 공격할 것이다." 라고 하니, 진한은 "500명은 이미 죽었으니 우리가 마땅히 그에 대한 보상을 치르겠습니다."라고 하고, 진한 사람 15,000명과 변한弁韓의 포布 15,000필을 내놓았다. ……

(《삼국지》 권30, 위서30 오환선비동이전30 한韓)

이 기록을 따르면, 1세기 초에 진한이 낙랑군의 주민 1,500명을 잡아가서 머리를 깎이고 노예처럼 고된 일을 시켜 3년 만에 500명이 죽었다고 한다. 낙랑군이 이를 항의하자 대가로 주민과 직물을 보냈다. 여기서 '진한'은 진한에 소속된 소국을 통합한 연맹체가 아니고, 진한 소국 가운데 주변에 영향을 미칠 정도로 성장한 강성한 세력을 가리킨다. 현재는 이 소국의 정체를 알 수 없으나, 중국 군현 소속의 주민들을 기습하여 빼앗아 집단적으로 사역시킬 정도의 무장력과 노동 통제기술을 갖고 있었음을 추정할 수 있다.

나라에 일이 있거나 관官家가 성곽을 쌓을 때는 섊고 기운이 넘치는 자들이 등가죽을 뚫어 굵은 밧줄을 꿰고 한 길 정도의 나무로 가래질을 한다. 하루 종일 환호하며 노역을 하면서 힘들어하지 않는다. 이렇게 일하기를 권하며 또한 이를 강건하게 여긴다.

(위의 책, 같은 조)

소국에 공공사업이 있거나 성곽을 쌓을 때 젊은 사람들이 동원되었다. 특히 '관가'가 있어서 축성 작업을 관장했다고 한다. 이 관가는 특정한 관청이라기보다는 국읍國邑에 있는 수장의 거소居所이거나 그 수하手下들이 집무하던 건물을 가리킨 듯하다. 행정작용은 이루어지고 있었으나 소국은 고대국가와 같은 통치체제를 갖추지 못한 상태였고, 국읍에 정치적 통솔자가 있으나 군소 읍락을 잘 제어하지 못하는 상황이었다.[2] 특정한 업무를 전담하는 관부는 아직 설치되지 않았다고 보인다.

진한 소국 시기에는 수장의 휘하에 있던 수하, 곧 가신家臣과 같은 존재들이 행정의 전면에서 활약했다. 고구려의 예이지만, 이규보李奎報의 〈동명왕편東明王篇〉에 실려 있는, 주몽의 '종신從臣' 부분노扶芬奴가 주군主君을 위해 비류국의 고각鼓角을 약취해 오는 이야기가 이러한 상황을 반영한다. 나중에 국왕과 대가大加가 거느리게 된 사자使者·조의皁衣·선인先人이 그 계통을 잇는 존재라고 할 수 있다. 이들은 수장에게 직속되어 현안이 있을 때마다 자문에 응하거나 지시에 따라 업무를 처리했다. 《삼국사기》 신라본기의 초기 기록에는 이들이 국왕의 '좌우左右' '사인使人' 또는 왕에게 간언하는 존재로 나타난다.

사로국을 구성하고 있던 여러 층위의 지역집단들이 해체·통합되고 상호 응집력이 강해지면서, 이를 바탕으로 하여 대략 3세기 후반이 되면 사로국이 진한연맹체의 맹주로 성장했다.[3] 주변 소국들의 지배층을 흡수함으로써 점차 사로국 수장의 가신층은 두터워지고 그 구성도 복

---

2 《三國志》 卷30, 魏書30 烏丸鮮卑東夷傳30 韓 "其俗少綱紀 國邑雖有主帥 邑落雜居 不能善相制御"

3 3세기 중엽부터 이사금기가 시작되지만, 사로국이 진한연맹체의 맹주로 부상하는 시기는 3세기 후반 이후로 보인다. 《晉書》辰韓傳의 "武帝太康元年 其王遣使獻方物 二年復來朝貢 七年又來"라는 기록은, '其王'을 사로국의 이사금이라고 이해하면, 3세기 후반에 비로소 사로국이 진한을 대표하여 西晉에 견사하게 되었음을 시사한다.

잡해졌다.

> 3월 밤에 왕이 금성金城 서쪽의 시림始林 나무들 사이에서 닭이 우는 소리를
> 들었다. 날이 밝자 호공瓠公을 보내 살펴보니 금색의 작은 궤짝이 나뭇가지에
> 걸려 있고 흰 닭이 그 아래에서 울고 있었다. 호공이 돌아와 고하니, 왕은 사
> 람을 시켜 궤짝을 가져와 열게 했다.
>
> (《삼국사기》 권1, 신라본기1 탈해이사금脫解尼師今 9년)

시조 혁거세 때 활약했다는 호공은 왜倭 출신으로서 허리에 표주박
을 매달고 신라로 와서 '호공'이라는 이름을 얻었다고 전한다.[4] 이 설화
를 그대로 믿을 수는 없지만, 호공은 바다를 건너 한반도로 들어온 외
래인일 가능성이 높다.[5]

그는 나중에 김알지라고 일컬어지는 인물이 시림에 출현했을 때 왕
명을 받아 처음 현장을 방문하고 상황을 직접 보고할 정도로 이사금의
신임을 받았다. 나중에 호공은 능력을 인정받아 가신 가운데 최고위급
인 '대보大輔'직에 올랐다. 또 그대로 믿기는 어려우나 혁거세 때 이미
마한馬韓에 사절로 파견되었다고 한다. 이 전승은 호공이 내정과 외교
를 넘나드는 광범한 활동을 벌인 사실을 반영한다.

대체로 사로국 시기부터 이사금기까지 신라 초기의 행정은 호공과
같은 가신家臣 성격의 존재들이 수시로 수장의 명령을 직접 받아 업무
를 수행하고 그 결과를 보고하는 방식이었다. 이들에게는 특정한 고유

---

4 《三國史記》 卷1, 新羅本紀1 赫居世居西干 38年.

5 고대의 한국과 일본에서는 바다에서 浮力을 얻기 위해 표주박을 이용했으며, 일제강점기
에 제주도의 해녀는 여전히 작업할 때 큰 박(瓢)을 썼다. 일본 志摩 지역의 해녀 역시
진주를 채집할 때 같은 기구를 사용했다고 한다(西村眞次, 1930, 《文化移動論》, ロゴス
書院, 266쪽). 사로국의 수장은 표주박을 渡來人의 상징으로 여겨 그를 瓠公이라고 지칭
했을 것이다.

업무가 정해져 있지 않았고, 사안의 중요도와 어느 인물이 적합한지에 따라 그때그때 담당자가 선임되었다. 따라서 행정은 수장과의 친소親疎 관계가 작용할 수밖에 없는 인격적人格的 체계體系에 의해 이뤄졌고, 이러한 이유 때문에 유력한 가신은 중요한 업무라면 영역을 가리지 않고 수행하는 현상이 나타나게 되었다. 행정의 전문성과 세분화는 이뤄지지 못했다. 이사금이 현안을 파악하고 그 해결책을 강구하여 구체적인 지시를 내리는 등 행정작용에 직접 간여했다는 점도 이 시기의 특징이다.

　신라 초기에 이사금과 가신 사이, 가신 간, 그리고 이들과 부部를 포함한 여러 층위의 지역집단 사이에 이뤄진 행정행위의 근거는 무엇일까? 법흥왕대 이후는 율령법에 따라 행정이 이뤄졌지만 초기에는 율령과 같은 체계적인 법규가 없었다. 이 시기에는 국왕의 상황 판단과 명령 하달이 행정의 발단이 되는데 그것은 청동기시대 이래 축적된 관습적인 법 규정과 예속禮俗의 규제를 받았다.[6] 전례가 없는 새로운 상황과 환경에서 업무를 수행할 때는 그 방식 또한 창의적일 수밖에 없지만, 그러한 경우라고 할지라도 처리의 원칙과 방향은 전통적인 관행과 관습에 의거하여 정해졌을 것이다.

　3세기 전반 이전 사로국 안에서 적용되던 관습법과 법속은 소국법이었다. 소국 수장의 지시나 가신 집단의 행정 처리는 이 법의 규제를 받았을 것이다. 그전 청동기시대에는 제사와 정치가 미분화되어 신의 권위를 빌려 질서를 유지하는 신정법이 작동하고 있었다. 그 전통의 영향 때문에 소국법은 처벌방식이 종교성을 강하게 띠었고, 개인의 범죄라고 하더라도 공동체 차원의 집단적 대응과 처벌이 이뤄졌다.

　앞에서 소국법의 가장 큰 특징으로서 그 적용 범위가 해당 소국에만 한정되었다는 점을 들었다. 소국법의 국지성局地性 때문에 사로국의 수

6　金哲埈, 1975, 〈三國時代의 禮俗과 儒教思想〉, 《韓國古代社會研究》, 知識産業社.

장이 진한의 맹주가 된 다음에도 연맹소국을 통제하고 정책을 집행하는 데는 한계가 있었다. 이사금 시기까지는 기본적으로 사로국의 행정체계와 더불어 진한연맹체에 속한 여러 소국의 소국별 행정질서가 병존해 있었다고 보인다. 이러한 상황에서 사로국이 맹주의 지위에 있다고 하더라도 그 행정력이 연맹소국의 내부까지 침투하기는 어려웠다.

3세기 중엽까지 사로국의 법은 근본적으로 다른 소국과 마찬가지 속성을 공유하고 있었다. 그러나 이와 다른 면모도 찾을 수 있다.

> 그 동자(脫解)가 지팡이를 끌고 두 명의 노奴와 함께 토함산에 올라 돌무덤을 만들고 7일을 머물렀다. (산 위에서) 성 안에 살 만한 곳을 찾으니, 초승달처럼 생긴 봉우리가 있어 오래 살 수 있을 듯했다. 내려와 그곳을 찾아보니 호공瓠公의 집이었다. 이에 꾀를 내어 몰래 숫돌과 숯을 (그 집) 옆에 묻었다. (다음 날) 이른 아침에 그 문 앞에서 이르기를, "이곳은 내 할아버지가 살던 집이다."라고 하니, 호공은 "그렇지 않다."라고 하여 쟁송이 해결되지 않았다. 관청에 고하니 관리가 "무슨 근거로 이 집을 너의 것이라고 하느냐[以何驗是汝家]?"라고 하니, 동자가 말하기를, "나는 본디 대장장이인데 잠깐 옆 마을에 다녀오니 다른 사람이 살고 있었습니다. 땅을 파서 살펴보시기 바랍니다."라고 했다. 그와 같이 하니 과연 숫돌과 숯이 나와서 (호공의 집을) 취하여 살았다. 이때 南解王이 탈해가 지혜로운 사람임을 알고 맏 공주와 결혼시켰다.
>
> 《삼국유사》 권1, 기이1 탈해왕)

위의 기록은 설화 형태로 되어 있고 '쟁송爭訟' '관官'과 같은 후대의 용어가 섞여 있어서 문면대로 믿을 수는 없다. 뒤에 석씨昔氏를 일컫게 되는 집단이 사로국 지배세력의 일원으로 편입되는 과정을 설명하기 위해 구성한 설화라고 이해된다. 이 내용은 물론 고려 말에 일연一然에 의해 채록된 것이지만, 그 원형은 석씨 집단이 이사금을 배출하던 3세기 후반~4세기 전반 무렵에 형성되었으리라 추정된다.

시조로 설정된 탈해가 다파나국多婆那國에서 태어나 구야국狗邪國을
거쳐 동해안에 표착漂着했다는 전승은7 집단의 시조를 신비화하기 위한
가공의 이야기일 가능성이 높다. 석씨 집단은 한기부韓祇部와 관련이 있
으며 그 본거지는 토함산吐含山 방면의 동해안 쪽이었다.8 사로국의 중
심지는 경주분지였는데, 동해안 쪽에서 탈해가 이끄는 집단이 새로이
진출해 온 것이다. 경주의 기성 세력에게 탈해 집단은 이방인이라 할
수 있다. 따라서 예의 책화처럼 이방인의 진입을 차단하는 법적 규제가
분명히 있었을 것이다. 탈해가 순조롭게 정착하지 못하고 궤계詭計를
꾸며낼 수밖에 없었던 것이 이러한 규제의 존재를 암시한다.

호공과 탈해 사이에 벌어진 분쟁의 해결 방식이 주목된다. 당사자끼
리 합의를 이루지 못하자 ‘관’에 사건을 맡겼다고 한다. 이때는 중앙의
관부조직이 설립되기 전이므로 사로국 거수渠帥의 휘하에 있던 인물에
게 판결을 의뢰했을 것이다. 당시 사로국의 거수였던 남해南海가 이 사
건을 계기로 하여 탈해가 지혜로움을 알았다고 하고, 호공瓠公과 같이
정치적 비중이 큰 인물이 관련되었으므로 남해도 판결에 간여한 것 같
다. 중요한 것은 분쟁에 제3자가 개입했고 진상을 파악하기 위해 분쟁
당사자의 진술을 듣고, 그 사실성을 입증하기 위해 숫돌과 숯이라는 물
증(驗)을 제시받았다는 점이다.9 비록 초보적이지만 재판에서 증거자료

---

7 《三國史記》卷1, 新羅本紀1 脫解尼師今.

8 金哲埈, 1990, 〈新羅上代의 Dual Organization〉, 《韓國古代社會研究》, 서울大學校出
版部, 124~128쪽.

9 서양 고대의 자료이지만, 기원전 5세기 중엽에 제정된 로마의 12表法은 개인의 권리
분쟁과 집행에 관해 놀라울 정도로 상세하게 규정하고 있어(崔秉祚, 1991, 〈十二表法
(對譯)〉, 《法學》 32, 서울大 法科大學) 참고가 된다. 중국 고대의 雲夢秦簡, 張家山
漢簡에 실린 법률 관련 문서도 마찬가지이다. 이사금기로 접어들면서 사로국은 계층
분화의 진전과 함께 재산분쟁이 늘어났을 것이고, 이를 심판하기 위한 법제를 갖출
수밖에 없었을 것이다.

를 동원하여 판결의 근거로 삼았음을 보여 준다.[10] 탈해의 꾀에 속아서 오판을 내리기는 했으나, 이는 사실을 파악하는 조사 능력의 한계일 뿐이고 실물자료를 판결의 근거로 삼았다는 것 자체는 법 운영의 합리성을 보여 준다.

문제는 이것을 어느 시기의 양상으로 이해할 것인가 이다. 탈해 설화가 형성되었다고 추정되는 3세기 후반~4세기 전반 무렵의 상황으로 볼 수 있지 않을까? 당시 법 운영체계나 사례를 바탕으로 하여 설화의 모티프들이 구성되었을 것이기 때문이다. 이 시기가 되면 사로국은 여전히 읍락공동체의 폐쇄성은 강고했지만 책화와 같이 외부인의 진입을 막아서는 장벽을 넘어설 수 있는 법적 장치가 마련되었다고 할 수 있다. 예컨대 분쟁 당사자의 진술 청취, 물질자료의 증거능력 인정, 객관적인 근거를 확보하려는 노력, 중대사안일 경우 이사금을 포함한 고위층의 심의審議 등이 초보적이나마 시도되고 있었다. 이러한 점에서 사로국은 다른 소국에 견주어 법체계와 그 운영이 합리적이었다고 평가할 수 있다. 앞서 검토했듯이 음즙벌국音汁伐國과 실직곡국悉直谷國이 쟁강 사건의 판결을 사로국에 의뢰한 사실을 이러한 배경을 통해 이해할 수 있겠다.

나해이사금대에는 사면 기사가 보인다.

> 봄과 여름에 가물었다. 사인使人을 보내 군읍의 죄수들을 녹수錄囚하고 이사二死의 범죄를 제외하고는 모두 풀어 주었다.
>
> (《삼국사기》 권2, 신라본기2 나해이사금 15년)

---

[10] 중국은 西周代의 청동기에 새겨진 〈呂刑〉에서 이미 죄를 결정할 때 진술과 증거를 중시했다고(張晋藩 主編·한기종 외 옮김, 2006, 《중국법제사》, 소나무, 116쪽) 한다.

인민이 굶주리니 창름을 열어 진휼했다. 겨울 10월에 내외內外의 죄수들을 녹수錄囚하고 가벼운 죄를 지은 자들은 풀어 주었다.

(같은 책, 31년)

녹수錄囚는 범죄 조사기록을 살펴 억울한 일이 없도록 하는 것이다. 진한 사회에 언제 한자가 도입되었는지 분명히 알 수 없으나 중국 왕조와의 교섭이 중요한 계기가 되었을 것이다. 문헌으로 확인되는 가장 이른 시기의 공식 교섭은 서진西晉 태강太康 원년(280)에 진한 왕이 사절을 보내 방물方物을 바친 것이다.[11] 이때 진한 왕은 사로국이 중심이 된 연맹체의 장을 가리키며, 그가 파견한 사절이 연맹에 속한 소국의 대표들을 거느리고 서진西晉과 교섭을 벌였다.[12] 따라서 이사금 시기에도 대외교섭이나 왕명의 하달 등 주요한 사안에 대해서는 문서기록을 활용했다고 생각된다. 그러나 한자문화가 도입되는 초기 상황이라는 점을 고려하면 나해이사금대에 개별 범죄 관련 사항까지 기록으로 남겼다고 보기는 이렵다. '녹수'는 후대의 용어를 빌려 표현한 것에 불과하고, 실제로는 죄수들을 재신문하여 일정 형벌 이하의 수감자들을 방면한 조치라고 생각된다.

그 대상으로 '군읍郡邑의 죄수' '내외의 죄수'를 들고 있어서 주목된다. 당시 군은 설치되지 않았으므로 이 역시 뒷시기의 용어를 부회附會한 결과이다. 실제로는 사로국에 복속된 주변 소국을 가리킬 것이다. '내외'의 표현에서 이들은 '외'에 해당한다. 음즙벌국과 실질곡국도 분쟁 사건을 계기로 하여 파사이사금이 복속시켰고, 벌휴~첨해이사금대에 걸쳐 주변 소국에 대한 대대적인 정복을 벌였다. 사로국의 이사금이 이들

---

11 《晉書》 卷97, 列傳67 辰韓.
12 林起煥, 2004, 〈漢城期 百濟의 對外交涉 −3~5세기를 중심으로〉, 《漢城期 百濟의 물류시스템과 對外交涉》, 학연문화사, 94~98쪽.

에 대해 지방관을 파견하지는 못했으므로 복속당한 소국이라고 하더라
도 평상시에는 사법권이 보장되었을 것이다. 위의 죄수들은 해당 소국
의 소국법에 따라 처벌받은 사람들이다. 그러나 기록에 보이듯이 가뭄
이 심하여 기근이 들었고, 더욱이 가뭄은 넓은 범위에 걸쳐 나타나는
현상이므로 사로국 안의 녹수錄囚로 그치지 않고 주변의 복속 소국까지
대상을 넓혀 사면을 단행했다고 보인다.

비록 소국법의 전통이 존중되기는 했지만 이와 같은 특수한 상황에
서는 소국의 사법권이 일부 제한을 받았고 사로국의 법이 주변 소국에
침투하여 적용되었다. 이사금기와 마립간기를 경과하면서 그 범위와 빈
도는 확대되는 추세였으리라 추정된다. 이는 곧 주변 소국에 대한 통제
력이 강화되어 가는 과정이고, 소국법의 국지성이 해소되어 신라 국가
의 고대법으로 수렴되어 가는 과정이었다.

2. 〈포항 중성리비〉와 〈포항 냉수리비〉에 나타난 쟁송爭訟 절차

법흥왕 7년 율령이 반포되기 전에도 신라에는 법제가 존재하였으며,
그것은 불문不文의 관습법 형태였으리라는 것이 일반적인 이해이다. 하
지만 그 구체적인 양상과 집행과정의 실태는 자료가 영성하여 파악할
수 없었다. 그런데 2009년 5월에 경북 포항시 흥해읍興海邑 중성리中城
里에서 신라의 비석이 발견되었다. 〈포항 중성리비〉(이하 중성리비로 약
칭)는 율령 반포 전 신라의 법체계를 밝혀 줄 획기적인 자료이다.

필자는 비문을 다음과 같이 해석하고자 한다.[13]

표 I. 〈포항 중성리비〉의 판독문

XII	XI	X	IX	VIII	VII	VI	V	IV	III	II	I	
							伐	喙				1
				喙?	□	喙	沙					2
		牟	珎	干	鄒	干	斯	利	教			3
	導	旦	伐	支	須	支	利	夷	沙			4
	人	伐	壹	沸	智	祭	壹	斯	喙	喙		5
	者	喙	昔?	竹	世	智	伐	利	小	部	辛	6
	者	作	云	休	令	壹	皮	白	抽	習	巳	7
沙	与	民	豆	壹	干	伐	朱	爭	智	智	□	8
喙	重	沙	智	金	居	使	智	人	奈	阿	□	9
心	罪	干	沙	知	伐	人	本	喙	麻	干	中	10
刀	典	支	干	那	壹	奈	波	評	喙	支	折	11
哩	書	使	支	音	斯	蘇	喙	公	部	沙	盧	12
口?	書	人	宮	支	利	毒	柴	斯	□	喙	++?	13
	与	果	日	村	蘇	只	干	弥	智	斯	?	14
	与	西	夫	卜	豆	道	支	沙	奈	德?		15
	牟	牟	智	□	古	使	弗	喙	麻	智		16
	豆	利	宮	干	利	喙	乃	夷	本	阿		17
	故	白	奪	支	村	念	壹	須	牟	干		18
	記	□	尒	乞	仇	牟	伐	牟	子	支		19
	若	今	斤	鄒	智	金	旦					20
		後	更	壹	列	沙	評					21
		世	還	金	支							22
		更		知								23
												24

(국립경주문화재연구소, 2019, 《포항중성리신라비》, 66~67쪽의 판독을 기초로 하고 필자가 일부 수정을 가했다. □는 불명자, ?는 추정을 표시함.)

13 金昌錫, 2019, 〈포항 중성리비의 '宮'과 상고기 신라의 地域支配〉, 《韓國古代史硏究》 96.

A. 신사(년) … 중절로中折盧…

훼부 습지 아간지, 사훼 사덕지 아간지가 사훼 이추지 나마, 훼부 □
지 나마에게 교敎하셨다.

B. "① 본모자本牟子인 훼 사리이사리가 아뢰기를, '쟁인爭人은 훼 평공
사미, 사훼 이수, 모단벌훼 사리 일벌, 피주지, 본파훼 시 간지, 불
내 일벌, 금평(□)□ 간지, 제지 일벌이다.'라고 했다.

② 사인使人인 나소독지의 도사道使 훼 염모지와 사훼 추수지는 세상
에서 간거벌干居伐의 일사리, 소두고리촌蘇豆古利村의 구추열지 간지,
비죽휴 일금지, 나음지촌那音支村의 복□ 간지, 걸근 일금지, 진벌珎
伐의 일석에게 명령하여 말하기를, '두지사간지의 궁宮과 일부지의
궁宮이 빼앗았으니 이제 모단벌훼의 작민作民을 (모단벌훼에게) 고쳐
돌려주어라.'고 했다.

③ (두지)사간지의 사인使人 과서모리는 (판결 내용을) 복창했다.

④ (그러하니) 만약 후세에 다시 허물하는 사람은 중죄를 줄 것이
다."라고 교하셨다.

C. 전서典書 여모두가 이에 따라 기록했다.

사훼 심도리가 (위의 사실을) 말하여 포고했다.

　위의 해석에서 문제가 될 수 있는 부분을 검토해 보자. 우선 본모자
本牟子를 특정한 역할을 표시한 역명役名으로 보지 않고 본모本牟의 아
들로 해석한 견해가 있다.[14] 이 비문에서 혈연관계를 표시한 유례가 더
이상 없다는 점이 문제이고, 만약 부자관계가 맞는다면 왜 아버지 이름
까지 표기했는지 설명이 따라야 한다.[15] 본모자를 앞에 나오는 □智 奈麻

---

14 李文基, 2009, 〈포항中城里新羅碑의 발견과 그 의의 −〈冷水里碑〉의 재음미를 겸하
여〉, 《韓國古代史硏究》 56, 16쪽.

에 이어서 훼부 소속의 무관등자無官等者의 인명이라고 보기도 했다.[16] 그러나 뒤에 훼喙의 사리이사리沙利夷斯利가 따라 나오고 이들 역시 무관등자이다. 만약 본모자가 훼부의 인명이라면 사리이사리도 훼부 소속이므로 사리이사리 앞에 붙인 '훼喙'는 불필요하다. 〈중성리비〉는 물론 〈냉수리비〉에도 그처럼 부명部名을 거듭 밝혀 쓴 예는 없다.[17] 따라서 본모자는 훼부의 인명이라고 볼 수 없고, 뒤에 나오는 사리이사리의 역임役任을 표시한 것이라고 보아야 한다. 사건의 실상을 조사하고 쟁인爭人의 평의評議를 보좌하는 역할을 맡았다고 생각된다.

〈포항 냉수리비〉의 모두에 "用珍而麻村節居利 爲證尒 令其得財"라고 하여 '위증爲證'이 나온다. '用珍而麻村節居利'는 절거리節居利가 관련된 사건의 조사 결과를 가리킬 것이다. 이것을 증거로 삼아서[爲證] 절거리로 하여금 재財를 얻도록 했다. 전세前世의 실성과 눌지마립간 때 이 증거를 이용해서 하교下敎했으므로 5세기 초의 쟁송에서 이미 사건조사와 평의, 피고의 진술 등이 이뤄졌을 가능성이 높다.[18]

다음 교敎의 내용이 어디까지 이어지는지를 살펴보자. 한漢~남북조南北朝 시기에 '교'는 제후와 군의 태수가 관내管內의 지역과 주민을 대상

---

15 강종훈, 2009, 〈포항중성리신라비의 내용과 성격〉, 《韓國古代史硏究》 56, 149쪽에서도 이러한 취지의 비판을 제기했다.

16 전덕재, 2009, 〈포항중성리신라비의 내용과 신라 6부에 대한 새로운 이해〉, 《韓國古代史硏究》 56, 95쪽.

17 〈冷水里碑〉에 "훼 탐수도사 심자공"에 이어 "훼 사부 나사리"가 나오지만, 뒤의 인물들은 심자공처럼 관직자가 아니어서 훼를 다시 기록한 것이다.

18 그렇다면 5세기 초에 살던 절거리가 503년 시점까지 생존해 있어야 한다. 실성대에 절거리가 어린 나이였다고 하더라도 503년에는 90세가량 되어 의문이 들 수 있다(이에 관한 논란은 한국고대사연구회, 1990, 〈迎日冷水里新羅碑의 綜合的 檢討〉, 《韓國古代史硏究》 3 참조). 그러나 이어 나오는 別敎에서 절거리 死後의 조치가 언급되는 것으로 미루어 그는 장수했고 503년 시점에는 고령의 나이였다고 짐작된다.

으로 내리는 명령이었다.[19] 신라의 여러 용례를 보더라도 교는 명령·지시 혹은 불교 관련 자료에서 부처님의 말씀이라는 의미로 사용되었다.

필자는 교의 내용이 B라고 본다. B-①로만 교를 한정할 수 없는 이유는, 여기에 보고자와 쟁인에 관한 사항이 적혀 있어서 명령의 내용으로는 어울리지 않기 때문이다. 물론 이것이 교의 일부를 내포하고 있으나, 주된 내용이 쟁인의 내역이어서 이것만을 교라고 하기는 곤란하다. 교의 핵심 내용은 B-②에 담겨 있다. 나소독지를 중심으로 한 지역에서 벌어진 작민作民 탈취사건의 진상과 책임 소재, 처리 방침 그리고 사건 처리의 실무를 담당할 사람들을 밝히고 있기 때문이다. 따라서 B-①은 본모자의 조사와 쟁인들이 수행한 판결의 경위 및 형식에 관한 부분이고, B-②는 사건의 시비를 밝히고 처리 방법을 지시하고 있으므로 분쟁과 판결의 내용에 관한 부분이라고 생각된다.

그렇다면 교의 내용으로 ②만 기록하지 않고 왜 굳이 ①을 적었는지가 궁금하다. ①을 생략해도 A에 하교下敎의 시점과 주체가 나와 있고, ② 이하에 사건과 판결의 내용 및 사후 벌어질 사태에 대한 후속 조치, 그리고 입비立碑 관련자에 관한 내용이 적혀 있기 때문이다. 요컨대 B-①은 이 비석을 세운 목적과는 직접 관계가 없고, 다만 판결의 경위와 형식에 대한 정보만을 담고 있다. 이 비문에는 없어도 무방한 내용인 것이다.

비문의 기록 형식을 통해 이를 살펴보면, 판결 결과에 따른 명령을 받은 것은 A에 나오는 수교자受敎者, 곧 사훼 이추지 나마와 훼부 □지 나마였다고 보인다. 판결내용을 나소독지 도사에게 전달한 것도 이들이었을 것이다. 중성리비에 기록된 교는 B 전체이지만 이추지 나마, □지

---

19 中村裕一, 1991, 〈敎 －少林寺武德八年(六二五)秦王'敎'を中心に〉, 《唐代官文書研究》, 中文出版社, 70쪽.

나마에게 판결에 따른 명령을 내린 것이 교의 실질적인 내용이라 할
수 있다. 최상위 지배자 3인의 명령이 판결에 기초하여 내려졌고(실질
적인 교), 그에 따른 조치가 완료된 다음 그 과정의 전반을 정리하고
사후 경고까지 덧붙인 교문敎文이 작성되어 이추지 나마 등에게 정식
하교된 것이라 여겨진다.

그리고 이때 의사 전달은 목간이나 종이에 문자로 기록한 문서가 이
용되었다고 본다. 판결 내용을 기록한 이 비문이 당시에 신라 정부가 문
자기록을 활용하고 있었음을 여실히 보여 준다. 쟁인에 속한 8명, 간거
벌干居伐 일사리 등 촌락의 수장 6명의 이름과 출신지·관등까지 비문에
기록되려면 문자화된 기초자료가 전제되지 않고서는 상상하기 어렵다.

공문서를 작성할 때 자신이 받은 지시사항을 먼저 밝히는 것이 상례
이다. 문서를 작성하게 된 까닭과 근거를 제시함으로써 수발자受發者 사
이의 의사소통과 책임 소재를 명확히 할 수 있기 때문이다. 또 문서의
제목을 달지 않은 초기 문서의 형식에서는 자신에게 내려진 지시를 밝
힌 부분이 제목의 역할을 대신할 수 있다.

한대漢代의 공문서 제도를 보면, 복주覆奏 또는 복신覆信을 할 경우
수령한 제조制詔 혹은 이서移書의 내용을 전재轉載해야 했다. 원칙적으
로는 전문全文 모두를 써야 하지만 때에 따라서는 생략이 가능했다.[20]
뒤 시기의 예이지만 월성해자 출토 사면목간四面木簡에 교敎의 내용을
앞에 쓰고 그 이행 사실을 기록한 것이 있고[21] 신라 하대의 〈신라국집
사성첩新羅國執事省牒〉, 고려 경종대景宗代의 〈김부고신金傅告身〉이 이러한
형식을 따르고 있다.[22] 고려시기의 공신문서 가운데 녹권錄券은 장문으

---

20 大庭脩, 1982, 〈漢代制詔の形態〉, 《秦漢法制史の硏究》, 創文社, 216쪽.
21 윤선태, 2005, 〈월성해자 출토 신라 문서목간〉, 《역사와 현실》 56.
22 노명호 외, 2000, 《韓國古代中世古文書硏究(上)》, 서울대학교출판부의 해당 자료 譯

로 이뤄져 있는데, 왕명王命과 관련 문서를 모두 수록했기 때문에 이렇
게 큰 분량이 된 것이다.[23]

사훼의 이추지尒抽智 나마 등이 나소독지 도사에게 내린 문서에는 자
신이 받은 명령, 즉 판결내용과 처리 지침이 적혀 있었고, 나소독지 도
사는 이를 받아 간거벌干居伐 일사리壹斯利 등에게 전달했을 것이다. 그
리고 정식 하교가 내려진 다음 일련의 사실을 증명하기 위한 비석이
현지에 세워졌다. 이때 비문의 저본이 된 원 자료는 나소독지 도사가
작성한 보고 문서였을 것이다. 도사가 촌락 수장들에게 처리 지침을 전
달하고 나서 임무수행 결과를 이추지 나마 등에게 보고했을 터인데, 그
문서의 형식도 지시자가 자신에게 내린 문서를 앞에 제시하고 이에 따
라 차질 없이 이행했음을 기록했다고 보이기 때문이다. 이추지 나마가
보낸 문서에는 작민作民을 원소유주인 모단벌훼에게 반환하도록 한다는
판결내용과 처리 지침만이 들어 있었고, 나소독지 도사의 보고문에 가
서야 비로소 촌락 수장들의 신상이 구체적으로 언급되었으리라고 본다.
따라서 엄밀하게 따지면 B-② 부분에서 촌락 수장의 신상에 관한 것은
교敎와는 직접 관련이 없다. 하지만 이 역시 교의 집행과 관련된 내용
이므로 교에 내포되는 관계에 있다.

이상 문서의 수발 과정과 기록의 형식에 대한 검토를 통해서 B-①
이 교에 포함된 이유를 짐작할 수 있다. 비문을 작성할 때 주로 참고한
나소독지 도사의 보고 문서 속에 이추지 나마의 하달 문서가 제시되어
있었던 것이다. 분쟁 해결을 위한 제반 조치가 완료된 다음 나소독지
도사의 보고를 기초로 하고 여기에 쟁인의 명단 등 평결의 경위와 사
건의 재발에 대한 경고까지 더한 교문敎文이 완성되어 이추지 나마 등

註를 참조할 것.
23 盧明鎬, 1997, 〈高麗後期의 功臣錄券과 功臣敎書〉,《古文書研究》 13, 6~7쪽.

에게 정식으로 내려졌다. 그리고 이에 근거하여 비문이 작성되고 현지 입비立碑가 이뤄졌다고 보인다.

당시 명령의 작성과 하달, 그리고 집행구조 등 법제의 구체적 면모도 파악할 수 있다. 우선 교의 주체에 당시 최고지배자가 포함되었는지에 대해 생각해 보자. 비문 자체에서는 단서를 찾기가 어려우므로 〈냉수리비〉와 비교가 필요하다. 〈냉수리비〉는 진이마촌珍而麻村의 촌민에 불과한 절거리節居利의 '재물財物'에 대한 분쟁사건에 중앙의 왕과 갈문왕이 누차에 걸쳐 간여한 사실을 적고 있다.

〈중성리비〉의 분쟁은 두지사간지豆智沙干支와 일부지日夫智가 각기 소유한 궁이 모단벌훼牟旦伐喙의 작민을 빼앗아 일어났고, 두지사간지와 일부지가 훼부 혹은 사훼부의 유력자였으므로²⁴ 〈냉수리비〉의 사안보다 비중이 결코 가볍다고 할 수 없다. 그렇다면 〈중성리비〉의 사건에도 왕권이 개입했다고 보는 것이 합리적이다. 4개 부에 걸치는 쟁인의 구성도 이러한 추정을 뒷받침한다. 따라서 사건의 처리방안을 부장部長들과 협의하고 조사를 지시하며 교를 내린 주체에 최고지배자가 포함되었다고 보아야겠다. 그렇다면 비문의 첫째 행에 그 이름이 있어야 하고, '신사辛巳' 아래 남은 공간과 글자의 자형, 발음을 고려하면 현재로서는 역시 지도로갈문왕이 당시 최고지배자로서 참여했을 가능성이 가장 높다고 생각된다.²⁵ '중中'을 지只와 상통자로 볼 수 있을지에 대해서는 여전히 의문이 남지만 '중절로中折盧'를 지도로至都盧의 이표기異表記로 이해

---

24 나는 원래 흥해 지역의 수장이 중앙의 유력자인 豆智沙干支와 日夫智의 宮을 탈취했다고 보았으나(金昌錫, 2009, 〈포항 中城里新羅碑에 관한 몇 가지 고찰〉,《韓國史研究》147), 비문을 재검토하여 이와 같이 견해를 바꿨다. 자세한 내용은 金昌錫, 2019, 앞의 논문을 참조할 것.

25 이우태, 2009, 〈포항 중성리신라비의 건립 연대와 성격〉,《浦項 中城里新羅碑》, 국립경주문화재연구소, 81쪽.

하고자 한다. 그렇다면 중성리비의 건립 연도는 지증왕 2년의 신사년, 곧 501년이 된다.[26]

〈중성리비〉는 나소독지에 파견된 중앙 출신 인물의 관직을 도사로 명기했다. 〈냉수리비〉에도 전사인典事人 가운데 도사 심자공心訾公이 나오는데, 그는 훼부 출신으로서 탐수躭須 지역에 파견된 인물이었다. 그리고 분쟁 처리의 실무를 담당한 최말단의 직임자가 진이마촌珍而麻村의[27] 촌주인 유지與支 간지干支였다. 〈냉수리비〉는 이처럼 중앙에서 파견된 지방관과 지방수장 출신의 유력자를 엄격히 구분하고 있다. 〈중성리비〉에는 촌주가 나오지 않지만 중앙 출신의 지방관은 도사직을 맡고 있으므로 자연촌락의 수장층과 구분된다. 이러한 면에서도 〈중성리비〉의 건립 연대를 일각에서 주장하듯이 눌지마립간 때인 441년으로 보기에는 거리가 있다.

눌지마립간대에 박제상朴堤上은 삽량주歃良州의 간干이었다고 한다.[28] '삽량주'는 후대의 지방제도를 부회한 표현이다.[29] 그런데 그 관직명은 전통적인 수장호首長號인 '간'을 그대로 쓰고 있다. 이렇게 후대의 용어와 전통적인 용어가 결합돼 있는 현상은 아마도 《삼국사기》 박제상전의 찬자가 '간'의 의미를 정확히 알지 못해서 그 표현을 그대로 살려 놓았기 때문이라고 생각된다. 삽량주의 干에서 '간'은 눌지마립간 당대의 표

26 한편 1행의 11자가 '折'이 아니라 '斯'라고 하여 뒤에 오는 글자와 붙여서 신라의 이표기인 斯盧라고 읽어야 한다는 주장이 제기된 바 있다. 그러나 2019년 열린 신라 왕경과 포항중성리신라비 학술대회(국립경주문화재연구소·韓國古代史學會 주최)에서 장지훈 교수가 斯의 초서체 좌변이 비문 해당 글자의 좌변과 형태가 다른 사실을 지적함으로써 '斯盧'說은 근거가 약해졌다고 보인다.

27 비문에는 "村主 與支干支"라고 나오는데, 진이마촌의 촌주로서 자신의 촌락에서 발생한 분쟁에 대해 典事人을 도와 처리하는 실무를 맡았다고 생각된다.

28 《三國史記》卷45, 列傳5 朴堤上.

29 全德在, 1996, 《新羅六部體制研究》, 一潮閣, 41쪽.

현이라고 볼 수 있는 것이다. 간이 전통적인 수장호首長號인데 비해서, 박제상은 중앙 출신으로서 지금의 양산梁山 지역에 파견된 인물이었다. 박제상전에 나오는 3명의 '촌간村干'들은 재지세력 출신으로서 읍락 수장의 전통 위에 서 있는 이들이므로 '간'이란 칭호와 어울리는 존재이다. 이렇게 정치·사회적 성격이 다른 존재를 모두 '간'으로 표현했다는 것은, 중앙 출신으로서 지역에 파견된 경우와 지역수장 출신의 인물에 대해서 구분이 아직 명확하게 이뤄지지 않던 눌지대의 상황을 반영한다. 일부 전략적 지점에 중앙의 인물을 파견하기 시작한 시점이었으므로 이들의 임무와 성격에 대한 인식이 정립되지 못했고, 활동공간이 지역이라는 점이 공통되므로 그 수장에 대한 전통적인 호칭인 '간'을 박제상에게도 습용한 것이라고 이해된다.

그런데 〈중성리비〉는 도사와 자연촌락 수장을 분명히 구분해서 표기했다. 이러한 점은 지역에 주재하는 중앙 출신자에 대한 인식이 불투명했던 눌지대보다는 〈냉수리비〉에 보이는 지방 통제방식과 더 가까운 모습을 보여 준다.

이상의 검토를 통해서 〈중성리비〉에 나타난 명령의 하달과 집행구조는 다음과 같이 정리할 수 있다.

〈국왕 – 유력 부 – 중앙 관료 – 중심촌(행정촌) 도사 – 일반촌의 수장 – 주민〉

국왕은 지도로갈문왕이고, 분쟁의 해결방안을 협의하여 실행 지침을 확정했다. 유력 부는 훼부喙部와 사훼부沙喙部이며, 그 대표자가 국왕과의 협의에 참여했고 국왕과 연명連名으로 교敎를 내렸다. 중앙관료는 사훼의 이추지 나마, 훼부의 □지 나마, 본모자인 훼부 사리이사리로서 사건 조사와 쟁인의 평의를 주관했다. 중심촌의 도사는 나소독지에 파견된 지방관으로서 사건이 발발한 지역을 관할하고 있었으며 중앙의 명령을 받아 촌락 수장들에게 전달하고 집행을 책임졌다. 일반촌의 수장층은 간거벌干居伐의 일사리壹斯利 이하 6명으로 집행의 실무를 담당했다. 주민은 작민을 포함한 이 지역에 살던 사람들이다.

이상의 행정체계를 〈냉수리비〉와 비교하기 위해 비문에 나오는 인물의 역할을 대비해 보면 〈표 2〉와 같다.

표 2. 〈포항 중성리비〉와 〈포항 냉수리비〉의 인물 역할 비교

	〈중성리비〉						〈냉수리비〉					
役任	소속 部/지역	관직	이름	관등	역할	역할	役任	소속 部/지역	관직	이름	관등	비고
	사훼(추정)	갈문왕(추정)	중절로(지도로)		下敎	共論·下敎		사훼	갈문왕	지도로		
	훼		습지	아간지						사덕지	아간지	
	사훼		사덕지	아간지						자숙지	거벌간지	
	사훼		이추지	나마	受敎·조사·보고			훼		이부지	일간지	
	훼		□지	나마						지심지	거벌간지	
太牟子	훼		사리 이사리					본피		두복지	간지	
								사피		모사지	간지	
	훼		평공사미		평의							
	사훼		이수									
	모단벌훼		사리	일벌								
			피주지									
爭人	본파훼		시	간지								
			불내	일벌								
			금평(□)□	간지								
			제지	일벌								
使人	훼	奈蘇毒只道使	염모지		평결하달(世令)	共論 결과하달·보고·	典事人	사훼		일부지	나마	
	사훼		추수지							도로불		
										수구휴		

	간거벌	일사리		집행	祭祀·포고	휘	탐수도사	심자공	
	소두고리촌	구추열지	간지					사부	
		비죽휴	일금지			사훼		나사리	
	나음지촌	복□	간지		집행	진이마촌(추정)	촌주	소나지	
		걸근	일금지					유지	가지
	진벌	일석						수지	일금지
	모단벌훼			作民소유·사역	원래財物소유·後孫	진이마촌		절거리	
								아사노	
		두지	사간지	作民탈취	提訴	진이마촌(추정)		말추	
		일부지						사신지	
使人		과서모리		판결내용復唱					
典書		여모두		碑文기록					
사훼		심도리		口頭포고					

먼저 눈에 띄는 차이점은, 〈중성리비〉의 등장인물이 27명으로 추산되어 〈냉수리비〉의 20명보다 35퍼센트가 많다. 〈중성리비〉의 사안이 더욱 복잡하고 정치적 비중이 컸기 때문일 것이다. 역임役任 가운데 〈중성리비〉에만 본모자·쟁인이 보이는 것은 중앙 출신자의 간여 여부, 곧 사건의 성격과 판결의 절차가 〈냉수리비〉와 달랐기 때문이다. 전서가 〈중성리비〉에만 있는 것도 비의 형태 및 기능이 달랐기 때문이라고 생각된다. 〈중성리비〉가 판결 내용과 이의 제기에 대한 경고를 현지 주민 전체에게 알리기 위해 세워졌다면,[30] 〈냉수리비〉는 고지의 대상이 절거리

[30] 金昌錫, 2009, 앞의 논문, 385~387쪽.

집안과 소송을 제기한 말추末鄒·사신지斯申支에 국한된 듯하다. 따라서 〈냉수리비〉는 다수의 주민에게 국가의 의지를 알리기 위한 목적이 아니라 관련 인물만을 대상으로 하여 승소자에게 발급한 일종의 소유권 확인 증명이라고 생각된다. 두 비석의 형태·크기·기록한 비면의 차이는 여기서 비롯되었고, 〈냉수리비〉에 전서인典書人을 쓰지 않은 것도 이와 관련되었으리라고 본다.

사인使人도 〈중성리비〉에만 보이는데, 이는 상급자의 명령을 받아 어떤 일을 처리하는 존재를 가리키는 역명役名이다.[31] 〈냉수리비〉에서 이 역할을 맡은 사람은 전사인典事人에 들어 있다. 전사인은 분쟁의 전말을 조사하고 교를 받아 진이마촌에 하달하는 역할을 했다. 〈중성리비〉의 '조사 / 보고' 역할자에 이추지 나마가 속한 것처럼 〈냉수리비〉의 전사인에 사훼부의 나마가 들어 있고, 〈중성리비〉의 나소독지 도사처럼 탐수도사가 〈냉수리비〉의 전사인에 속해 있다. 따라서 사인使人의 문제는 두 비문의 근본적인 차이라기보다는 분쟁 처리와 기재방식의 차이라고 보아야 한다.

두 비문에 보이는 관등체계가 비슷한 양상을 보이는 점도 유의된다. 중앙의 부 소속 인물의 경우 관등의 높이를 알 수 없는 간지干支와 일벌壹伐을 제외하면 양자가 6~11등으로 같고, 지방 출신의 경우 간지 혹은 일금지壹金知로서 동일하다. 중앙인으로서 관등이 기록되지 않은 자가 여러 명 있는 것도 공통된다. 단, 지방 출신의 경우 〈중성리비〉는 촌락 수장층 가운데 간거벌干居伐, 진벌珎伐 대표의 관등이 없는 것과 달리, 〈냉수리비〉는 절거리를 비롯하여 수장급으로 보기 어려운 인물의 관등이 기록되지 않았을 뿐 수장층인 촌주 유지臾支와 수지須支는 모두 관등을 갖고 있다. '촌주'라는 직명과 더불어서 이것은 〈냉수리비〉 쪽이

---

31 李文基, 2009, 앞의 논문, 19~20쪽.

〈중성리비〉보다 지방 수장층에 대한 중앙의 통제가 강해진 모습을 보여 준다.

〈중성리비〉는 지금의 홍해읍 중성리 지역에서 작인을 둘러싼 분쟁이 벌어졌고, 이를 중앙에서 판결하여 그 결과와 관련 지시사항을 현지 주민과 이 지역에 이해관계를 가진 중앙인들에게 알리기 위해 세워졌다. 율령 반포 전 시기의 사법 양상이 이 비문에 담겨 있는 것이다. 이사금 시기에 사로국 중심의 연맹체가 형성되면서 전통적인 소국법의 국지성이 일부 해소되고 있었는데 이러한 추세를 이 비문에서 확인할 수 있을까?

쟁인의 역할에 대해서 필자는 이 쟁송의 평의評議를 맡았다고 보았다.[32] 그런데 쟁인을 분쟁에 직·간접으로 관계된 사람들을 가리킨다고 볼 여지가 있다. 〈냉수리비〉를 보면, 상위의 회의체를 구성한 7명의 인물이 '공론共論'하고 하교까지 했다. 〈중성리비〉의 평의원評議員은 쟁인이 아니고 그보다 앞에 나오는 '교敎'의 주체였고, 쟁인은 분쟁의 당사자 또는 그 대리인이었다고 볼 수도 있는 것이다. 따라서 이 문제는 분쟁의 당사자가 과연 누구였는지를 가리는 문제와 직결된다.

필자는 지난 논고에서 진벌珎伐의 수장인 일석壹昔이 두지사간지의 궁과 일부지의 궁을 빼앗았고 이를 진술했다(云)고 보았다.[33] 그런데 이 주장은 진벌 일석의 앞에 열거된 간거벌干居伐 일사리壹斯利, 소두고리

----

32 金昌錫, 2009, 앞의 논문, 382~383쪽.
   '평의'는 《삼국지》 고구려전의 "有罪 諸加評議 便殺之"를 참고한 개념이다. 고구려에서 諸加가 평의했으므로 평의 기능을 〈중성리비〉의 첫머리에 나오는 3인이 담당했다고 볼 수도 있으나, 《삼국지》의 기록은 3세기 중엽 이전의 상황을 전하므로 이를 곧바로 6세기 초의 신라에 적용해서는 안 된다. 당시 신라에서는 중앙의 지배세력이 분화하여 部의 유력자들이 실무적인 評議를 맡고, 마립간과 부장급이 諸干會議에서 평의 결과를 '共論', 합의하여 판결을 확정지었다.
33 위의 논문, 383~386쪽.

촌蘇豆古利村 구추열지간지仇鄒列支干支, 비죽휴일금지沸竹休壹金知, 나음지
촌那音支村 복□간지卜□干支, 걸근일금지乞斤壹金知와 진벌珎伐 일석壹昔
의 존재 양태 및 성격이 명확히 구분되지 않는다는 문제가 있다. 이들
은 각각 간거벌, 소두고리촌, 나음지촌, 진벌의 유력자라고 보인다. 따
라서 진벌의 일석만을 따로 떼어 내 이 분쟁을 유발했다고 할 수 없다.
〈표 1〉의 비문을 보면, Ⅸ행이 진벌 일석부터 시작되긴 하나 Ⅷ행의 하
단이 좌우의 행과 거의 나란한 것으로 보아 내용을 구분하기 위해 의
도적으로 행을 바꾼 것이라고 판단하기도 어렵다.

간거벌의 일사리 이하 진벌 일석까지 6명은 사인인 나소독지 도사
염모지와 추수지의 명령〔世令〕을 받아서 집행한 실무 담당자이다. 이들
은 분쟁이 벌어진 지역의 수장층에 속하는 인물이었다. 〈냉수리비〉에서
"촌주 유지간지와 수지일금지가 지역 현지에서〔世中〕 일을 마쳤다."는 기
술과 대응한다. 〈중성리비〉가 세워진 흥해 지역에 간거벌, 소두고리촌,
나음지촌, 진벌이라는 일반 촌락과 나소독지라는 중심 촌락이 있었으며,
나소독지에 도사가 파견되어 나머지 촌락을 통제했다. 도사가 사인이라
고 표기된 이유는 이 분쟁을 해결하기 위해 임시로 현지의 분쟁처리
책임자의 역임을 맡겼기 때문이고, 또 다른 사인인 사훼沙喙의 추수지鄒
須智는 이때 별도로 파견된 듯하다.

나소독지 도사 등이 명령한〔令〕 내용이 무엇일까? '운云' 이하의 서술
이라고 생각되지만[34] 어디까지인지가 문제이다. "豆智沙干支宮 日夫智宮奪

---

[34] '云'은 使人이 간거벌 등의 유력자에게 명령한 바를 인용했음을 표시하는 글자이다.
李成市, 2011, 〈新羅浦項中城里碑にみる6世紀新羅碑の特質〉,《특별전 문자, 그 이후
기념 심포지엄》, 국립중앙박물관은 于(干)居伐 이하 4개 촌락의 수장들이 두지사간지
와 일부지의 궁을 탈취했음을 인정한 진술을 인용한 것이 云 다음의 문장이라고 보
았다. 그리고 이를 모단벌훼의 작민사간지에게 돌려주라고 했다고 보았다. 橋本 繁
(2011, 〈浦項中城里新羅碑の研究〉,《朝鮮學報》220) 역시 2개의 궁을 탈취당했으며

尒 今更還"이라고 보면 두 가지 해석이 가능하다. "두지사간지궁과 일부 지궁을 빼앗았으니 이제 다시 돌려주어라." 또는 "두지사간지궁과 일부 지궁이 빼앗았으니 이제 다시 돌려주어라."인데, 첫째는 탈취한 주체와 누구에게 돌려줄지가 드러나지 않고, 둘째는 무엇을 탈취했고 누구에게 돌려줄지가 나와 있지 않다. 이 요소를 생략했다고 보기 어려운 이유 는, 중앙의 최고 권력층이 참여하여 판결한 법적 조치이고 그 내용을 기록한 것으로 보이기 때문이다.

따라서 명령의 내용은 "豆智沙干支宮 日夫智宮奪尒 今更還 牟旦伐喙作民" 일 것이다. 두지사간지궁과 일부지궁이 (모단벌훼의 작민을) 빼앗았고, 이제 모단벌훼에게 작민을 돌려주라는 내용이다. 종래 나를 포함하여 여러 연구자들이 '牟旦伐喙 作民沙干支'를 한 덩어리로 보고 모단벌훼 소 속의 사간지 관등을 가진 작민이라는 인물이라고 이해한 바 있다. 그러 나 집안시集安市의 우산하 3319호분에서 출토된 4세기 중엽의 와당 명 문 "作民四千"이 역부役夫를 뜻한다고 보이고,[35] 내물~눌지마립간 시기에 고구려가 신라에 끼친 영향력을 고려하면 신라에서도 작민은 인명보다 는 역부를 가리키는 일반명사라고 이해해야 하겠다.

'모단벌훼 작민'을 '사간지'와 분리한다면 사간지는 누구일까? 인명을 생략한 이유는 앞에 언급되었기 때문일 것이다. 대상이 될 수 있는 인 물은 金評(□)□干支와 두지사간지이다. 金評(□)□의 경우 두 번째 불 명자의 마지막 획이 사沙자와 차이가 있다. 비문의 다른 사沙자를 보면 모두 마지막 획이 45°의 대각선을 이루고 있는데, 이 글자의 획은 70°

이를 작민사간지에게 돌려줄 것을 명령했다고 보았다. 그런데 이렇게 이해할 경우 궁 을 빼앗긴 것은 두지사간지와 일부지인데 왜 두 사람이 아니라 작민사간지에게 돌려 준 것인지를 설명할 수 있어야 한다.

35 여호규, 2014, 〈高句麗 國內 都城의 구성요소와 수공업 생산체계 – 기와 생산체계 를 중심으로〉, 《역사문화연구》 52, 61~67쪽.

정도로 세워져 내려와 자형이 다르다. 따라서 작민 뒤에 나오는 인물은 두지사간지라고 여겨진다.[36] 두지사간지가 언급된 문장이 바로 앞에 나오므로 두지라는 인명을 생략해도 오해할 가능성은 낮다.

　그렇다면 두지사간지의 사인인 과서모리가 "백구白口"한 것이 된다. 이어지는 "若後世更導人者 与重罪"를 백구의 목적절이라고 보기도 했으나, 이는 "만약 뒤에 다시 말하는 자가 있으면 무거운 죄로써 다스릴 것이다[与]."라고 해석되므로 범죄를 저지른 두지사간지 측에서 말할 수 있는 내용이 아니다. 〈냉수리비〉(503년)의 "若更導者 敎其重罪耳", 〈울진 봉평비〉(524년)의 "若此者 獲罪於天"은 모두 매금왕, 갈문왕을 포함한 최고 위층이 교한 내용의 일부였다. 〈남산신성비〉(591년)의 "如法以作後三年崩破者 罪敎事"라는 처벌 방침 역시 정부가 정한 다음 축성자로 하여금 서약하도록[爲聞敎 令誓事之] 했다.[37] 〈중성리비〉의 이 구절도 교를 내린 이들이 분쟁의 재발을 막기 위해 경고한 것이라고 보아야 한다.

　따라서 "백구白口"는 이 경고와 무관하다고 생각된다. 그러면 무슨 말을 사뢴 것일까? 비문의 가장 마지막에 "沙喙心刀哩口"가 나온다. 끝 글자를 口자로 볼 수 있다면 무엇인가를 구두로 말했다는 의미가 된다.[38] 심도리가 말한 내용은 辛巳로 시작되는 비문의 첫머리로부터 与重罪까지라고 보인다. 왜냐하면 沙喙心刀哩口가 비문의 끝 문장이고 바로 앞에 "典書与牟豆 故記"가 있기 때문이다. 전서인 여모두가 문자로 기록

36　李文基, 2009, 앞의 논문, 31쪽; 노태돈, 2010, 〈포항중성리신라비와 外位〉, 《韓國古代史硏究》 59, 41쪽; 朱甫暾, 2012, 〈포항중성리신라비의 構造와 내용〉, 《韓國古代史硏究》 65, 145~146쪽.

37　〈壬申誓記石〉에는 "若此事失 天大罪淂"을 작성자 두 명이 맹서했으나 이는 자신이 과실을 범하면 큰 죄를 '얻을' 것이라고 했으므로, 〈중성리비〉의 '与重罪'와 문장구조가 다르다.

38　윤선태, 2012, 《〈포항 중성리 신라비〉가 보여주는 '소리'－정보전달에 있어 구두와 문자의 기능〉, 《신라 최고의 금석문 포항 중성리비와 냉수리비》, 주류성.

사진 1. 〈포항 중성리비〉의 Ambient 효과 이
미지. 상자 표시를 한 부분이 '故記' 아래에
서 행을 바꾸기 위해 둔 여백이다(국립경주문
화재연구소, 2009, 《浦項 中城里新羅碑》, 17쪽의
도면 활용).

한 내용을 사훼의 심도리가 소리 내어 읽는 형태로 포고했을 것이다.[39]
〈사진 1〉에 보이듯이, '故記' 아래쪽으로 여백이 있음에도 불구하고 행

---

[39] 시대는 떨어지지만 839년 金陽의 군사가 閔哀王을 살해한 뒤 장수들이 기병을 거느
리고 王京을 돌며, 반란이 정당하니 동요치 말고 안정할 것을 말한〔徇曰〕 바 있다
(《三國史記》 卷44, 列傳4 金陽). 일본 石川縣 加茂遺蹟에서 발견된 849년의 牓示札
을 보면, 郡司가 주민에게 농작 등에 관해 내린 명령이 적혀 있다. 그리고 '口示'라고
하여 문맹률이 높은 농민들에게 이 내용을 구두로 전달했다(國立歷史民俗博物館,
2002, 《古代日本文字のある風景》, 朝日新聞社, 102~103쪽). 한편 베트남의 박닌(北
寧)省 투안탄(順成)縣에서 발견된 劉宋代 碑文에 450년 交州刺史가 내린 敎를 그
휘하의 관리가 음성으로 전달한〔宣〕 사실이 적혀 있어(팜 레 후이, 2017, 〈베트남의
10세기 이전 石碑에 대하여 – 새롭게 발견된 陶璜廟碑를 중심으로〉, 《木簡과 文字》
18) 참고가 된다.

을 바꾼 이유는, 여기까지 해서 분쟁의 판결과 집행, 하교下敎, 그리고 이를 기록하는 일련의 절차가 끝났기 때문이다.[40] 그 전체 과정을 사훼의 심도리가 관련자와 주민들 앞에서 낭독했다.[41]

백구白口 역시 이와 연관시켜 이해해야 한다. 패소한 측의 사인이 아뢰는 것이므로 '白'자를 썼고, 문서나 기록을 사용하지 않고 구두로 했다는 의미에서 '口'자를 붙였다고 본다.[42] 그 내용은 판결 결과인 "豆智沙干支宮 日夫智宮奪尒 今更還牟旦伐喙作民"일 수밖에 없다. 〈중성리비〉에서 敎, 白, 令, 云의 경우는 모두 뒤에 목적절을 갖는다. 따라서 백구는 이 원칙과 어긋난다고 생각할 수도 있으나, 앞서 본 故'記'와 마지막 행의 口는 그 목적절이 각기 그 앞에 서술되었다. 특히 口는 이 구절의 백구와 공통된 동사여서 앞에 나오는 "豆智沙干支宮 …… 牟旦伐喙作民"을 말했다고 보고자 한다. 사단을 일으킨 측이 사실을 재확인하고 판결내용을 승복하고 감수한다는 의미에서 이를 복창復唱한 것이라고 생각된다.[43]

이상의 이해를 바탕으로 하여 두지사간지궁과 일부지궁이 모단벌훼

---

40 주보돈, 2018, 《한국 고대사의 기본 사료》, 주류성, 201쪽은 〈中城里碑〉와 〈冷水里碑〉에 모두 故記가 등장함을 주목하고, 敎의 발포, 집행 등이 끝나 그 결과를 이 碑文으로 완결한다는 의미라고 보았다.

41 사훼부 소속 인물이 建碑하기 전의 최종 절차로서 낭독을 맡았다는 점에서 사훼부가 이 사건의 처리를 주관했을 가능성이 높다. 受敎者 가운데 사훼부 소속 이추지 나마가 먼저 언급된 것도 이와 관련되는 듯하다.

42 白口의 용례와 의미에 대해서는 여호규, 2019, 앞의 논문, 125~129쪽을 참조할 것.

43 이용현, 2017, 〈포항 중성리 신라비〉, 《新羅文字資料 Ⅰ》, 국립경주박물관, 26~27쪽에서 '卑(果)西牟利白口'를 비(과)서모리로 하여금 구두 보고토록 명령했다고 이해한 바 있다. 그리고 윤선태, 2012, 앞의 논문, 175~183쪽은 白과 口를 갈라서 白은 使人이 두지사간지에게 보고한 것이고 口는 別敎를 소리로 전달했다고 보았으나, 무리한 끊어 읽기이고 口의 주체가 누구인지 드러나지 않는다. 한편 白口의 口를 人口라고 해석하여, 사간지의 사인이 모단벌훼 측에 돌려줄 작민의 내역을 아뢰었다고 볼 여지가 있다. 향후 유례를 찾아볼 필요가 있다.

의 작민을 빼앗아 분쟁이 일어났고, 중앙의 고위층이 이를 환원하도록
판결하였으며, 패소한 두지사간지의 사인이 이 조치를 수용하는 구두
선언을 했고, 이상의 과정을 전서典書가 문자로 기록했으며, 다시 이상
의 전체 내용을 사훼의 인물이 구두로 포고했음을 알 수 있다. 즉 두지
사간지궁과 일부지궁은 분쟁의 주체 가운데 한편이었고 모단벌훼의 작
민이 분쟁의 대상이었다.

따라서 분쟁의 당사자는 두지 사간지·일부지와 모단벌훼로 파악된다.
모단벌훼 세력이 원고이고 두지 사간지와 일부지가 피고가 된다. 사간
지라는 분화된 관등을 가진 두지와 무관등자인 일부지는 훼부 혹은 사
훼부의 유력자라고 추정된다.[44] 그런데 쟁인에는 당사자 혹은 간접 관
련자인 모단벌훼·훼부·사훼만 참여한 것이 아니라는 점을 유의해야 한
다. 이것은 앞서 제기한 쟁인의 역할과 관련되는 문제이다. 〈표 2〉를
보면, 쟁인은 훼와 사훼의 인물 각각 1인, 모단벌훼 2인, 본파훼 4인으
로 구성되었다. 분쟁과 직접 관련이 없는 본파훼의 인물이 4인이나 참
여한 것은, 쟁인이 분쟁을 심의審議하고 일차적인 해결방안을 모색하는
역할을 했기 때문이라고 생각한다. 여기서 제시된 방안을 수렴하여 이
추지 나마 등이 상위의 회의체에 보고하고, 지도로갈문왕과 아간지 2인
이 협의를 거쳐서 최종 판결했을 것이다.

이상의 검토를 통해 분쟁의 발발과 쟁송 및 판결과 처리과정을 재구
성해 보면 다음과 같다.

모단벌훼가 중성리 지역에서 사역하던 작인을 두지 사간지의 궁宮, 일부지의
궁宮이 탈취 → 중앙의 모단벌훼 부장이 이를 제소 → 갈문왕이 부장들과 처리

44 金昌錫, 2019, 〈포항 중성리비의 '宮'과 상고기 신라의 地域支配〉, 《韓國古代史研
     究》 96, 148쪽.

방안 협의 / 사훼의 이추지 나마 등에게 사건 조사 지시 → 4개 부의 평의원 [爭人]이 평의 → 결과를 갈문왕에게 보고 → 갈문왕과 훼부·사훼부의 대표 3 자가 협의하여 처리방침을 확정하고 판결 → 판결내용을 이추지 나마 등에게 하달(실질적인 하교) → 지방관인 나소독지 도사 등이 실무자인 간거벌 일사리 등에게 사건의 전말을 설명하고 처리방침에 따른 조치를 명령 → 집행 / 두지 사간지의 사인이 판결문을 복창 → 나소독지 도사가 이추지 나마를 통해 중앙 에 보고 → 정식 교문 작성 → 이추지 나마 등에게 하교 → 전서 여모두가 이상의 내용을 기록 → 사훼의 심도리가 구두 포고 → 비석 건립

3. 교령법의 기능과 성격

중국 정사 동이전은 동이로 포괄되는 여러 나라의 법속에 관한 내용 을 싣고 있다. 《양서梁書》는 신라를 처음으로 입전立傳했는데, 521년과[45] 549년에[46] 신라와 양나라 사이에 교류가 있었으므로 6세기 전반의 신라 사정을 기록한 것이다. 그런데 여기서는 신라의 법률제도에 관한 내용 을 찾아볼 수 없다. 520년에 율령이 반포된 것을 상기하면, 그 직후에 사신이 왕래했음에도 불구하고 법에 관해 언급이 없는 것은 이상한 일 이라 하지 않을 수 없다.

기록이 누락된 가장 큰 원인은, 521년에 신라 사신이 단독으로 가지 못하고 백제 사신을 수행했다는 데서 찾을 수 있다. 신라사新羅使는 백 제인의 통역을 통해서만 양 조정과 의사교환이 가능했으므로[47] 백제 사

---

[45] 《梁書》卷54, 列傳48 新羅 "普通二年 王姓募 名秦 始使 使隨百濟 奉獻方物"
[46] 《三國史記》卷4, 新羅本紀4 眞興王 10年 "春 梁遣使與入學僧覺德 送佛舍利"
[47] 《梁書》卷54, 列傳48 新羅 "語言 待百濟而後通焉"

절이 신라의 상황을 왜곡해서 전달할 여지가 있었던 것이다.《양직공도梁職貢圖》의 백제조에서 '방소국旁小國' 가운데 신라가 들어 있는 것은, 백제가 신라를 부용국附庸國으로 간주했음을 보여 준다. 신라를 비하하던 백제가 양나라에 전달한 신라 관련 정보는 객관성을 보장할 수 없다.[48]

> 문자가 없고 나무에 (기호를) 새겨 신표信標를 삼는다.
>
> (《양서》 권54, 열전48 신라)

위의 기록도 사실로 보기 어렵다. 6세기 초의 신라는 '율령'이라는 체계화된 성문법을 제정할 수 있을 정도의 사회였으므로, 이미 지배의 수단으로서 문자는 사용되고 있었다고 보아야 한다. 503년의 〈포항 냉수리비〉와 그전에 만들어진 〈포항 중성리비〉를 통해서 이러한 사실을 실물자료로써 확인할 수 있다. 따라서 처음 신라를 입전한《양서》에 법률 관련사항이 없다고 하여 이를 근거로 율령 반포를 부정한다거나 당시 신라의 형정刑政 수준을 속단해서는 안 된다. 기타 사료를 동원해서 율령 반포 전, 곧 6세기 초 이전의 신라 법의 실체를 해명하고 그 정치·사회적 성격을 따져 보아야 한다.

3~5세기는 진한의 한 소국이었던 사로국이 고대국가로 성장해 가는 시기였다.《삼국사기》에 따르면, 이때 이사금과 마립간이 신라를 이끌었다고 한다. 하지만 이들이 전 권역을 일원적으로 지배하지 못했고, 지금의 경주 지역에 자리 잡고 있던 유력한 정치체들이 연합하여 현재의 영남 지역 가운데 낙동강 이동의 일원을 간접적인 방식으로 통제하는 데 지나지 않았다.

---

[48] 武田幸男, 1979, 〈新羅官位制の成立〉,《旗田巍記念朝鮮歷史論集 上》, 龍溪書舍, 183~184쪽.

그러나 이사금과 마립간을 권력의 핵으로 하여 여러 정책의 집행, 물자 유통, 치안 등의 행정활동이 이뤄졌으며 초기 법제가 이를 물리적 강제력으로써 뒷받침했다. 이러한 경험을 기반으로 하여 6세기 전반 이후 신라는 집권체제를 형성하였다. 3~5세기는 신라사의 요람기에 해당하므로 고대국가로서 신라가 성립되는 과정을 이해하는 데 관문과 같은 의의가 있다.

하지만 이 시기의 행정이 어떻게 이뤄졌고, 어떤 인물과 기구가 행정을 담당했으며, 이를 가능하게 한 법제가 어떤 모습이었는지에 대해서 본격적인 연구가 이뤄지지 못했다. 고대국가의 형성과정을 다루면서 초기 관부의 성립을 언급한 연구가[49] 있는 정도이다. 법제에 관해서는 율령의 반포에 초점을 맞추어 신라 율령의 모델을 찾고 왕권을 확립시켜 가는 과정에서 그것이 어떤 기여를 하였는지를 밝히는 데 치중했다.[50] 법률 자체의 내용과 지배체제를 운영하는 면에서 법과 행정기능과의 연관성은 주목받지 못했다.

행정작용이란 넓게 보면 국가의 목적이나 공익을 실현하기 위한 정부의 활동이라고 할 수 있다. 신라는 마립간 시기가 시작되는 4세기 후반에 들어서야 초기 고대국가로서 성립하고 정부 기구가 움직이는 모습이 확인된다. 하지만 신라의 모체인 사로국은 이미 3세기에 확인되며, 그 수장이 휘하의 조직을 가동시켜 주변의 다른 소국과 교류하고 전쟁을 벌였다. 행정의 싹은 4세기 전반 이전에 움터서 자라고 있었고, 초

49 金哲埈, 1956, 〈高句麗·新羅의 官階組織의 成立過程〉, 《斗溪李丙燾博士華甲記念論叢》, 一潮閣; 井上秀雄, 1974, 〈《三國史記》にあらわれた新羅の中央行政官制について〉, 《新羅史基礎研究》, 東出版; 李仁哲, 1993, 〈新羅 中央行政官府의 組織과 運營〉, 《新羅政治制度史研究》, 一志社.

50 田鳳德, 1968, 〈新羅律令攷〉, 《韓國法制史研究》, 서울大學校出版部; 武田幸男, 1971, 〈律令國家群의 形成(朝鮮의 律令制)〉, 《岩波講座 世界歷史 6》, 岩波書店.

기의 법제 역시 공적 기구의 행정활동과 동전의 양면처럼 밀접한 관련을 맺고 작동·발전했을 것이다.

여기서는 《삼국지》《삼국사기》 등의 문헌자료와 6세기 초의 비문을 활용하여 사로국 및 신라 초기의 중앙행정과 법률의 특징을 살펴보고자 한다. 이를 통해서 520년 율령이 반포되기 전 신라 법의 양상과 이를 기초로 하여 형성된 지배체제의 단면이 드러날 것이다.

1) 마립간 시기의 '공론共論'과 '교敎·령令'의 행정

가. '공론共論'의 절차와 구조

진한연맹체의 맹주국이었던 사로국은 이에 만족하지 않고 연맹체에 소속된 소국에 대한 통제를 강화하고자 했다. 연맹체를 극복하여 고대국가의 체제를 갖추기 위해서는 사로국 내부의 지배체제 변화가 선행되어야 한다. 곧 유력한 집단들이 느슨하게 연합하여 그 내표자인 이사금 지위를 돌아가며 맡고, 이사금은 가까운 수하에게 국정의 중대사를 맡기는 방식으로는 여타의 연맹소국은 고사하고 사로국을 구성하는 다양한 지역집단조차 효과적으로 제어하기 어렵다.

이러한 상황을 극복해 가는 역정歷程에서 주목되는 것이 첨해이사금 때 설치했다는 남당南堂이다. 《삼국사기》에는 첨해가 3세기 중엽에 재위했다고 기록되어 있지만 기년을 조정하여 4세기 중엽으로 보면, 이때는 이사금 시기가 끝나가는 시기이다. 사로국 시기부터 이미 제사와 정치는 분리되어 있었으나, 이제 정치기능을 총괄하는 기구로서 남당이 설치된 것이다.

남당은 남쪽에 자리 잡고 있으면서 정무가 이뤄지던 청사를 의미한다.[51] 여기서 "첨해이사금이 정사에 관해 들었다."고 한다. 따라서 남당

은 어떤 관부의 이름이 아니고 여러 사람이 모여 국정을 논의하는 회
의기구 혹은 회의가 열리는 건물을 가리킨다. 적어도 마립간 시기까지
는 이 회의체가 지속된 듯하며 마립간을 비롯한 간들이 주요 성원이었
다. 간은 각기 6부를 대표하였고 그 가운데 최고의 간이 마립간으로서
회의를 주재했다. 그러나 처음부터 6부가 모두 참여했던 것은 아니고
사안의 경중이나 어느 부와 관련된 것이냐에 따라서 참석 범위가 달라
졌다.

〈포항 냉수리비〉는 마립간 시기의 최말기인 지증왕 4년(503)에 작성
되었다. 여기에는 재산의 소유권에 관한 분쟁을 해결하기 위해 지증왕
과 4개 부의 부장급 인물이 모여 함께 논의한 결과가 기록되어 있다.
이 '공론共論'은 어떤 절차를 거쳐 이루어졌을까? 아래 비문의 내용을 살
펴보자.

사라의 훼부 사부지왕과 내지왕 두 왕이 교를 내려, 진이마촌의 절거리를 증
거로 삼아 그가 재물을 얻게 하라고 하셨다. 계미년 9월 25일, 사훼부 지도로
갈문왕·사덕지 아간지·자숙지 거벌간지와 훼부의 이부지 일간지·지십지 거벌간
지와 본피부本彼部의 두복지 간지와 사피부斯彼部의 모사지 간지, 이 7왕들이
공론共論하여 교하였으니, 전세前世의 두 왕의 교를 증거로 삼아 재물을 모두
절거리로 하여금 얻게 하라고 하셨다.

또 교하셨으니, 절거리가 만약 먼저 죽으면 그 동생 아사노로 하여금 그 재
물을 얻게 하라고 하셨다. 다시 교하셨으니, 말추와 사신지 이 두 사람은 뒤에
다시는 이 재물에 대하여 말하지 말라고 하셨다. 만약 다시 말하면 중죄를 준
다고 교하셨다. 전사인은 사훼부의 일부지 나마·도로불·수구휴와 훼부의 탐수
도사인 심자공, 그리고 훼부의 사부·나사리, 사훼부의 소나지이다. 이 7인이 삼
가 사뢴 바 일이 완결되어 얼룩소를 잡고 널리 고하였기에 이에 기록한다.

---

51 李丙燾, 1975, 〈古代南堂考〉, 《韓國古代史研究》, 博英社.

촌주 유지 간지와 수지 일금지 이 두 사람이 이해에 일을 마쳤으므로 이에 기록한다.[52]

당시 벌어진 분쟁과 판결의 진행과정 및 절차를 재구성해 보면 다음과 같다. 말추와 사신지는 절거리라는 사람이 갖고 있던 재산이 원래는 자기 것이라고 주장하며 자신이 사는 지역의 유력자인 촌주에게 제소했다. 촌주는 이를 촌에 파견된 지방관인 도사에게 보고했고 도사는 이를 다시 중앙에 보고하여 해결방안을 요청했을 것이다.

중앙에서는 우선 담당자가 사안을 검토하여 적합한 처리방법을 마립간에게 보고한다. 마립간은 제간회의諸干會議를 열기로 결정하고, 이와 별도로 사실관계를 확인하기 위한 조사를 지시했을 것이다. 조사가 끝나면 각 부에 사자를 보내 회의를 소집한다. 마립간이 실성과 눌지대의 선례 등 관련 자료를 놓고 유관 부의 우두머리들과 논의를 거쳐 분쟁을 판결하고 처리방침에 대해 합의하는 절차를 상정할 수 있다.

이렇게 복잡하면서도 어느 정도 정연한 절차가 마련된 것은, 마립간 체제가 안정되는 5세기에 접어들면서부터이다. 4세기 후반의 이사금과 5세기의 마립간들은 주요한 국정 현안과 〈포항 냉수리비〉 등에 보이는 중요한 분쟁사건에 대해서 남당에서 열리는 제간회의를 통해 6부의 협력을 얻을 수 있었다. 마립간은 또한 각 부의 부장을 매개로 하여 사로국 내부의 여러 지역집단에 대한 장악력을 한 차원 높일 수 있었다. 6부의 군사적 협조를 통해서 연맹소국에 대한 통제력의 강화와 정복이 비로소 가능해졌다.

---

52 盧重國, 1992, 〈迎日 冷水里碑〉, 《譯註 韓國古代金石文 Ⅱ》, (財)駕洛國史蹟開發研究院의 해석을 기본으로 하고 일부 수정을 가했다.

나. 초기 관부의 성격과 기능

남당의 설치로 제간회의와 같은 6부의 협의체제가 성립하면서 행정의 구조가 변화했다.

> 한기부韓祇部 사람 부도夫道가 집이 가난하지만 아첨하지 않고 글씨와 계산에 능하여 당시 이름이 알려졌다. 왕이 그를 불러 아찬으로 삼고 물장고物藏庫의 사무를 맡겼다.
>
> 《삼국사기》권2, 신라본기2 첨해이사금 5년)

첨해이사금은 부도를 왕궁 안에 있는 창고인 물장고 사무를 담당하도록 임명했다. 부도는 한기부 사람이었는데 첨해 역시 한기부 출신일 것으로 여겨진다. 첨해이사금이 석씨昔氏 집단 출신이었고 석씨 집단이 한기부의 중심 세력이었기[53] 때문이다. 첨해이사금은 자신과 같은 부 출신인 부도에 대해 익히 알고 등용했을 것이다.

이런 측면을 중시하면, 지역 수장과의 정치적 관계와 신뢰도에 따라 그 가신에게 업무처리가 맡겨지는 종래 경향의 연장선상에 있다고 볼 수도 있다. 그러나 부도는 "기록과 계산을 잘했다."고 특기될 정도로 재정 업무에 전문적 능력을 갖춘 인물이었고, 발탁되어 그 분야에 해당하는 창고업무를 맡았다. 부의 규제력은 여전히 작동하고 있으나 이제는 특정 업무를 전담하는 관료가 출현한 것이다. 이런 사실은 새로운 현상이다. 임시로 업무를 처리하던 가신 출신과 성격이 다른 존재이다. 이런 존재가 담당하는 업무가 늘어나고 업무의 분화가 이뤄지면 관리가 확충되기 마련이고 결국 관부官府의 설치로 이어지게 된다.

---

[53] 金哲埈, 1990, 앞의 논문, 124~125쪽.

한 가지 유념해야 할 것은, 부도가 글씨와 계산에 능했다는 점이다. 행정업무가 "지시―업무 수행―보고"의 체계로 진행된다고 하면, 특히 업무 수행과 보고의 과정에서 문자 기록은 업무의 정확성과 효율성을 높이는 데 기여할 수 있다. 고조선 유민들의 유입이나 낙랑군樂浪郡·대방군帶方郡과의 교섭을 고려하면 진한 시기에 이미 한자는 부분적으로 도입되었다고 보인다. 그러나 당시에는 사람이나 사물의 이름, 숫자, 혹은 종교적 길상구吉祥句를 한자로 적는 정도에 그쳤고, 이사금기 후반인 4세기 중·후반에 들어서야 한자 혹은 한문의 구사가 실무에 활용하는 수준에 이르렀다.[54] 부도가 맡은 일이 중앙의 창고를 관리하는 것이었으므로 물품을 수납·보관·지출하는 데 필요한 장부 기록을 유지하고 수량을 계산할 때 한자를 이용한 행정기술이 발휘되었을 것이다.

신라의 관부 가운데 가장 먼저 이름이 확인되는 것은 동시전東市典이다. 《삼국사기》에 따르면, 왕도의 동시東市, 곧 월성月城의 동쪽에 있던 시장을 관리하기 위해 동시전이 지증왕 9년(508)에 설치되었다. 이보다 먼저 설치되었지만 문헌기록에서 누락된 관부가 있을 수 있다. 그러나 앞서 살펴본 부도가 신라사에서 본격적인 관료로는 처음 등장하는 인물인데 그 역시 물장고라는 물자유통과 관련된 시설의 책임자였다. 고대국가가 성립하여 면모를 갖추어 나가는 데 최고 지배층과 도성의 주민에게 시장市場과 창고倉庫를 통해서 물품을 공급하는 것이 그만큼 중요했다.

그런데 실제로 동시전보다 앞서 설치된 관부가 있었다. 집사부執事部

---

54 朱甫暾, 2001, 〈新羅에서의 漢文字 定着 過程과 佛教 受容〉,《嶺南學》창간호; 宋基豪, 2002, 〈고대의 문자생활 ― 비교와 시기구분〉,《강좌 한국고대사 5》, (재)가락국사적개발연구원; 李成珪, 2003, 〈韓國 古代 國家의 形成과 漢字 受容〉,《韓國古代史研究》32.

가 진덕왕 5년(651)에 설치되는데 그 전신인 품주稟主가 동시전보다 먼저 설치된 것 같다. '품'자가 아뢴다는 뜻과 함께 창고의 뜻을 갖고 있으므로 품주는 왕정王政의 기밀과 재정을 담당한 신라 초기의 주요 기구였다.[55] 이것이 언제 처음 설치었는지에 대해서는 진흥왕 때로 보기도 하지만, 창고제도와 재정기구의 정비과정을 감안하면 마립간 시기 초라고 추정된다.[56]

원래 품주는 조주祖主였다고 한다. '조'자는 위패位牌나 제단을 뜻하므로 조주는 국가제사에 필요한 제수품을 조달하고 보관하는 임무를 맡고 있었다. 진한연맹체 시기인 남해차차웅대에 사로국의 시조묘始祖廟를 세우고 그의 여동생으로 하여금 제사를 주관하게 할 만큼[57] 신라는 조상신 제사와 제천의례를 중시했다. 조주는 이사금 시기 후반부터 점차 왕권과 밀착하면서 기밀과 재정 업무까지 수행하게 되고 이름이 품주로 바뀌었다. 이때부터 품주는 직책의 이름이 아니라 관부명으로 굳어지고 소속 관원도 늘어나게 되었다.

하지만 그 출발은 제수용품 조달과 물자 유통에 관한 것이어서 품주의 기본 임무와 성격이라는 면에서 보면, 첨해이사금 때의 부도 임명, 지증왕 때의 동시전 설치와 상통하는 점을 발견할 수 있다. 신라의 초기 관부가 이처럼 물자의 조달과 재정 운영으로부터 시작되었고, 제사와 관련된 종교적 성격을 띤 것이 있었다는 점은 주목할 만하다. 그 뒤로 초기 관부는 기능을 확장해 갔지만 아직 전문 관리가 부족하고 조직이 세분화·체계화되지 못했다. 또한 각 부 내부의 업무는 종전처럼 부장 휘하의 유력한 가신이 처리하는 경우가 많았다.

---

55 李基白, 1974, 〈稟主考〉, 《新羅政治社會史研究》, 一潮閣.

56 金昌錫, 2001, 〈신라 倉庫制의 성립과 租稅 運送〉, 《韓國古代史研究》 22.

57 《三國史記》 卷32, 雜志1 祭祀.

다. 교 · 령의 하달과 시행

마립간 시기에 국가의 중요한 정책이나 주요 사안에 대한 대처는 제 간회의에서 공론을 거쳐 결정되면 그 내용이 '교'의 형태로 내려졌다. 그리고 교는 다시 해당 관부나 관리, 그리고 가신 출신의 담당자를 통해 명령, 곧 '령'으로[58] 구체화된다. 때에 따라서는 교와 령이 통합되어 '교령'의 형태로 발포되기도 했다. 이 명령을 실무 책임자가 접수하여 실행에 옮긴다. 대외관계와 관련된 사안일 경우 마립간이 단독으로 교를 내렸을 터인데, 이때도 행정은 기본적으로 "교 - 령 - 집행"의 흐름으로 진행되었다.

〈포항 중성리비〉를 통해 이러한 과정을 살펴보자. 이 비석의 건립 연대에 대해서는 눌지마립간 25년(441)설이 있으나[59] 다수의 학자는 지증마립간 2년(501)으로 보고 있다.[60] 어느 의견이 맞든지 이 비석이 마립간기의 산물임은 분명하다. 현존하는 신라의 물질자료로서 '교'가 확

---

58 삼국시기의 '令'은 기본적으로 敎와 같은 성질이고, 다만 영구적인 법령으로 규정되는가(令), 아닌가(敎)의 차이일 뿐이라는 견해가 있다(홍승우, 2013, 〈〈集安高句麗碑〉에 나타난 高句麗 律令의 형식과 守墓制〉,《韓國古代史硏究》 72, 96~101쪽). 그러나 현존하는 삼국시기의 金石文 또는 木簡에서 확인되는 사례를 보면, 법적 용어로서 사용된 '令'의 의미와 기능은 敎에 의거하여 내려진 실행 명령이었다. 다만 마립간 시기에 令이 명령, 지시에 그치지 않고, 敎에 버금가는 법적 효력을 지녔을 가능성이 있으나 같은 시기의 자료로써 증명하기는 어렵다.

59 李文基, 2009, 〈포항 中城里新羅碑의 발견과 그 의의 -冷水里碑의 재음미를 겸하여〉,《韓國古代史硏究》 56; 윤선태, 2012, 〈〈포항 중성리 신라비〉가 보여주는 '소리' -정보전달에 있어 구두와 문자의 기능〉,《포항 중성리비와 냉수리비》, 주류성.

60 이우태, 2009, 〈포항 중성리신라비의 건립 연대와 성격〉,《浦項 中城里新羅碑》, 국립경주문화재연구소; 전덕재, 2009, 〈포항중성리신라비의 내용과 신라 6부에 대한 새로운 이해〉,《韓國古代史硏究》 56; 金昌錫, 2009, 〈포항 中城里新羅碑에 관한 몇 가지 고찰〉,《韓國史硏究》 147; 朱甫暾, 2012, 〈포항중성리신라비의 構造와 내용〉,《韓國古代史硏究》 65.

인된 최고最古의 사례이다. 비문의 내용에 관해서도 논란이 있지만, 대체로 왕도의 부가 지금의 포항 지역에 갖고 있던 이권을 놓고 분쟁이 발생했고 이를 해결하기 위한 판결이 내려진 뒤 어떤 조치를 취한 사실, 그리고 사건의 확산을 막기 위한 경고 등이 적혀 있다고 보인다. 사건이 일어난 지역에 세운 일종의 포고문이다.

비문의 내용을 재구성해 보면 다음과 같다. 피해자가 자신이 소속된 부에 사건을 알리고 부장部長은 가해자와 그 소속 부를 제소한다. 보고를 받은 마립간은 제간회의를 소집하여 판결을 내리고 처리방법을 '하교'한다. 이 사건의 경우는 제간회의와 별도로 마립간 직속의 인물로 하여금 사건을 조사하도록 하면서 원고와 피고 측의 주장을 듣기도 한 것으로 보인다. 사건의 경위가 복잡하고 전례가 없었기 때문이다. 하교의 내용은 그 지역을 관할하는 도사에게 전달되었고, 그가 실무자인 촌락의 수장들에게 '령'을 내려 집행이 이뤄졌다.[61]

지증왕 4년(503)에 만들어진 〈포항 냉수리비〉의 양상도 비슷하다. 사훼부의 지도로갈문왕 등 7인이 공론하여 하교함으로써, 분쟁 대상이 된 재물을 진이마촌의 절거리로 하여금 갖도록 했다. 지증왕을 포함하여 부장급인 7명의 간들이 회의를 열고 판결문을 하교했다. 이것을 관료인 전사인典事人(지방관인 탐수도사 포함)이 받아서 집행자인 촌주에게 전달했다. 뒤에 '별교別教'가 제시되었는데, 절거리가 죽은 다음 혹은 판결에 대한 이의 제기가 있을 경우에 대한 조치 사항으로서 원래의 교보다 하위에 있는 부가적인 것이다. 하지만 이 역시 교에 속한다는 것은 별 '교'란 명칭을 통해서 알 수 있고, 서식상으로도 별교의 말미에 '교이教 耳'가 붙어 있으므로 분명하다.

'령'이 보이지만, 여기서는 하령下令의 주체가 표시되어 있지 않고,

---

61 〈中城里碑文〉의 구체적인 내용에 관해서는 이 책의 2장 2절을 참고할 것.

교에 의거하여 어떤 일을 행하도록 지시하는 사역의 동사로 쓰이고 있다.[62] 하지만 후면에 사훼부의 일부지 나마 등 7인이 전사인으로 열거되었으므로 이들이 모종의 조치를 실행하라는 명령을 작성하여 하달하는데 관여했을 것이다. 실무를 맡아 명령을 집행한 사람은 촌주인 유지 간지와 수지 일금지였다. 〈냉수리비〉는 〈중성리비〉와 마찬가지로 "교 → 령"의 과정을 통해서 집행이 이뤄졌다고 보인다.

그리고 두 비문의 내용에 의해 작민 또는 재물에 대한 소유권의 소재가 판명되었고, 그에 따라 분쟁을 해결하기 위한 조치로서 탈취물의 반환 혹은 소유권의 확인이 실행되었으므로 법으로서의 효력을 발휘했다. 법원法源은 국왕을 포함한 최상위 지배자들의 교였고, 이것이 실무 담당자에게 령으로 하달되었다. 이와 같이 교를 법적 효력의 근원으로 하고 령이라는 실행명령을 통해 현실에 시행되는 법을 교령법教令法이라고 부르고자 한다.

마립간 시기에 왕교나 공론을 거쳐 발포된 교는 담당 관부나 관인의 령을 통해 중앙의 6부와 지방의 일부 촌락 및 그 주민에게 효력을 미쳤다. 그리고 이후 서서히 중앙의 행정체계를 정비하고, 몇몇 요충지에 군주軍主를, 그리고 성이나 규모가 큰 촌락에 도사를 파견하고 재래의 수장을 촌주로 임명하는 등 지방에 대한 직접지배가 진전되면서 교령법의 시행 범위는 확대되어 갔다.

2) 5세기 행정과 법의 의의와 한계

신라에서는 법흥왕 7년(520)에 율령이 반포되었다. 율령법의 시행은 행정 운영에 전기를 가져왔다. 행정활동의 법적 근거가 율령에 의해 체

---

62 "令其得財" "令節居利得之" "令其弟兒斯奴得此財"가 그것이다.

계화됨으로써 강력한 추진력을 얻어 더 효율적인 행정이 가능해졌다.

신라의 율령법이 중국 법체계의 영향을 받은 것은 분명하다. 그동안 그 계보가 어느 쪽인지를 놓고 서진西晉의 《태시율령泰始律令》,[63] 고구려 율령,[64] 또는 양梁의 《천감율령天監律令》이라는 견해[65] 등이 제시된 바 있다. 그런데 신라 율령의 성립과정을 살펴보면, 신정법 이래의 전통 법제가 본류를 이루고 여기에 외래법의 요소가 부가되었음을 알 수 있다. 곧 신라 사회의 발전과 더불어 법체계가 율령으로 형성되어 나간 것이다.

개별 소국 안에서만 통용되던 소국법은 이사금 시기를 거치면서 그 국지성이 점차 해소된다. 이는 사로국이 진한의 맹주 세력이 되어 가는 과정과 궤를 같이 했다. 앞서 지적했듯이, 4세기 전반 무렵으로 추정되는 나해이사금 때 이미 사로국의 법을 주변 소국에 적용하여 죄수를 방면한 일이 있었다. 소국 간의 장벽이 무너지면서 각 소국법은 사로국의 법, 그리고 마립간 시기로 접어들면서 점차 신라의 교령법으로 수렴되어갔다. 그 근저에는 사회분화가 진전되면서 범죄가 다양화·증가했고, 이에 대처하여 더욱 세분화되고 강력한 공권력 행사를 요구하는 현실이 자리 잡고 있었음은 물론이다.

교령법은 청동기시대의 신정법과 사로국 시기의 소국법을 기초로 하고, 여기에 필요에 따라서 내려진 교와 령이 덧붙여진 것이라고 할 수 있다. 따라서 교령법은 특정한 사안이나 사건을 해결하기 위한 단행법單行法의 성격이 강했다. 그리고 〈포항 냉수리비〉를 보면, 지증마립간은 분쟁을 해결하기 위해 그에 앞서 재위했던 실성과 눌지마립간 때 내려진 판결을 활용했다. 이 판결을 '증거[證]'로 삼아 재물의 소유권자를 판

63 田鳳德, 1968, 〈新羅律令攷〉, 《韓國法制史硏究》, 서울大學校出版部.
64 盧重國, 1979, 〈高句麗律令에 關한 一試論〉, 《東方學志》 21.
65 朱甫暾, 1989, 〈蔚珍鳳坪新羅碑와 法興王代 律令〉, 《韓國古代史硏究》 2.

정했다. "用前世二王教 爲證尒 取財物盡 令節居利得之"구절이 이에 해당한
다. 오래 전에 내려진 교·령이 일종의 판례判例로서 인용된 것이다.

　교령법은 어떤 상황이 벌어지면 이를 수습하기 위해 내려진 교가 법
으로서 효력을 발휘한다는 점에서 단행법령이면서 동시에 판례법의 성
격을 갖는다. 차후에 당사자 간의 사건이 재발하거나 같은 유형의 사건
이 발생하면 앞서 내려진 교가 판례로서 활용되어 다시 법원이 될 수
있었다. 〈냉수리비〉에서 503년 시점에 전교前敎가 판례로 쓰인 사실은,
이미 신라에 교령법이 풍부하게 축적되었음을 반영하는 현상이다. 〈중
성리비〉의 분쟁은 기왕의 유례가 없었으므로 판례를 법원으로 활용할
수 없었을 뿐이다. 하지만 그 교·령 자체가 관련 문서와 비문으로 남게
되므로 향후 유사한 사태가 발생하면 언제든 판례로 활용될 수 있었다.
신라 법제의 발전 과정에서 교령법의 의의는 소국법의 국지성 극복과
함께 이러한 판례의 축적을 들 수 있다.

　실성대 이후 100년 가까이 교의 내용이 보존되어 지도로갈문왕대까
지 내려왔다면 이것은 전문관료가 있었다고 해도 그의 기억에만 의존
했다고 보기 어렵다. 100년 동안 수많은 사건과 상황이 벌어졌을 터이
고, 그에 상응하여 하교가 이뤄졌다면 특정 사건에 대한 교령법의 내용
을 일일이 기억하기는 불가능하다. 중요한 교·령에 대해서는 문자기록
이 이뤄졌다고 보는 것이 합리적이다.

　앞선 시기의 교·령이 문자로써 기록되어 있었으므로 나중에 판례로
써 이용될 수 있었던 것이다. 그것이 〈포항 중성리비〉와 〈포항 냉수리
비〉처럼 비문의 형태였는지 아니면 목간이나 종이문서의 형태였는지는
알 수 없다. 교·령을 비석에 새겨서 포고하는 것은 행정 실행의 결과를
장기간 보존하고 지역주민에 대한 국가행정의 침투력을 과시하기 위해
서였다. 신정법과 소국법은 시기적으로나 지리적 여건으로 보아 불문의
관습법일 가능성이 높다. 이와 비교해서 교령법은 여러 부장과 합의를

통해 일종의 제정 과정을 거친 것이어서 상대적으로 안정성이 높고, 문서화되어 있었으므로 자의적인 적용을 막을 수 있었다는 점에서 획기적이다.

그러나 마립간 시기 행정과 법제의 한계도 엿보인다. 중앙과 지방의 행정조직이 불비하여 나타나는 비체계성은 말할 것도 없고, 행정체계 자체가 일관된 구조로 계서화階序化되지 못한 상태였다. 〈중성리비〉를 보면, 평의에 참여한 본피부本彼部는 두 명의 간을 파견했고, 집행의 실무를 맡은 일반 촌락의 수장 역시 '간'을 칭하며 휘하에 '일금지'를 칭하는 가신 성격의 인물을 거느리고 있었다. 마립간 시기의 후기에 해당하는 6세기 초임에도 불구하고 각 부는 물론 지방의 촌락들까지도 진한 소국 이래 지역집단의 수장들이 운영하고 있었던 독자적인 행정체계를 변형된 형태로나마 유지하고 있었다. 이것이 신라 중앙의 핵심 부가 내린 교와 령이 여타의 부, 그리고 지방의 촌락민까지 미치는 데 높은 문턱으로 작용했을 것이다. 뒤에서 검토하듯이 교령법이 부체제 시기의 사법 문제를 해소해 나가는 데 기여한 것은 사실이지만, 이러한 지배체제의 한계를 법제의 차원에서 근본적으로 극복할 수 있도록 한 것은 법흥왕대 반포된 율령이었다.

제3장

고구려의 왕명체계王命體系와 교敎 · 령令

2012년 중국 집안시의 마선향麻線鄉에서 고구려의 비석이 새로 발견 되었다. 〈집안 고구려비集安 高句麗碑〉(이하 〈집안비〉라고 약칭)라고 불리 는 이 자료는 고구려의 건국설화, 역대 왕에 대한 고구려인의 인식과 제사, 수묘제守墓制의 변천, 그리고 몇몇 왕호에 대한 정보를 담고 있어 짧은 기간에 수다한 연구를 낳았다.[1] 이를 통해서 비문의 판독과 해석 을 비롯하여 위의 사항들에 대한 기초적인 이해가 가능해졌다.

　　〈집안비〉는 〈광개토대왕릉비〉(이하 〈능비〉라고 약칭)와 겹치는 내용을 싣고 있어서 이에 대한 비교 분석과 두 비의 상호관계에 대한 천착이 이뤄진 것은 주지의 사실이다. 특히 수묘제에 관한 사항이 그러하다. 그런데 〈집안비〉에는 〈능비〉에서 보이지 않는, 따라서 그간 알려지지 않았던 새로운 내용이 실려 있다. 그 가운데 고구려의 율律과 교령敎令 에 관한 부분이 주목된다. 이는 모두 373년의 율령 반포 이후에 제정· 발포된 것이어서 고구려의 율령법이 변화해 가는 모습을 엿볼 수 있게 해 준다.

　　이 율과 교령은 수묘제에 관한 것으로 추정된다. 그렇다면 373년 이 전에는 고구려 사회에서 수묘가 이뤄지지 않은 것인가? 2세기 후반에 재위한 신대왕대에 명림답부明臨荅夫가 죽자 20가로써 그 무덤을 수묘 하게 했다.[2] 기록상 최초로 확인되는 고구려의 수묘제는 이렇게 신대왕

---

[1] 그동안의 연구성과에 대한 정리는 강진원, 2013, 〈신발견 〈集安高句麗碑〉의 판독과 연구 현황〉, 《木簡과 文字》 13에 미루고, 논제와 관련된 연구에 대해서만 해당 부분 에서 언급하겠다.

의 왕명王命으로 시행되었다. 이 조치는 큰 공을 세운 명림답부에게 왕
릉에서 시행하던 수묘방식을 적용해 준 것으로 보이므로 그전부터 왕
릉과 같은 고급 무덤에 대해서는 어떤 방식으로든 보존과 관리가 이뤄
졌을 것이다. 〈집안비〉에 이에 관한 언급이 보인다. 3행을 보면 "□□
□□ 各墓烟戶 以□河流 四時祭祀"라고 했다.[3] 서두에 원왕과 시조 추모왕,
그리고 그 후대 왕의 계승을 언급하고 있으므로 이 구절을 통해서 건
국 후 어느 시점에 왕릉 수묘가 시작되었음을 알 수 있다. 그리고 〈능
비〉에는 "祖王先王 但敎取遠近舊民 守墓洒掃"라고 하여 징발해야 할 수묘
인의 대상을 교로써 지정했음을 보여 준다. 교는 왕명의 일종이다.

〈집안비〉가 갖고 있는 학술상 의의 가운데 하나는, 이처럼 소수림왕
대의 율령법이 시행되기 전에 이미 국가 차원의 왕릉 수묘제도가 있었
다는 사실을 문헌기록뿐 아니라 당대의 금석문으로부터 확인할 수 있
게 했다는 점이다. 이때 수묘제의 실시는 왕명으로써 이뤄졌으며 교를
내려 수묘역을 질 징발 대상자를 정했다. 율령 반포 전에는 교·령을 포
함한 왕명이 법의 기능을 담당했던 것이다.

따라서 고구려 사회에서 법이 어떻게 제정되고 발전되어 갔는지 이
해하기 위해서는 왕명체계의 구조와 변천을 검토하는 것이 필수적인
과제이다. 초기에는 포고와 명령, 일반적인 언사言事 등이 분화되지 않
았으나 점차 그 기능에 따라 형식이 정해지고 각 왕언의 계서화가 이
뤄졌으리라 예상된다. 그리고 중국으로부터 교 제도가 도입됨으로써 왕
명의 정치적·법적 기능에 변화가 일어났을 것이다.

이와 같이 계루桂婁집단을 비롯한 여러 지역정치체가 현재의 압록강
중류 일대에 자리 잡은 이래 〈집안비〉와 〈능비〉가 건립되는 시기까지

---

2 《三國史記》卷16, 高句麗本紀4 新大王 15年.
3 〈集安 高句麗碑〉의 전체적인 판독과 해석안은 이 책의 5장 1절을 참조할 것.

고구려 왕명제도가 어떻게 변천되었고, 왕명이 국제國制의 제정과 사법 분야 등에서 법적 효력을 발휘하는 양상을 살펴보고자 한다.

1. 초기의 왕언王言과 왕명王命

1) 왕언의 종류와 왕명의 집행구조

주지하듯이, 천자의 명령을 제제 혹은 조詔라 하고[4] 제후왕諸侯王의 명령을 교教라 한다. 교의 명확한 의미와 용도를 알려 주는 이른 시기의 자료가 전해지지 않는다. 남조南朝 때에 "왕후王侯의 (말을) 교라 한다."라는[5] 언급과 《문선文選》에 실린 당대唐代 이선李善의 주석[6] 등을 통해서 교가 정령政令의 한 형대이고 제·조보다 격이 낮았음을 짐작할 뿐이다. 하지만 일반적으로 한漢~남조南朝 시기의 교는 제후와 지방관이 관내管內에 발포하는 명령이고, 수당대에는 친왕親王과 공주公主가 사용한 문서가 교였다고[7] 이해되고 있다.

령令은 다양한 용례를 갖고 있어 그 법제로서의 기능과 위상을 파악하기 어렵다. 다음의 설명을 참고해 보자.

---

4 《獨斷》(漢 蔡邕 撰), 卷上 "漢天子正號曰皇帝 自稱曰朕 臣民稱之曰陛下 其言曰制詔".

5 《文心雕龍》(劉勰 撰), 卷4, "教者效也 言出而民效也 契敷五教 故王侯稱教".

6 "蔡邕 獨斷曰 諸侯言曰教"

7 中村裕一, 1991, 〈教 ―少林寺武德八年(六二五)秦王'教'を中心に〉, 《唐代官文書研究》, 中文出版社.

령은 명령을 내려[發號] 지시하고 금하는 것이다. …… 옛 천자와 제후가 모두 령을 쓰다가 진秦나라가 이를 바꾸어 조詔로 하였다. 그 뒤로 황후, 태자, 그리고 왕후의 (명령을) 령이라 칭했다.

(왕조방王兆芳 찬, 《문체통석文體通釋》)

비록 청대의 자료이지만 령의 원형과 변화과정을 지적한 것이어서 유의할 만하다. 령 또한 명령에서 출발했는데, 진대秦代에 이로부터 조가 분화되면서 령은 황제가 아닌 그 하위급에서 사용하게 되었다고 한다.

그렇다면 령과 교는 모두 황제보다 하위급에서 사용한 제도라고 할 수 있다. 양자의 차이는 무엇일까? 후한대의 저술인 《독단獨斷》을 보면, "(천자의 명을) 받들어 행하도록 하는 것을 령이라고 한다."라고 하여, 〈제·조 → 령〉의 명령 집행체계를 시사해 준다. 령이 황제의 지시를 집행하기 위해 내려진 더 구체적인 명령임을 짐작할 수 있으나, 제도로서의 교와 령의 상호 관계는 자료에 잘 드러나지 않는다. 이는 결국 구체적인 사례를 통해서 살펴볼 수밖에 없다. 그리고 서진西晉 이후 서서히 율령의 체제가 갖춰지면서 령이 행정법규의 의미까지 갖게 되는 것은 널리 알려진 사실이다.

원래 교와 령의 제도는 중원 왕조 안에서 제·조와 차별을 두기 위해 마련되었지만, 진한대에 황제국 예법이 정비되면서 중국 왕조의 국내뿐 아니라 책봉−조공관계를 맺은 주변국에서도 사용되었다. 〈집안비〉와 〈능비〉에 나오는 '교'와 '령'은 중국으로부터 고구려로 전래된 제후국제도에 따라 시행되었다고 보인다. 고구려의 교·령제도를 고찰할 때 우선 이 점을 염두에 두어야 한다.

그렇다면 군주의 명령에 관한 중국식 예법이 도입되기 전 고구려의 상황은 어땠을까? 고구려 초기의 왕언과 관련된 자료를 살펴보면 '고告' '명命' '위謂'를 확인할 수 있다. 이를 순서대로 검토해 보자.

A-① (엄체수에) 고고告하여 가로되, "나는 천제의 아들이고 하백의 외손이다.
......"

(《삼국사기》 권13, 고구려본기1 동명성왕)

② 무리에게 고告하여 가로되, "나는 바야흐로 (하늘의) 밝은 명령을 받아서 으
뜸이 되는 기틀[元基]을 열고자 하는데, 마침 이 세 명의 현인賢人을 만났으
니 어찌 하늘이 보낸 것이 아니랴?"

(위의 책, 같은 조)

①과 ②는 주몽설화의 일부이다. 《삼국사기》에 실린 이 설화의 내용
과 형태는 소수림왕대에 정리되었다고 추정되는 고구려 건국설화를 기
초로 하였다.[8] 따라서 이 기록은 4세기 후반 무렵 고구려 왕실이 갖고
있던 시조와 건국사에 관한 인식을 보여 준다. '고告'라고 표현된 왕언
의 형식을 고구려 초 당시의 것이라고 보장할 수 없는 것이다.

5세기 초의 자료인 〈능비〉를 보면, "王臨津言曰"이라고 하여 같은 내
용을 '언言'으로 표기했다. 그리고 뒤이어 "(주몽이) 소리[聲]에 응하여
갈대가 엮이고 거북이 떠올랐다."는 구절이 나온다. 주몽이 수변水邊에
서 행한 언사는 갈대와 거북에게 전달될 수 있게 목소리를 높여 외치
는 형태였을 것이다. 이는 《삼국사기》의 표현인 '고告'의 방식과 성격을
암시해 준다. 천신天神에 대한 기원과 호소를 이렇게 표현했다고 생각
된다. 고구려 초기에 이를 고・언 또는 어떤 다른 용어를 사용하여 표기
했는지 알 수 없지만, 초기 정치체 수장의 종교적 성격을 감안하면 그
실제 명칭과 상관없이 이런 형태의 왕언이 존재했다고 보아도 좋을 것
이다.

②는 주몽이 자신을 따르던 무리에게 재사再思 등에 대해 언급하며

---

8 盧泰敦, 1993, 〈朱蒙의 出自傳承과 桂婁部의 起源〉, 《韓國古代史論叢》 5.

했다는 말이다. 역시 하늘을 거론하고 있고 여러 사람이 듣도록 공언公
言한 점이 ①과 상통한다. 이러한 형식의 왕언은 제의와 같은 종교의
장場이나 정치적 의례에서 쓰였을 것이다. 이를 통해서 국왕의 의사를
천상 세계를 포함하여 사방에 공포하려 했을 것이다.

B-① 왕이 오이烏伊와 부분노扶芬奴에게 명命하여 태백산 동남쪽의 행인국荇人
國을 치게 하고 그 땅을 성읍으로 삼았다.

(《삼국사기》 권13, 고구려본기1 동명성왕 6년)

② 왕이 부위염扶尉猒에게 명命하여 북옥저北沃沮를 쳐 멸하도록 하고 그 땅을
성읍으로 삼았다.

(위의 책, 권13, 동왕 10년)

③ 봄 3월에 교시郊豕가 달아났다. 왕이 희생을 담당하는 설지薛支에게 명命하
여 잡도록 했다.

(같은 책, 권13, 유리명왕 21년)

④ 왕이 오이烏伊와 마리摩離에게 명命하여 군사 2만을 거느리고 서쪽으로 양
맥梁貊을 쳐서 그 국을 멸하게 하고, 군사를 진격시켜 한漢의 고구려현을 급
히 빼앗았다(현은 현토군에 속한다).

(같은 책, 권13, 유리명왕 33년)

⑤ 겨울 10월에 괴유怪由가 죽었다. …… 유사有司에게 명命하여 때에 맞춰 제
사 지내도록 했다.

(같은 책, 권14, 고구려본기2 대무신왕 5년)

⑥ 왕이 돌아가셨다. 왕후와 여러 신하가 (왕의) 유명遺命을 어기기 어려워 석
굴石窟에 장사지냈다.

(같은 책, 권14, 민중왕 5년)

B는 '명命'을 쓴 경우이다. 이 역시 동명왕 때부터 나오므로 그 기년

과 사건의 내용을 기록대로 믿을 수는 없다. 그런데 명으로써 표현된 왕언은 고와 다른 양상을 보여 주어 주목된다. 즉 '명'은 오이·부분노·부위염·설지·마리 등의 개별 인물이나 ⑤와 같이 담당 관인에게 전달되었다. 명은 특정한 임무를 부여하기 위해서 그 업무를 관장하는 개인이나 관부에게, 혹은 이를 수행할 개인이나 관부를 지목하여 내렸다고 보이는 것이다.

⑥에 나오는 민중왕의 유언은 실은 그 4년에 전렵田獵을 나갔다가 바위굴을 발견하고 자신이 죽으면 그곳에 장사를 지내라는 왕언을 가리킨다. 《삼국사기》에는 이 부분에 대해 "좌우를 돌아보며 이르기를(謂)"이라고 하여[9] '위謂'를 써서 표현했다. 왕이 전렵을 나간 상황이므로 특정 인물이 아니라 수행원에게 한 말이지만 그 내용을 보면 명의 성격에 가깝다. 이 때문에 ⑥에서는 같은 사실이 유'명'遺命이라고 기록되었을 것이다.

내용과 형식을 볼 때 B의 자료는 왕언 가운데 왕명이라 할 수 있다. 명령의 주체는 당시 고구려의 '왕'이었다. 그런데 명령을 받은 대상을 살펴보면 흥미로운 점이 발견된다. 오이와 마리는 주몽이 부여를 탈출할 때 협보陜父와 함께 수행한 인물로 나온다. 이들은 '주몽'으로 알려진 계루집단의 수장에게 속한 가신과 같은 존재였다.[10] 3세기 전반에 국왕과 대가大加가 거느렸다는 사자使者·조의皂衣·선인先人의 시원을 이룬 것이 이들이다. 이들은 계루집단뿐 아니라 다른 지역집단에도 존재했으며, 그 수장에게 직속되어 현안이 있을 때마다 수장의 자문에 응하거나 그의 지시에 따라 업무를 처리했다.

①의 부분노 역시 오이와 함께 동명왕의 명을 받은 것으로 보아 가

9 《三國史記》卷14, 高句麗本紀2 閔中王 4年.
10 임기환, 2004 《고구려 정치사 연구》, 한나래, 88~89쪽.

신적 성격의 인물이라고 생각된다. ⑤의 괴유는 대무신왕이 부여를 정
벌하러 갈 때 왕에게 몸을 의탁했다고[11] 하므로 고구려 군주와 주종관
계를 예상할 수 있다. 이 밖에 고구려본기의 초기 기사에 나오는 우씨
羽氏·부정씨負鼎氏·마로麻盧도 같은 성격의 인물이다. 계루집단이 성장하
여 주변을 통합하는 과정에서 유능한 인물을 흡수함으로써 점차 그 수
장의 가신층은 두터워지고 구성이 복잡해졌을 것이다.

　고구려 초기에 이들에게는 특정한 고유 업무가 정해져 있지 않았고,
사안의 중요도와 적합성에 따라 그때그때 담당자가 선임되었다. 주몽이
도중에 얻은 재사 등의 현인을 "그 능력을 헤아려 각기 일을 맡겼다."
고 한 것은[12] 상투적인 표현이라 할 수 있으나, 행정체계가 초보적이던
당시의 상황을 반영한다고 생각된다. ③의 설지, ⑤의 유사처럼 제사에
관련된 직임을 제외하고는 행정의 전문성과 세분화된 양상을 확인할
수 없다. 이러한 상황에서 '국왕'으로 표현된 계루집단의 수장은 현안을
파악하고 그 해결책을 강구·지시하는 등 행정활동에 직접 간여할 수밖
에 없었고, 가신 가운데 적임자 혹은 초기 관부에게 구체적인 지시를
내렸다.《삼국사기》초기 기사에 '명'으로 표기된 왕명이 그것이다.

　그리고 당시의 행정 수준을 고려하면, 건국 초기의 여러 사업이 꼭 명
으로 표시되지 않았더라도 계루집단의 수장이 직접 명령을 내려 실행
되었다고 보아도 무리가 없을 것이다. 예를 들어 성곽과 궁실을 지은 것,[13]
좌左·우보右輔의 관직을 제수한 것,[14] 군공자軍功者에게 상으로 식읍을
내린 것[15] 등을 들 수 있겠다. 이처럼 고구려 초기에는 주도 집단의 수

---

11 《三國史記》卷14, 高句麗本紀2 大武神王 4年.

12 위의 책, 卷13, 高句麗本紀1 東明聖王.

13 같은 책, 同王 4年.

14 같은 책, 卷14, 高句麗本紀2 大武神王 8·14年.

15 같은 책, 卷13, 高句麗本紀1 瑠璃明王 11年.

장이 명령을 내려 국가의 기본적인 시설과 제도를 갖추고, 사안이 발생하면 가신과 해당 관부에게 직접 지시하여 이를 처리했다고 생각된다.

이 밖에 왕언으로서 '위謂'라고 표기된 것이 있다. 앞서 지적했듯이 민중왕대의 왕명이 이렇게 표현된 바도 있으므로 주의가 필요하다.

> C-① 왕이 군신群臣에게 위謂하여 가로되, "선비鮮卑가 험함을 믿고 우리와 화친하지 않고 …… 나라의 근심거리가 되었으니 만약 누가 이를 꺾을 수 있다면 큰 상을 줄 것이다."라고 하니, 부분노가 나아가 아뢰기를, "선비는 험하고 굳센 나라여서 백성이 용맹하지만 어리석습니다. ……"라고 했다. …… 왕이 (부분노의 계략을) 따랐다.
>
> 《삼국사기》 권13, 고구려본기1 유리명왕 11년)
>
> ② 왕이 사람을 보내 해명解明에게 위謂하여 가로되, "내가 도읍을 옮겨 인민을 편안히 하고 나라를 견고히 하려 했는데 …… 자식 된 도리가 (어찌) 이와 같은가?"라고 했다.
>
> (위의 책, 권13, 동왕同王 28년)
>
> ③ 힘이 다하고 병졸이 피로하자 왕이 을두지乙豆智에게 위謂하여 가로되, "형세가 지키기 어렵게 되었으니 어찌할 것인가?"라고 했다.
>
> (같은 책, 권14, 고구려본기2 대무신왕 11년)

①은 선비 집단을 공략하기 위한 방책을 강구하기 위해 유리명왕이 여러 신하에게 의제를 내놓고 설명한 것이다. ②는 태자인 해명을 질책하는 언사이다. ③은 한漢과의 전쟁에서 위기가 닥치자 을두지에게 타개책을 물은 것이다. 세 사례는 대상이 군신群臣과 해명, 그리고 을두지로 각각 분명히 제시되었다는 공통점이 있을 뿐 왕언의 내용과 성격은 서로 다르다. 따라서 '위'는 특정한 왕언의 형식이라고 하기 어렵다.

단, ①에서 의견을 개진한 부분노가 고구려 초기 왕의 가신적 존재라고 추정되므로, 유리명왕이 주재한 회의는 계루집단 안에서 수장과 가신단이 모여 중대사를 논의하기 위해 소집되었을 것이라는 점을 유념하고자 한다. ②에서 해명에게 왕언을 전달한 사람도 가신일 것이다. 초기 회의체의 모습은 다음 자료에서 확인된다.

D-① 왕이 군신群臣과 더불어 의논하고 (대소帶素에게) 답하여 가로되, ……

(《삼국사기》 권14, 고구려본기2 대무신왕 3년)

② 왕이 도읍에 돌아와서 군신을 모으고 연회를 베풀며 가로되, "내가 부덕하여 경솔하게 부여를 쳤다. …… 이는 나의 허물이다."라고 했다. 마침내 죽은 자를 몸소 조문하고 병든 자를 위문하여 백성을 보존하고 위로했다.

(위의 책, 권14, 동왕同王 5년)

③ 한漢나라의 요동태수가 군사를 이끌고 정벌하러 오니, 왕이 군신을 소집하여 전수戰守의 계책을 물었다. 우보右輔 송옥구松屋句가 말하길, ……

(같은 책, 권14, 동왕同王 11년)

자료에서는 '군신'을 모았다고 하는데, 그 실상은 계루집단의 수장이 주재한 가신단 회의였다고 생각된다. 여기에서는 주변 정치체와 교섭하고 전쟁을 벌이며 정치의 득실을 따지는 등 대내외의 현안이 다뤄졌다. 그 구성원은 계루집단이 성장함에 따라 성원 사이에 계서화가 진행되고 다른 지역집단으로부터 충원되는 예가 증가했을 것이다. ③의 우보 송옥구는 그러한 추세를 반영하는 듯하다.[16]

가신단 회의에서 정책의 방향과 방법이 결정되면, 외교 답신을 보내고 전쟁을 벌이며 백성을 위로하는 등 정책이 실행에 옮겨졌다. 이때

---

16 차대왕이 초년에 左輔와 中畏大夫로 임명한 이들이 모두 왕의 오랜 친구(故舊)였다고 한다(《三國史記》卷15, 高句麗本紀3 次大王 2年). 그런데 그 출신이 계루집단이 아니라 桓那와 沸流那였던 점은, 초기 가신단의 구성원과 성격이 점차 다른 那部의 유력자를 포섭하고 이를 계서화하는 방향으로 변화해 갔음을 시사한다.

정책을 실행하기 위한 왕명이 내려졌을 것이다. 곧 자료상으로는 명령이 내려지는 절차가 확인되지 않지만 구체적인 조치는 왕명을 통해 이뤄졌음이 분명하다. 이상에서 검토한 고구려 초기의 왕명 집행구조를 다음과 같이 도시圖示할 수 있다.

표 3. 1세기 이전 고구려의 왕명 집행구조

왕명	→ 가신 또는 초기 관부 →	실행
	→ '군신'회의 → 왕명 → 가신 또는 초기 관부 →	

2) 왕명의 법적 효력

앞에서 왕명이 내려졌다고 추정한 사안을 내용에 따라 분류하면 전쟁(B-①②④, D-③), 제사(B-③⑤), 유언(B-⑥), 대외관계(C-①, D-①), 정치의 득실(D-②), 국가시설 수축, 관직 제수, 그리고 포상에 관한 것으로 나눌 수 있다. 이 가운데 전쟁, 유언, 대외관계, 정치의 득실, 국가시설 수축은 현안을 해결하기 위한 수시적 성격의 조치이다. 이에 견주어 제사, 관직의 제수, 포상은 조치의 시효가 장기간 지속되고 좌·우보와 식읍 등 제도를 제정하고 실시하는 것과 관련되므로 전자와 성격이 다르다. 고구려 초기의 왕명 중에는 임시명령과 더불어 제도의 실시와 관련해서 법적 효력을[17] 가진 것이 발령되고 있었다.

범죄 여부를 판결하고 처벌할 때 내려진 왕명 역시 법적 효력을 가졌다.

---

17 '法的 효력'이란 어떤 규범이 장기지속성을 갖고 작동하며, 이를 침해한 행위에 대해서 물리적 강제력을 동원하여 규제할 수 있는 속성을 가리킨다.

E-① 봄 3월에 대신大臣 구도仇都·일구逸苟·분구焚求 등 3명을 서인庶人으로
내쳤다. 이들은 비류부장沸流部長으로서 성품이 탐욕스럽고 비루하여 다른 사
람의 처첩과 우마·재화를 빼앗았다. …… 왕이 이를 듣고 죽이고자 했으나
동명왕의 구신舊臣이어서 차마 극형[極法]에 처하지 못하고 내치는 데 그쳤
다. 드디어 남부사자南部使者인 추발소鄒敦素를 그 대신 (비류부의) 부장을
삼았다. …… 구도 등이 (추발소의) 앞에 나아와 고하기를, "저희가 왕법을
범하여 부끄럽고 후회스러움을 이길 수 없습니다. 원컨대 공께서 과오를 용
서하여 스스로 새로워질 수 있게 해 주시면 죽어도 한이 없겠습니다."라고
했다. …… 왕이 이를 듣고 말하기를, "추발소가 위엄을 쓰지 않고 지혜로써
악함을 징치했으니 유능하다고 할 수 있다."라고 하고 대실大室이라는 성을
내렸다.

(《삼국사기》 권14, 고구려본기2 대무신왕 15년)

② 12월에 왕이 질산質山의 북쪽으로 전렵을 나가 5일 동안 돌아오지 않았다.
대보인 협보陜父가 간언하여 말하길, "왕께서 새로 도읍을 옮겨 인민이 안정
되지 못하니 마땅히 (정사를) 부지런히 돌보고 형정을 너그럽게 펼쳐야[恤]
합니다. 그런데 이를 유념치 않고 사냥에 몰두하시니 …… 선왕先王의 업적
이 무너질까 두렵습니다."라고 했다. 왕이 듣고 진노하여 협보를 파직하고 관
원官園의 관리를 맡게 했다. 협보는 분하여 남쪽의 한韓으로 갔다.

(위의 책, 권13, 고구려본기1 유리명왕 22년)

①을 보면, 타인의 재화를 늑탈한 구도 등에 대해서 '극법'에 처한다
거나 '왕법'을 어겼다는 표현을 써서 기록했다. '법'이 대무신왕대 당시
의 표현인지는 알 수 없으나[18] 그 명칭이 어찌되었든 재화의 탈점을 금
하고 이러한 사태를 처벌하는 규정이 당시에 있었음은 인정할 수 있
다.[19] 그리고 이에 관한 왕명이 그 규정을 성립시킨 계기의 하나가 되었

---

18 김수태, 2013, 〈〈집안 고구려비〉에 보이는 율령제〉,《韓國古代史研究》72, 47~48쪽
은 '왕법' 기록은 후대의 관념이 투영된 것이라고 하였다.

을 것이다. '왕'법은 이를 반영한 표현이다.

고구려의 형벌에 관한 《삼국지》의 기록을 보면 "감옥이 없고 죄를 저지르면 제가諸加가 평의하여 이를 죽인다. 그 처자는 적몰하여 노비를 삼는다."고 했다.[20] 이는 3세기 전반에 제가회의를 통해서 중죄인을 처벌하던 방식을 전한다. 고구려에서 나부체제那部體制가 성립된 시기를 대략 1세기 중엽~2세기 초의 태조왕 집권시기로 볼 수 있다면,[21] 1세기 전반 이전의 초기 고구려 사회의 법속은 《삼국지》의 기록과 달랐다고 보아야 한다.

철기문화를 배경으로 하여 남만주와 압록강 중류역 일대 곳곳에 형성된 지역집단은 내부에 각각 수장권이 성립하고 계층분화가 이뤄지면서 각기 자생적인 법속을 갖게 되었다. 계루집단에도 자체의 법속이 관습으로 이어져 내려왔음이 틀림없다. 그 실상은 알 수 없으나 고조선의 범금8조와 부여의 법속을 참고하건대, 살인·절도·상해·투기 등 주요 범죄에 관해서 그 범죄 성립요건과 처벌을 규정한 일반적인 내용이 담겨 있었으리라 추정된다.

대무신왕 때 구도 등을 처벌한 사례를 보면, 범죄자가 처첩과 재물을 빼앗았고 이에 대해 사형과 신분 강등이 거론되는 등 내용이 구체적이다.[22] 따라서 이 사건의 처리는 전통적인 법속과 '왕법'을 참작하되

---

19 《삼국사기》를 보면, 2세기 중엽인 신대왕 초년에 "若大王據法定罪 棄之市朝 惟命是聽"이라고 하였다. 이 역시 고구려에 律令法이 시행되기 전이어서 관습법과 왕명에 의해 형성된 법규가 작동하던 사실을 보여 준다.

20 《三國志》 卷30, 魏書30 烏丸鮮卑東夷傳30 高句麗.

21 盧泰敦, 1975, 〈三國時代의 '部'에 關한 硏究〉, 《韓國史論》 2, 서울大學校 國史學科; 余昊奎, 1992, 〈高句麗 初期 那部統治體制의 成立과 運營〉, 《韓國史論》 27, 서울大學校 國史學科.

22 노태돈, 1999, 〈초기 왕계의 구성〉, 《고구려사 연구》, 사계절, 88~90쪽은 '南部' 용어와 賜姓 행위를 근거로 하여 대무신왕 15년 조의 仇都 관련 기록이 현전하는 형태

국왕의 결단이 결정적으로 작용하여 이뤄졌다고 생각된다. 범인들을 극형에 처하려다가 이들이 동명왕의 구신이어서 신분 강등으로 그쳤다는 것은 이러한 사정을 보여 주는 듯하다. 범죄 성립의 요건은 법속과 기성의 '왕법'에 의거하여 갖춰졌으나 처벌은 대무신왕의 재량이 작용하여 경감되었다. 이들에 대한 처벌은 왕명으로 내려졌을 것이다.

그런데 대무신왕의 재량이라고 하더라도 자의적인 것은 아니었다. ②에서 유사한 선례를 찾아볼 수 있기 때문이다. 유리명왕은 정사에 힘쓸 것을 직언한 협보를 대보의 직에서 파직했다고 한다. 따라서 이는 범죄 행위에 대한 처벌보다는 정치적 축출의 성격이 강하다. 이때 협보를 죽이거나 적몰하지 않고 보임을 바꾸는 데 그친 점이 유의된다. 여기에는 분명히 그가 동명왕을 따라온 가신이자 건국의 공로자라는 점이 고려되었을 것이다. 협보에 대한 파직 명령은 왕명으로 이뤄졌고, 이것이 대무신왕대에 전해져 구도 등을 처벌할 때 선례로서 참고가 되었다고 본다. 왕명의 전승을 통해서 범죄자라 하더라도 과거에 공적이 있거나 선조왕先祖王의 측근일 경우 형벌을 감경한다는 원칙이 마련되었고, 시간이 흐르면 이것이 점차 형률의 한 조항처럼 적용되었을 것임을 예상할 수 있다.

왕명이 법적 효력을 갖고 전승된 사례는 다음 기사에서도 엿볼 수 있다.

　F-① (왕이) 검劍을 버려 (깨지인 해명解明에게) 자결토록 했다. …… 태자가 말하길, " …… 뜻하지 않게 부왕의 질책을 받고 이제 저를 불효하다 하여 자결토록 하시니 아버지의 명을 어찌 피할 것인가."라고 했다. 이에 여진礪津

─────────

로 정리된 것은 소수림왕대라고 보았다. 하지만 그 기초가 된 초기 왕에 관한 전승과 귀족 가문의 家乘 자체가 허구인 것은 아니고 일정한 역사성이 반영되어 있다고 하였다.

의 동쪽 들판에 가서 창을 땅에 꽂고 말을 달리다 몸을 던져 죽었다.

(《삼국사기》 권13, 고구려본기1 유리명왕 28년)

② 대왕이 (호동好童을) 의심하지 않을 수 없어 벌을 주려 했다. 어떤 이가 호동에게 말하길, "그대는 어찌 스스로 (죄가 없음을) 말하지 않는가?"라고 하니, 대답하기를 "내가 만약 변명을 하면 이는 어머니의 악덕을 드러내고 임금께 걱정을 끼치게 되니 어찌 효라 하겠는가." 하고, 칼에 엎디어 죽었다.

(위의 책, 권14, 고구려본기2 대무신왕 15년)

　유리명왕은 태자가 황룡국과의 교섭에서 물의를 일으키고 '천도遷都'를 따르지 않자 자진하게 했다고 한다. 해명이 '父之命'을 어길 수 없다고 한 말은 이 조치가 왕명으로 취해졌음을 시사한다. ②에서 대무신왕이 호동왕자에게 가하려 한 형벌의 내용은 분명치 않다. 그의 비행에 관한 명증이 없이 원비元妃의 참소에 의해 처형한 것이므로 자결을 요구하지는 않았을 것이다. 하지만 결국 자결에 이른 것은, 호동이 선왕대에 일어난 해명의 전례를 의식한 결과라고 하지 않을 수 없다.

　이상에서 살펴본 바와 같이 고구려 초기의 왕명 가운데는 국제를 제정하거나 범죄와 형벌에 관한 내용을 규정하여 처벌이 실행되는 등 법적 효력을 가진 것이 있었다. 그러나 그 한계 또한 엿보인다. E-①에서 대무신왕은 구도 등을 서인으로 강등시켰으나 추발소는 이들을 복권시킨 듯하고 왕은 이를 추인했다. E-②를 보면, 대보직에서 쫓겨난 협보가 분하여 도망했다. F-①과 ②에서 죄를 묻는 왕명이 내려졌으나 해명과 호동의 측근 인물은 이를 번복해 보려고 간언했다. 이는 모두 당시의 왕명이 가진 법적 규제력이 확고하지 못했음을 보여 준다.

　법으로서의 안정성과 지속성이 미약한 초기적 모습을 보임에도 일부 왕명과 법속은 '왕법'을 형성하였으며, 초기 고구려 사회에서 법적 규제력을 가지고 실제 작동하고 있었다.

2. 교령제의 성립과 시행 양상

2세기가 되면 왕명으로서 '교'와 '령'이 등장한다. 이는 전에 보이지 않던 것이어서 왕명의 새로운 형식이라고 할 수 있다. 교부터 살펴보자.

> G-① 3월에 우보 고복장高福章을 주살했다. 그가 죽음에 임하여 탄식하며 말
> 하길, "······ 지금 그대가 임금이 되었으니 마땅히 정교政敎를 새롭게 하여
> 백성에게 보여야 하거늘 불의하게 충신을 죽이는구나. 내가 무도한 세상에
> 사는 것은 차라리 일찍 죽느니만 못하다."고 했다.
>
> 《《삼국사기》 권15, 고구려본기3 차대왕 2년)
>
> ② 이때 조정의 신하와 국척國戚이 을파소乙巴素가 신진을 (등용하여) 구신舊臣
> 을 이간한다고 하여 미워했다. 왕이 교를 내려 말씀하시길, "귀천을 막론하고
> 만약 국상國相을 따르지 않는 자는 족형族刑에 처할 것이다."라고 했다.
>
> (위의 책, 권45, 열전5 을파소)

①에 나오는 '교'는 고구려에 관한 현존 자료에서 최초로 확인되는 것이다. 여기서 정교政敎는 정치와 교화라는 일반적인 의미로 쓰였다. 그렇지만 "以示百姓"이 이어지므로 정교의 교는 교화의 의미 속에 '백성에게 전해지는 왕교'까지 함축하고 있다고 생각된다.

②는 교의 실제 내용을 전해 준다. 고국천왕이 을파소를 발탁한 뒤 그를 질시하던 세력을 경계하기 위해 내린 것이다. 여기서 '귀천'은 귀족으로부터 천인에 이르는 모든 고구려인을 가리키기보다는 '지위가 높고 낮음'을 뜻할 것이다. 을파소와 대립하던 세력은 당시 왕도에 거주하면서 지배층의 핵심을 이루고 있던 기성세력이었기 때문이다. 고국천왕이 내린 교서의 대상은 중앙 5부의 지배자 집단이라고 할 수 있다.

이러한 추정은 G에 제시한 《삼국사기》 고구려본기의 기사가 사료로서 신빙성을 갖고 있음을 전제로 한다. 태조왕~고국천왕에 이르는 국

왕의 실재 여부와 왕계에 대해서 《삼국지》 고구려전과 《삼국사기》는 서로 다른 내용을 전한다. 이 가운데 《삼국사기》의 기록이 고구려 자체의 전승에 의거한 것으로서 사료적 가치가 높다.[23] 그렇다고 해서 이 시기에 일어난 여러 사건의 기년과 내용을 기록대로 믿을 수는 없다. 특히 일부 용어와 표현 등에는 후대의 윤색과 유교적 분식이 가해졌다고 보이는 것이 사실이다.

그러나 교·명과 같이 당시의 법식이나 예법과 관련된 용어는 다른 측면이 엿보인다.

> 가을 8월에 부여의 왕인 대소帶素의 사자가 와서 (유리명)왕을 꾸짖어 말하길, "······ 무릇 나라에는 대소大小가 있고 사람에는 장유長幼가 있다. ······ 지금 그대가 예禮와 순順으로써 나를 섬긴다면 반드시 하늘이 돕고 나라가 길이 복을 받을 터이나 그렇지 않으면 사직을 보존하려 해도 어려울 것이다."라고 했다. 이에 왕이 ······ 군신과 더불어 의논하고 답하여 아뢰기를[報曰], "과인이 바다 귀퉁이에 치우쳐 있어 예의를 듣지 못했는데, 이제 대왕大王의 교를 받들었으니 감히 그 명을 따르지 않겠습니까?"라고 했다.
>
> (《삼국사기》 권13, 고구려본기1 유리명왕 28년)

여기서 '교'는 대소가 사절을 시켜 고구려에 전한 것이다.[24] 부여의 왕명을 교라고 칭한 것과 달리, 유리명왕이 보낸 답신은 '보왈報曰'이라고

---

23 노태돈, 1999, 〈高句麗의 初期王系에 대한 一考察〉, 앞의 책, 70~84쪽.
   한편 李弘稙, 1971, 〈三國史記 高句麗人傳의 檢討〉, 《韓國古代史의 研究》, 新丘文化社는 을파소와 명림답부에 관한 《삼국사기》의 서술이 고구려 자체의 전승인 《高麗古記》의 기사를 전거로 삼았음을 지적했다.

24 《日本書紀》 卷10, 應神天皇 28年 9月條를 보면, 고구려의 왕이 왜에 사절을 보냈는데 그 국서에 "高麗王教日本國也"라고 하여 왜 측이 무례하다고 항의했다고 한다. 왜를 '日本'으로 변개했지만 '敎'는 원형대로라고 생각된다. 敎가 외교교섭의 장에서 사용된 일례이다.

했다. 다른 자료가 없어 단정할 수는 없으나 부여는 이미 이 시기에 교제教制를 시행하고 있었다고 보인다. 고구려는 부여의 사자를 통해서 '교'라는 왕명의 형식을 접했으나 신생국이었으므로 답신을 '보'의 형식으로 보냈다고 생각된다. 대소를 '대왕大王'이라고 칭한 점을 통해서도 그러한 사정을 짐작할 수 있다.

고구려 측의 전승에 기초한 기록임에도 부여와 고구려 사이의 상하 관계가 드러나는 용어가 사용된 것은 이 기사의 신빙성을 뒷받침해 준다. 더욱이 위의 자료에서는 교와 명이 구분되어 사용되었다. 교가 부여 왕의 말씀 그 자체임에 견주어 명은 고구려가 앞으로 부여에 대해 사대事大를 해야 한다는 구체적인 지시이다. 교가 명보다 상위의 개념이고 포괄하는 대상의 범위가 넓다. 교가 가지는 제도적 속성이 반영된 결과라고 생각된다. 고구려의 경우 교가 초기 기사에 보이지 않다가 2세기 이후부터 나타나는 것 역시 역사성을 갖는 현상이다.

따라서 《삼국사기》 고구려본기에 실린 여러 용어와 표현 가운데 적어도 법제에 관한 것은, 당시의 용어가 비교적 충실하게 옮겨졌다고 판단된다. 고구려에서 교제는 2세기대에 새롭게 시행된 제도였던 것이다. 뒤의 사료 I에서 보듯이, 왕명의 일종인 령 역시 2세기 중반인 신대왕대에 들어서야 구체적인 모습이 처음 확인된다. 그렇다면 고구려가 중원 정권의 교령제를 접한 시기는 2세기 초 이전으로 소급될 수 있다.

중국 사서에서 독자적인 정치체로서 고구려가 처음 등장하는 것은 신新의 왕망王莽 때 그 동방에 있던 고구려의 수장 추騶를 죽였다는 기사이다.[25] 이는 대체로 유리명왕대의 사실이라고 여겨진다. 왕망은 이와 함께 고구려를 후국侯國으로 삼았다.[26] 1세기 초에 신新의 후국이 됨으

---

25 《漢書》 卷99中, 王莽傳69 中.
26 《三國志》 卷30, 魏書30 烏丸鮮卑東夷傳30 高句麗.

로써 고구려는 제후국의 제도인 교령제에 대해 알게 되었을 것이다. 그러나 하구려下句麗로 멸칭할 만큼 고구려를 적대시하던 왕망 정권이 외교문서에 사용될 수 있는 교·령을 고구려에게 허용했다고 보기 어렵다.

교령제의 도입은 후한後漢 정권이 들어서 고구려와 관계를 회복하면서 가능해졌다고 생각된다. 대무신왕은 광무제光武帝에게 사절을 보내 조공하고 왕으로 봉해졌다.[27] 그러나 당시까지 고구려는 현토군玄菟郡을 통해서 후한 조정과 교섭할 수밖에 없었고 대무신왕을 비롯한 복수의 유력 집단 수장이 현토군과 교섭을 벌이고 있었다. 태조왕대가 되어야 책구루幘溝漊가 설치되어 대외교섭 창구가 일원화되고 유력 집단이 왕권을 중심으로 하여 중앙의 5부로 자리 잡게 된다. 따라서 칭왕稱王은 대무신왕 때 이뤄졌다고 하더라도 대외교섭권을 독점할 만큼 왕권이 신장된 태조왕대 이후에 교령제가 고구려 사회에 도입되었다고 보는 것이 합리적이다. 구체적인 내용을 전하는 교와 령이, 신대왕 때부터 사료에 나타나기 시작하는 것은 이러한 사정이 반영된 결과이다. 고구려에서 교령제는 중국으로부터 수용되어 대략 2세기 중엽 무렵에 제도로서 성립되었다고 보인다.

G-② 사료로 돌아가 보자. 고국천왕은 을파소를 국상으로 임명하고, 그를 비방하는 자는 엄벌에 처한다고 하교했다. 앞서 추정한 대로 명령의 대상은 5부의 지배층이며, 교에 죄목의 구성 요건과 처벌 내용을 담았다. 고국천왕의 명령에 대해 을파소가 감사의 뜻을 표하고 결국 고구려 사회가 편안해졌다고 하므로 이 교는 실제 법적 효력을 갖고 집행되어 을파소의 활동에 도움을 주었음이 분명하다. 그리고 을파소의 등용을 계기로 하여 시행된 단행법의 성격을 갖는다.

또 하나의 교의 실례가 〈능비〉에 나온다.

---

27 위의 책, 같은 조 "漢光武帝八年 高句麗王遣使朝貢 始見稱王"

국강상광개토경호태왕께서 살아 계실 때 敎敎하여 말씀하시길, "조왕祖王과 선왕先王께서는 단지 원근의 구민舊民만을 취하여 수묘守墓하고 청소하도록 敎敎하셨다. 나는 구민舊民이 쇠락해질 것을 염려한다. 내가 죽은 다음에〔萬年之後〕 수묘할 자는 다만 내가 몸소 정복하여 편입한 한韓과 예穢를 취하여 청소토록 하라."고 하셨다.

광개토왕은 이 교를 통하여 자신의 수묘인을 '新來韓穢'로 충당하라고 명했다. 장수왕이 여기에 구민을 일부 더해서 조정하였으나 광개토왕의 교는 기본적으로 지켜졌다. 그런데 그의 교언을 보면, 조·선왕 역시 수묘인에 관한 교를 내렸었음을 알 수 있다. 구민을 수묘인으로 삼으라는 조·선왕의 명령은 광개토왕에 의해 준수되었다. 그는 단지 구민의 열세화를 걱정하여 자신의 사후 수묘인에 대해서 변경을 가하도록 했을 뿐이다.

수묘에 관한 광개토왕의 교는 유명遺命과 같은 것이어서 앞서 검토한 B-⑥의 민중왕의 경우처럼 효력이 당대에 한정되는 한시적인 성격을 갖고 있었다고 생각된다. 그렇다고 하더라도 왕릉 수묘에 관한 교는 후대의 왕이 유명을 내릴 때 참고로 삼음으로써 고구려의 수묘제가 성립·변천하는 데 영향을 끼쳤다.

왕교 가운데는 제도적·법적 효력을 갖지 않는 것도 있었다.

> 3월에 敎敎를 내리시되, 불법을 숭상하고 믿어서 복福을 구하도록 했다. 유사에게 명하여 국사國社를 세우고 종묘宗廟를 수리하게 했다.
>
> 　　　　　　　　　　(《삼국사기》 권18, 고구려본기6 고국양왕 9년)

고국양왕은 소수림왕 때 전래된 불교를 확산시키기 위해 위의 교를 발포했다. 그 대상은 왕도에 국한되지 않고 고구려 전역의 인민에 걸쳤을 것이다. 교의 전체 내용이 채록되지 않고 요지만 적혀 있어 쉽게 판단할 수 없으나 불교를 널리 믿으라는 포고의 성격이 짙다고 추정된다.
이에 대비되는 것이 바로 뒤에 나오는 "立國社 修宗廟"의 왕명이다. 명령
의 내용이 불교의 숭상보다 구체적이고 어떤 조치를 지시하는 성격이
다. 담당관[有司]에게 명을 내린 것이 이를 보여 준다.

위의 고국양왕이 내린 교는 1세기 이전 고구려 초기의 왕명과 다른
면모이다. 종래 왕명은 가신 가운데 적임자 혹은 담당 관부에게 하달되
었고, 그 내용은 현안을 처리하기 위한 방안을 담고 있었다. 그런데 고
국양왕의 교는 특정 관부나 관인에게 국한되지 않는 포괄적인 내용을
담고 있다. 교제가 시행되면서 왕명의 기능이 일부 바뀌었을 가능성을
암시하지만 쉽게 일반화시킬 수는 없다. 앞서 본 〈능비〉와 고국천왕대
의 교의 사례는 종래의 왕명의 성격을 계승하고 있기 때문이다.

이 밖에 뒤에서 검토할 〈집안비〉를 제외하고 5세기까지 고구려에서
교가 사용된 예는 다음과 같다.[28]

H-① 八年戊戌 教遣偏師 觀□愼土谷

十年庚子 教遣步騎五萬 往救新羅

十七年丁未 教遣步騎五萬

〈〈광개토대왕릉비〉〉

② 高麗大王 相王公□ …… 隨者節□□奴客人□ 教諸位賜上下衣服 ……
兼受教跪營之 …… 東夷寐錦上下至于伐城 教來前部大使者多亏桓奴主簿
□ ……

〈〈충주 고구려비〉〉

③ （蓋內）延壽元年 太歲在卯 三月中 太王教[29]造合杅 用三斤六兩

---

28 아래 판독문은 모두 韓國古代社會研究所 編, 1992,《譯註 韓國古代金石文 Ⅰ》,（財）
駕洛國史蹟開發研究院을 따랐다.

(外底) 延壽元年 太歲在辛 三月□ 太王敎造合杅 三斤

〈〈서봉총瑞鳳塚 출토 은합우銀合杅〉〉

④ …… 遂至國罡上大開土地好太聖王 緣祖父個尒恩敎奴客牟頭婁□□牟 敎
遣令北夫餘守事 …… 遂□□敎之 …… □令敎老奴客 …… 冤極言敎

〈〈모두루묘지〉〉

모두 금석문에서 확인되는 사례로서 당시 교제의 실상을 보여 준다. ①의 〈능비〉를 보면, 4세기 말~5세기 초에 걸쳐 광개토왕이 각기 숙신肅愼 방면, 신라를 침략한 왜, 그리고 백제를 공략하기 위해 교를 내려 군사를 파견했다. ②는 비문의 마멸이 심하여 내용을 정확히 알기 어려우나, 대략 5세기 중엽에 고구려의 대왕 혹은 그의 사절이 신라의 매금寐錦과 지금의 충주 지역에서 만났고, 교를 통해서 고구려의 관복官服이 신라 측에 전달되는 등 교섭이 이뤄진 사실을 파악할 수 있다. ③은 391년 혹은 451년에 제작된 고구려의 은제銀製 용기에 새겨진 명문이다.[30] 호우총壺杅塚에서 발견된 청동제 호우壺杅처럼 고구려에서 제기祭器로 사용된 뒤 신라에 증여된 외교적 예물이라고 생각된다.

④의 〈모두루묘지〉는 장수왕대에 작성된 것으로, 이에 따르면 광개토왕과 장수왕은 교를 내려 모두루를 지방관으로 파견하고 어떤 관직에 임명했다.[31] 그러나 이 묘지가 국가의 공식문서가 아니고 모두루의 가계 집단에서 사적으로 작성되었을 가능성이 크다는 점을 감안하면 '교'라

---

29 李弘稙, 1971, 〈延壽在銘 新羅 銀合杅에 대한 一·二의 考察〉,《韓國古代史의 研究》, 新丘文化社, 464쪽은 이 글자와 外底部의 같은 글자를 모두 '敬'으로 판독했다. 향후 정밀한 재판독이 필요하다.

30 위의 책, 136~138쪽.

31 〈牟頭婁墓誌〉의 내용에 대해서는 武田幸男, 1989, 〈牟頭婁一族と高句麗王權〉,《高句麗史と東アジア》, 岩波書店 참조.

는 표현을 그대로 믿을 수는 없다. 모두루에게 관직을 제수할 때 실제로는 하교의 형식을 취하지 않았지만 망자亡者를 높이려는 묘지墓誌의 특성 때문에 과장된 표현을 썼을 수 있다. 하지만 그의 집안이 북부여 계통이었고 주몽 이래 대대로 관은官恩을 입었으므로 모두루에게 특례로서 교 문서가 내려졌을 가능성을 배제할 수 없다. 여하튼 이 묘지에서 교를 발하는 주체가 '성왕聖王'이고 수여의 대상이 '노객奴客'으로 표현된 것을 고려하면, 5세기의 고구려 지배층 사이에서 교가 일반적인 왕명과 달리 특별하게 인식되었다는 점은 인정할 수 있다.

고구려에서 교는 왕명의 일종이었지만 다른 왕명과의 차이점은 분명하지 않다. 종래의 왕명 가운데 어떤 것이 하교의 대상이 되었는지 구분할 수 있는 기준이 뚜렷하지 않기 때문이다. 다만 위에서 검토한 사례를 참고하면, 중죄와 처벌의 규정, 전쟁과 외교 등 대외문제, 유언, 왕실제사 관련 사항, 그리고 수명受命의 대상이 특정되기 어려운 포고문 성격의 명령인 경우에 왕명은 교의 형식으로 내려졌다. 모두루의 가계집단과 같이 특례로서 교를 받았을 가능성도 열어 두고자 한다.

이들은 불교의 숭신崇信을 제외하면 족형族刑, 군사軍士의 출전, 외국의 왕王에 대한 의복 사여, 수묘인의 구성, 그리고 제기祭器의 제작 등 구체적인 지시를 담고 있다. 그리고 국상國相의 권한 강화, 대외관계, 왕실의 장례 및 제사와 같은 국가의 중대사를 다루었다는 점에서 일반적인 왕명과 차이가 있다.

다음 령에 관해 살펴볼 차례이다.

> I-① 봄 정월에 령슈을 내려 가로되, "내가 육되이[杰] 왕의 혈족으로 태어났으나 본디 임금의 덕은 갖추지 못했다. …… 마땅히 은혜로움을 미루어 멀리 미치게 하고 마침내 무리와 더불어 스스로 새로워지고자 하니 국내의 (죄수를) 크게 사면할 만하다."고 했다. 국인이 사령赦令을 듣고 환호하지 않는

이가 없었다.

(《삼국사기》 권16, 고구려본기4 신대왕 2년)

② 여름 4월 …… 마침내 령令을 내려 가로되, "요즘 관직이 총애받는 자에게 돌아가고 부덕한 이가 자리에 나아가니 독이 백성에게 미치고 우리 왕가를 뒤흔들었다. 이는 내가 밝지 못해서 일어난 일이니 너희 4부部는 각기 알려지지 않은[在下] 어질고 착한 자를 천거하라."고 했다.

(위의 책, 권16, 고국천왕 13년)

③ 조선왕祖先王 이래로 묘 주위에 석비石碑를 세우지 않아 수묘인연호守墓人烟戶가 뒤섞이기에 이르렀다. 오직 국강상광개토경호태왕國罡上廣開土境好太王께서 조선왕을 위하여 묘에 비를 세우고 그 연호烟戶를 기록하여 섞이지 않게 했다. 또 제制하시기를, "수묘인은 지금부터 다시는 서로 되팔 수 없다. 비록 부유한 자라고 할지라도 또한 마음대로 살 수 없다. 령令을 어기면 판 자는 처형하고 산 자는 수묘를 하게 한다."라고 했다.

(〈광개토대왕릉비〉)

신대왕대 전에 '령'이 사용된 예가 있다. 대무신왕 때 부여와 전쟁에서 고구려군이 곤경에 빠졌으나 우인偶人을 만들도록 하여 탈출에 성공했고,[32] 태조왕이 좌·우보로 하여금 왕제王弟인 수성遂成과 함께 정사에 참여토록 했다고 한다.[33] 여기서 령은 명령을 가리키는 일반명사이거나 혹은 단순히 사역동사로 쓰였다고 여겨지므로 왕명의 한 형식으로 보기는 어렵다. 고구려 초기는 이처럼 왕명제도가 아직 명·령·교 등으로 분화되지 않은 상태였다.

이에 견주어 Ⅰ의 자료에는 령의 내용이 구체적으로 전한다. 2세기 들

---

32 《三國史記》 卷14, 高句麗本紀2 大武神王 5年 "忽大霧咫尺不辨人物七日 王令作草偶人 執兵立營內外爲疑兵 從間道潛軍夜出"

33 위의 책, 卷15, 高句麗本紀3 太祖王 71年 "冬十月 以沛者穆度婁爲左輔 高福章爲右輔 令與遂成 叅政事"

어 중원정권으로부터 교령제가 수용되면서 종래의 왕명제도가 정비되고 령이 독자적인 왕명의 한 형태로서 성립되었음을 반영한 것이라고 생각된다. ①은 정변을 통해 즉위한 신대왕이 전왕 측의 세력을 무마하기 위해서 내린 사면령이다. 산상왕대에 "국내의 이죄二罪 이하(에 해당하는 죄인)을 사赦"한 조치도[34] 실제로는 사면령을 내림으로써 시행되었다고 생각된다. ②는 좌가려左可慮 등의 반란을 진압한 뒤 숨은 인재를 찾기 위해서 내린 일종의 천거령薦擧令이다. ①은 사법에 관한 것이고, ②는 정령政令이라 성격이 다르지만 모두 일시적인 조치이다.

그러나 ③에서는 다른 면모가 나타난다. 광개토왕은 제制하여 수묘인의 전매轉賣와 천매擅買를 금하고 이를 어길 경우의 처벌사항을 밝혔다. 여기에는 령이 포함되어 있으니, "수묘인은 지금부터 다시는 서로 되팔 수 없다. 비록 부유한 자라고 할지라도 또한 함부로 살 수 없다."는 금령이 그것이다. 광개토왕이 역대의 선왕묘에 수묘비를 세운 다음 앞으로 수묘인의 전매와 천매를 용납하지 않겠다는 것이므로 이는 일시적인 조치가 아니다. 왕으로서는 금령이 영구히 지속되기를 바랐을 것이다.

령은 시효가 일시적인 것과 지속적인 것이 있었다. 정령은 물론이고 법적 효력을 갖는 령이 있었다. 그렇다면 령과 교의 차이는 무엇일까? 5세기 이전 령의 내용을 보여 주는 자료가 〈집안비〉를 제외하고는 I 정도여서 일반화시키기는 어렵다. 이를 통해서는 사면, 인사의 천거, 수묘인의 매매 금지와 같은 국내의 사안이 령으로 다뤄졌음을 알 수 있다. 교가 대외관계, 왕실의 장례 및 제사와 같은 국가의 중대사를 처결한 것과 다른 면이 엿보이기는 하지만, 이 자료를 가지고서 령이 다른 사안이 과연 교의 그것과 큰 차별성을 보인다고 하기는 어렵다. 이제 교

---

34 《三國史記》 卷16 高句麗本紀4 山上王 2年.

와 령의 상호관계를 〈집안비〉를 통해서 검토해 보자.

3. 〈집안 고구려비〉의 율과 교·령

〈집안비〉에는 "□□□□□王曰 自戊□定律敎內發令 更修復"의 구절이
있다. 불명확한 글자가 많아서 의미는 분명치 않으나 어떤 왕언의 내용
을 밝힌 부분이라 추정된다. 그 안에 율·교·령이 모두 등장하여 주목된
다. 戊□年에 율·교·령이 모두 나온 것인지, 아니면 그해에 율이 제정되
고 교·령은 다음에 내려졌는지 판단하기 어렵지만 여하튼 율이 먼저
제정되고 교와 령이 뒤에 순차적으로 내려진 것은 확실하다.

이 '율'은 비문의 전체적인 내용을 보건대 수묘守墓에 관한 율령법
조항을 가리킬 것이다. 뒤의 교·령도 이에 의거해 '수복修復'한 대상이
선대에 훼손된 왕릉으로 보이므로 이 교는 앞에 제시한 수묘율守墓律
과[35] 밀접한 관계를 맺고 있다고 보아야 한다. 수묘율을 근거로 삼아
내려진 교라고 이해된다. 소수림왕 3년(373)에 율령이 반포되었는데 이
해는 간지가 계유년癸酉年이므로 戊□年에[36] 제정된 수묘율은 373년이
아니라 나중에 추보追補된 것이다. 율령이 반포된 이후 내려진 교 가운

---

35 '定律'의 율은 守墓役에 관한 여러 제도와 규정으로 구성되었을 터이므로 실제로는
行政令의 하나로서 守墓令의 성격이었다고 짐작되지만, 비문의 표현을 존중하여 守墓
律이라고 부를 것이다.

36 여호규, 2013, 〈신발견 〈集安高句麗碑〉의 구성과 내용 고찰〉, 《韓國古代史研究》70,
82~83쪽은 '定律'한 해를 戊子年이라고 판독하고 故國壤王 5년(388)으로 비정한 바
있다. 한편 尹龍九, 2013, 〈集安 高句麗碑의 拓本과 判讀〉, 《韓國古代史研究》70,
41~43쪽은 '戊□'의 불명자를 午라고 판독했으나 무오년의 연대는 제시하지 않았다.

데('교내教內'의 교) 율령 조항('정률定律'의 율. 여기서는 수묘율)을 법적 근거로 삼는 경우가 있었음을 알 수 있다.

'교내教內'는 고구려 왕권이 미칠 수 있는 권역에 교를 내렸다는 의미이다. 당시는 율령이 반포된 이후이므로 국왕이 지방관을 파견하여 통치하던 지역을 대상으로 했다고 생각된다. 그리고 이어서 '발령發令'이 나오므로 령은 앞의 교에 근거해서 발포되었다고 보아야 한다. 즉 "율 → 교 → 령"의 왕명체계를 상정할 수 있다.[37] 단, 왕명을 내릴 때 율령에 관련 조항이 없으면 교·령 자체가 법적 효력을 발휘했고, 수묘에 관한 제도가 수묘율로서 기왕의 율령에 추보된 것처럼 일부 교·령이 나중에 율령으로 흡수되었을 것임은 물론이다.

〈집안비〉에 서술된 교와 령에 관해 좀 더 살펴보자. 위의 구절에 뒤이어 다음의 내용이 나온다.

J-㉠ 各於□□□□立碑 銘其烟户頭廿人名數 示後世 ㉡ 自今以后 守墓之民 不得□□ 更相轉賣 雖富足之者 亦不得其買賣 ㉢ □若違令者 後世□嗣□□ 看其碑文 与其罪過

㉢은 "만약 령을 어기는 자는 후세에 …… 하고, 그 비문을 보아 죄과를 준다."라고 해석된다. 이 령은 무엇을 가리킬까? 쉽게 생각하면 앞에 나오는 ㉠과 ㉡ 모두라고 할 수 있지만 그렇게 간단하지 않은 듯하다. ㉠은 연호두 20인의 '명수'를[38] 새긴 수묘비를 세우라는 것이고,

---

37 김수태, 2013, 앞의 논문, 60~67쪽은 〈집안비〉와 〈능비〉에 나오는 령을 율령격식 체계에 따른 行政令이라고 이해했다. 그러나 "如教令取…" "制令守墓之"의 해석이 일반적인 해석과 달라서 따를 수 없다. 또 교와 령이 율령 반포 이후에 비로소 사용되었다는 주장은 《삼국사기》의 관련 기록과 배치된다.

38 그간 두 번째 글자를 불명자로 처리했으나 '수'라는 판독안이(李成市, 2019, 〈集安

ⓛ은 수묘인의 전매 혹은 매매를 금한다는 내용이다. 그런데 ⓒ의 '위령자'는 '후세'와 관련되고 '비문'을 근거로 하여 죄과를 받도록 했다. 여기서 비문은 앞에 '其'가 붙어 있으므로 ⓐ에 나오는 수묘비를 가리킬 것이다.[39] 문맥으로 볼 때도 이 해석이 자연스럽다.

그렇다면 ⓐ은 령의 내용이 될 수 없다. 수묘비의 건립 자체는 광개토왕 당대에 이뤄졌으므로 후세와 연결되지 않고, 수묘비 건립의 명령을 어긴 관리에 대한 처벌내용을 이 비석에 적었다고 볼 수 없기 때문이다. 령은 곧 ⓛ 부분이 된다. 수묘인의 전매와 매매에 관한 금령이 ⓛ이고, 이를 어긴 자에 대한 조치를 ⓒ에 이어서 기록했다고 본다.

이는 〈능비〉에서도 확인된다.

K-① ⓐ 唯國罡上廣開土境好太王 盡爲祖先王 墓上立碑 銘其烟戶 不令差錯
ⓛ 又制守墓人 自今以後 不得更相轉賣 雖有富足之者 亦不得擅買 ⓒ 其
有違令 賣者刑之 買人制令守墓之
② 國罡上廣開土境好太王 存時教言 祖王先王 但教取遠近舊民 守墓洒掃 吾
慮舊民轉當羸劣 若吾萬年之後 安守墓者 但取吾躬巡所略來韓穢 令備洒掃
言教如此 是以如教令 取韓穢二百卄家 慮其不知法則 復取舊民一百十家

①은 I-③에서 제시한 자료의 원문이다. ⓒ에 나오는 령이 ⓛ의 제制

高句麗碑から見た廣開土王碑の立碑目的〉,《古代東アジアの文字文化と社會》, 臨川書
店) 다당하다. 名數는 名, 名籍과 함께 漢나라에서 戶籍을 가리키는 용어로 쓰었다.
39 김현숙, 2013,〈集安高句麗碑의 건립시기와 성격〉,《韓國古代史研究》72, 20~23쪽
은 '기비문'을 광개토대왕릉비 혹은 광개토왕대에 수복된 수묘비라고 하였다. 전자는
〈집안비〉에서 〈능비〉에 관한 언급을 찾을 수 없고, 후자는 문맥상 수복의 대상을 수
묘비로 볼 수 없으므로 수긍하기 어렵다. '其碑文'이 능비라는 근거로서 "与其罪過"의
죄과가 〈능비〉에 나오는 형벌조항을 가리킨다고 보았으나, 이를 구체적인 처벌내용을
뜻하는 것이 아니라 "그(에 합당한) 죄를 준다."고 해석할 수 있다면, 굳이 〈능비〉
의 기록에 연연할 필요가 없을 것이다.

이하에 나오는 내용임을 알 수 있다. 원래 제制는 제명帝命의 한 형식이며, 광개토왕 때 영락永樂의 연호가 사용되었음을 감안하면 당시에 고구려에서 제를 사용했을 가능성이 있다. 그러나 ⓒ에서 "買人制令守墓之"라 했으므로 앞의 "우제又制"와 함께 여기서는 명령의 형식으로서가 아니라 '무엇을 강제하다.'라는 의미로 사용된 듯하다. ㉠의 수묘비 건립에 관한 내용은 J의 ㉠과 같이 령에는 속하지 않았다고 보인다.

②는 광개토왕이 자신의 릉에 대한 수묘 방식을 지시한 것으로 일종의 유언이다. 이 교는 '祖王先王'으로 시작해서 '令備洒掃'로 끝난다. 그런데 장수왕은 그 '교령'에 따라 수묘인으로 한예韓穢 220가를 차정했다고 한다. 광개토왕의 교언敎言에는 령이 포함되어 있었던 것이다. "若吾萬年之後 安守墓者 但取吾躬巡所略來韓穢 令備洒掃"라는 구체적인 실행명령이 그 령문令文에 해당한다고 보인다.

"한예 220가가 법칙을 알지 못할까 염려하여 다시 구민舊民 110가를 차정했다."는 마지막 문장은 장수왕대에 유사한 형식의 교・령이 내려졌음을 짐작케 한다. 구민 110가를 추가로 차출한다는 령을 포함한 왕교였을 것이다. 한예 출신 수묘인이 숙지하지 못한 '법칙'이란 바로 戊□年에 제정된 수묘율이라고 생각된다. 또한 고구려 율령법의 한 편목인 수묘율은 수묘인의 임무와 수묘 방식에 대한 규정을 담고 있었으며, 수묘인의 구성과 숫자는 국왕의 교・령으로써 변화가 가능했다는 점을 이를 통해서 유추할 수 있다.

마찬가지로 J의 경우 그 전체가 광개토왕의 교이고 그 가운데 ⓒ이 령에 해당한다고 볼 수 있지 않을까? I-③ 역시 같은 내용을 전하므로 ⓒ의 령을 포함한 광개토왕의 교라고 생각된다. 양자는 비문이므로 원래의 교 문서의 핵심을 요약하여 작성되었을 것이다.[40] I의 ①, ②는 이

---

40 이러한 방식은 고구려에서 《留記》와 같은 사서를 편찬할 때 적용되었을 것이다. 漢

렇게 보면 새로운 이해가 가능해진다. ①의 내용 전체가 신대왕의 사면
령으로 기록되어 있으나 사실은 왕교였고 말미의 "宜推恩而及遠 遂與衆而
自新 可大赦國內"가 실제 왕령이라고 생각된다. 령을 포함한 교인데 그
취지가 사면에 있었으므로 '下令曰' '赦令'이라고 표현되었다고 보인다.
②의 천거령 역시 령에 해당하는 것은 "令汝四部 各擧賢良在下者"이고 고
국천왕의 왕교에 포함되어 있었을 것이다.

이상의 검토를 통해서 교가 국가적 중대사에 관한 왕명, 국왕의 정
령이라면, 령은 해당 교를 배경으로 하여 혹은 그로부터 파생되어 내려
진 하위 명령임을 알 수 있다. 령은 교보다 구체적인 실행명령이었다.[41]
〈집안비〉의 "敎內發令" 문구에서 교와 령의 관계 역시 이러한 행정체계
의 맥락에서 이해되어야 한다.

이와 같이 고구려에서 교령제가 성립된 2세기 중엽 이후에 왕교는
어떤 방침의 천명이나 인민에 대한 포고의 용도와 함께 령을 포함하는
경우 구체적인 명령과 지시를 내리는 데 사용되었다. 후자의 경우 '교'
'교령' 혹은 단순히 '령'이라고 불리기도 했으며, 이는 교와 령이 밀접한
관계를 맺고 있었음을 보여 준다.

신대왕의 사령과 장수왕의 수묘인 차정에서 보듯이 율령이 반포되기

代의 詔文은 사서에 실리면서 문두의 "制詔某官"이 "詔曰"로 바뀌고 말미의 "布告天
下使明知朕意"가 삭제되는 등 생략과 변형이 가해졌다(大庭 脩, 1982, 〈漢代制詔の形
態〉,《秦漢法制史の研究》, 創文社).

41 실행명령인 '令'은 율령격식의 '령'과 같은 글자여서 혼란을 일으킬 수 있다. 원래
령은 王命의 한 형태로서 출발했으며, 그 가운데 행정령의 의미를 가진 것을 모아서
소수림왕 때 율령의 '령'으로 반포했다. 율령 반포 뒤에도 왕명으로서 령은 발포되었
으며 점차 관부와 관료도 令으로써 행정명령을 발하게 되었을 것이다. 경주의 월성해
자 목간이 전하는 "典大等敎事"는 敎를 발하는 주체가 국왕을 포함하여 집사부 차관
으로 확대된 사실을 보여 주는데, 이 역시 發令의 주체가 확대되는 현상과 같은 맥
락이다.

표 4. 5세기 이전 고구려 왕명체계의 변천

시 기	2세기 초 이전	2세기 중엽~372년	율령 제정(373년)	374년~5세기
왕명·법제	법적 효력을 가진 왕명	敎 ↗ ↘ ↘ ↗ 令	↗ 刑律·行政令[42] ↘	敎 令
성격	행정적 지시	담당 관부에 대한 명령·지시	율령법	담당 관부에 대한 명령·지시

전은 물론 그 뒤에도 교·령은 법적 효력을 발휘했다. 나는 앞에서 신라의 6세기 금석문 자료에 대한 분석을 통해서 이러한 형태의 고대법을 교령법이라고 파악한 바 있다. 고대 중국적 법률체계인 율령만이 법 혹은 성문법이라는 논의 구도를 벗어나 신정법·소국법·교령법을 법의 범주에 집어넣고, 율령'법'을 이들과 함께 동아시아의 고대법의 한 형태로서 접근할 때 율령법을 상대화·객관화하고 그 성립과정을 역사적 시각으로 이해할 수 있다.

교령법은 교령제가 시행된 2세기 이후의 고구려에서도 확인할 수 있었다. 앞서 검토했듯이 다양한 형식의 왕명과 교·령을 통해서 국제가 성립하고 죄목과 형벌이 정해졌다. 이는 단행법이자 판례로서 법적 기

---

42 소수림왕대 반포된 율령이 秦漢의 율령과 가까워서 행정령이 형률과 분리되지 않았고 律이 행정법규의 기능을 겸하고 있었다는 견해가(홍승우, 2013, 〈〈集安高句麗碑〉에 나타난 高句麗 律令의 형식과 守墓制〉, 《韓國古代史研究》 72, 100~105쪽) 있다. 현재의 자료 여건에서는 이를 단정하기 어렵다. 율과 령의 구분은 西晉의 태시율령부터였다는 견해가 일반적이나, 진한대부터 그 단초가 보인다는 지적이 있다(任仲爀, 2016, 〈秦漢 율령사 연구의 제문제〉, 《中國古中世史研究》 37, 40~46쪽). 4세기 후반에 불교 수용, 太學 설립과 같은 고구려의 일련의 정책을 고려하면 고구려 율령 역시 그 당시 중국의 법체계를 의식하여 나온 산물이라고 생각되며 적어도 형률과 행정령이 분리된 체계였다고 보인다.

능을 발휘했다. 교령제가 왕명의 제도라면 교령법은 교령을 통해서 작
동하는 법체계였다. 율령이 반포된 뒤에도 교·령은 시행되었고 여전히
법적으로 유효했다.[43] 율령 반포 이후의 교·령은 율령격식의 형식을 따
르면 격에 해당하는 역할을 담당했고, 戊□年의 수묘율 추보처럼 율령이
개정될 때 반영되었다.

이상의 논의를 정리하여 고구려의 왕명체계가 초기부터 5세기까지
어떻게 변화·발전해 갔는지 도시해 보면 〈표 4〉와 같다.

---

[43] 이성시, 2008, 〈광개토대왕비의 건립목적에 관한 시론〉, 《韓國古代史硏究》 50, 185~187
쪽은 광개토왕의 教가 수묘역 체제로 법제화되어 가는 과정을 지적한 바 있다.

제4장

율령법의
기능과 성격

1. 교령법과 부체제

　　율령법을 다루기 전에 먼저 교령제와 부를 중심으로 한 국가구조의
관계를 생각해 보고자 한다. 공교롭게도 고구려에서 교령제가 성립된 2
세기 중엽은 부체제가 형성된 시기와 대략 일치한다. 그전에는 누군가
의 자문을 거치더라도 지역 정치체 수장首長의 명령이 그 가신과 초기
관부에 직접 하달되는 구조였다. 고구려에서 계루집단 외에 비류국沸流
國과 같은 유력 소국 역시 자체의 왕명 체계와 법제를 갖고 있었을 것
이다.

　　그런데 부체제 국가가 성립하면 중앙의 정치체제와 더불어 법제의
적용 양상이 달라진다. 제가(간)회의諸加(干)會議에서 중죄인을 평의하여
사형을 집행하고 국가의 중대사를 심의·의결했다.[1] 율령법이 부재한 상
태에서 국가의 제도를 실시하고 범죄자를 단죄·처벌하며 국가를 운영하
는 법적 근거는 관습법과 교·령이었다. 《삼국사기》의 기록대로 교와 령
이 국왕의 명의로 발포되었다고 하더라도, 비슷한 국가구조에 처해 있
었던 6세기 초의 신라 금석문에 비춰 보면 그 왕명은 제가의 공론共論
을 거쳤을 가능성이 높다. 공론을 전제로 한 법체계라는 점이 부체제
시기의 정치구조와 상통하는 교령법의 특징이다.[2]

---

[1] 余昊奎, 1998, 〈高句麗 初期의 諸加會議와 國相〉, 《韓國古代史硏究》 13.

[2] 따라서 이 글에서 사용한 '王言'·'王命'·'王敎' 등은 문헌상의 기록을 차용한 것에 불
　과하다. 하지만 부체제 시기의 모든 敎·令이 과연 共論 과정을 거쳤을지에 대해서는
　재고의 여지가 있다. 부체제 시기 敎의 양상을 보여 주는 금석문은 新羅의 예만 남

내가 상정하는 교령법의 또 다른 핵심은, 율령법이 시행되기 전에 교·령을 포함한 다양한 형식의 왕명이 단행법으로서 법적 효력을 갖고 작동되었다는 점이다. 예컨대 고구려에서 진급賑給 기사가 민중왕기부터 나타난다.

> 여름 5월에 도읍 동쪽에 홍수가 나서 백성들이 굶주리자 창고를 열어 진급賑給하였다.
>
> 《삼국사기》 권14, 고구려본기2 민중왕 2년)

> 가을 8월에 사신을 보내 도성의 굶주린 백성들을 구휼하였다.
>
> (위의 책, 모본왕 2년)

> 봄에 크게 가물었다. 여름이 되자 땅이 농작물을 거둘 수 없어 백성이 굶주렸다. 왕이 사신을 보내 구휼하였다.
>
> (위의 책, 태조왕 56년)

> 겨울 10월에 왕이 부여에 행차하여 대후묘大后廟에 제사 지냈다. 곤궁한 백성들을 위문하고 물자를 차등 있게 내려 주었다.
>
> (위의 책, 同王 69년)

> 가을 7월에 서리가 내려 곡식을 죽이자 백성이 굶주리므로 창고를 열어 구제하였다. 겨울 10월에 …… 담당 관리에게 명하여, 매년 봄 3월부터 가을 7월까지 관곡官穀을 내어 백성 가구家口의 많고 적음에 따라 차등이 있게 진대하

아 있다. 그리고 部의 이해관계가 걸린 분쟁(〈중성리비〉), 전략 물자의 소유권(〈냉수리비〉), 군사시설의 문제(〈봉평비〉. 율령 반포 이후에 건립되었지만 공동명의로 下敎가 이뤄짐)와 같이 국가 차원이거나 여러 부에 걸친 사안을 다루었다는 점이 고려되어야 한다. 부체제 아래에서 전쟁, 외교, 교역과 같은 대외 사안에 관해서는 국왕 단독의 敎가 나왔을 것이다. 謀叛罪 등 왕권과 직결된 범죄에 대해서도 국왕 단독 명의일 가능성이 있고, 그때 근거가 된 것은 국왕을 배출한 部의 전통적인 법제였을 것이다.

고, 겨울 10월에 이르러 갚게 하는 것을 항식恒式으로 삼았다. 도성의 내외 백
성들이 모두 크게 기뻐하였다.

(위의 책, 고국천왕 16년)

모본왕, 태조왕을 거쳐 자연재해가 일어나면 간헐적으로 실시되던 진
휼은 고국천왕 때 왕명에 따라서 진대제라는 '항식'으로 귀결된다. 그
기년을 신빙하기는 어렵지만 진대의 법제화는 계루집단을 비롯한 지역
집단의 수장들이 흉년이 일어나면 명령을 통해 취하던 임시조치가 점
차 고구려의 국제로 형성되어 가는 과정을 보여 준다.

앞 장에서 살펴본 바와 같이, 고구려 초기의 왕명 가운데는 국제를
제정하거나 범죄와 형벌에 관한 내용을 규정하여 처벌이 실행되는 등
법적 효력을 가진 것이 있었다. 왕명이 가진 법적 규제력이 확고하지
못하고 법으로서의 안정성과 지속성이 미약한 초기적 한계가 보임에도
불구하고 일부 왕명과 법속은 '왕법'을 형성하였으며, 초기 고구려 사회
에서 법적 규제력을 가지고 실질적으로 작동하였다.

여기서 구도仇都·일구逸苟·분구焚求를 징치한 사건을 다시 살펴보자.

봄 3월에 대신 구도仇都·일구逸苟·분구焚求 등 3명을 서인庶人으로 내쳤다.
이들은 비류부장沸流部長으로서 성품이 탐욕스럽고 비루하여 다른 사람의 처첩
과 우마·재화를 빼앗았다. …… 왕이 이를 듣고 죽이고자 했으나 동명왕의 구
신이어서 차마 극형[極法]에 처하지 못하고 내치는 데 그쳤다. 드디어 남부사자
南部使者인 추발소鄒敎素로 하여금 대신 (비류부의) 부장을 삼았다. …… 구도
등이 (추발소의) 앞에 나아와 고하기를, "저희가 왕법王法을 범하여 부끄럽고
후회스러움을 이길 수 없습니다. 원컨대 공께서 과오를 용서하여 스스로 새로워
질 수 있게 해 주시면 죽어도 한이 없겠습니다."라고 했다. …… 왕이 이를 듣
고 말하기를, "추발소가 위엄을 쓰지 않고 지혜로써 악함을 징치했으니 유능하
다고 할 수 있다." 하고 대실大室이라는 성을 내렸다.

(《삼국사기》 권14, 고구려본기2 대무신왕 15년)

대무신왕 때 왕법을 위반한 비류부장을 처벌한 사실이 주목된다. 계루집단의 고유한 법제라고 추정되는 '왕법'이 계루부가 아닌 다른 부에 적용되었기 때문이다. 소국법은 폐쇄성과 국지성이 강하여 해당 지역집단 내부에 적용되는 법제였고, 각 부의 전통적인 법률 역시 마찬가지 성격을 갖고 있었다. 그러므로 어떤 지역집단의 법제가 그 경계를 넘어 다른 지역집단까지 미치는 것은 유의할 만한 현상이다. 이 경우는 졸본 지역에서 계루집단이 비류집단으로부터 주도권을 빼앗아 가는 추세를 반영하는 사례라고 여겨진다.

그런데 부체제가 성립된 뒤인 고국천왕대에 비슷한 예가 확인된다.

중외대부中畏大夫인 패자沛者 어비류於畀留와 평자評者 좌가려左可慮가 모두 왕후의 친척이라고 하여 나라의 권력을 휘어잡았다. 그 자제는 세력을 믿고 교만·사치하며, 다른 사람의 자녀와 전택田宅을 약탈하니 국인이 원망하고 분히 여겼다. 왕이 이를 듣고 노하여 주살하려고 하니 좌가려 등이 4연나四椽那와 함께 모반했다.

《삼국사기》 권16, 고구려본기4 고국천왕 12년)

어비류와 좌가려는 왕후의 친척이었고 나중에 4연나와 모반했다고 하므로 당시 왕비를 배출하던 연나부椽那部, 곧 절노부絶奴部 소속이었다.[3] 고국천왕은 계루부가 아닌 다른 부 소속의 유력자를 처벌하고자 했고 이들은 이에 항거하여 모반했다. 이는 부체제 시기의 정치체제에 대한 그간의 일반직인 이해를 뒷받침해 주는 사례라고 할 수 있나. 전쟁·외교·교역과 같은 대외업무는 중심 부의 수장, 곧 국왕이 장악하지만 각 부의 대내적 사안은 자치에 맡기는 구조가 당시 정치체제의 특

---

3 李基白, 1959, 〈高句麗王妃族考〉, 《震檀學報》 20.

징이라고 보았던 것이다.[4] 대내 사안은 제의, 사법, 재정, 수취, 행정과 같은 분야가 될 것이다.

이때 고국천왕이 두 사람을 '주살하려고' 동원한 법제가 무엇이었는지 분명치 않다. 계루부의 법률이었다면 당연히 절노부 출신이 이를 거부했을 것이다. 어비류 등이 자신이 부 세력과 함께 저항했다는 것은, 종래 절노부의 고유한 법제가 부정되고 계루부의 그것이 침투해 오는 것에 대한 거부가 내재되어 있다. 만약 제가회의의 평의를 거쳐 처벌을 하교했다면 두 사람의 반응은 어땠을까? 계루부의 법률을 적용한 것보다는 약하겠지만 사안이 왕권이나 부장권部長權 같은 권력과 관계되었으므로 반발이 불가피했으리라 보인다. 어비류와 좌가려의 사례는 부체제 시기에 왕명에 의한 처벌 지시라고 하더라도 국왕의 출신 부가 아니라 다른 부에 적용되었을 때 심각한 반발과 부작용이 초래되었음을 여실히 보여 준다.

신라에서 교령법은 언제 성립되었을까? 사로국 시기의 소국법과 이를 발전시킨 이사금기의 법체계가 교령법의 바탕이 되었지만, 그 성립 시기를 한정하려면 역시 '교' 제도의 수용 시점을 지표로 삼아야 한다. 이는 이사금기에 썼던 '왕명' '하령'의 용어를 '교'로 바꾸는 것에 그치지 않고, 교를 도출해 내는 시스템 및 하교의 주체를 규정하는 지배체제의 변동과 관련된다.[5]

금석문과 목간 자료를 보면, '교'가 확인되는 가장 빠른 것은 광개토왕 재위 전반기에 건립되었다고 추정되는 〈집안비〉이다. "自戌□定律 教

---

4 노태돈, 2009, 〈삼국시대의 부와 부체제: 부체제론 비판에 대한 재검토〉, 《한국고대사의 이론과 쟁점》, 집문당.

5 377년에 고구려를 통해 前秦을 방문한 신라 사신 衛頭가 "亦猶中國 時代變革 名號改易 今焉得同"(《三國史記》卷3, 新羅本紀3 奈勿尼師今 26年)이라 하여 '名號改易'을 내세웠는데, 教令制의 수용·실시와 관련하여 주목된다.

內發令"의 구절이 그것이다. 414년의 〈능비〉에는 더 구체적인 내용이 실린 교의 용례를 확인할 수 있다.[6] 소수림왕 3년(373)에 율령이 반포된 다음에도 광개토왕은 대외전쟁이나 수묘제에 관한 교·령을 내리고 있다. 그러나 문헌사료로는 앞서 언급했듯이 차대왕, 고국천왕대까지 거슬러 올라가 '교'의 용례가 확인되며, 2세기 중엽 무렵에 교령제가 제도적으로 성립되었다.

신라의 경우 금석문상으로 '교'가 나오는 가장 이른 시기의 자료는 지증마립간 2년(501)의 〈포항 중성리비〉이다. 그런데 〈냉수리비〉에 잘 드러나듯이 503년의 판결은 실성과 눌지마립간 때 내려진 교를 일종의 판례로써 활용했다. 실성과 눌지대에 하교한 내용이 당대로 그치지 않고 계속 전해져 오다가 사건이 재발하자 이를 판례로 삼아 다시 교와 별교를 내린 것이다. 따라서 신라에서 교령법의 시행 시점은 늦어도 5세기 초인 실성대까지는 분명히 소급할 수 있다.[7] 주지하듯이 내물대 이후 고구려의 원군이 신라에 주둔할 정도로 긴밀한 관계를 맺고 있었고, 실성은 고구려에 머물다가 돌아와 고구려의 지원을 받아 즉위했다. 이처럼 고구려와 밀접한 관계를 맺고 있던 내물~실성대에 고구려의 교·령 제도가 수용되어 신라의 교령법이 성립된 것으로 보인다.

고구려에서 소수림왕 3년(373)에 율령을 반포했으므로 신라가 교령제를 수용할 무렵 고구려는 이미 율령이 시행되고 있었을 가능성이 높다. 그러나 고구려에서도 율령은 막 실시되기 시작한 시기였고, 신라가

---

6 "敎遣偏師" "存時敎言 祖王先王 但敎取遠近舊民 … 但取吾躬巡所略來韓穢 令備洒掃 言敎如此 是以如敎令 取韓穢二百卄家" 등을 들 수 있다.

7 《三國史記》新羅本紀의 기록으로는 訥祇麻立干 22년(438) 조의 "敎民牛車之法"이 가장 이르지만 王敎로서의 '敎'가 아니라 "백성들에게 牛車 사용법을 가르쳤다."는 의미라고 보아야 한다. 《삼국사기》에서 왕교로서는 法興王 25년(538)의 "敎許外官携家之任"이 가장 빠른 기사이다.

이때 율령법을 받아들일 정도로 지배체제가 성숙되지 못하였다고 추정된다.

신라에서 교령법은 소국법 그리고 이사금기의 법체계와 어떤 차이점이 있었을까? 〈중성리비〉의 판결과 교·령은 현재 흥해興海 지역에 있던 나소독지를 중심으로 한 여러 읍락까지 침투하여 적용되었다. 지역 정치체의 내부까지 신라의 법제가 침투했다는 점에서 중앙의 6부 세력이 진출한 경제적·군사적 요충 지역부터 소국법의 장벽이 무너지고 있었다고 보인다. 주목해야 할 점은, 적용 지역이 진벌珎伐과 같은 일반 촌락까지 미쳤다는 점에서 2장에서 언급했던 나해이사금대에 '군읍'의 죄수들을 녹수錄囚한 것과 비교해 보면 침투의 심도가 더 깊어졌다는 사실이다.

6세기 초가 되면 재지 사회의 일부 자연촌락까지 신라 법의 적용 범위가 확대되고 있었던 것이다. 중앙의 부들이 각기 운용했던 법 사이의 간극도 상당히 해소된 듯하다. 〈중성리비〉를 보면, 모단벌훼와 훼·사훼부가 쟁송을 벌였다고 생각되는데 판결의 근거나 기준을 양자가 모두 수용했다. 이 때문에 판결이 가능했고 원상복구 조치도 시행될 수 있었다. 이 사건의 조사와 평의 및 판결 그리고 시행 절차를 파사이사금대에 금관국주金官國主를 초빙하여 쟁강爭彊 문제의 해결을 자문하던 것과 비교하면 훨씬 발전하고 체계화된 것을 알 수 있다.

교령법이 삼국의 정치적 핵심집단인 중앙의 부를 중심으로 형성되어 전략적 요충지역으로 적용 범위를 넓혀갈 수 있었던 것은, 먼저 중앙의 여러 부 사이에 가로놓여 있던 사법의 차이가 초보적이나마 해소되기 시작했기 때문이다. 부체제 아래에서는 기본적으로 각 부의 사법권이 존중되어 범죄를 자율적으로 처결했다. 그러나 중대한 범죄나 분쟁이 발생하면 국왕과 각 부의 유력자가 참가하는 제가(간)회의가 소집되어 공론을 통해 판결을 내리고 이를 교·령으로 공포·하달하여 집행했다.

공론을 통해서 여러 부의 의사가 취합되고 이견을 줄이는 의사결정 과정을 거쳤다. 이것이 꼭 왕권에 유리한 결정을 보장하진 않지만, 중심부와 왕권이 제가(간)회의를 통해 다른 부, 나아가 전략적 지역의 현안과 분쟁에 개입할 수 있는 합법적 통로가 열린 것이다.

교령법에 따른 조치는 종래 각 부가 행사했던 사법권을 부정하고 강제 집행될 수 있었다. 이 지점이 기존의 부체제의 기본질서와 충돌하는 가장 첨예한 대척점이었다고 여겨진다. 고구려의 예가 보여주듯이 비류집단, 연나부처럼 초기에는 교·령에 대해 승복하지 않고 반발하기도 했을 터이지만 점차 이를 수용할 수밖에 없었을 것이다. 교령법을 수용하지 않는 것은 곧 제가(간)회의의 결정에 불복한다는 의미이고, 이는 부체제로부터의 이탈로 귀결될 것이기 때문이다.

이처럼 교령법은 부체제 시기의 법체계이지만 각 부가 자체적으로 행사하던 사법권을 잠식하여 왕권 측으로 집중시키고 계루부, 훼부, 사훼부 같이 국왕을 배출하여 중핵이 된 부가 여타 부의 내부로 침투할 수 있는 통로를 열었다는 점에서 부체제를 허무는 효과를 가져왔다. 제가(간)회의의 성원인 가·간은 왕이 사여하는 관등을 받았고 그 등급에 따라 위계가 정해졌으며 관등제가 일원화되어 가는 추세를 보이므로 이 회의체는 근본적으로 왕권 아래 종속되어 있었다.[8] 제가(간)회의의 형식은 공론이었지만 계루부, 훼부 등의 중심 부가 논의를 주도했을 것이다. 공론이라는 명분을 등에 업고 교령법은 각 부가 누려 왔던 전통적 법제의 보호막을 벗겨내고 있었던 것이다.

교령법은 중앙의 여러 부는 물론 이 부를 매개로 해서 주변의 군사·경제적 요충지에 적용되어 갔다는 점에서 소국법의 한계를 뛰어넘는 면모를 찾을 수 있다. 부체제에서는 종래 각 부와 지역별로 소국법 형

---

8 노태돈, 1999, 〈고구려 초기의 정치체제와 사회〉, 《고구려사 연구》, 사계절, 157~158쪽.

태의 법을 자율적으로 운영해 왔다. 그런데 제가(간)회의의 공론구조가
정착하면서 회의체에서 논의되고 결정된 사항을 교·령의 형식으로 중앙
의 부와 복속된 지역에 하달하여 그 조치를 따르도록 강제했다. 이러한
체제는 결과적으로 왕권을 강화시키는 방향으로 작용했다. 교령법은 부
체제 시기의 법체계이지만 역설적이게도 부체제를 해체하고 집권체제로
이행하는 데 첨병과 같은 역할을 수행했다. 교령법에 의거하여 범죄 및
분쟁을 조사, 판결, 처벌하는 과정에서 물리력을 합법적으로 동원하여
대상이 되는 부의 저항을 최소화하고, 결과적으로는 왕권을 중심으로
지배질서를 재편할 수 있었던 것이다. 향후 이와 관련된 금석문 등 동
시기의 자료가 새로 출현하여 왕권의 사법권 장악과 다른 부에 대한
그 행사 범위의 확대 양상을 알 수 있다면, 부체제의 해체 과정을 더욱
역동적으로 복원할 수 있으리라 기대한다.

교령법의 적용 대상범위가 확대되는 추세는 결국 율령법의 성립으로
귀결되었고, 이로써 왕권이 중심이 되어 중앙과 지방을 일원적으로 통
치할 수 있는 법적 기준이 마련되었다.

2. 호적제를 통해 본 백제 율령의 양상

《三國史記》에 따르면, 고구려가 소수림왕 3년(373), 신라는 법흥왕 7
년(520)에 율령을 반포했으나, 백제는 이를 전하는 기사가 없다. 그 이
유를 크게 두 가지 생각해 볼 수 있다. 하나는 관련 기록이 누락되었을
가능성이다. 《삼국사기》의 백제 측 기사량이 신라, 고구려의 그것과 비
교해서 현격히 적은 현상을 고려한다면, 율령 반포와 같은 주요 기록이

빠졌다고 해서 놀라운 일은 아니다. 다른 하나는 실제 백제에서는 율령이 반포되지 않아서 《삼국사기》 기록에 없을 것이라는 해석이다. 중국의 율령법을 전면 도입하고 이를 필요에 따라 개정, 보완해서 시행했다면 굳이 새로운 율령을 제정하여 반포할 필요가 없었으리라는 상정이 가능하다.

낙랑군, 대방군이 멸망한 뒤 그 유민들이 백제로 유입되었으므로 백제는 낙랑설령樂浪挈令과 같은 한군현의 법제의 영향을 고구려, 신라보다 많이 받았을 것이라는 견해가[9] 있다. 전북 고창에서 출토된 '복의장군지인'명伏義將軍之印'銘 청동인장을 근거로 삼아 관인제官印制가 4세기 중엽 동진東晉으로부터 백제로 도입되었다고 보기도 한다.[10] 이와 같은 기왕의 연구와 아울러 좌평 이하 16등 관등제를 비롯한 정치제도, 담로擔魯 및 방方-군郡-성城의 지방행정제도, 부세제賦稅制,[11] 형률[12] 등을 고려하면 백제에서 지배의 법적 규준으로서 율령은 분명히 시행되고 있었다고 보인다. 다만 그 시행 시기, 백제가 독자적으로 율령을 반포했는지 여부는 현재의 자료 여건으로써 판단하기 어렵다.

백제에서 율령법이 처음 실시된 시기를 확정하기 어려운 상황에서 그전 교령법의 양상, 율령과의 상호관계, 그리고 중국 율령의 도입과 적용 문제 등을 검토하기는 원천적으로 어렵다고 판단된다. 따라서 백제 율령의 성립 과정을 살피기보다는 율령법이 정착된 뒤에 그것이 구현된

---

9 金哲埈, 1975, 〈三國時代의 禮俗과 儒敎思想〉, 《韓國古代社會研究》, 知識産業社, 292쪽.

10 노중국, 2012, 〈백제의 文書行政과 官印制〉, 《백제와 주변세계》, 진인진.

11 《周書》異域列傳 百濟 "賦稅以布絹絲麻及米等 量歲豊儉 差等輸之"
    《舊唐書》東夷列傳 百濟 "凡諸賦稅及風土所産 多與高麗同"

12 《周書》異域列傳 百濟 "其刑罰 反叛·退軍及殺人者斬 盜者流 其贓兩倍徵之 婦人犯姦者 沒入夫家爲婢"
    《舊唐書》東夷列傳 百濟 "其用法 叛逆者死 籍沒其家 殺人者 以奴婢三贖罪 官人受財及盜者 三倍追贓 仍終身禁錮"

구체적인 제도, 그 가운데 관련 자료가 남아 있는 호적제를 통해서 율령의 내용과 운영 양상, 그리고 율령지배의 성격을 검토해 보겠다.

1) 호적의 작성

〈능비〉에 나오는 '新來韓穢'의 땅은 광개토대왕의 군사에게 점령당하기 전에는 대략 백제에 속해 있었다. 따라서 장수왕이 신래한예의 220호를 차정差定할 때 백제에서 그전에 이미 실시된 호구 조사의 결과를 활용했을 수 있다. 하지만 그 가능성은 낮은 듯하다. 《삼국사기》 백제본기의 초기 기사부터 '민구民口' '호구戶口' '민호民戶' 등이 보이지만 사료 비판이 필요하고, 이를 곧 국가권력이 호적을 작성한 증거라고 볼 수 없음은 물론이다.

백제에서 언제부터 공식적으로 호적이 만들어지기 시작했을까? 도미전都彌傳을 보면, 설화적 요소가 들어가 있으나 도미가 '편호소민編戶小民'이고 부인과 함께 비자婢子를 소유하고 있었다고 하여[13] 비교적 구체적인 호구내역을 전한다. 이를 일반적 견해에 따라 개로왕대를 시대적 배경으로 한 설화라고 본다면 5세기 중반, 곧 한성기 말 무렵에 호적이 작성되었던 현실을 반영한다고 볼 수 있다.

《일본서기》에 따르면, 왜가 가야 지역의 백제인을 호적에 올리고 도망자를 추쇄推刷한 것처럼 서술되어 있으나[14] 실상은 무녕왕이 그 9년(509) 가야에 진출한 백제인 가운데 도망하여 호적에서 누락된 자들을 색출하여 백제로 귀환시킨 다음 호적에 올린 것으로 이해된다.[15] 그 후

---

13 《三國史記》 卷48, 列傳8 都彌.
14 《日本書紀》 卷17, 繼體天皇 3年 春2月 "括出在任那日本縣邑 百濟百姓 浮逃絕貫 三四世者 竝遷百濟 附貫也"
15 노중국, 2010, 〈戶口 파악과 호적의 정비〉, 《백제사회사상사》, 지식산업사.

년에는 유식자游食者로 하여금 농사를 짓도록 하는 등 인민 장악에 관한 일련의 조치가 취해지고[16] 구체적인 호의 숫자가 등장한다.[17] 6세기로 들어서면 백제에서 확실히 호적이 작성되었다고 볼 수 있다. 6세기 중엽 백제계 인물이 일본 백저둔창白猪屯倉의 '정적丁籍'을 작성하고 전호田戶를 편성하는 등 문자를 이용하여 미야케(屯倉) 경영을 발전시켰다.[18] 662년에 유인궤劉仁軌가 주도하여 작성했다는 백제 고지故地의 호적도[19] 백제 멸망과 부흥운동의 혼란상을 고려하면 백제 정부가 작성해 놓은 호적을 바탕으로 했을 것이다.[20]

2) 복암리 목간에 나타난 친족관계

사비기에 작성된 목간 가운데 호적과 관련된 것이 있어 주목된다. 610년 무렵 전남 나주 복암리 인근 지역에는 백제의 지방관청이 자리 잡고 있었다. 지금의 복암리는 물론 나주까지 관할하던 발라군發羅郡의 치소가 그것이다. 발라군에서 작성하거나 수신한 문서용 목간들이 용도 폐기된 대형 수혈竪穴에 버려졌다. 이 수혈은 원래 주변에 있던 제철공방製鐵工房의 부속시설이었다. 목간이 폐기된 수혈을 매개로 하여 발라군과 제철공방이 연결되는 것이다. 이 제철공방은 발라군이 운영하던 관영공방이라고 생각된다.

---

16 《三國史記》卷26, 百濟本紀4 武寧王 10年 "春正月 下令完固隄防 驅內外游食者歸農"

17 위의 책, 武寧王 21年 "秋八月 蝗害穀 民饑 亡入新羅者 九百戶"

18 田中史生, 2019, 〈屯倉과 韓國木簡 −倭國史에서의 韓國木簡의 가능성〉, 《木簡과 文字》22.

19 《三國史記》卷28, 百濟本紀6 義慈王 "仁軌始命瘞骸骨 籍戶口 理村聚 署官長 通道塗 立橋梁 補隄堰 復坡塘 課農桑 賑貧乏 養孤老 立唐社稷 頒正朔及廟諱 民皆悅 各安其所"

20 盧明鎬, 1988, 〈羅末麗初 親族制度의 변동〉, 《又仁金龍德博士停年紀念史學論叢》.

따라서 복암리 목간 가운데 제철노동과 관련된 것이 있을 가능성이 있으나 아직은 직접 관련된 내용을 찾을 수 없다. 목간 1이 고역에 시달리다 도망한 자들을 잡아들인 사실을 싣고 있으나 제철노동에 관한 것이라고 단정할 수 없다. 나머지 목간들은 다양한 내용과 형식을 띠고 있으며, 백제가 영산강 유역의 지방사회를 어떻게 장악하고 지배했는지를 단적으로 보여 준다. 목간 2는 호구에 관한 내용을 싣고 있다. 묵서는 한쪽 면에서만 확인된다. 나의 판독안은 다음과 같다.

＊범례 : ×은 결손부, 〔 〕은 추정자, 기울임체는 이필異筆, ①~⑥은 문단을 표시함. 이하 동일

1행 ②단의 '正'자는 乙 혹은 公으로 읽는 견해가 있었다. 후자의 경우는 〈신라촌락문서〉에 나오는 '除公'과 연관 지어 이해하기도 했다. 하지만 다음에 보이는 몇 가지 사례를 참고하면 이 글자는 正으로 보아야 한다.

8세기 후반에 작성된 일본의 《인번군호적因幡國戶籍》에 '正丁' '正女'가 나오는데, 그 正자의 자형을 보더라도 이 글자는 '正'이 맞는다고 생각된다. 그렇다면 正은 뒤의 丁자와 붙여서 '正丁'으로 읽어야 하겠다. 따라서 將除[21]는 正丁과는 분리해서 파악해야 한다.

뒤에 나오는 中口와 小口가 연령등급 용어임이 분명하므로 正丁도 그

---

21 '除'는 '徐'자로도 보인다.

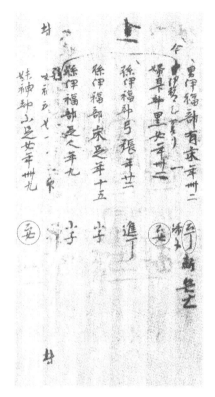

사진 2. 《인번국호적》의 '正丁' '正女' 표
기(渡邊晃宏, 2004, 〈籍帳制〉, 《文字と古代日
本 1》, 吉川弘文館. 134쪽)

등급의 하나라고 생각한다. 《삼국사기》와 《삼국유사》 그리고 지금까지
발견된 한국 고대의 금석문과 목간 자료에서 '正丁'의 용례를 확인할 수
없다. 다만 부여 궁남지에서 출토된 '서부후항西部後巷'명 목간에 中口·小
口와 함께 '丁'이 나오므로, 正丁이 원래의 표기이고 이를 약칭해서 丁이
라고 썼다고 추정된다.

목간 2에 丁이라고 쓰지 않고 굳이 '正丁'이라고 쓴 이유는 2행의 '文
丁'과 관련이 있을 것이다. 文丁 역시 한국의 고대 자료에서는 용례를
찾을 수 없다. 그러나 6세기 말의 금석문인 〈남산신성비南山新城碑〉를 보

唐 張旭《고시사첩》   隋 智永《關中本 千字文》   일본 平城宮 출토 목간

사진 3. '정正'자의 여러 형태
(《大書源》, 2007, 二玄社와 奈良文化財研究所 編, 2008,《日本古代木簡字典》, 八木書店을 참조했음)

면 '文尺'이 나온다. 문척은 비문을 작성하거나 글씨를 쓰는 역임자役任
者를 가리킨다. 文丁은 백제의 영산강 유역 사회에서 이러한 역할을 수
행하던 역임과 관련된 표현이라고 생각된다.[22]

　文丁이 역임자를 지칭한다면 이것은 연령등급과는 성격이 다르다. 국
가가 해당 인물에게 부여한 일종의 직역職役이면서 동시에 이 사람이
재지사회에서 수행하는 기능과 지위를 나타내 준다. 당唐 이전의 적장
류籍帳類에 정중제丁中制를 따른 연령 구분과 함께 잡임雜任·위사衛士·시
정侍丁 등을 기재하여 그 신분을 표시한 예가 허다하다.[23] 702년에 만들
어진 일본의 《풍후국호적豊後國戶籍》은 특히 주목된다. 이를 보면 정정正
丁·소정少丁 등의 연령등급과 함께 '兵士'가 나란히 적혀 있다.[24] 이로써
해당된 사람이 병역을 지고 있음을 표시한 것이다. 병사로 차출된 사람

---

22 부여 쌍북리 현내들 유적 출토 목간에 보이는 '酒丁', 능산리사지 목간의 '資丁'을
　유례로 들 수 있다.
23 朴根七, 1996,《唐代 籍帳制의 運營과 收取制度에 관한 研究》, 서울大學校 東洋史
　學科 博士學位論文, 43~57쪽.
　唐代 이전의 각종 적장류 寫本과 그 판독문은 池田 溫, 1979,《中國古代籍帳研究 -
　槪觀·錄文》, 東京大學出版會에 실린 부록을 참고했다.
24 東京帝國大學文科大學 史料編纂掛 編纂, 1901,《大日本古文書 一》, 東京帝國大學 印
　刷局, 214~218쪽.

은 따로 연령등급을 기록하지 않아도 그 연령대가 정丁에 해당한다는 사실이 드러나기 때문이다. 복암리 목간 2의 경우도 문정文丁은 비록 연령 구분의 단위는 아니지만 그 사람이 지고 있던 직역 부담과 함께 연령대가 정丁에 속한다는 것을 나타내 준다.

그렇다면 兄은 이름이 將除(또는 將徐)이고 연령등급은 정정正丁에 속했다. 정정正丁은 당대唐代의 백정白丁과 같이 어떤 역임이 부과되지 않아서 국가에 세역을 납부해야 하는 대상자를 가리키고, □〔兄〕定에 붙은 文丁은 정정正丁 가운데서 어떤 역임을 맡고 있는 자를 가리킨다. □〔兄〕은 '從兄'일 가능성이 큰데, 그렇다면 그의 이름은 定이고 문정文丁의 역임을 지고 있었다. 형과 종형이 등장하는 만큼 파손된 윗부분에는 그의 동생에 관한 기록이 있어야 한다. 이어지는 부婦·매妹에 관한 내용까지 감안하면 이 목간은 친족관계를 맺고 있는 어떤 집단에 대해서 그 호구원의 내역을 조사하여 적은 것이라고 생각된다. 그렇다면 결실된 윗부분에 기록된 동생이 이 가족의 호주가 될 것이다.

1행의 '婦'는[25] 며느리와 부인의 두 가지 뜻이 있는데, 만약 며느리라면 婦의 앞에 자식, 즉 婦의 남편이 되는 사람에 대한 친족 호칭이 나와야 한다. 즉 자子, 장자長子 혹은 남男이 먼저 언급되어야 그 뒤의 婦는 자연스럽게 자부子婦 곧 며느리가 되는 것이다. 그런데 앞의 인물에게는 '兄'이 붙어 있으므로 婦는 며느리가 아니라 부인으로 보는 편이 합리적이다. 현존하는 당 전기 이전의 적장류 문서나 일본 고대의 관련 자료를 보면 부인은 '妻' 혹은 '妾'으로 표기했다.[26] 이와 달리 7세기 초

---

25 홍승우, 2013, 〈扶餘 지역 출토 백제 목간의 연구 현황과 전망〉, 《木簡과 文字》 10, 32~34쪽은 이를 '歸'로 읽고 호주에게 소속된 家屬이라고 이해한다.

26 중국 측 자료는 池田 溫, 1979, 앞의 책에 실린 附錄을, 일본의 경우는 正倉院文書 데이터베이스(http://somoda.media.osaka-cu.ac.jp/shosoin_db/)를 참고했다. 702년의 《筑前國호적》과 772년의 《因幡國호적》에는 婦가 나오는데, 모두 男·女息 다음에 기

백제의 지방에서는 부인을 가리키는 친족관계 호칭으로 婦가 쓰였음을 알 수 있다.

그렇다면 婦는 누구의 부인일까? 남아 있는 부분의 기록만으로 판단이 어렵지만, 바로 앞에 쓰여 있는 형의 부인, 곧 형수로 보는 것이 순리이겠다.[27] 호주의 부인은 결실된 부분에 적혔을 터이다. 그렇다면 1행의 끝에 나오는 小口 4명은 형 將除와 그 부인 사이에서 출생한 자식이 된다. 문제는 婦에 이어서 적혀 있는 中口 2명이다. 이 역시 형 부부의 자식으로 볼 수도 있으나, 목간 2의 서식은 "婦中口二 小口四"로 되어 있어서 婦와 中口는 이어서 적은 반면 中口와 小口 사이에는 간격이 있다. 이를 주목하면 중구 2명은 소구 4명과 달리 婦에 관한 내용이라고 추정된다. 兄과 □〔兄〕의 연령등급도 간격 없이 바로 뒤에 붙여 쓴 것을 유의해야 한다. "婦中口二"는 형의 "부인은 연령이 中口에 속하고 2명이다."라고 해석하고자 한다.

부인이 두 명이라면 당연히 서열이 있었을 텐데, 이를 무시하고 그 연령등급과 인원만 파악한 것은 이 목간의 용도를 시사해 준다. 고대 중국과 일본의 호적류가 처와 첩을 명기한 것과 달리 婦라고만 표기한 것은 婦가 처·첩을 모두 포괄할 수 있는 용어였기 때문일 것이다.[28]

2행의 妹 역시 호주의 친여동생이 아니고, □〔兄〕의 여동생으로 보인다. □〔兄〕이 사촌형〔從兄〕이라면 그 여동생 역시 호주에게는 종매從妹, 곧 사촌 간이 되며, 中口로서 1명이 있었다. 일본의 적장 가운데 유사한

록되어 있으므로 며느리를 지칭했다.

27 兄과 兄嫂가 같이 동생의 호적에 오른 사례는 찾지 못했으나, 701년의 〈沙州 敦煌縣 效穀鄉 籍〉에는 亡弟의 妻가 올라 있고, 747년의 〈敦煌郡 敦煌縣 龍勒鄉 都鄉里의 籍〉에 亡兄의 妻가 오른 예가 있다(池田 溫, 위의 책, 167, 192쪽).

28 한편 주보돈, 2018, 《한국 고대사의 기본 사료》, 주류성, 97~111쪽은 百濟의 婚俗이 一夫多妻制였다고 하여 참고가 된다.

예가 있어서 참고가 된다. 702년의 치쿠젠쿠니筑前國 시마코리嶋郡 카와베사토川邊里의 호적을 보면, 종부제從父弟와 그의 처·자녀들을 등재했고, 726년의 야마세쿠니山背國 아타고코리愛宕郡 이즈모고出雲鄕 쿠모카미사토雲上里의 계장計帳은 종부從父와 종부매從父妹를 이어서 적었다.[29] 목간 2의 □〔兄〕은 당사자와 妹에 관한 기록만 있으므로 부인과 자녀는 없었다고 보아야 한다. 妹 역시 남편과 자식은 없는 상태이다.

이상의 검토를 통해서, ② ③ ④단에는 형과 사촌형, 곧 호주의 방계에 속하는 친족원의 내역을 적었음을 알 수 있다. ①단 이상에는 호주 부부와 그 직계 비속인 자녀의 내역을 적었을 것이다.[30] 고대 중국과 일본의 예로써 미루어 보면 직계 존속인 호주의 부모도 같은 호에 함께 편제되었을 가능성이 크다. 이 역시 ①단 이상의 부분에 기록되었을 것이다.

목간 2에 기록된 친족은 직계와 방계, 그리고 2세대 이상을 포함하고 있다. 이들이 하나의 호를 구성하고 있었다면 부부와 그 미혼 자녀들로 이뤄지는 단혼소가족이 아니라, 친족관계로 맺어진 여러 개의 소가족이 복합되어 있는 확대가족의 형태가 된다. 이 집단이 자연가호의 상태였는지, 아니면 인위적으로 조직된 편제호編制戶였는지는 알 수 없다. 여하튼 국가가 특정한 목적을 가지고 이들을 하나의 단위로 파악했고 이들은 친족관계로 맺어져 있었다는 점을 확인할 수 있다. 이를 하나로 묶는 단위는 역시 호라고 생각된다. 사비기의 중앙관부 가운데 외관外官에 속한 전구부點口部는[31] 호적 업무를 담당한 부서였다. 목간 2는

---

29 歷史學硏究會 編, 2005, 《日本史史料 1》, 岩波書店, 179~185쪽.

30 윤선태, 2010, 〈나주 복암리 출토 백제목간의 용도〉, 《6~7세기 영산강유역과 백제》, 국립나주문화재연구소, 159~162쪽.

31 《周書》 異域列傳 百濟 "各有部司 分掌衆務 內官 有前內部·穀部·肉部·內掠部·外掠部·馬部·刀部·功德部·藥部·木部·法部·後官部 外官 有司軍部·司徒部·司空部·司寇部·

7세기에 백제 정부가 지방을 통치할 때 호와 연령등급을 이용한 인구 파악방식을 적용하고 있었음을 보여 준다.

이 목간의 구체적인 용도는 무엇일까? 목간 하단부에 본문과 다른 필체로 '定'자가 크게 써져 있다. 목간 2의 定 표기는 당대唐代의 모정貌定과 비슷한 확인 절차가[32] 시행된 결과라고 생각된다. 그렇다고 해서 이 목간을 호주가 스스로 호구의 내역을 신고한 수실手實이라고 할 수는 없다. 이것은 목간의 3행을 보면 알 수 있다. '益'은 기준연도보다 숫자가 늘었다는 뜻이다. 일본의 야마세쿠니 아타고코리 계장(732년)에도 "帳後無損益"이라고 하여 작년과 금년의 구수口數가 차이 없음을 표시했다.[33] 나라奈良시대에는 호구의 증감을 '益'과 '損'으로 표시했는데, 7세기 초 백제의 지방목간에서 같은 용어가 확인되는 것은 주목할 필요가 있다. 그리고 호구의 증감을 중구中口라는 연령등급의 단위로써 표시했으므로, 신고자의 수실手實보다는 등급의 연령 범위를 정확히 알고 있는 관부의 집계를 따른 것이라고 생각된다. 대상지역에 있는 호에 대해서는 모두 이러한 목간을 호별로 작성했으며, 이를 다시 행정구역 단위로 모아서 장부를 만들었을 것이다. 그리고 다른 관리는 목간 기록에 착오가 없는지 하나하나 확인하여 '定' 등을 표시했다.

이 목간 작성의 목적이 중요한데, 기재형식과 내용을 통해서 몇 가지만 추정해 보고자 한다. 가장 먼저 눈에 띄는 것은 형兄·부부婦·매妹의 친족관계 호칭이다. 친족관계 호칭의 사용은 이 목간이 단순히 수취만을 목적으로 한 문서가 아니라 호적과 관련되어 있음을 시사한다. 특히 같은 여성이라도 부부婦와 매妹를 명시하여 혼인에 의한 관계와 단순 혈

　點口部·客部·外舍部·綱部·日官部·都市部"
32 林根七, 1996, 〈唐 前期 手實·計帳에 대한 再檢討〉, 《魏晉隋唐史研究》 2, 108~113쪽.
33 國立歷史民俗博物館, 1992, 《正倉院文書拾遺》, 便利堂, 20쪽.

연에 의한 관계를 구분했다. 그리고 조사대상 호가 확대가족일 경우는 그에 속하는 개별 소가족 단위로 파악했으며, 소가족의 내부까지 관부의 행정력이 미치고 있었다.

正丁과 文丁의 표기도 주목된다. 세역 부과 대상자로서 丁을 표시한 데 그치지 않고, 이를 다시 세분하여 명기한 이유는, 인민들의 역임役任 현황을 구체적으로 파악하려는 의도가 있었기 때문이다. 호구원의 현황을 파악하여 국역國役과 조세를 수취하는 기초자료를 삼고자 한 것이다. 토지를 비롯한 재산 내역에 관한 기록은 없었다고 보이는 것과 달리 인원의 증감에 대해서는 확인절차까지 이뤄졌다. 그렇다면 이 목간을 작성한 주목적은 호구원戶口員의 상황과 역임 부담의 현황을 파악하기 위한 것이라고 생각된다.[34] 목간 2는 호구의 변동상황을 파악하기 위해서 그 현황을 호별로 조사하고 이를 앞선 기준연도의 자료와 비교하여 작성한 것으로서 호구집계장의 일부이다. 이를 기초자료로 삼아서 만든 이차 장부가 계장과 호적이 될 것이다.

3) 호구 파악과 요역 징발

백제의 왕도가 있던 충청남도 부여읍에서도 호적 관련 목간이 발견되었다. 궁남지宮南池에서 출토된 '서부후항西部後巷'명銘 목간이 그것이다.

크기가 35×4×1cm이고 상부 중앙에 구멍이 뚫려 있는 세장방형의 목간이다. 뒷면의 내용을 보면, "행정구역명-인원과 연령등급-토지"를 기록했다. 판독에서 가장 문제가 되는 글자는 '歸'이다. 이를 앞서 본 목간

---

34 平川 南, 2010, 〈日本古代の地方木簡と羅州木簡〉, 《6~7세기 영산강유역과 백제》, 국립나주문화재연구소, 185쪽은 목간 2를 호적에서 발췌한 것이라고 했으나, 호적과 관련하여 본다면 오히려 호적을 만드는 중간단계에서 戶別로 작성된 Card와 같은 것이라고 생각된다.

앞면　　西□丁○阝〔夷〕

뒷면　　西阝後巷巳達巳斯丁 依活□□丁
　　　　　　　　　　○
　　　　歸人中口四 小口二　邁羅城法利源水田五形[35]

*범례: ○은 穿孔部를 표시. 이하 동일

2의 '婦'자와 자형이 비슷하다고 하여 '歸人'이 아니라 '婦人'으로 보는 견해가 제기된 바 있으나, 앞면의 "西□丁 阝〔夷〕"가 뒷면의 내용과 조응하는 기록이라고 본다면, 婦보다는 '夷'와 통하는 '歸'로 판독하는 것이 합리적이다.[36] 그렇다면 '歸人'은 해당 인원의 사회적 지위를 표시하는 용어이고, 그 세부내역이 "中口 4명과 小口 2명"이라고 이해할 수 있다. 이에 대비되는 丁의 인물들은 원백제인이 될 것이다. 사회적 위치가 다를 수밖에 없는 원백제인과 귀인歸人을 같이 적은 이유는 1행에 적힌 정丁에게 귀인들이 예속되어 있었기 때문이라고 생각된다.

歸人을 거느리고 있는 원백제인은 丁 2인이다. 이들의 친족관계 호칭은 기록되지 않았다. 이 목간을 작성한 관리에게 전체 호구의 현황과 호구원 간의 관계는 관심의 대상이 아니었던 것이다. 원백제인인 丁 2인이 歸人인 中口와 小口의 인원 6명과 함께 한 세트를 이루고 있다는

---

35 판독문은 李鎔賢, 1999, 〈扶餘 宮南池 出土 木簡의 年代와 性格〉, 《宮南池 發掘調査報告書》, 國立扶餘文化財硏究所를 참고하여 작성했다. 앞면에 "西□丁 阝〔夷〕"라고 쓴 것은 열람의 편의를 위해서 뒷면의 내용 가운데 人力에 관한 것을 집계해서 적었다고 보인다. 기재 순서는 뒷면이 앞서지만 문서 형식상 "西□丁 阝〔夷〕"가 표제 역할을 하므로 앞면으로 간주했다.

36 李鎔賢, 1999, 앞의 논문, 334쪽; 尹善泰, 2006, 〈百濟 泗沘都城과 '嵎夷'—木簡으로 본 泗沘都城의 안과 밖〉, 《東亞考古論壇》 2, (財)忠淸文化財硏究院, 257쪽도 夷와 歸人을 상통하는 개념으로 이해한 바 있다. 한편 노중국, 2010, 앞의 책, 219~224쪽은 '歸人'으로 판독하고 인구를 추쇄하여 귀농시킨 사람으로 해석했다.

사실이 그에게는 중요했다. 앞면
에 丁과 部夷만을 구분하여 표시
한 것은 이러한 사실을 뒷받침
한다.

그렇다면 1행의 丁 2인은 어
떤 호의 전체 인원이라고 하기
보다는, 그 가운데 일부로서 어
떤 일을 맡기기 위해 歸人과 함
께 동원되었다고 보아야 한다.[37]
이 목간은 巳達巳斯의 호구와 소
유지 내역을 적은 호적류라고
보기보다는 사비성의 서부후항西
部後巷에 사는 원백제인과 귀인
을 매라성邁羅城의 법리원法利源
에 있는 수전 5형의 경작에 동
원했음을 기록한 일종의 요역징

사진 4. 부여 궁남지에서 출토된 '西部後巷'명 목간
(국립부여박물관·국립가야문화재연구소, 2009,
《나무 속 암호 목간》, 예맥, 66쪽)

발 대장의 일부라고 생각된다. 이 목간에 뚫은 구멍을 통해 끈으로 연
결된 다른 목간에도 사비성의 행정구역별로 차출된 인력과 차출지를
적고, 귀인처럼 특수 신분이 포함되었을 경우 그것을 표시했을 것이다.

비슷한 성격의 목간이 나주시 복암리에서 확인되었다. 목간 5는 丁·
牛의 숫자와 함께 토지 그리고 곡물 收확량이 기록되어 있어 경작과
농업경영의 모습을 전해 준다. 나의 판독은 다음과 같다.

---

37 李成市, 2010, 〈韓國古代社會における羅州伏岩里木簡の位置〉, 《6~7세기 영산강유
역과 백제》, 국립나주문화재연구소, 107쪽은 歸人을 '婦人'으로 읽고, 그 이하의 인원
이 邁羅城 法利源의 水田에 동원되었다고 이해했다.

앞면 　　　　　　　　　　丁一　　　　中〔口〕〔一〕
　　　　　　大祀○村□弥首〔山〕〔作〕〔中〕〔口〕四
　　　　　　　　　　　　〔偶〕丁一　　　　　牛一

뒷면　　　　涇水田二形得七十二石　　　在月三十　日者
　　　　　○白田一形得六十二石
　　　　　得耕麥田一形半□

　　크기는 18.5×2.7×0.6㎝이고 중간부 우측이 약간 파손되었을 뿐 원형이 잘 남아 있다. 상부에 뚫은 구멍은 같은 용도를 가진 다른 목간과 편철하기 위한 것이다. 앞면의 '祀'자를 일부 훼손하고 있으므로 목간을 작성한 다음에 구멍을 뚫었다고 생각된다.

　　목간 5의 앞면은 크게 세 부분으로 구성되어 있다. ① 大祀村 ② □弥首〔山〕 ③ 3행으로 나누어 쓴 부분이 그것이다. ①은 □弥首〔山〕 이하 사람과 牛가 소속되어 있는 촌명村名이다. ②의 □弥首〔山〕은 인명으로 생각된다. ③의 부분보다 글자가 크고 단독행으로 목간의 중심부에 기록되어 있으므로 ③을 거느리고 있는 대표자라고 할 수 있다. ③은 1행과 2·3행이 다른 형식을 취하고 있다. 즉 1행은 정丁·중구中口의 연령등급과 해당 구口의 숫자를 썼지만, 2·3행은 앞에 '作'과 '偶'를 붙였다. 作은 뒤에 中口가 나오므로 동사로 보기보다는 中口 4인의 처지를 표시하는 일반명사라고 생각된다. 偶 역시 丁 1인의 사회적 지위를 가리키는 용어일 것이다. 偶는 배우자의 뜻도 있으므로 이를 □弥首〔山〕의 부인이라고 볼 수도 있으나, 연령등급을 '丁女'혹은 '正妻'가 아니라 '丁'이라고 적었기 때문에 남성이라고 보아야겠다. '偶'는 우인偶人, 곧 허수아비의 뜻이 있으므로 노비, 곧 사람의 형상을 하고 있으나 일반 인민의 대우를 받지 못하는 존재를 가리키는 용어가 아닐까 한다. 뒤에 이어서 가축인 우牛가 나오는 것도 이와 관련하여 유의된다.

그렇다면 1행의 丁과 中口는 어떤 사람들일까? 作·偶와 같은 상위의 규정이 기록되어 있지 않으므로 □弥首〔山〕과 친족관계를 맺고 있었다고 생각된다. 목간 2의 사례로 미루어 보면, 이들은 □弥首〔山〕의 직계와 방계, 그리고 존속과 비속 어느 쪽도 가능하다.

□弥首〔山〕과 作·偶 이하 인물의 관계가 혈연관계가 아니라면 사회경제적 예속관계를 맺고 있었다고 보인다. □弥首〔山〕과 ③의 1행의 인물들은 하나의 호를 이루고 있었고 □弥首〔山〕이 그 호주일 가능성이 크다. 그렇다면 2·3행의 인물들은 각기 별개의 호를 이루었을까? 1행에서 丁과 中口가 언급되었음에도 불구하고 2·3행에서 中口와 丁을 다시 기록한 것은 그러한 가능성을 보여 준다. 하지만 중국과 일본의 고대 적장류 문서에는 하나의 호 안에 부곡部曲·천구賤口·기구寄口와 같은 예속인을 포괄한 사례가 나타난다. 따라서 1행의 인물은 물론이고 作·偶에 속하는 사람들이 같은 호에 속했고, □弥首〔山〕은 그 호주일 가능성이 높다. 우牛 1두 역시 이 호의 소유라고 생각한다.

그렇다면 □弥首〔山〕을 포함하여 전면에 기록한 丁과 中口의 인원이 이 호의 전체 구수口數일까? 단정할 수 없으나, ③의 1행에 보이듯이 □弥首〔山〕의 친족이 2명뿐이라면 지나치게 적은 듯하다. 목간 2는 남은 부분만 해도 친족이 9명이었다. ③의 2·3행에 기록된 예속인이 5명이라면 호세戶勢가 부유한 편이므로 같은 호에 속한 친족은 2명보다는 많았다고 짐작된다. 목간 2가 어떤 호의 호구 전체의 현황을 과거와 비교하여 작성하였다면, 목간 5는 □弥首〔山〕이 거느린 호구원 가운데 일부만을 기록했다고 여겨진다. 그 이유는 전 호구를 조사하기 위해서가 아니라, 호구원의 일부를 차출하여 사역했고 그 작업과정의 일환으로 목간 5가 작성되었기 때문이다.

목간 3도 인력 징발과 관련된 것인데, 여기에 '호'가 나온다.

앞면

〔午〕年自七月十七日至八月卄三〔日〕

×   〔中〕　□□毛羅　　×

〔半〕那〔比〕高墻人等若〔凡〕□□

뒷면

　　□戸智次　　　⋮　　前巷奈率烏胡留

×　　夜之間徒　　　⋮　　釼非頭扞率麻進　　　　×

　　□將法戸匊次　⋮　　又德率□□

*범례 : ⋮은 각선刻線을 표시. 이하 동일

　　앞면에는 사역 기간과 차출지, 그리고 동원 대상자의 역종役種과 숫자를 적고, 뒷면에는 동원 대상자의 구체적인 내역과 관리책임자를 적었다고 생각된다. 차출지는 앞면 하단의 중앙에 기록된 □□毛羅이고, 이곳에서 半那, 곧 지금의 나주 반남면 지역까지 관할하고 있었다. 사역 기간은 7월 17일~8월 23일이므로 38일 동안이 된다. 상부 2행의 마지막 부분은 '凡□'라고 판독해 보았다. 만약 凡자가 맞는다면, '초원사년' 명'初元四年'銘 낙랑군호구부樂浪郡戸口簿의 "凡戸 … □ …"의 형식처럼 동원된 인력의 총 숫자를 凡자 뒤에 적었을 것이다.

　　이들이 맡은 역임 가운데 하나가 '比高墻人'일 것이다. '비고'를 이름으로 볼 여지가 있으나 인명은 뒷면에 일괄해서 기록된 것으로 보이므로 역임을 가리키는 용어라고 생각된다. '높은 담장이나 성벽을 쌓는 기술자'의 의미가 아닐까 한다. 比高墻人에 붙은 '人'자는 고대 중국과 6세기 이후의 신라, 그리고 왜 사회에서 어떤 직무를 맡아 왕권에 봉사하는 사람을 某'人'이라고 표시하던 이른바 인제人制[38]와의 관련성이 엿

38　吉村武彦, 1993, 〈倭國と大和王權〉, 《岩波講座　日本通史　2》(古代1), 岩波書店,

보인다.

이들의 인명이 뒷면 상단에 적혀 있다. 그러나 2행의 '夜之間徒'는 인명이라기보다는 어떤 기술자 조직을 가리키는 듯하다. 1행과 3행의 智次와 匊次는 인명으로 보이는데, 그 앞에 붙은 '戶'와의 관계는 불명이다. 호주인 지차와 국차 혹은 □戶에 소속된 지차와 □將法戶에 소속된 국차로 해석하는 방식이 모두 가능하다. 그리고 고구려, 신라가 호를 의미하는 용어로서 연호烟戶, 연烟, 공연孔烟을 쓴 것과 달리 백제에서는 공식적으로 호라는 용어를 사용했음을 보여 준다.

한편 상단과 하단 사이에 각선刻線이 그어져 있다는 것이 히라가와 미나미平川 南, 이성시李成市에 의해서 새롭게 밝혀졌다.[39] 이는 양단 사이의 구분선이 분명하고, 내용상으로 하단의 인물들은 솔계率系 관등 소유자여서 상단 인물과 신분의 차이가 있다. 이들은 기능상으로도 구분되어 상단의 기능 인력을 관리·통제하는 역할을 맡았으리라 추정된다. 혹은 신라 중대에 진골귀족이 사영공방私營工房을 운영하고 있었듯이 이 기술자들은 하단에 기록된 백제 관인들이 거느리고 있던 장인匠人일 가능성이 있다. 여하튼 목간 3 역시 □□毛羅, 半那 등의 지역에서 역역役을 지우기 위해 인력을 차출하여 동원한 사실을 전해 준다.

4) 요역노동을 이용한 농작

이제 대사촌大祀村이 적힌 목간 5로 다시 돌아가 보자. 앞면은 호구원을 모두 기록한 것이 아니라 그 가운데 차출된 인원만을 발췌해서

202~205쪽; 鈴木靖民, 2002, 〈倭國と東アジア〉, 《倭國と東アジア》(日本の時代史 2), 吉川弘文館, 75~76쪽.
39 平川 南, 2010, 앞의 논문, 186쪽; 李成市, 2010, 앞의 논문, 107쪽.

적었다고 지적한 바 있다. 이들이 호주인 □弥首(山)을 대표로 하여 징발
되었으며, 호주와 작作·우인偶人 사이에는 '서부후항'명 목간의 원백제인
과 귀인歸人의 관계처럼 통솔-예속의 관계가 맺어져 있었다고 본다.

그렇다면 목간 5의 뒷면은 이들을 징발하여 사역한 대상물과 작업한
내용이 될 것이다. 이를 정리해 보면 다음 표와 같다.

표 5. 목간 5의 뒷면 기재 사항

구분		地目	면적	수확량	使役日數	비고
상단	1행	水田	2形	72石		涇
	2행	白田	1形	62石		
	3행	麥田	1形 半			得耕
하단					30日	

지목부터 살펴보자. 水田은 논을 가리키고 따라서 쌀을 재배했을 것
이다. '涇'자는 涏(물 질), 洼(웅덩이 와)라고도 읽히는데, 모두 물과 관
련된 뜻을 갖고 있어서 수전과 호응한다. 9세기 후반의 자료인 전남 담
양의 〈개선사開仙寺 석등기石燈記〉를 보면 저답渚畓과 오답奧畓이 나오는
데, 각각 천변川邊의 논, 산곡山谷가의 논으로 해석된다.[40] 涇水田도 이와
같이 물가라는 수전의 입지조건을 표시했다고 생각된다.

白田은 '畠'이라고 읽어서, 일본에서 밭을 뜻하는 'はたけ', 곧 畠자의
원류를 이 목간에서 구하기도 했다.[41] 白田의 두 글자 크기가 좌우의 한
글자 크기와 비슷하므로 畠으로 보아야 한다는 것이지만, 2행의 글자들
은 그 크기가 1·3행에 견주어 전체적으로 작기 때문에 白田만을 한 글

---

[40] 李泰鎭, 1986, 〈畦田考 −統一新羅·高麗時代 水稻作法의 類推〉, 《韓國社會史研究》,
지식산업사, 62쪽.
그러나 渚畓의 경우는 渚를 앞에 나오는 大業에 붙여서 대업저로 읽고 이를 지명이
라고 보기도 한다(鄭早苗, 1983, 〈開仙寺石燈記〉, 《朝鮮學報》 107, 156~157쪽).

[41] 平川 南, 2010, 〈正倉院佐波理加盤付屬文書の再檢討〉, 《日本歷史》 750, 11~12쪽.

자로 보기 어렵다. 자형도 畠보다는 白田에 가까우므로 이렇게 판독하고자 한다. 백전白田은 수전水田과 대비해서 '물을 채우지 않은 빈 경작지'의 뜻이므로 한전旱田, 곧 밭이다.[42]

3행의 麥田은 보리를 경작하는 밭이다. '작물+전'의 용례는 부여 능산리 296호 목간의 '梨田'에서[43] 찾을 수 있다. 3행에 나오는 밭에는 보리를 심었음이 분명하다. 그런데 2행의 白田은 정작 작물에 대한 기록이 없다. 3행에 麥이 나오므로 백전에는 적어도 보리가 아닌 다른 작물을 심었을 것이다.

이 문제를 해결하기 위해서는 1행의 수전과 연동하여 볼 필요가 있다. 수전은 논에 물을 대어 심는 벼, 논벼인 수도水稻를 재배하기 위한 토지이다. 굳이 작물을 적지 않아도 알 수 있으므로 수도 혹은 도는 생략했을 것이다. 그리고 수전 항목을 첫 번째로 기록한 것은 당시 복암리 지역에 있던 지방관청이 수도를 고급 작물로서 가장 중시했음을 보여 준다. 그렇다면 백전에 작물을 명시하지 않은 이유는 1행과 같은 작물이기 때문에 생략했을 가능성이 있다. 벼 가운데는 육도陸稻 혹은 산도山稻, 한도旱稻라고 하여 밭에 재배하는 종류가 있으며,[44] 논벼〔水稻〕보다 먼저 재배되기 시작했다.[45] 白田에 1행의 수전과 마찬가지로 벼를 심었다면 그것은 건경용乾耕用의 육도, 곧 밭벼였을 것이다.

---

42 여러 연구에서 지적되었듯이 〈昌寧 眞興王拓境碑〉에는 '海州의 白田과 畓'이 나란히 언급되고 있다.

43 국립부여박물관·국립가야문화재연구소, 2009, 《나무 속 암호 목간》, 예맥, 14쪽.

44 李春寧, 1989, 《한국農學史》, 民音社, 80쪽.

45 李春寧, 1992, 〈韓國 古代의 農業技術과 生産力硏究〉, 《國史館論叢》 31, 50쪽.
한편 일제강점기 전의 陸稻 가운데는 수도와 육도의 미분화 혹은 쟈포니카와 인디카 종이 아직 분화되지 않은 재래종이 많았다고 보기도 한다(郭鍾喆, 1992, 〈한국과 일본의 고대 농업기술 -김해지역과 북부 구주지역과의 비교검토를 위한 기초작업〉, 《韓國古代史論叢 4》, (財)駕洛國史蹟開發硏究院).

그런데 문제가 있다. 단위면적당 수확량을 보면 수전보다 백전 쪽이 더 많다. 백전이 1형形에서 62석을 거둔 것과 달리, 수전은 1형당 36석(=72÷2)이어서 백전 수확량의 58퍼센트밖에 되지 않는다.[46] 경작지의 비옥도와 그해의 작황 그리고 노동력 투입상황에 따라 달라질 수 있겠으나, 한전보다는 수전의 단위면적당 수확량이 많은 것이 일반적이었다.[47] 그리고 육도로 추정되는 볍씨 자료는 청동기시대부터 확인되는데, 그 전기의 상황을 보면 육도 재배는 다수확을 지향하지 않고 재배작물을 다양화한다는 정도의 의미밖에 없었다. 따라서 당시는 잡곡의 생산력이 육도의 생산력을 앞지르고 있었다고 추정된다.[48]

청동기시대 중기부터는 수도작이 이뤄졌고, 백제 지역의 경우 건국 초기부터 수전 개발이 시도되었다.

> 2월에 국의 남쪽 주군州郡에 명하여 처음으로 도전稻田을 만들도록 했다.
>
> 《《삼국사기》 권23, 백제본기1 다루왕 6년)

> 봄 2월에 국인에게 명하여 남택南澤에 도전稻田을 만들도록 했다.
>
> (위의 책, 권24, 백제본기2 고이왕 9년)

---

[46] 목간 5로 보아 形은 백제시기에 田畓을 막론하고 경작지를 세는 단위였으며, 궁남지 '서부후항' 목간에도 '水田五形'이 나온다. 그리고 목간 5의 수전과 백전의 1형당 수확량에 작지 않은 차이가 있으므로 形은 수확량이 아니라 절대면적을 기준으로 한 단위임을 알 수 있다. 한국 고대사회에서 사용된 頃畝法이나 結負法은 모두 高麗前期까지는 절대면적 단위였다는 점이 참조가 된다. 다만 1形의 면적이 어느 정도였는지는 현재로서는 가늠하기 어렵다. 1형의 수확량이 36~62석이나 되어 頃·結보다 넓었을 가능성이 있지만, 1石의 용량이 시기나 국가에 따라서 서로 달랐을 수 있어 이 역시 단정하기 어렵다. 최근 전덕재, 2020, 〈三國의 量制와 百濟 田積制에 대한 고찰〉, 《木簡과 文字》24는 백제의 1石=10斗=100升은 약 20ℓ이고, 1形은 2·3結 정도로서 9,000㎡에 해당한다고 추정했다.

[47] 李賢惠, 1998, 〈한국 古代의 밭농사〉, 《韓國 古代의 생산과 교역》, 一潮閣, 260쪽.

[48] 위의 논문, 239~242쪽.

첫 번째 기사의 경우 논벼〔水稻〕인지 밭벼〔陸稻〕인지 분명치 않지만 부여 송국리나 보령 관창리, 광주 신창동 유적 등 청동기 및 원삼국시대 유적에서 이미 수도작의 흔적이 발견되는 것으로 보아[49] 위의 도전은 백제 초기에 중앙의 핵심집단이 주도하여 수전을 개발한 것이라고 생각된다. 고이왕대의 도전은 소택지나 저습지에 설치한 수전일 것이다.

웅진·사비기에 들어서도 여전히 한전의 비율이 높았으나[50] 수전도 점차 확대되는 추세였고, 목간 5에서 보듯이 논벼의 중요성은 다른 곡물보다 높아지기에 이르렀다. 문제가 되는 밭벼와 논벼의 생산량 비교는 직접적인 자료가 없어서 어려운데, 뒷시기의 사례를 참고할 수 있다. 〈표 6〉은 고려 성종 11년(992) 공전조公田租에 관한 규정을 표로 만든 것이다.[51]

표 6. 고려 성종대의 전품별 수확량과 수취량(《高麗史》 卷78, 食貨1 田制 租稅)

地目	田品	本文		細注	
		수확량	수취량	수확량	수취량
水田	상	15石	3石 11斗 2升 5合	18石	4石 7斗 5升
	중	11石	2石 11斗 2升 5合	14石	3石 7斗 5升
	하	7石	1石 11斗 2升 5合	10石	2石 7斗 5升
旱田	상	7.5石	1石 13斗 1升 2合 5勺	9石	2石 3斗 7升 5合
	중	5.5石	1石 5斗 6升 2合 5勺	7石	1石 11斗 2升 5合
	하	3.5石	13斗 1升 2合 5勺	5石	1石 3斗 7升 5合

이에 따르면 10세기 말 수전 1결의 수확량이 7~18석이었고, 한전은 3.5~9석으로 수전의 반 정도에 머물렀다. 이는 계산의 편의를 위해 기준으로 정한 것이어서 현실과 차이가 있지만, 한전의 수확이 수전의 반

49 李賢惠, 1997, 앞의 논문, 244~252쪽.

50 조선 世宗代의 전체 경작지 가운데 水田은 28%의 면적을 차지하는 데 그쳤다(宮嶋博史, 1980, 〈朝鮮農業史上における十五世紀〉, 《朝鮮史叢》 3, 46~47쪽).

51 李景植, 1986, 〈高麗前期의 平田과 山田〉, 《李元淳教授華甲紀念史學論叢》, 30쪽.

이라는 인식과 관습은 오랜 전통에서 비롯된 것이다.[52] 한전에서 생산된 작물은 명시되지 않았으나 수전에서 생산된 논벼와 대비되고 있으므로 주로 밭벼를 대상으로 했을 것이다. 고려시기의 자료로서 한계는 있지만, 이를 통해서 적어도 나말여초기에는 밭벼의 단위면적당 생산량이 수도를 상회하지는 않았음을 짐작할 수 있다.

이러한 양상은 7세기에도 크게 다르지 않았으리라 추정된다. 나말여초기에 농업기술의 발전과 생산량 증가를 지적한 연구가 있지만,[53] 과연 7세기 초의 영산강 유역에서 고려 초의 상황과 거꾸로 육도의 생산 수준이 수도보다 높았다고 보기는 어렵다고 생각되기 때문이다.

그렇다면 목간 5에서 수전보다 높은 생산량을 보인 백전의 재배작물은 육도가 아닌 다른 작물일까?

> 황두黃豆 30두는 절가折價하여 조미糙米 15두와 같이 (수취)하니 수전과 한전에서 걷는 조세의 차이가 크다. …… 소출을 따져 보면 황두와 조미는 실제로는 같다.
>
> 《세종실록》 권104, 세종 26년 6월 갑신)

> 한전의 소출은 수전(의 소출)에 준하되 전례에 따라 절반으로 정한다. 가령 상상년上上年이면 수전의 세는 미米를 20두 걷는데, 한전은 황두이면 20두, 전미田米이면 10두를 세로 걷는 것과 같다.
>
> (위의 책, 권106, 세종 26년 11월 무자)

---

52 姜晋哲, 1980, 〈公田·私田의 差率收租의 問題〉, 《高麗土地制度史硏究》, 高麗大學校 出版部, 394~395쪽; 李泰鎭, 1986, 〈14·15세기 農業技術의 발달과 新興士族〉, 《韓 國社會史硏究 −農業技術의 발달과 社會變動》, 지식산업사, 95~96쪽.
이에 대해서 한전과 수전의 곡물 생산량은 비슷했지만 잡곡의 가치를 米의 절반으로 평가했으므로 수확량을 다르게 책정했다는 견해도 있다(李景植, 위의 논문, 30~32쪽).
53 魏恩淑, 1985, 〈나말여초 농업생산력 발전과 그 주도세력〉, 《釜大史學》 9.

15세기 전반 세종대의 수취 규정을 보면, 황두와 조미의 생산력 수준이 비슷하고 전미, 곧 밭벼는 논벼의 반 정도로 평가받고 있다. 여기서는 콩〔黃豆〕을 언급했는데, 이렇게 잡곡 가운데는 수도와 비슷한 소출을 내는 작물이 있었던 것이다. 이를 7세기의 상황에 적용하기는 무리이지만, 신석기시대 이래 조·피·기장·수수·콩·팥을 재배해 오던 전작田作의 전통을[54] 감안하면 밭농사의 기술 수준은 꾸준히 발달해 왔다고 보아야 한다. 목간 5의 백전 재배작물은 뒤에 나오는 맥麥을 제외하고 이러한 잡곡 가운데 하나일 가능성이 있는 것이다.

《세종실록》에 언급된 황두는 콩의 개체 크기를 생각하면 논벼보다 훨씬 커서 분량을 재는 석수石數로 계산하면 미米를 앞설 수도 있다. 그러나 일반 곡물이 아니고 황두와 같이 특수한 작물이었다면 목간에 그 곡종穀種을 명기했을 것이다. 조〔粟〕의 경우는 어떨까? 삼국 초기부터 대표적인 밭작물이었고 고구려의 경우 조세 곡물로 수취할 정도로 국가적으로 중시된[55] 것이 좁쌀이었다. 그러나 그 수확량이 과연 논벼를 능가할 정도였는지는 의문이다. 백제 지역은 오곡이 재배되었지만 수취 곡물로서는 유독 미米가 강조되고 있다.[56] 한반도 서남부 지역의 온난한 기후와 수전 개발에 적극적이었던 국가정책을 감안하면 쌀 재배가 고구려나 신라보다 발달했으리라고 생각된다. 7세기가 되면 영산강 유역의 도작농경이 그간의 기술축적에 힘입어 적어도 잡곡류보다는 생산량이 많았다고 보는 것이 자연스럽다.

백제 때 이미 벼의 품종이 분화되어 있었다는 사실이 주목된다. 충

---

54 李賢惠, 1997, 앞의 논문, 217~242쪽.

55 《周書》 卷49, 列傳41 高麗 "賦稅則絹布及粟 隨其所有 量貧富差等輸之"

56 위의 책, 卷49, 列傳41 百濟 "賦稅以布絹絲麻及米等 量歲豐儉 差等輸之 …… 土田 下濕 氣候溫暖 五穀雜果菜蔬及酒醴餚饌藥品之屬 多同於內地 唯無駝驢騾羊鵝鴨等"

사진 5. 부여 구아리 출토 '赤米二石'명 목간(왼쪽, 부여군문화재보존센터, 2010, 《부여중앙성
결교회유적 발굴조사 지도위원회 자료집》)과 앞·뒷면의 적외선 사진(심상육·이미현·이효중,
2011, 〈부여 '중앙성결교회유적' 및 '뒷개유적' 출토 목간 보고〉, 《木簡과 文字》 7, 131쪽)

남 부여읍 구아리 출토 목간에서 '적미赤米'가 확인되었다.[57] 적미는 《국
어國語》에도 보이는 소숙종早熟種의 벼로서 가뭄에 강하다고 한다. 송대
에는 산전山田에서 이를 재배한 기록이 있다.[58] 13세기 초의 자료이지만
　충남 태안의 마도馬島 1호선 출토 목간을 보면, 회진현會津縣(현재의
전남 나주 지역)에서 납부한 곡물이 '백미'라고 표기되어 있는 것도[59] 미
품종의 분화 양상을 보여 준다. 일본의 예를 보면, 종자명을 적은 부찰
용付札用 목간을 통해서 나라·헤이안기에 걸쳐 다양한 품종의 벼가 재
배되었음을 알 수 있다.[60] 따라서 육도 가운데서 상대적으로 생산량이

57　심상육·이미현·이효중, 2011, 〈부여 '중앙성결교회유적' 및 '뒷개유적' 출토 목간 보
　　고〉, 《木簡과 文字》 7, 130~131쪽.

58　天野元之助, 1979, 《中國農業史硏究 增補版》, 御茶の水書房, 115~119쪽.

59　임경희·최연식, 2010, 〈태안 마도 수중 출토 목간 판독과 내용〉, 《木簡과 文字》 5,
　　187쪽.

많은 품종이 영산강 유역에서 재배되었을 수 있다고 본다.

목간 5에 품종명은 기록되지 않았는데, 그 이유는 작성자에게 품종보다는 마지막 행의 '麥'과 대비하여 '稻'라는 사실이 더 중요했기 때문일 것이다. 현재로서는 백전白田에서 거둔 작물이 오랜 재배 전통을 가진 속粟이었을 가능성을 완전히 배재할 수는 없다. 조가 대표적인 전작물이므로 그 이름을 생략했다고 볼 수도 있다. 하지만 문헌기록과 벼 품종의 분화양상까지 감안하면 백전의 재배작물은 역시 육도의 한 종류였고, 그 해의 작황이 좋아서 논벼보다 단위면적당 수확량이 많아졌다고 보는 것이 합리적이라고 생각한다.

3행은 "得耕麥田一形半□"라고 판독된다. 끝 글자가 불명이지만, 1·2행과 달리 수확량을 적지는 않았다고 보아도 좋다. 즉 맥전은 아직 수확기에 접어들지 않았다고 추정된다. 쌀을 가을에, 보리를 봄·여름에 수확하므로, 이 목간은 수도, 육도를 수확했으나 보리 수확기가 되기 전인 610년의 가을~겨울 무렵에 작성되었을 것이다. '得耕'은 이러한 맥락에서 볼 때 보리밭을 "경운耕耘했다." 혹은 "보리씨를 파종했다."는 의미로 파악된다.[61] 문제는 '得'을 어떻게 해석하느냐 이다. 1·2행에도 '得'이 나오는데, 이는 곡물을 "얻었다." "수확했다."는 의미였다. 得의 그러한 의미를 적극 살린다면, "맥전 1형 반□(를) 경작할 수 있는 (권리를) 얻어서 경운 혹은 파종했다."고 해석할 수 있지 않을까 한다.

---

60 平川 南, 2003, 〈種子札と古代の稻作〉, 《古代地方木簡の研究》, 古川弘文館; 三上喜孝, 2006, 〈北陸·東北地域の古代稻作 ─種子札·勞動·農耕儀禮〉, 《日本海域歷史大系 2》, 淸文堂.

61 2010년 10월의 국제학술회의에서 이에 대해 稻作이 끝난 뒤 그 땅에 다시 麥作을 하는 일종의 二毛作이 이뤄졌다고 보거나, 보리밭을 開墾했다고 보는 의견이 제시되었다. 현재의 자료 상황에서는 이러한 견해가 타당한지 여부를 판단하기 어렵다. 앞으로 한국 고대의 농경 관련 자료가 더 나와 당시의 作付體系를 파악할 수 있게 되기를 기대한다.

이러한 해석이 허용된다면, 그 권리를 얻은 주체는 당연히 목간 5의 앞면에 나오는 □弥首〔山〕이 되어야 한다. 그가 호구원의 일부를 거느리고 농작에 참여했고, 그 대가로서 맥전 1형 반□에 대한 경작권을 확보했다고 이해된다. 하단에 쓰여 있는 "在[62]月三十 日者"는 이들이 수전과 백전의 경작과 수확작업에 동원된 일수를 나타내며, 정확한 의미는 알 수 없으나 "이 달에 30일 동안 (수행한) 작업임〔者〕."이라고 해석하고자 한다. 목간 3의 앞면에 기록된 사역일수 38일과 비교하면 8일이 짧지만 큰 차이라고는 할 수 없다. 이 목간은 다른 목간과 편철된 것이므로 앞의 목간에 몇 월인지를 밝히고, 여기서는 반복을 피하여 '在月'이라고 표기했다고 생각된다. 그렇다면 목간 5에 편철된 일군의 목간들은 호별로 농작에 동원된 인원과 가축의 두수를 앞면에 적고, 그 노동의 결과와 사역 시기 및 일수 그리고 그에 대한 보상의 내역을 기록한 요역 수취 관련 장부라고 할 수 있겠다.

대사촌大祀村에 거주하는 주민들이 농우農牛까지 사용하여 경작한 수전과 백전은 어떤 성격의 토지일까? 1형의 규모, 당시 석의 용량이 얼마인지가 선결되어야 하지만, 여하튼 8명이 한 마리의 소를 이용하여 30일 동안 벼 134(=72+62)석을 수확했다면 기름진 토지라고 보아도 좋을 것이다.

> 임금께 아뢰니, 성부산星浮山(성손호산星損乎山이라고도 한다. ―원주) 아래를 무진주武珍州의 상수소목전上守燒木田으로 삼아서 사람들이 나무하는 것을 금지하니 감히 접근하지 못하고 내외의 사람들이 부러워했다. 성부산 아래 있는 토지 30무는 3석의 씨를 뿌리는 곳인데, 이 토지가 풍년이 들면 무진주도 풍년이 들고 흉년이 들면 (무진주) 또한 그러했다.
>
> (《삼국유사》 권2, 기이2 문호왕법민)

---

62 李成市와 平川 南은 앞의 논문에서 '在'로, 윤선태는 '右'로 판독한 바 있다.

무진주의 주리州吏인 안길安吉이 거득공車得公을 후대한 것을 보답하여 문무왕文武王이 경주 부근의 산 아래 있던 토지를 내려 주었다. 입지조건이나 소목전燒木田이라는 명칭으로 보아 이 토지는 화경을 하는 전지田地로 생각된다.[63] 목간 5의 백전에 해당한다. 30무의 면적에 3석의 종자를 뿌렸다면 이는 분명히 과장된 표현이지만,[64] 상수소목전이 밭임에도 불구하고 비옥한 토지였음에 틀림이 없다. 그래야만 안길과 무진주 측에 이 토지를 사여해 준 취지와 부합한다.

상수소목전上守燒木田은 신라 국가 혹은 왕실이 소유하던 토지 가운데 일부를 지정했을 것이다. 이러한 국·공유지는 읍락과 소국이 성장하는 과정에서 다른 지역집단을 병합하거나 주변의 공격지空隔地를 흡수함으로써 발생했다.[65] 수장층은 그 가운데 비옥한 토지를 선점했을 터이다. 한국 고대 국·공유지의 기원이 이러하다면 7세기 중엽의 상수소목전이나 목간 5의 수전과 백전이 다량의 소출을 낼 수 있었던 이유는, 이 토지가 상대적으로 기름진 국·공유지였기 때문이라고 여겨지는 것이다.

이러한 이유에서 목간 5의 토지는 □弥首〔山〕의 사유지가 아니라 공유지로 보고자 한다. 그 소재지를 뒷면에 밝히지 않았으므로 이 목간이 발견된 복암리 인근이라고 추정된다. 이 토지의 소유주는 복암리에 있던 백제의 지방행정 치소, 즉 두힐사豆肹舍일 가능성이 높다. 뒷면의 토지가 지방관청이 소유한 공유지라면 이는 〈신라촌락문서〉에 나오는 촌

---

63 이태진, 2002, 〈14~15세기의 火耕 금지〉, 《의술과 인구 그리고 농업기술 −조선 유교국가의 경제발전 모델》, 태학사, 168~173쪽.

64 일반적으로 고려전기까지는 頃과 結이 모두 절대면적의 단위였고 비슷한 크기였다고 이해한다. 그리고 100畝가 1頃, 곧 1結이므로, 30무에 3석이면 1결에는 약 10석을 파종한 셈이다. 이러한 파종량을 믿을 수 없다고 하여 30무에서 3석을 수확한 것이라고 보기도 한다(魏恩淑, 1985, 앞의 논문, 104쪽).

65 金昌錫, 2005, 〈古代 領域 관념의 형성과 王土意識〉, 《韓國史硏究》 129.

관모전村官謨田·답畓과 유사한 성격을 갖고 있었으리라 추정된다. 관모
전·답은 4개 촌에 각기 3~4결 정도가 균등하게 설정되어 있어서 국가
혹은 왕실에 속한 토지로 파악된다.[66] 목간 5의 토지는 두힐성에 할당
된 공유지로서 그 소출은 이 지방관청의 운영 경비로 사용되었을 것이
다. 이를 통해서 7세기 초 영산강 유역에서 성城-촌村-호戶로 이어지는
지방에 대한 지배방식뿐만 아니라 지방을 통치하기 위한 물적 기반의
일면을 엿볼 수 있다.

두힐 지역에 있던 관부 운영을 위해 설정된 이 토지는 어떻게 경영
되었을까? 앞서 언급했듯이 대사촌에 거주하는 주민들이 동원되었으므
로 민의 요역노동을 통해 경작이 이뤄졌다. 즉 복암리 지역에 있던 백
제 발라군의 치소가 소유한 공유지를 그 관하의 촌민들을 차출해서 경
영했던 것이다. 대사촌은 그 대상 촌락의 하나였고, 치소에 소속된 여
타의 촌락들도 정해진 시기와 기간에 맞춰 주민들의 인력과 축력을 동
원해야 했다.

일반적으로 요역노동은 무상으로 수취되었다고 알려져 있다. 목간 5
에 나오는 수전과 백전도 그와 같은 방식으로 경영되었을 가능성을 배
제할 수 없다. 하지만 뒷면의 3행을 앞서 언급한 대로 "맥전에 대한 경
작권을 얻었다."고 해석할 수 있다면 문제는 달라진다. 즉 30일 동안
공유지를 경작해 준 데 대해 무엇인가 대가를 받은 셈이 되기 때문이
다. 이와 관련하여 신라촌락문서의 관모전·답이 전호제佃戶制 방식으로
경영되었을 것이라는 견해가 주목된다.[67] 이 경우 경작 농민은 수확량의
일부를 소유할 수 있다. 물론 이것이 요역노동의 일부였는지, 그리고

---

66 旗田巍, 1972, 〈新羅の村落 -正倉院にある新羅村落文書の研究〉, 《朝鮮中世社會史
  の研究》, 法政大學出版局, 452쪽.
67 李喜寬, 1989, 〈統一新羅時代의 官謨田·畓〉, 《韓國史硏究》 66.

촌민들이 자율적으로 관모전·답의 차경借耕에 나섰는지는 알 수 없다. 목간 5의 경우는 요역노동의 대가로서 공유지의 일부에 대한 경작권을 주었다고 생각되는데, 아직 유례는 없지만 고대 요역 운영방식의 하나로서 상정해 두고 싶다.[68]

이상 검토한 나주 복암리 출토 목간은 전반적으로 백제의 지방관부가 작성하여 수발한 공문서와 장부류라고 이해된다. 이를 통해서 백제 국가가 영산강 유역의 지방사회를 군郡-성城·촌村-호戶의 행정체계를 통해서 지배·통제했음이 드러난다. 국가권력은 주민들을 개별 인신 단위로 연령등급에 따라 장악했으며, 그 노동력을 수취하여 지방통치의 근간으로 삼고 있었다. 특수한 기술인력이 필요한 경우는 해당 인원을 행정구역 단위로 선정하여 차출하고 관등 소지자가 이를 책임지도록 하였다.

이 밖에 부여 능산리사지 출토 목간 296호의 "麻力用丁八日", 297호의 "漢城 下部 對德 疏加鹵", 307호의 "資丁" 기록, 부여 쌍북리 102번지 출토 목간 316호의 "伎兄 上部", 현내들 유적 출토 85-8호의 "丁" "酒丁", 173-3번지 출토 223호의 "丁" "婦", 동남리 출토 목간의 "兄" "敎" 기록,[69] 쌍북리 201-4번지 유적 출토 목간의 '兄習利丁' 기록[70] 또한 단편적이나마 백제 사비기의 연령등급제, 직역제, 호적제의 양상을 보여 준다.

백제국가가 호적을 작성하여 조세와 역역 수취의 기초자료를 확보하

---

68 현재 나주 복암리 일대의 넓은 평야는 1960년대의 경지 정리를 통해서 형성된 것이고, 고대에는 영산강의 수위가 높아 침수피해가 잦고 평야도 훨씬 좁았을 것이라고 한다(임영진, 2010, 〈나주 복암리 일대 6~7세기대의 경관〉, 《6~7세기 영산강유역과 백제》, 국립나주문화재연구소). 이러한 상황에서 공유지에 대한 경작권을 백성에게 부여하는 것은 陳田의 개간이나 새로운 경작지의 확보라는 측면에서 의미가 있다.

69 홍승우, 2013, 앞의 논문.

70 정훈진, 2016, 〈부여 쌍북리 백제유적 출토 목간의 성격 -201-4번지 및 328-2번지 출토 목간을 중심으로〉, 《木簡과 文字》 16, 226~227쪽.

고, 이를 활용하여 재정을 운영하며 지방을 통치할 수 있었던 배경에는 율령이 있었다. 그 편목의 이름을 알 수 없으나 진晉(268), 양梁(503), 수隋《개황령開皇令》(582), 당《영휘령永徽令》(651)에 들어 있는 편목 가운데 사비기 목간에서 확인되는 백제의 제도와 관련되는 것을 뽑아 보면, 위에서 검토한 자료만으로도 호戶, 전田, 부역賦役, 포망捕亡, 옥관獄官에 관한 행정령의 존재와 시행을 짐작할 수 있다.

　형률은《주서》와《구당서》백제전의 기록을[71] 통해서, 적어도 5형刑과 적반賊叛, 도망逃亡, 군軍, 도적盜, 호혼戶婚, 청구請賕, 단옥斷獄 등의 편목이 들어 있었다고 보인다.《삼국사기》의 형벌 관련 기사는 매우 부실하여 남아 있는 자료는 온조왕, 삼근왕, 무녕왕 본기의 반역, 고이왕 본기의 관료 수뢰 및 횡령에 관한 것뿐이어서 위에 든 편목의 범위를 벗어나지 않는다. 주지하듯이 조정좌평이 형벌과 송사를 총괄하였고, 내관內官에 속한 법부法部와 외관外官의 사구부司寇部가 율령의 증보·개수를 비롯한 법률 관계 업무와 시행을 맡고 있었다. 670년 일본에서 관위를 받은 백제 유민 가운데 좌평 여자신余自信과 사택소명沙宅紹明은 관직이 법관대보法官大輔였다.[72] 이들은 멸망 전 백제에서 사법 관련 업무를 맡았을 것이다.

　부여 능산리사지, 쌍북리를 비롯한 여러 유적에서 출토된 목간을 통해 왕도에서 호적을 통한 인구의 파악이 이뤄지고 있었음을 알 수 있다. 그리고 나주 복암리 목간 1, 3, 5는 인민의 노동력을 동원하는 세역제가 영산강 유역의 지방사회에서까지 실시되고 있었음을 보여 주었다. 그 방식은 호를 단위로 하고 연령등급을 기준으로 대상인원을 파악하여 동원하는 것이었다.

---

71 앞의 12번 주석을 참조할 것.
72《日本書紀》卷27, 天智天皇 10年.

목간 5의 토지는 공유지로서 그 소출은 해당 지방관청의 운영경비로 사용되었다. 이를 통해서 7세기 초 영산강 유역에서 군郡-성城·촌村-호 戶로 이어지는 지방에 대한 지배방식은 물론 지방을 통치하기 위한 물 적 기반의 일면을 엿볼 수 있다. 궁남지 출토 '서부후항'명 목간의 수전 5형도 이러한 성격의 토지라고 생각된다. 웅진기에 동성왕은 왕족으로 보이는 여력餘歷을 용양장군龍驤將軍 매로왕邁盧王에, 사비지역 출신의 신진귀족으로 보이는 사법명沙法名을[73] 행정로장군行征虜將軍 매라왕邁羅 王으로 책봉하고자 했다.[74] 매로 혹은 매라를 궁남지 목간의 매라성邁羅 城과 관련시켜 볼 수 있으므로 이 지역은 왕권이 왕족이나 귀족을 봉 해 줄 정도로 왕실과 연고가 있던 곳이다. 왕실 직속지와 같은 왕실의 경제기반이 매라성 지역에 있었을 것이고, 이를 경영하기 위해 '서부후 항' 목간에 나오는 요역노동을 활용했다고 보인다.[75]

왕도와 지방을 막론하고 국왕과 이를 대리하는 왕족 또는 지방관에 의해 행정이 이뤄졌으며, 그 경제기반으로서 토지가 마련되고 인민으로 부터 세역이 수취되었다. 늦어도 사비기의 통치방식은 이처럼 중앙과 지방의 차이를 찾아보기 힘들 정도이다. 그 시발점이 언제였는지 알기 어렵지만 배경에 율령이 자리 잡고 있었음은 분명하다. 복암리에서 출

---

73 노중국, 2018, 《백제정치사》, 일조각, 318~320쪽.

74 《南齊書》 東南夷列傳 百濟 "…… 報功勞勤 實存名烈 假行寧朔將軍 臣姐瑾等四人 …… 建威將軍餘歷 忠款有素 文武列顯 今假行龍驤將軍·邁盧王 廣武將軍餘固 忠効時 務 光宣國政 今假行建威將軍·弗斯侯 …… 建武二年 牟大遣使 上表曰 …… 今邦宇謐 靜 實名等之略 尋其功勳 宜在褒顯 今假沙法名 行征虜將軍·邁羅王 贊首流爲行安國將 軍·辟中王 ……"

75 邁盧, 邁羅의 위치 비정을 놓고 주지하듯이 여러 견해가 있으나, 이를 '서부후항' 목 간의 邁羅城과 관련지어 부여와 가까운 지역이라고 본 견해가(徐程錫, 2002, 《百濟 의 城郭 —熊津·泗沘時代를 中心으로》, 學研文化社, 118쪽; 양기석, 2013, 〈泗沘遷都 와 그 배경〉, 《백제 정치사의 전개과정》, 서경문화사, 182쪽) 합리적이라고 생각된다.

토된 지방 목간과 궁남지, 능산리사지, 쌍북리 등의 왕도 목간에서 '丁'
과 같은 연령등급, '兄' '婦'와 같은 친족관계 호칭이 공통적으로 확인되
는 것은, 중앙과 지방이 법규에 따라 일원적으로 장악·통제되고 있었음
을 여실히 보여 준다. 이를 통해 지방관과 해당 관부가 인민의 개별 인
신을 직접 지배할 수 있었다. 지배의 정점에 백제 왕권이 존재했음은
물론이다.

   사비기의 목간이라는 한정된 자료를 대상으로 했지만 이상의 검토를
바탕으로 백제의 율령이 왕도와 지방을 아우르는 일원적 지배를 지향
했으며, 호적제와 같은 백성의 개별 인신에 대한 직접지배 방식을 통해
서 이를 실현시켰음을 알 수 있었다. 전국을 포괄하는 집권체제의 정점
에 선 왕권을 법적·제도적으로 뒷받침한 것이 율령이었다.

3. 목간을 통해 본 신라 율령의 편목, 대법代法

   경남 함안의 성산산성에 대한 17차 발굴조사가 2014~2016년에 이뤄
졌다. 그 결과 23점의 목간이 출토되었고, 이에 관한 보고와 기자회견이
2017년 1월 4일 서울의 국립고궁박물관에서 열렸다.[76] 이어서 묵서의 판
독안과 함께 17차 발굴 목간의 연구사적 의의에 관한 발표가 이뤄졌
다.[77] 이에 따르면 23점 가운데 가야5598 목간은[78] 동성벽 안쪽의 2차 부

---

76 기자회견장에서 국립가야문화재연구소, 2017, 〈함안 성산산성 출토 목간 공개〉라는
   슬라이드 발표가 있었다.
77 최장미, 2017, 〈함안 성산산성 17차 발굴조사 출토 목간 자료 검토〉, 제25회 한국
   목간학회 정기발표회 요지.

엽층에서 출토되었으며, 4면에 걸쳐 묵서가 있는 문서목간이라고 한다.

필자는 1월 4일의 보고회와 학회에 참석했고, 이어 2017년 3월 22일 국립가야문화재연구소를 방문하여 가야5598 목간을 다시 실견하고 정밀하게 관찰했다.[79] 이를 기초로 하여 가야5598 목간에 대한 판독과 해석을 시도하고, 이 문서목간이 작성된 경위와 행정체계, 그리고 목간에 나오는 '대법代法'의 의미와 성격에 관해 검토해 보고자 한다.

1) 형상과 판독

가야5598 목간은 소나무 재질이고, 길이가 34.4cm인 사면四面 목간이다. 각 면의 폭이 1.0~1.9cm로서 1면과 3면이 상대적으로 좁고 2면과 4면이 넓다.[80] 상단과 하단부 모두 다듬은 흔적이 남아 있으므로 목간을 폐기하는 과정에서 중간을 부러뜨리는 등 훼손이 가해지지 않았다고 보인다. 즉 길이 방향으로 결실은 없다. 각 면의 상단부 정면이 규형圭形으로 보이지만 삿갓 모양이 완전하지는 않다. 짐꼬리표 목간에 나타나는 홈 또는 구멍은 보이지 않는다.

전체적으로 보면 약간의 뒤틀림이 있으나 형상이 양호하게 보존되어 있다. 2면의 상부 왼쪽 모서리 부분이 3면까지 걸쳐서 떨어져 나갔고, 2면의 표면이 일부 손상되어 자획이 부분적으로 망실된 글자를 제외하

---

78 국립가야문화연구소의 발표 자료에 1번으로, 최장미의 발표 요지에는 23번으로 소개되었으나 국립가야문화재연구소, 2017, 《韓國의 古代木簡Ⅱ》에 가야5598이라 표기되었다. 여기서는 이에 따라 가야5598 목간으로 표기하겠다.

79 유물을 열람할 수 있게 도와 주신 국립가야문화재연구소의 김삼기 소장, 김용민 학예실장, 최장미 선생, 양석진 선생께 이 자리를 빌려 감사를 전한다.

80 국립가야문화연구소와 최장미의 발표에 따르면, 이러한 차이는 토압으로 말미암아 눌러서 생겼으며 원래는 4개의 면이 동일한 폭이었을 것이라고 한다.

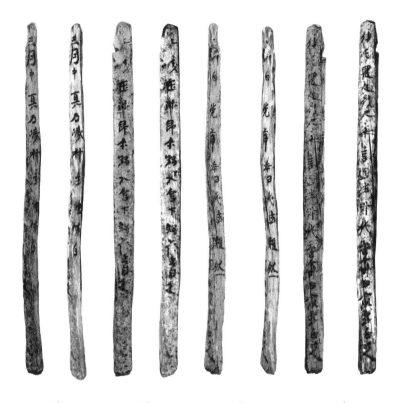

1면　　　　2면　　　　3면　　　　4면

사진 6. 가야5598 목간(사진 제공: 국립가야문화재연구소)

면 묵서의 보존 상태는 대단히 좋다. 1면에 11자, 2면 15자, 3면 11자, 4면 20자 해서 모두 57자가 적혔다고 파악된다.

　가야5598 목간의 사진은 위와 같다. 각 면의 왼쪽이 컬러이고, 오른쪽이 적외선 사진이다.

　우선 필자가 파악한 목간의 기록순서는 국립가야문화재연구소 측과 다르다. 앞선 발표에서는 모두 기록순서를 위 사진의 1 → 4 → 3 → 2면으로 제시했다. 이는 목간을 왼쪽으로 돌리면서 좌에서 우면으로 써 갔다고 본 결과이다. 그러나 그동안 발견된 사면 목간 가운데 판독과 내용 파악이 가능한 사례는 모두 우에서 좌면으로, 곧 목간을 오른쪽으로 돌리면서 기록했다고 보인다.[81] 사면목간은 우에서 좌로 행을 바꾸며 써가는 한문의 서사書寫 방식을 따르는 것이 원칙이었다.[82]

그러나 이 목간은 예외이거나, 그간 소개된 사면목간과 다른 유형으로서 좌에서 우로 써나갔을 가능성을 배제할 수 없다. 목간의 기록순서는 기존의 사례보다는 목간의 내용 자체로부터 판단되어야 할 것이다. 목간의 내용을 살피기 위해 먼저 판독을 시도해 보고자 한다.

국립가야문화재연구소 측의 판독안을 이 연구소가 상정한 목간 면의 기록순서에 따라 제시하면 다음과 같다.

1면 三月中眞乃滅村主憹怖白
2면 伊他罹及伐尺寀言□法卅代告今卅日食去白之
3면 卽白先節六十日代法稚然
4면 □城在弥卽尒智大舍下智前去白之

*범례 : □는 불명자. 이하 동일

일단 연구소가 파악한 면 순서를 따라 판독안을 검토하고 서사방식의 특징을 살펴보고자 한다. 1면의 글자 판독은 문제가 없다고 보인다. 다만 '中'이 다른 글자에 견주어 작게 쓰인 점이 주목된다. '중'이 처소處所를 표시하는 이두 혹은 한문의 허사虛辭로 사용되었기 때문에[83] 나

---

81 김해 봉황동 논어목간, 부여 능산리 '支藥兒食米記' 목간, 경주 월성해자 출토 '大鳥知郎'명 목간, 하남 이성산성 출토 사면목간, 뒤에 살펴볼 함안 성산산성 출토 가야 2645 목간이 대표적 사례이다.

82 윤선태, 2005, 〈월성해자 출토 신라 문서목간〉, 《역사와 현실》 56, 134쪽.

83 김병준, 2011, 〈낙랑군의 한자 사용과 변용〉, 《고대 동아시아의 문자교류와 소통》, 동북아역사재단, 66~72쪽은 秦漢代의 행정문서에서 '中'이 허사로 쓰였음을 지적했다.

타난 현상일 것이다. 그리고 '중'자 뒤에 한 글자 정도의 공격空隔을 두
어 3월이라는 시기와 사안의 내용을 구분했다. 1면의 기록은 '白'자로
끝나는데 그 아래 많은 공간이 남아 있다. 이 역시 '백'자 뒤에 나올
내용을 그 앞의 내용과 구분하기 위한 서사방식이다. 의도적인 면 바꾸
기로 보아 '백'의 대상 내용은 2면부터 기록되었다고 보인다.

　　2면에서 의도적인 띄어쓰기는 보이지 않는다. '他'는 우변이 '乇'으로
보이므로 '汑'(미끄러울 탁)자로 판독하고자 한다. '宋'는 자형상 그렇게
볼 수도 있으나, 갓머리 밑 글자의 머리 부분이 禾의 상부 양쪽에 점을
찍은 것으로 판단된다. '寀'자라고 보인다. 이는 審의 고자古字로서 '살피
다.' '자세하다.'의 뜻을 갖고 있다.[84] 寀자는 녹봉의 뜻이어서 의미상으
로도 맥락이 통하지 않는다.

　　다음 2면의 불명자에 대해서 살펴보자. 묵흔이 흐리고 결구가 복잡하
여 자획을 파악하기 어렵다. 좌변이 책받침인 '辶'인지, '衤' 혹은 '彳'인
지 분명치 않으나, 좌변의 세로획이 이어져 아래 가로획으로 연결된다

추정 '汑'자　　　　　　추정 '寀'자　　　　추정 '廻' 또는 '逈'자
사진 7. 가야5598 목간의 추정자

<hr />

[84] 諸橋轍次, 1985, 《大漢和辭典 (修訂版) 三》, 大修館書店의 寀·審자 항목.

고 보이므로 책받침일 가능성이 크다. 책받침 위의 글자 역시 불분명한데, '勿' '向' '回' '回' '句'가 상정된다. 책받침 위에 '句'가 들어간 글자는 현재는 존재가 확인되지 않는다. 句를 뺀 나머지 가운데 廻가[85] '돌다'는 의미이고, 逈, 迥은 모두 '멀다'는 뜻이다. 辵과 勿이 결합된 글자 역시 '멀다'는 의미이다.[86] 따라서 이 글자는 '廻' 또는 '迥'으로 잠정해 둔다. 그 밖의 글자에 대해서는 판독에 이견이 없다.

3면에서 상단부의 점이 눈에 띄는데, 묵흔이 분명하다고 한다.[87] 점 아래 부분이 일부 떨어져 나가서 단정하기 어렵지만 남은 부분의 자형을 감안하면 '卽'자로 볼 수 있다. 다만 4면의 5번째 글자가 '卽'인데 윗부분의 점이 생략되어 있어 3면의 글자와 차이가 있다. 미심쩍으나 일단 '卽'이라고 읽고자 한다.

다음 3면은 1면과 마찬가지로 공격과 넓은 여백을 둔 점이 주목된다. 白자 뒤의 공격은 아뢴〔白〕 내용을 시각적으로 명확히 구분하기 위한 것이다. 뒤에 언급하듯이 4면의 '白之' 뒤를 여백으로 남긴 것도 같은 의도에서 이뤄졌다고 보인다. 이 목간은 예외 없이 '백' 혹은 '백지' 뒤에 공간을 두어 독자로 하여금 누군가가 '백'한 내용을 분명히 구분하여 파악할 수 있도록 배려했다. 이는 공문서에서 요구한 서식의 하나라고 보아도 좋을 것이다. 사실관계를 분명히 하고 보고의 정확성을 기하는 데 유용한 방식이다. 이 목간의 용도와 성격을 이해하기 위해서 이러한 서식을 유념할 필요가 있다.

'六十'은 두 글자를 작게 붙여 써서 합자로 만들었다. 유례가 상商·주

---

85 廻는 민책받침이 들어가 있으나 책받침이 들어간 글자와 통용된다(諸橋轍次, 1985, 《大漢和辭典（修訂版）十一》, 大修館書店, 24쪽.

86 위의 책, 5쪽.

87 이는 최장미 선생이 재차 관찰하고 확인해 주었다.

사진 8. 추정 '六十'자

대周代의 갑골문과 전국戰國, 진한秦漢 시기의 자료에서 확인되며, 〈신라촌락문서〉와 일본의 고대목간에서도 보인다.[88] '本'자로 볼 가능성이 있으나, 뒤에 언급할 성산산성 출토 가야2645 목간에서 유례가 확인되므로 '六十'이라고 확정할 수 있다. 六의 머리 부분에 찍힌 점은 '육'자의 상부에 속한 점이 분명하다. 단, 이 점과 가로획 사이에 세로획이 있어 점 부분을 빼면 마치 '大'처럼 보이는 것은 문제이다. 서사자의 습관인지, 실수인지 모르겠다. 다른 글자의 판독에 관해서는 이견이 없다.

다음은 4면이다. 상부의 좌측 표면이 손상되어 첫 번째와 둘째 글자는 판독이 어렵다. 첫 글자는 남은 자획이 '木' 혹은 '本'으로 보이지만 그 위쪽에 묵흔이 또 있으므로 다른 글자인 듯하다. 미상자로 남길 수밖에 없다. 둘째 글자는 상반부가 떨어져 나갔으나 잔존부로 판단하건대 '城'으로 보아서 무리가 없다. '尒'라고 판독한 글자는 자형이 '亦'이므로 '等'을 약자로 표기한 것이다.[89] 그 사례는 중고기의 신라 금석문에서 확인된다. 나머지 글자는 이견이 없다. 다만 '前'자는 중심부가 훼손이 심하여 확정할 수 없으나 전체적인 자형은 그렇게 볼 수 있다. '前'으로 추정된다.

이상의 내용을 종합하여 나의 판독안을 다음과 같이 제시한다. 면의 순서는 앞서 말한 바와 같이 오른쪽으로 돌리면서 쓴 것으로 보아 정

---

88 權仁瀚, 2015, 〈古代 東아시아의 合文에 대한 一考察〉, 《木簡과 文字》 14.

89 2017년 1월 4일의 한국목간학회 정기발표회에서 여러 참석자가 이를 지적한 바 있다.

정하였고,[90] 공격空隔을 빈칸으로 표시하였다.

 1면 三月中 眞乃滅村主憹怖白

 2면 □城在弥卽等智大舍下智前去白之

 3면 卽白 先節六十日代法稚然

 4면 伊汜罹及伐尺寀言廻法卅代告今卅日食去白之

2) 내용 구성과 '대법代法'

가. 목간의 해석과 작성 경위

이제 해석을 시도해 보자. 우선 '白'자가 여러 번 쓰인 점이 눈에 띤다. 전체 57 글자 가운데 白이 4번 나온다. 백白은 어떤 일을 '아뢰다', '사뢰다'는 뜻으로 보통 하급자가 상급자에게 보고할 때 쓰인다. 지증마립간 2년(501)에 건립되었다고 추정되는 〈포항 중성리비〉를 보면, 본모자本牟子인 훼喙의 사리이사리가 상부에 보고한 것과 두지사간지豆智沙干支의 사인使人 과서모리가 판결문을 복창한 것을 '白'으로 표기했다.[91]

1면에 나오는 白의 주체는 진내멸촌眞乃滅村의 촌주이다. 진내멸촌은 지금까지 발견된 성산산성 목간이나 여타 목간, 그리고 금석문 자료에 등장하지 않는 새로운 촌명이다. 문헌에서는 유사한 지명으로 진례進禮가 확인된다.

 進禮郡 本百濟進仍乙郡 景德王改名 今因之 領縣三

         《삼국사기》 권36, 잡지5 지리3 전주)

---

90 최장미, 2017, 〈함안 성산산성 17차 발굴조사 출토 목간 자료 검토〉, 《木簡과 文字》 18 역시 앞서 발표했던 목간 면의 기재순서를 이와 같이 수정했다.

91 이 책의 2장 2절을 참고할 것.

경덕왕 때의 진례군은 원래 백제의 진잉을군이었고, 현재의 충남 금
산, 전북 진안 그리고 무주 지역에 걸쳐 있었다.[92] 성산산성 목간이 제
작된 6세기 후반 무렵 이 지역이 백제 영역이었는지, 신라 영역이었는
지는 불명확하다. 진흥왕 15년(554)에 벌어진 관산성管山城 전투를 통해
서 신라가 지금의 충북 영동·옥천 방면을 장악했음을 알 수 있다. 금산
은 옥천의 바로 남쪽에 자리 잡고 있으며 금강 수계로 연결된다. 백제
와 신라의 접경이었던 셈이다. 그러나 금산·무주 지역은 신라가 옥천으
로부터 한강 하류역으로 진출하는 북서향과는 방향이 달라서 6세기 중
엽에 이곳이 신라에 속했다고 말하기 어렵다.

그런데 '진례'라고 불린 곳이 또 있었다.

> 얼마 안 되어 (진경대사가) 김해金海 서쪽에 복림福林이 있다는 말을 듣고
> 문득 이 산을 떠났다. 그 소문이 남쪽 경계에 미치고 진례進禮까지 이르렀다.
> (대사가) 잠시 머뭇거리니, 이에 □□진례성제군사□□進禮城諸軍事 김율희金律
> 熙가 노도를 사모하는 정이 깊고 가르침을 듣고자 하는 뜻이 간절하여 경계 밖
> 에서 기다리다가 성 안으로 맞아들였다. …… 이에 앞서 지김해부진례성제군사
> 知金海府進禮城諸軍事 명의장군明義將軍 김인광金仁匡은 집에서 가르침을 받고 궁
> 궐에서 정성을 다했으며 선문禪門에 귀의하여 받들고 불사佛寺를 도와 수리했다.
> (〈봉림사 진경대사탑비〉)

> 겨울 10월에 후백제의 주인 견훤이 보병과 기병 1만을 이끌고 대야성大耶城
> 을 공격하여 함락시키고 진례進禮까지 진군했다. 왕이 아찬 김율金律을 보내 태
> 조에게 원군을 구하였다. 태조가 장수에게 명하여 군사를 내어 구원하게 하니
> 견훤이 듣고 물러났다.
> (《삼국사기》 권12, 신라본기12 경명왕 4년)

92 李丙燾, 1977, 《國譯 三國史記》, 乙酉文化社, 550쪽.

924년에 건립된 〈봉림사 진경대사탑비〉(경명왕 찬)에 따르면, 10세기 초에 김해를 거점으로 한 지방세력이 머물던 진례성進禮城이란 곳이 있었다. 진례성은 《신증동국여지승람》의 김해도호부의 고적조를 참고하여, 김해에서 서쪽으로 35리가량 떨어진 지금의 창원과 김해의 경계지점에 있었다고 본 견해가[93] 옳다고 보인다. 현재 경남 창원시 성산구 토월동의 산성이 '진례산성'이라 불리고 있다. 경명왕 4년(920)에 후백제 군사가 대야성을 함락시킨 다음 진격했다는 진례 역시 창원 부근이었을 것이다.

이 '진례'는 신라 말의 지명이므로 561년 무렵 어떻게 불렸는지는 알수 없다. 하지만 '眞乃滅'과 발음이 서로 비슷하고, 거리상으로 창원 지역은 함안 성산산성과 27km 정도 떨어져 있을 뿐이다. 532년에 금관가야를 멸한 뒤 김해 지역은 신라 영토였고, 이곳을 기반으로 하여 아라가야의 중심인 함안 지역으로 진출하려면 창원을 경유할 수밖에 없다.[94] 따라서 음 상사와 당시의 정황으로 추정하는 한계가 있으나, 진내멸촌을 지금의 창원 인근에 비정할 수 있고 6세기 중엽의 진내멸촌이 9세기 전반에는 진례성으로 불리게 되지 않았을까 조심스럽게 추측해 본다.[95]

보고를 받은 대상은 문면에 드러나지 않은 듯하다. 이 목간이 성산

---

93 崔柄憲, 1978, 〈新羅末 金海地方의 豪族勢力과 禪宗〉, 《韓國史論》 4, 서울大學校 國史學科, 403~404쪽.

94 창원 지역으로 비정되는 卓淳은 538년 무렵 신라에 병합되었다(金泰植, 1993, 《加耶聯盟史》, 一潮閣, 213~220쪽).

95 한편 주보돈, 2018, 〈함안 성산산성 출토 목간 연구의 진전을 위한 제언〉, 《함안 성산산성 출토 목간의 국제적 위상》, 국립가야문화재연구소, 33쪽은 진내멸촌을 尙州의 領縣이었던 知乃彌知縣(《三國史記》 卷34, 雜志3 地理1 新羅 尙州)에 비정했다. 그러나 함안과 상주는 멀리 떨어져 있고, 知乃彌知는 법흥왕 11년(524) 上州가 설치된 이래 그 관하에 있었을 것이므로 함안의 성산산성에 보고했을 가능성이 낮다는 점에서 회의적이다.

산성 안에서 발견되었으므로 당시 진내멸촌이 성산산성과 관계를 맺고 있었고, 어떤 사안이 발생하자 진내멸촌 측에서 성산산성에 이를 보고 했다고 생각된다. 즉 수신자는 성산산성 안에 있던 관부 또는 그 책임 자라고 여겨진다. 다만 진내멸촌에서 이 목간을 제작하여 발송했는지, 아니면 진내멸촌주의 보고를 포함하여 관련자의 진술을 듣고 성산산성 의 실무자가 이를 종합하여 작성한 것인지는 분명하지 않다. 이는 문서 의 내용을 통해서 판단해야 한다.

목간에 '白'자가 네 번 나온다. 이들은 모두 어떤 사실을 구두 혹은 문자기록으로 전달했음을 가리킨다. 진내멸촌주가 白한 내용은 어디서 어디까지일까? 시작은 '백'자 다음에 이어지는 2면의 첫머리부터이다. 그런데 2면은 "□城에 계신[在] 弥卽等智 大舍께서 下智의 앞에 가서[前去] 어떤 사실을 아뢰었습니다[白之]."라고 해석되므로 여기서 진내멸촌주의 보고가 끝난다고 볼 수 없다. 3면에는 다시 白이 나오므로 3면의 '백' 뒷부분부터는 촌주의 보고 속에 포함된 별도의 내용, 곧 다른 이의 언 급을 인용하거나 옮긴 것이라고 생각된다. 그리고 4면은 伊他羅 及伐尺 이 '言'한 내용이 나온다. "廻法卅代"가 그것이다. 뒤에 언급하듯이, 이어 지는 "今卅日食去" 역시 진내멸촌주의 보고 속에 포함되어 있다고 보인 다. 따라서 촌주의 보고 내용은 2면의 '□城'부터 4면의 '食去'까지일 것 이다.

4면 말미의 '白之'는 바로 그 직전까지의 내용이 보고사항임을 표시 하는 어구라고 생각된다. '白之'의 '之'가 앞의 보고사항 전체를 가리키 는 지시대명사 역할을 하고 있다. 뒤에 살펴볼 성산산성 출토 가야2645 목간이 이 목간과 혹사한 형식을 띠고 있다. 즉 촌주의 보고 내용을 "白之 …… 白"으로 기술하여 그 중간의 문장이 보고 내용임을 표시했 다.[96] '白之'와 '白'이 마치 인용부호처럼 사용된 것이다. "某月中 - 某村主 白(白之) - 보고 내용 - 白之(白)"을 신라 중고기 지방사회에서 촌주가 상부기구에 상신上申할 때 사용한 보고문서의 서식이었다고 상정할 수 있다.

2면의 '之'는 구체적인 내용을 생략했지만 미즉등지弥卽等智 대사大舍의 보고 내용을 가리킬 것이다. 이러한 추정이 맞는다면, 이 목간에서 '白'은 그 뒤에 백白한 내용을 직접 한정하고, '白之'는 어떤 보고가 이뤄진 사실 혹은 보고문이 여기서 종결됨을 표시하는 어구였다고 정리할 수 있겠다.

가야5598 목간을 작성한 주체가 누구인지 애매한 것이 사실이다. 언뜻 보면 진내멸촌 촌주가 작성한 듯하지만, 촌주 또는 보고를 받은 대상자가 아닌 제3의 인물이 촌주가 백白한 사실 등을 종합하여 목간을 작성했고 이것이 성산산성에 보관되었다고 볼 여지가 있다. 그러나 말미에 '白之'가 있어 서두의 '眞乃滅村主憹怖白'과 호응하므로 이 목간은 진내멸촌주의 보고문서이고, 작성자 역시 진내멸촌주라고 생각된다.

2면에서 백白의 주체는 미즉등지弥卽等智 대사大舍이다. 대사는 경위京位 12등의 관등이다. 초기에 대사제(제)지大舍第(帝)智로 나오다가 〈단양적성비〉(550년 건립 추정)에 대사大舍로 표기되었다. 가야5598 목간의 '대사' 표기는 이러한 변화 추세와 일치하고 있다. 그리고 〈포항 중성리비〉 이래 신라의 6세기 금석문은 인명 뒤에 관등을 붙이는 것이 원칙이었다. 이 목간의 4면에 기록된 '伊乇罹及伐尺'도 '인명(이탁리) + 관등명(급벌척)'의 구조이다. 따라서 미즉등지의 관등이 대사였고 왕경인王京人으로서 '□城'에 파견되어 있었다고 보아야 한다.

그 뒤에 나오는 하지下智는 인명이다. 그런데 하지 뒤에 관등이 붙어 있지 않다. 하지 역시 대사로서 미즉등지弥卽等智와 같은 관등이므로 이

---

96 이용현, 2015, 〈함안 성산산성 출토 목간 221번의 국어학적 의의〉, 《口訣硏究》 34,
47~49쪽.

를 생략했다고 볼 수도 있으나, 〈울진 봉평비〉(524년), 〈단양 적성비〉, 〈창녕 진흥왕척경비〉(561년)는 같은 부部 소속, 같은 관등의 인물이 뒤에 나오더라도 관등을 생략하지 않고 일일이 적었다. 그리고 2면은 아래쪽에 공간이 남아 있으므로 공간을 절약하기 위해서 반복되는 관등을 생략했다고 볼 수 없다. 따라서 하지는 원래 관등이 없었다고 보는 것이 합리적이다.

그렇다고 해서 하지가 미즉등지보다 하위의 인물이라고 단정할 수는 없다. "前去白"이 누구의 "앞에 가서 아뢰다."고 해석되므로 미즉등지 대사로부터 직접 보고를 받은 하지는 미즉등지보다 상위이거나 적어도 같은 등급의 인물로 보이기 때문이다. 〈포항 중성리비〉(501년)와 〈포항 냉수리비〉(503년)를 보면, 왕경 6부인으로서 관등이 표기되지 않은 인물이 다수 확인된다.[97] 이들은 〈중성리비〉의 경우 본모자本牟子와 쟁인爭人, 〈냉수리비〉의 경우는 전사인典事人의 직임을 맡고 있는데, 그보다 나중에 신설되었다고 보이는 대사大舍 관등을 가진 자보다 지위가 낮다고 보기 어렵다. 하지는 이러한 전통을 잇는 성격의 인물이라고 생각된다. 즉 관등 혹은 위호를 가진 최상위 지배층은 아니지만 왕경 출신으로서 주요한 업무를 관장·집행하던 차상위층에 속했다.

3면의 '白'의 주체는 밝혀져 있지 않다. 미즉등지와 하지 가운데 한사람일 것이다. 만약 미즉등지라면 서사자書寫者가 '白之'와 '卽白'을 중복해서 쓴 셈이 된다. "先節六十日代法稚然"이 미즉등지가 백白한 내용이라면 "前去白(曰) 先節六十日 ……"이라고 쓰는 것이 간결하고 오해의 여지가 없다. 미즉등지 대사의 보고가 있었음을 白之로써 밝힌 것으로 2면을 마무리하고, 3면에서는 하지가 卽白한 내용을 새롭게 서술하지 않았을까 생각된다. 그렇다면 이는 백白이 하급자가 상급자에게 어떤 사실

---

97 이 책 2장 2절의 표 2를 참조할 것.

을 아뢸 때 쓰인 일반적 용례와 어긋난다. 하지가 미즉등지와 동급이거
나 오히려 상위라고 추정되기 때문이다. 안압지 출토 1484(3-1)번 목
간이[98] 이와 관련하여 주목된다.

앞	× 洗宅白之 二典前四□子頭身沐浴□□木松茵 ×	
왼쪽	× □迎□入日□□	×
뒤	× 十一月卄七日典□ 思林	×

*범례 : ×는 파절 부분. 이하 동일

보고자는 앞, 뒤, 왼쪽 면의 순서로 소개했으나, 왼쪽 방향으로 써나
가는 서사 방식에 따라 순서를 위와 같이 수정했다. 뒷면의 말미에 나
오는 '思林'이 이 문서목간의 작성자로 보인다. 11월 27일에 典□인 사
림이 목간을 기록했다. 典□는 앞면에 나오는 二典과 관계가 있을 것이
다. 二典은 어떤 관부를 가리키고 典□는 그에 소속된 관직명이라고 여
겨진다. 洗宅이 이전二典으로 여러 물품을 보냈고, 사림思林이 수령의 책
임자로서 그 내역을 기록한 문서인 듯하다.

그런데 세택이 二典 앞으로[前] 정보를 전달한 것을 '白'이라고 표현
했다. 세택은 동궁東宮 소속의 근시기구近侍機構라고[99] 알려져 왔으나 근
래는 왕실에 대한 공봉供奉이 주 기능이었다는 견해가[100] 제기되는 등
논란이 있다. 따라서 현재로서는 세택洗宅과 이전二典 사이의 상하관계

98 함순섭, 2007, 〈국립경주박물관 소장 안압지 목간의 새로운 판독〉, 《新羅文物硏究》
創刊號, 143쪽.

99 李基東, 1984, 〈雁鴨池에서 出土된 新羅木簡에 대하여〉, 《新羅骨品制社會와 花郎
徒》, 一潮閣.

100 이문기, 2005, 〈雁鴨池 출토 木簡으로 본 新羅의 宮廷業務 -宮中雜役의 遂行과 宮
廷警備 관련 木簡을 중심으로〉, 《韓國古代史硏究》 39.

혹은 양자가 동등한 관부였는지를 단정할 수 없다. 여하튼 백白이 꼭 하의상달의 용도로만 사용되지는 않았을 가능성을 열어두고자 한다.

다시 가야5598 목간으로 돌아가면 하지가 미즉등지에게 정보를 전달한 것도 '白'이라 할 수 있고, 따라서 '卽白'의 주체를 하지라고 상정할 수 있다고 본다. '卽'은 즉시의 뜻과 함께 '~에 의거하여', '~에 대하여'라는 뜻이 있으므로 "(미즉등지가) 아뢴 바에 즉하여 白하기를"이라고 파악해 볼 수 있다. 미즉등지의 보고에 대한 답변이 되는 셈이다.[101] 하지가 말한 내용은 곧이어 설명하겠지만, "先節六十日代法稚然 伊乇罹及伐尺寀言廻法卅代告今卅日食去"까지라고 생각된다.

4면의 及伐尺은 법흥왕~진흥왕 시기에 사용된 초기의 외위 관등으로 보인다.[102] 진내멸촌 지역의 유력자인 이탁리 급벌척이 말한[言] 내용이 "廻法卅代告今卅日食去"까지인지, 아니면 "廻法卅代"까지이고 "今卅日食去"는 이와 구분되는 내용인지 불분명하다. 그런데 3면에 '先節'이 언급된 점을 유의하고자 한다. 4면에 나오는 '今'이 이와 대비되기 때문이다. "앞서서[先節] 어떤 일이 벌어졌고, 이제[今] 그것에 대하여 어떻게 했다."라고 하는 해석이 가능하지 않을까 한다. '今' 이하는 그전에 벌어진 사태에 대한 대응조치에 해당한다.

이상의 이해를 바탕으로 하여 목간을 해석해 보면 다음과 같다.

1면   3월에 진내멸촌의 촌주가 괴롭고 두려워하며 아룁니다.

2면   "□城에 있는 미즉등지 대사가 하지 앞에 나아가 (사건의 자초지종을) 아뢰었습니다.

3면   이에 (하지가) 말하기를, '앞서 60일대법은 엉성했습니다[稚然].

---

101 진내멸촌 촌주가 하지의 언급을 정리하여 전하면서 자신보다 상급자인 이 목간의 수신자를 의식하여 아뢴다는 의미의 '白'자를 의도적으로 썼을 가능성도 있다.

102 윤선태, 2016, 〈新羅의 初期 外位體系와 '及伐尺'〉, 《東國史學》 61.

4면 (그래서) 이탁리 급벌척이 살펴 말하면서 법을 우회하여[廻法] 30代로써 고했으니, 이제 30일의 식료는 없애야 합니다.'(라고 하지가 말했습니다.)"라 고 (촌주가) 보고합니다.

아직 판독이 확정되지 않은 상태에서 몇 가지 단서와 문장의 논리적 맥락을 가지고 해석을 시도했으므로 무리가 따른다는 점을 인정한다. 특히 하지가 말한 내용이 "先節～今卅日食去"라고 보았는데, 3면의 하단 부에 공간이 있음에도 불구하고 왜 면을 바꾸어 伊汦罹 及伐尺 이하를 썼는가 하는 문제가 제기될 것이다. 한 가지 생각할 수 있는 것은, 이탁 리 급벌척이 사단을 일으킨 장본인이므로 그 신원을 확실히 드러내기 위하여 새로운 4면에 그의 이름으로 시작하는 문장을 기록했으리라는 상정이다. 이 역시 가설에 불과하고 앞으로 유례가 발견되기를 바란다.

어쨌든 이러한 해석이 가능하다면 사건과 보고의 경위를 다음과 같 이 재구성해 볼 수 있겠다.

진내멸촌이 관장하던 지역에 이탁리 급벌척이라는 유력자가 있었다. 그는 60일대법日代法에 따라 모종의 일을 수행할 책임을 지고 있었는데, 30일대日代를 고하고 일을 중단했다. 사태를 파악한 □城의 미즉등지 대 사는 사건의 자초지종을 하지에게 보고했다. 하지는 이를 듣고, 60일대 법의 실행에 문제가 있음을 지적하고, 이탁리 급벌척이 그 허점을 이용 하여 편법으로 비행을 저질렀으니[103] 30일의 식료는 주지 말라고 말했 다. 이상의 내용을 진내멸촌의 촌주가 파악하여 3월에 성산산성의 유관 관부에 보고했다.

---

103 이는 伊汦罹 及伐尺의 비행이 이 사태의 발단이었음을 밝힌 것으로서 下智가 그를 조사 또는 취조했음을 전제로 한다.

나. '대법代法'과 행정체계

목간의 3면에 '六十日代法', 4면에 '廻法卅代'가 쓰여 있다. 그 의미에 대해서 생각해 보고자 한다. 과문이지만, 현존하는 고대의 자료에서 六十日代, 代法, 法卅代 등의 용례는 찾을 수 없다. 10세기 이전의 중국과 일본 자료에서도 확인되지 않는다. 위 어구의 의미는 가야5598 목간 자체에서 실마리를 찾을 수밖에 없다.

먼저 3면의 '六十日代'와 4면의 '卅代'가 대응하는 점이 주목된다. 卅代는 卅日代의 의미로서 앞에 六十日이 언급되었기 때문에 '日'자를 생략했다고 생각된다. 60일 또는 30일이 날의 수를 가리킨다는 것은 분명하다. 어떤 사업에 관련된 날 수인지를 밝히는 것이 대법의 실체를 파악하는 관건이다.

4면에 나오는 '卅日食'을 위에서 '30일에 해당하는 식료'라고 해석하였다.[104] 이것이 맞는다면 卅(日)代는 卅日食과 호응하는 내용이라고 볼 수 있다. 그렇다고 해서 양자가 동일한 대상을 지칭한다고 단정해서는 안 된다. 30일대 앞에는 '廻法'이, 60일대 뒤에는 '법'이 언급된 것과 달리 卅日食은 그렇지 않기 때문이다. 즉 60일대법은 '60일대에 관한 법'이고, 4면의 廻法卅代告는 '(60일대에 관한) 법을 우회하여, 곧 편법으로 30일대로써 고했으니'라고 해석해 볼 수 있다.

그렇다면 60일대법은 60일의 役任에 관한 법이라고 생각된다. '代'의 사전적 의미는 교대하다, 바꾸다, 대신하다, 몇 대(代數), 代價 등으로 다양하다. 60일 동안 교대근무를 했거나, 대리근무를 한 경우, 혹은 특

---

104 신라 목간에 보이는 食의 의미에 관해서는 李鎔賢·金昌錫, 2002, 〈경주황남동 376 유적 출토 木簡의 고찰〉, 《慶州 皇南洞 376 統一新羅時代 遺蹟》, 東國大學校 慶州캠퍼스 博物館 참조.

수한 성격의 60일 근무에 관한 규정을 담았을 수 있다. 가야5598 목간만으로는 이 가운데 어떤 것인지 판단하기 어려운데, 같은 성산산성 유적에서 출토된 가야2645 목간이 이와 관련하여 참고가 된다. 가야2645 목간은 다음과 같이 판독된다.[105]

> 1면 六月中□□□成□邦村主敬白之□□□成行之
> 2면 □將□昏□□也爲六□大城從人丁六十日
> 3면 □□走右日來此五升受事□于□
> 4면 卒日治之人此人烏□□置不行遣乙白

2면의 마지막 글자를 읍邑의 한국식 한자로 읽고 'ㅂ' 발음을 표시한다고 보기도 했으나[106] 이는 '日'자임이 분명하다. 이 글자를 日자로 바로 읽은 논자는 해석할 때는 六十과 日을 분리하여 "人丁은 60(인). 日□□ 走(달려) □日(날) 來(와서)"라고 새겼다.[107] 그러나 가야5598 목간에서 '六十日' '卅代' '卅日食'이 확인되었으므로 가야2645 역시 '六十日'을 하나의 의미단위로서 이해해야 할 것이다.

그렇다면 2면의 '人丁六十日'은 '어떤 일에 종사한 노동력(人丁) + 그 종사 기간(60日)'이라고 해석할 수 있다. 가야2645 목간의 내용에 대한 구체적인 분석은 다음으로 미루지만, 전체적인 형식과 용어 등이 가야5598과 공통된 면이 적지 않은 점이 주목된다. 추측컨대, 이 목간은 6월에 모촌某村의 촌주가 성산산성 쪽으로 보고한 문서이다. 그는 어떤

---

105 文化財廳·國立加耶文化財研究所, 2011, 《韓國 木簡字典》, 국립가야문화재연구소, 259쪽에서 이 목간의 판독이 시도되었고, 관련 연구로는 李丞宰, 2013, 〈함안 성산산성 221번 목간의 해독〉, 《韓國文化》 61; 이용현, 2015, 앞의 논문이 있다. 이 판독문은 이상의 연구를 참조하고 필자의 의견을 보태 작성된 것이다.

106 李丞宰, 위의 논문, 10쪽.

107 이용현, 2015, 앞의 논문, 46~47쪽.

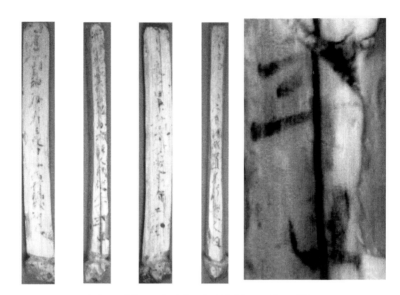

사진 9. 가야2645 목간과 2면 말미의 '六十日'(오른쪽)
(좌로부터 1, 2, 3, 4면. 사진 제공: 文化財廳·國立加耶文化財研究所)

사업에 동원된 인력이 60일 동안 일을 할 계획이었으나 도중에 도주 등의 사단이 벌어져[108] 차질이 빚어졌음을 보고한 듯하다.[109]

이와 같이 가야2645 목간의 내용에 비추어 보건대, 가야5598 목간의 육십일대법은 60일 동안의 역역 동원에 관한 규정이라고 생각된다. 그 법이 진내멸촌 또는 가야2645 목간의 모촌某村처럼 지방 성·촌에 적용되어 역역 동원이 필요할 때 시행되었을 것이다. 따라서 60일대법의

---

108 나주 복암리 출토 1호 목간에 "出背者 得捉"이란 기록이 있어 力役 동원자의 도주와 체포상황을 시사한다(김창석, 2011, 〈7세기 초 榮山江 유역의 戶口와 農作 －羅州 伏岩里 木簡의 분석〉, 《百濟學報》 6, 155쪽).

109 다만 가야2645 목간은 하부에 4개 면을 돌아가며 홈이 새겨져 있다. 이 목간이 짐 꼬리표가 아니기 때문에 홈을 이용하여 짐에 매달았을 가능성은 없다. 홈이 어떤 형상을 조각한 것인지, 공식 문서임을 보증하는 표식인지, 아니면 전달하는 과정에서 어딘가에 매달기 위한 용도인지 앞으로 고찰이 필요하다.

'대代'의 의미는 대리근무라고 하기보다는[110] 60일의 노역에 '해당하는' 또는 '그 대가에 관한'을 뜻하고, 대법은 그에 관한 제반 법규를 가리키는 것으로 보인다.[111]

6·7세기의 신라 사회에서 요역을 수취할 경우 기간은 1년에 한두 달, 곧 30~60일 정도였고 주로 농번기를 피해 1~3월과 7~9월에 동원이 이뤄졌다.[112] 중국의 경우 당대唐代에 지방관이 16세 이상의 중남中男을 대상으로 한 잡요雜徭가 40일 이내로 부과되었고 그 기간은 연장될 수 있었다.[113] 가야5598 목간 작성의 배경이 된 현실은 이러한 제도와 관련이 있을 터이다. 다만 그것이 축성 작업 등의 요역이었는지, 아니

---

110 代法을 역역징발 대상자가 다른 사람을 시켜 역을 대신 지도록 하고 그에게 일정한 대가를 지불하도록 한 법이라고 할 여지도 있다. 唐令의 賦役令 4조에는 部曲으로써 代役하는 경우(仁井田陞, 1964, 《唐令拾遺》, 東京大學出版會, 668쪽), 일본 養老令의 부역령 4조에 같은 國郡人 또는 家人 등을 代役者로 쓰는 경우에 관한 규정이 있다 (井上光貞 外, 1976, 《律令》, 岩波書店, 252쪽). 그러나 가야5598 목간의 60日代를 이탁리 급벌척이 부담할 60일 동안의 역임에 대해 대역자를 쓸 때 근거한 법규라고 한다면, 왜 代役을 30일에 그치게 되었는지, 나머지 30일은 이탁리가 근무하는 것인지, 그리고 국가가 30일의 식료를 지급하지 않은 것이 어떤 의미인지가 모호해진다. 무엇보다 6세기 후반의 신라 율령의 수준이 지방사회의 代役에 관한 제도적 규정을 담을 정도까지 이르렀을지 의문이다.

111 北魏 때 지방장관의 임기가 6년이었는데 기한이 되어 자리를 떠나는 것을 下代, 代還 등으로 불렀다고 한다(미야자키 이치사다 지음·임대희 외 옮김, 2002, 《구품관인법의 연구》, 소나무, 367~368쪽). 이때 代가 '일정 기간 동안 맡은 임무'를 뜻하므로 代法의 '代'와 의미가 통한다. 최근 강나리, 2019, 〈신라 중고기의 '代法'과 역역동원체계 – 함안 성산산성 출토 218호 목간을 중심으로〉, 《韓國古代史硏究》 93; 이재환, 2019, 〈함안 성산산성 출토 문서목간과 力役 동원의 문서 행정〉, 《木簡과 文字》 22는 '代'가 역역의 교대를 뜻한다고 보아 중고기 신라의 역역체계를 더 구체화한 선해를 내놓았다. 한편 이수훈, 2017, 〈함안 성산산성 출토 4면 목간의 '代' –17차 발굴조사 출토 23번 목간을 중심으로〉, 《역사와 경계》 105는 '代'가 작업 일수를 가리키며 역역 징발을 규정한 '回法'에 의해 규정되었다고 본다.

112 김기흥, 1991, 《삼국 및 통일신라 세제의 연구》, 역사비평사, 102~106쪽.

113 松丸道雄 外, 1996, 《中國史 2 三國~唐》, 山川出版社, 392쪽.

면 군역이었는지는 단정할 수 없다. 이 책에서는 60일 동안의 사업을 역역, 곧 요역과 군역을 포괄한 개념으로써 파악하여 지칭하고자 한다.

60일의 기간을 예정으로 한 인력 동원이 있었으나 당시 3월 이전에 이 계획에 차질이 생겨 상부에 보고가 이뤄졌다. 필자의 해석이 맞는다면, 이 역역은 2월에 시작되어 60일 동안 진행된 다음 3월 말, 또는 4월 중에 완료될 계획이었을 것이다. 하지만 30일만 역역이 수행되고 중단되었다. 이에 그 중간 시점인 3월 중에 사건의 처리가 이뤄져 그 경과와 내역에 대한 보고가 된 것이라 여겨진다.

그런데 이 목간에서 60일대법의 적용 대상자는 구체적으로 드러나지 않는다. 필자의 해석을 따르면 진내멸촌의 유력자인 이탁리 급벌척이 60일대법을 회피하여 30일 동안만 역임에 종사했고, 따라서 원래 60일분으로 배정된 식료 가운데 30일분을 주지 않았다(혹은 이미 지급한 60일분 가운데 30일분을 추탈追奪했다)고 이해되므로 주 대상자는 이탁리 급벌척이었던 셈이다. 그는 당시 진내멸촌의 주민 가운데 역역 부담자를 인솔하고 작업을 관리하는 책임자였을 것이다.[114] 따라서 문면상 책임자만 거론되었으나 그가 통솔한 인정에게도 60일대법은 적용되었고 30일치의 식료는 지급되지 않았다고 생각된다.

역역이 1~2달 동안 지속되었다면 당연히 여기 참여한 인력에게 식량을 공급했을 것이다. 함안 성산산성 목간 가운데 다수를 차지하는 짐꼬리표 목간은 바로 이러한 역역 종사자에게 지급할 곡물과 기타 소요품을 수송하는 데 사용되었다. 따라서 진내멸촌에서 동원된 인력에게

---

[114] 법흥왕 23년(536)에 건립된 〈永川 菁堤碑 丙辰銘〉을 보면, 築堤 작업을 지휘한 훼부 출신의 왕경인과 함께 干支를 칭하는 지방민이 '□人'의 역임을 띠고 나온다. 이들 지방 출신 인물처럼 이탁리 급벌척은 지역민을 거느리고 가서 실제 작업을 관리하는 역할을 했을 것이다.

공급된 식료는 생존을 유지하기 위한 기본 식량이라고 할 수 있다. 하지만 이탁리 급벌척의 경우는 그것이 기본 식료였는지, 역임 수행에 대한 급료의 의미였는지 분명치 않다. 그가 국가로부터 외위 관등을 받은 점을 고려하면 후자일 가능성이 높은 듯하다. 그러나 그렇다고 하더라도 그 액수가 기본 식량분을 크게 상회하지는 않았을 것이다. 이탁리 급벌척이 급료의 일부를 포기하고서라도 60일대법을 피하여 편법으로 30일만 역을 진 것은, 역임의 부담에 견주어 급료가 주는 유인誘因이 그다지 크지 않았음을 암시한다.

이처럼 60일대법의 포괄 범위는 넓었다고 생각된다. 일단 지방의 유력자와 일반 주민이 대상자로 상정되고, 왕경 주민 가운데서도 역역 징발대상자와 그 통솔 책임을 맡은 '사인使人'[115] 등은 이 규정의 적용을 받았을 것이다. 그리고 대법에 역역의 종류, 기간, 인원, 조직, 그리고 식료 지급 등에 관한 내용이 들어 있어야 한다. 이렇게 역역 징발대상의 범위가 넓고 규정해야 할 내용이 번잡하다 보니 특정한 지역에 이 법을 적용할 때 허점이 노정될 수 있다. 하지가 "先節 六十日代法 稚然"이라 한 것은 이를 지적한 것이 아닐까?

이제 가야5598 문서목간의 내용과 작성 및 보고 경위를 통해서 당시 성산산성을 중심으로 작동하고 있던 지방 행정체계를 재구再構해 보자.

사단을 일으킨 이탁리 급벌척은 진내멸촌에 거주하며 국가로부터 외위 관등을 수여받을 정도의 유력자였다. 그의 평상시 직임은 알 수 없으나, 6세기 후반의 어느 시점에 진내멸촌의 주민 가운데 일부 인정人丁을 이끌고 역역에 참여했다. 역역이 이뤄진 지역은 알 수 없지만 성산산성을 중심으로 한 지방통치 또는 방어체제와 관련된 곳이었을 것이다. 진내멸촌의 촌주는 역역에 동원할 인정을 차정差定하고 문서를

---

[115] 위 〈永川 菁堤碑 丙辰銘〉에 따르면, 왕경인 7명이 使人으로서 청제 축조에 참여했다.

시행하는 등 행정적 지원 업무를 맡았다.

진내멸촌의 촌주에게 역역 동원을 지시한 것은 □城의 미즉등지 대사였을 것이다. 그가 작업 중단사태를 파악하여 하지에게 자문한 이유가 역역을 이용하여 어떤 사업을 마쳐야 할 책임을 맡고 있었기 때문이다. 곧 미즉등지 대사가 60일대법을 진내멸촌에 시행하여 이를 완수해야 했기 때문에 그 과정에서 발생한 사태를 처리하는 것을 주관했다. 이러한 면에서 그는 □城의 도사급道使級에 해당하는 직임을 띠고 있었을 가능성이 높다.[116] 율령이 반포되기 전에 건립된 〈포항 중성리비〉와 〈냉수리비〉에는 도사직에 있던 인물이 관등 표시 없이 기록되어 있다. 그런데 율령 반포 이후의 〈울진 봉평비〉를 보면, 거벌모라居伐牟羅 도사와 실지悉支 도사가 각기 소사제지小舍帝智라는 경위 관등을 갖고 있다. 대사大舍의 관등이 소사小舍보다 상위이므로 미즉등지 대사는 왕경인 출신으로 □城에 파견되어 도사급의 직위에 있었다고 여겨진다.

하지는 미즉등지 대사의 자문에 응해 60일대법이 현실에 적용될 때 나타나는 문제점을 인식하고 이번 사태를 수습하기 위한 구체적인 방안을 제시했다. 그가 지방행정과 법 시행에 관해 전문적인 지식을 가진 인물로서 지방관의 자문역을 맡았다고 추정되나 주재한 곳이 □城인지, 성산산성인지 여부, 그리고 그의 구체적인 직임은 미상이다.

미즉등지 대사가 도사급의 직임을 맡고 있었다면 그가 주재한 □城이 중앙으로부터 지방관이 파견된 중심촌이고, 진내멸촌은 지방관이 없이 □城의 통제를 받는 일반촌이라고 볼 수 있을까? 진내멸촌의 촌주는 이번 사태에 대해 □城과 연계되어 있을 뿐 아니라 성산산성에 보고문서를 보냈다. 만약 진내멸촌이 □城의 관하에 있었다면 그 촌주는 □城에만

---

116 손환일, 2017, 〈함안 성산산성 출토 목간의 의미와 서체 —17차 발굴조사 성과 발표문을 중심으로〉, 《韓國史學史學報》 35, 13쪽에서 이러한 견해가 제시된 바 있다.

보고할 뿐, 성산산성에 상신하는 문서는 □城을 주관하는 지방관이 보내야 한다. 이러한 체계를 고려하면, 진내멸촌은 □城의 관하에 있는 촌이라기보다는 성산산성에 직속된 촌이라고 이해하는 편이 합리적이다. 1면을 보면, 三月中 뒤에 상위 행정구역 표시 없이 진내멸촌이 바로 기록된 것도 성산산성에 직속되었음을 방증한다.[117] □城과 진내멸촌의 관계, 그리고 □城과 성산산성의 관계는 앞으로 추구해야 할 과제라고 생각된다.

다. '대법'의 성격

이상 함안 성산산성의 17차 발굴조사에서 출토된 목간 가운데 가야5598의 판독과 해석, 그리고 내용 분석을 통해서 이 목간이 작성된 경위와 지방 행정체계를 검토해 보았다. 이를 통해서 중고기의 신라 율령 가운데 역역 동원과 관련된 법의 존재와 역역의 동원기간 및 지휘체계, 진내멸촌과 성산산성의 관계 및 행정체계, 지방에서 근무하는 왕경 출신의 외관外官과 법률에 관한 전문지식을 가지고 자문에 응한 인물의 존재, 그리고 인력 동원의 일선에서 문서 상신 등 행정지원을 담당한 촌주의 역할 등을 살펴볼 수 있었다. 성산산성에서 출토된 가야2645 목간이 34.4×1.0~1.9cm로서 가야5598 목간과 크기는 차이가 있으나, 역시 4면으로서 촌주의 보고문서이고 기본 서식이 유사하며 60일 동안의 역역 수행에 관한 내용을 싣고 있다는 점에서 참고가 되었다.[118]

---

117 강나리, 2019, 앞의 논문, 258쪽은 '□城'이 성산산성이고 미즉등지 대사가 그 지방관이라고 보았다. 그 가능성을 배제할 수 없으나 '미즉등지 대사 하지'를 수신자로 볼 경우 1인인지, 2인인지, 만약 1인이라면 '하지'를 어떻게 이해해야 할지 궁금하다.

118 中代의 예이지만, 관리가 휴가를 청해 60일을 채우면 解官한다는 규정(《三國史記》 卷9, 新羅本紀9 景德王 17年) 역시 관직 복무의 공백 기간을 60일로 삼고 있어 주목된다.

마지막으로 '六十日代法'이 신라의 중고기 법제에서 차지하는 의미를 생각해 보고자 한다. 나는 60일대법이 60일 동안의 역역 동원과 관련된 법이라고 본다. 신라에서 어떤 사안에 관한 법률이 '某法'이라는 형태로 표기된 사례로서 상복법喪服法,[119] 시법諡法,[120] 그리고 금석문에서 보이는 노인법奴人法, 전사법佃舍法이 알려져 있다. 신라에서는 율령에 들어 있는 어떤 편목을 노인법, 전사법처럼 '某法'이라고 불렀으며, 율령 반포 전 시기에 제정된 상복법과 시법은 이러한 호칭 방식을 소급 적용한 결과라고 여겨진다. 가야5598 사면목간에 나오는 '六十日代法' 역시 신라 사회에서 어떤 법률이 '某法' 형식으로 표기된 추가 사례로서 유념할 만하다.

六十日代法을 통해 520년에 반포된 신라 율령의 한 편목이 확인된 셈이지만 편목의 표제標題가 '六十日代法'이었다고 보이지는 않는다. 〈울진 봉평비〉에 '種種奴人法'이라고 하여 노인법이 노인奴人에 관한 복수의 법률로 구성되었고, 〈단양 적성비〉의 '使法赤城佃舍法'이라는 구절 역시 전사법이라는 편목 아래 여러 하위 규정이 있었음을 시사하기 때문이다.

따라서 '六十日代法'이 속해 있던 편목의 표제는 '代法'이었으리라 추정된다. 대법은 중국과 일본 고대의 부역령賦役令 혹은 군방령軍防令에 해당하는 편목으로서 그 하위에 60일 혹은 30일 동안 동원해야 하는 역역의 종류, 각 역종役種의 기간과 역임役任, 차출 대상과 방식, 통솔과 관리, 인정人丁과 통솔자에 대한 식료 지급 등에 관한 조문을 두었을 것이다. 그 조항 가운데 60일의 역역에 관한 규정을 가야5598 목간에서는 '六十日代法'이라고 표기했다고 이해된다.

---

119 《三國史記》卷4, 新羅本紀4 智證王 5年 "夏四月 制喪服法頒行"
120 위의 책, 同王 15年 "王薨 諡曰智證 新羅諡法始於此"

4. 율령의 체계와 왕교王敎

《삼국유사》는 법흥왕대의 불교 공인을 주목하여 그 이후를 중고기라고 구분했는데, 신라사에서 6세기 전반은 행정과 법의 발전이라는 측면에서도 의미가 있는 시기이다. 그런데 중고기의 신라 행정과 율령법은 사로국 이래 성장해 온 행정체계와 소국법, 교령법 등의 전통 법제로부터 비롯되었음을 잊지 말아야 한다. 한국 고대 율령의 특성 역시 이러한 역사적 배경으로부터 찾아야 할 것이다.

《삼국사기》에 반포 기사가 보이는 고구려와 신라의 율령법은 중국의 고대 법전체계를 가리키는 '율령'이란 용어를 쓰고 있으므로 중국의 제도를 의식한 것이 분명하다. 〈울진 봉평비〉를 보건대, 실제로 장형杖刑과 같은 중국 형률의 요소가 차용되었다. 신라의 경우 먼저 율령을 반포한 고구려, 그리고 《양서》 신라전에 보이듯이 대중국 사절의 동행이 이뤄질 정도로 가까웠던 백제로부터도 선진적인 법제가 수용되었을 것이다.

한국 고대 율령의 기본적인 성격은 부체제 시기에 생산되어 축적되어 온 교령법을 한 수준 일반화시켜 법률조항으로서 제정했다는 것에서 찾아야 한다. 교령법은 단행법이었으므로 수많은 다양한 사건에 대해 사안별로 대응할 수밖에 없다는 단점이 있다. 판례를 동원한다고 해도 적용 범위의 한계가 뚜렷하다. 더욱이 이해 당사자가 포함된 쟁인의 평의를 거치고 유력 부部의 대표자들과 공론을 통해 판결을 내려야 하므로 중앙의 부가 연루된 사건의 경우는 관련된 부의 발언권을 제어하기 어려운 상황을 예측할 수 있다. 이러한 한계를 돌파할 수 있는 방법이 기성의 교·령과 판례들을 종합하여 사안별로 분류하고 이를 한 수준 높게 추상화·일반화시켜서 법률조항으로 만드는 것이다. 특정 사건에 대응하여 발포된 단행법이었던 교령법이 이로써 상대적으로 보편성을 가진 법률조항으로 제정될 수 있었다.

신정법, 소국법, 교령법으로 전개되어 온 기성의 법제를 중국의 율령법을 전면 수용하여 대체하지 않고, 전통적인 법체계의 기반 위에서 주변국의 일부 조항을 흡수하고 율령의 형식을 빌려 종래의 교·령과 판례들을 일반적인 법 조문으로 상승 전환시킨 것이다.《삼국사기》색복지色服志 서문에 "법흥왕이 6부인의 복색服色과 존비尊卑의 제도를 정했지만 여전히 이속夷俗이었다."는 평가는, 사론史論을 쓴 찬자의 화이론華夷論적 인식을 감안하더라도 신라 율령법이 기왕의 법제를 밑바탕으로 하여 형성되어 온 위와 같은 과정을 상기하면 충분히 이해할 만하다.

그간의 사법 행정이 〈포항 냉수리비〉에서 확인할 수 있듯이 앞서 시행된 비슷한 유형의 판례를 찾아서 기계적으로 적용하는 방식이었다면, 이제 개별 사건에 대해서 율령 조항에 의거하여 더 표준화되고 체계적인 대응이 가능해졌다. 관련된 조항을 기준으로 삼지만, 현재 벌어진 사건의 다양한 요소를 고려하고 참작함으로써 더 합리적인 판결과 양형量刑이 가능해졌을 것이다. 이를 교령법과 구분하여 나는 율령법이라고 부르고자 한다. 중국식 율령의 형식을 빌려온 법체계라는 뜻이다.

율령법의 시행과 함께 중앙과 지방의 행정관부가 확충되고 목간과 종이를 이용한 문서행정이 정착되어 갔다. 이를 기초로 하여 지방의 촌락 단위 주민까지 지배와 수취의 대상으로 삼을 수 있었다. 교령법이 중앙의 부에 적용되어 가면서 서서히 부체제를 해체하고 일부 전략적 요충지역의 소국법의 장벽을 넘어뜨리는 역할을 했다면, 율령법은 이를 고대국가 전 영역에 확대하는 효과를 발휘했다. 고구려의 경우 4세기에 들어서 집권체제가 확립되고 이후 율령법이 실시되는데, 이 시기에는 왕도王都 5부를 넘어서 지방과 순화馴化 과정을 거친 일부 복속지역에 까지 중앙의 법제가 확대 적용되었을 것임을 예상할 수 있다. 〈능비〉에서 "신래한예가 수묘의 방법을 모를까 염려하여 구민을 따로 뽑았다(取

韓穢二百廿家 慮其不知法則 復取舊民一百十家)."고 한 것은, 곧 구민이 수묘의 법칙을 숙지하고 있었음을 전제로 한다. 수묘법을 비롯한 고구려의 율령이 공민公民으로 편제된 주민집단을 대상으로 하여 시행되었음을 보여 준다.

신라에서는 뒤에 살펴보듯이 6세기 후반의 함안 성산산성 목간이 비교적 통일된 양식을 갖추고 있고, 지방에서 율령의 한 편목인 전사법佃舍法, 대법代法이 시행되었으며, 진평왕 13년(591) 남산南山 신성新城을 축조할 때 왕경은 물론 신라 전역에 걸쳐 노동력이 동원되었다. 율령 반포 전부터 교·령에 의해 도사와 군주를 파견하고, 주·군·촌의 지방제도를 실시하며 촌주제를 시행함으로써 지방지배의 진전을 본 바 있다. 율령법은 이를 더욱 체계화시켜 지방에 대한 일원적 지배와 수취를 실현할 수 있는 제도적 기반이 되었다.[12]

율령법은 동아시아의 독특한 법체계로서 고대 중국에서 처음 제정·편찬되었다. 근래의 중국 법제사 연구에 따르면, 수호지진간, 장가산한간 등의 자료를 통해서 진한 시기에 이미 율령법의 초기 형태가 형성되었음이 지적되고 있다. 진한대의 '율령'이 과연 어느 정도 체계화된 것이었는지에 대해 논란이 있는데, 일반적인 견해는 3세기 중엽 서진西晉쯤에서 편찬된《태시율령》에서 비로소 율과 령이 분리되어 각기 형률과 행정령으로서 정립되었다고 본다. 한국 고대의 율령은 이렇게 율·령이 분화된 남북조시대 이후의 율령의 영향을 받은 것이어서 기성 교령법의 법령을 내용상 분류히여 형률과 행정령으로 분류하여 재징리했을 것이라고 생각된다.

520년에 반포된 신라 율령을 대상으로 하여 어떤 체계로 이뤄져 있

---

[12] 洪承佑, 2011,《韓國 古代 律令의 性格》, 서울大學校 國史學科 博士學位論文, 178~190쪽이 삼국시기 율령 반포의 의의를 지방지배의 관점에서 검토한 바 있다.

었을지 검토해 보자.

과연 율과 령이 구분되어 있었는지부터 살펴보겠다. 율령 반포 이후인 524년에 건립된 〈울진 봉평비〉를 보면, 거벌모라의 유력자와 남미지촌을 비롯한 주변 촌의 사인使人을 실화失火의 책임을 물어 장 60대 혹은 100대를 때리도록 했다. '사인'이 어떤 역할을 하는 존재였는지, 그리고 거벌모라의 유력자를 비롯하여 이들도 노인奴人에 속했는지 여부는 알 수 없으나, 이들이 노인법奴人法이 아니라 장형에 처해진 점이 주목된다. 이 장형은 노인법과는 다른 별도의 형률규정일 가능성이 높다.

뒤 시기의 자료이긴 하지만 《당률소의唐律疏議》를 참고하고자 한다. 이 책은 당나라 초기의 형률에 관한 해설서인데, 총칙에 해당하는 명례편名例篇에 태笞·장杖·도徒·유流·사死의 5형과 십악十惡·팔의八議 등의 죄목, 그리고 판결의 기본원칙이 실려 있다. 이어서 각칙各則에 해당하는 위금衛禁·직제職制·호혼戶婚 등의 율 조문을 수록했다. 8세기 초에 반포된 일본의 《양로율령養老律令》 가운데 율 부분을 보면, 용어와 서술 내용에 차이가 있으나 명례율名例律로부터 단옥률斷獄律까지의 12편목과 서술의 순서 등 기본적인 구성이 《당률소의》와 흡사하다. 따라서 〈봉평비〉에 기록된 장 60대와 100대는 법흥왕이 반포한 율령 가운데 율에 속한 장형 규정에 따라 내려진 처벌일 가능성이 있다. 곧 520년 시점에 신라 율령은 기본적으로 율과 령이 구분되어 있었다고 보인다.

그러나 미심쩍은 부분이 있다. 〈봉평비〉를 다시 떠올려 보면, "大奴村 사람들은 □共値□을 부담케 하고, 나머지 이들은 種種奴人法을 따라 조치"토록 한 것은 화재를 일으켜 사단을 만든 거벌모라 주민들을 처벌하는 내용이다. '□共値□'가 대노촌, 곧 거벌모라의 남미지촌 주민에 대한 벌이라면, '종종노인법'은 그 밖의 거벌모라 주민에게 적용되었다. 노인법은 이들이 죄를 지었을 때 처벌하는 규정을 포함하고 있었던 것이다. 그렇다면 법흥왕 때 반포된 율령은 장형 등의 주요 형벌과 그 대상이 되는 죄목을 정한 형률이 별도로 있었으나, 노인법과 같은 행정령 성격의 편목에 노인과 관련된 범죄와 처벌규정이 포함되어 있었다고 여겨진다. 율과 령이 기본적으로는 구분되었지만 7세기의 당제나 8세기의 일본 율령처럼 명확하게 분리되고 체계화되지는 못한 상태였다.

　노인법은 율령 조항 가운데 신라에 새로 편입된 이질적인 집단을 지배·통제하기 위한 법률이었다. 그런데 노인법은 하나만 있지 않고 '종종노인법'이라고 하여 노인에 관한 복수의 법률로 이뤄진 듯하다. 노인에 관한 단일 법이 아니고, 노인의 신분·처우·수취 등을 규정한 여러 법과 관련 조항이 있고 그 상위에 노인법이라는 율령의 편목이 있었을 것이다. 550년 무렵의 〈단양 적성비〉에는 '國法'과 '使法赤城佃舍法'이 나온다. 국법은 법흥왕대 율령을 가리키고, 적성전사법은 탈락자 때문에 앞뒤 문맥이 불분명하지만[122] 율령 가운데 전사법이라는 편목을 적성에 적용한다는 의미, 아니면 상위의 전사법을 적성에 적용하기 위해 세칙細則을 추가하여 적성전사법으로 삼았다는 의미일 것이다.[123]

　따라서 노인법과 전사법은 각각 신라 율령의 편목이라고[124] 생각된다.

---

122 "(탈락) 使法赤城佃舍法爲之 別官賜 …"판독은 朱甫暾, 1992, 〈丹陽 赤城碑〉, 《譯註 韓國古代金石文 Ⅱ》, (財)駕洛國史蹟開發研究院을 따랐다.

123 武田幸男, 1979, 〈眞興王代における新羅の赤城經營〉, 《朝鮮學報》 93, 24~25쪽은 佃舍法이 고구려의 집단적인 농업노동 방식을 위한 노동력 징발법 또는 토지제도라면, 赤城佃舍法은 개별적 농업경영에 따른 신라식 전사법이라고 추정한 바 있다. 그리고 진흥왕이 직심비를 통해 이러한 적성전사법을 신라 전국에 실시한다고 선언했다고 이해했다. 그러나 전사법이 원래 고구려의 법제라는 것은 이곳이 원래 고구려 영역이었다는 정황근거밖에 없다. 한편 李宇泰, 1992, 〈丹陽 新羅 赤城碑 建立의 背景 - 也尒次의 功籍과 恩典의 性格을 중심으로〉, 《泰東古典硏究》 8, 35~37쪽은 적성전사법이 야이차 등에게 토지나 戶口에 대한 일정한 지배를 허용한 恩典 조치라고 보았으나 그 법률적 성격에 대해서는 언급하지 않았다.

124 여기서 신라 율령의 '편목'이란 중국과 일본 율령의 편목과 같은 형식과 내용을 갖추었다는 의미가 아니라, 율령에 포괄된 여러 법규를 내용별로 분류한 중간 범주〔篇〕

그 아래 여러 개의 하위 법령과 판례를 거느리고 있었을 것이다. 앞서 살펴본 성산산성 출토 가야5598 목간 역시 대법이라는 편목 아래 60일 대법이라는 하위 조항이 존재했음을 보여 준다. 이러한 율령법의 구성 체계는 종래 단행법이었던 교령법의 한계를 넘어선 모습이다. 율령의 반포는 이러한 측면에서 볼 때 기성의 판례법의 집성集成에[125] 그치지 않는 질적 전환을 이룬 것이라 할 수 있다.

이상 검토한 내용을 밑바탕으로 하여 520년 반포된 신라 율령의 내용체계와 형식을 〈표 7〉과 같이 상정해 볼 수 있겠다.

사실 전사법, 노인법 등이 각각 편목에 해당하는지, 아니면 이를 포괄하는 상위의 편목이 별도로 있었는지 분명하지 않다. 예컨대 중국의 《개황령開皇令》《개원7년령開元七年令》, 일본의 《대보령大寶令》《양로령養老令》처럼 전령田令이라는 편목이 있고 그 하위에 전사법 항목이 들어 있을 가능성이 있다. 그러나 현재로서는 모법某法 위의 상위 편목의 존재나 그 명칭이 확인되지 않는다. 현재의 자료 여건에서는 적어도 신라의 경우 모법某法이 곧 율과 령의 구성 부분으로서 중국·일본 율령법의 편목과 같은 지위에 있으면서 기능했다고 볼 수 있다.

따라서 위에 제시한 체계는 현존하는 자료와 이에 관한 필자의 분석을 토대로 한 하나의 시안試案에 지나지 않는다. 무슨 '법'이라고 불린 삼국시기의 법제가 앞으로 목간, 금석문 등을 통해서 계속 확인될 터인데, 그때 이 시기 율령의 체계가 더욱 선명하게 드러날 것이다.

유의해야 할 점은, 율령법이 시행되는 상황에서 하교下教가 여전히 이뤄지고 있다는 사실이다. 〈울진 봉평비〉의 경우 법흥왕 이하 14명이 교를 내려 거벌모라의 범법자들을 장형으로 처벌했다. 이것은 율령의 해

의 제목[目]이란 뜻으로 사용하였다.

[125] 大津 透, 2007, 〈古代 日本에서 律令의 受容〉, 《民族文化論叢》 37, 240쪽.

표 7. 520년 반포 신라 율령의 구성 체계

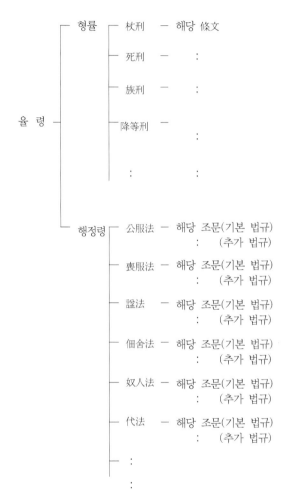

당 법률에 의거한 것이므로 '교'라고 하더라도 법원法源은 율령에 있고, 교는 단지 이를 근거로 하여 판결을 내린 것에 불과하다.[126] 그러나 '별

---

126 591년에 세운 〈南山新城碑〉 제9비의 "辛亥年二月卄六日 南山新城作節 如法以作後 三年崩破者罪 敎事爲聞 敎令誓事之"도 율령법에 의거하여 내린 敎에 해당한다.

교령別教令' 부분은 이와 다르다. 종종노인법種種奴人法에 따르도록 한 것은 율령에 의거했지만, 그 앞에 있는 '대교(법)大教(法)'은 율령의 편목이 아니라 법흥왕이 남미지촌南弥只村의 노인奴人에게 시혜를 베푼 조치라고 이해된다.[127] 율령의 편목인 노인법에 따라 노인으로 편제되어 있던 남미지촌의 주민들에게 시혜조치를 교로써 내렸다는 것은 율령과 배치되는 명령을 하교한 셈이 된다. 뒤에 대노촌大奴村, 곧 남미지촌 사람들이 사단을 일으켜서 다시 노인법의 규제를 받게 되지만 이 역시 대교의 철회가 전제되었다고 보아야 한다.

이러한 측면은 삼국시기 율령의 특징을 보여 준다. 율령이 반포되었다고 해서 모든 사안에 그 조항이 보편적으로 적용되지 못했고 될 수도 없었다. 초기 율령이 가질 수밖에 없는 미비점이라고 할 수 있다. 중국의 관품령官品令·공식령公式令에 해당하는 행정법 조항의 경우 적용 대상이 지배층을 포괄할 수 있었지만, 형률 조항의 경우 국왕은 물론이고 최상위 지배자들에게 적용하는 데 제한이 있었음에 틀림없다. 나아가 국왕은 율령법 시기에 왕권 중심의 집권체제가 갖춰졌으므로 법률행위의 최고 주체였다. 주지하듯이 이제 국왕 단독 명의의 하교가 가능해졌다. 〈봉평비〉의 "雖是奴人 前時 王大教"에서 보듯이 교가 율령법 조항과 충돌하는 경우도 있었을 터인데, 이때는 교가 율령법보다 우선했다.

율령법 시행 이후 계속된 교의 발포는 율령 시행을 보완한다는 측면에서 이해할 수 있다. 법흥왕 7년의 반포 기사 이후 율령 관련 기록은 한동안 보이지 않는다. 그러나 진흥왕·진평왕대의 중앙관제 확충과 지방통치조직의 정비상황을 고려하면 이에 대한 법제화 과정이 수반되었다고 보아야 한다. 그런데도 《삼국사기》 기록대로 실제 율령의 재반포

---

127 金昌錫, 2009, 〈新羅 中古期의 奴人과 奴婢 ―城山山城 木簡과 〈鳳坪碑〉의 분석을 중심으로〉, 《韓國古代史研究》 54, 60～68쪽.

가 없었다면, 위와 같은 지배체제의 정비를 위해서 교의 발포는 필수적
이다.

한편 6세기 중·후반에 작성된 것으로 보이는 월성해자 목간 가운데
"牒垂賜教在之後事者命盡" "四月一日典大等教事"가 기록된 것이 있다. 신라의
경우 이렇게 중고기가 되면 관부나 관료가 내린 명령이나 지시가 '교'
라고 표현되었다. 전대등典大等은 진흥왕 26년(565)에 설치되었는데,[128]
집사부의 전신인 품주稟主의 장관이었다고 추정된다. 그는 관부의 장관
으로서 '교'를 내린 것이다. 일본 후지와라쿄藤原京 출토 목간에 나오는
'寵命'이 원래는 천황이 내리는 은명恩命을 가리키지만 주인의 명령이라
는 의미로 사용되었고,[129] 나라시대에 작성된 장옥왕가長屋王家 목간 가
운데 천황의 말인 칙지勅旨, 대명大命, 어명御名이 장옥왕가 안에서는 주
인의 명령으로서 사용된 예를[130] 참고할 수 있다.

율령법 시기에는 '교'가 왕교뿐 아니라 관부 혹은 부서장이 내리는
명령의 한 형식으로 쓰임새가 확대되었다. 교를 사용하는 범위가 일반
관부로 확대되는 현상은 뒤에 언급하듯이 신라 중고기 말에 관부별官府
別 격격이 제정되는 것과 관련이 있다.

이방부령 양수良首 등에게 명하여 율령을 상세하게 살펴서(詳酌) 이방부격理
方府格 60여 조를 가다듬어 정하게(修定) 했다.
(《삼국사기》 권5, 신라본기5 무열왕 원년)

무열왕 원년(654)에 수정한 이방부격은 진덕왕대眞德王代 수용한 당

---

128 《三國史記》卷38, 雜志7 職官 上 典大等.

129 川崎晃, 2012, 〈古代日本の王言について〉, 《古代學論究 —古代日本の漢字文化と佛
教》, 慶應義塾大學出版會, 112쪽.

130 東野治之, 1996, 〈長屋王家木簡の文體と用語〉, 《長屋王家木簡の硏究》, 塙書房.

나라의 율령을 기준으로 삼았지만, 그 모체는 이방부理方府의 조직과 임무에 관한 왕교와 더불어 이방부 장관인 이방부령理方府令이 내린 교가 여기에 포함되었을 것이다. 중고기 이래 각 관부별로 장관 명의의 교·령이 생산되었고 이것이 진덕왕 때 중국의 격·식 체제를 수용하면서 관부별 격으로 취합되었던 것이다.

삼국시기에 율령이 다시 반포되지 않은 것이 이러한 사정과 관련되었으리라 여겨진다. 중고기를 거치면서 한편에서 교·령이 축적되고 판례화 과정이 반복되면 이 가운데 일부가 율령에 추가되고 기성 조항을 수정, 보완하는 방식으로 반영되었다. 그러다가 7세기 중엽 이후 당나라로부터 격·식의 형식을 새로이 받아들여서 그동안 축적된 교와 령의 일부를 격·식으로 분류하여 재정리했다고 보인다. 당제가 직접 도입된 분야에서는 율령 내용상에 커다란 변화가 있었겠지만, 여타 부분은 법흥왕대 율령의 확충·정비라는 맥락에서 이해될 수 있다고 본다.

신라 율령이 잦은 제·개정 작업을 거치지 않은 원인은, 신라의 법체계가 신정법에서 소국법으로, 그리고 다시 교령법으로 성장한 과정을 전제로 하여 율령이 반포되었고, 율령법이 시행된 뒤에도 앞서 시행된 법제가 기층에서 존속하여 정치·사회에서 작동하던 신라 법제사의 전통과 특징에서 찾아야 한다.

제5장

〈집안 고구려비〉에 나타난
수묘법守墓法의 제정과 포고

선학의 연구를 통해서 고구려 율령의 대략적인 내용과, 그것이 고구려의 전통적인 고유법과 진晉의 《태시율령》의 결합으로 성립되었음을 추정할 수 있게 되었다. 그러나 고구려 자체의 관련 자료가 영성하여 그 율령에 대한 접근은 근본적인 한계를 안고 있었다. 2012년에 중국의 집안시 마선향에서 수묘제와 관련된 〈집안비〉의[2] 내용분석을 통해서 이러한 문제점은 어느 정도 해소될 수 있다고 본다. 고구려 율령의 내용과 변화 양상을 좀 더 구체적으로 파악할 수 있게 된 것이다.

　　여기서는 율령의 편목 가운데 수묘법守墓法이[3] 성립되는 과정과 수묘제 관련 규정을 신민臣民에게 공포하는 방식을 검토하고자 한다. 〈집안비〉에 관해서는 조사기관의 상세한 보고가 있었고 여러 학자들이 집중적으로 판독과 해석을 시도함으로써 기본적인 이해가 가능해진 상태이다. 비문 내용의 핵심이라 할 수 있는 수묘제에 관해서도 전론이 이뤄

1 盧重國, 1979, 〈高句麗律令에 關한 一試論〉, 《東方學志》 21.
2 集安市博物館 編, 2013, 《集安高句麗碑》, 吉林大學出版社; 張福有 編, 2014, 《集安麻線高句麗碑》, 文物出版社.
3 수묘'법'은 수묘제도의 내용을 정한 법규를 가리킨다. 〈집안비〉에는 이 규정의 제정을 '定律'이라고 했으나 律은 엄밀히 따지면 형률을 가리키므로 정률이 정확한 용어는 아니다. 어떤 법제를 정했다는 일반적인 표현이라 할 수 있다. 〈울진 봉평비〉의 '奴人法', 〈단양 적성비〉의 '佃舍法'이라는 용례는 신라가 율령에 들어 있는 어떤 편목을 '某法'이라고 칭한 사실을 보여 준다. 4세기 중엽 이래 신라의 문물이 고구려로부터 강력한 영향을 받았음을 감안하면 역으로 고구려의 수묘에 관한 법 규정이 守墓'律'보다는 守墓'法'이라고 불렸을 가능성이 크다고 판단된다. 이렇게 본다면, 〈능비〉에 나오는 "慮其不知法則"은 "(新來韓穢 출신 수묘인이) 法(율령의 편목인 수묘법)의 則(條文 혹은 하위 규정)을 알지 못할까 염려하여"라고 해석할 수 있다.

진 바 있다.⁴ 그러나 수묘제의 변천 양상과 수묘법의 제정 경위에 대해서는 좀 더 읽어낼 수 있는 부분이 있다고 생각된다.

특히 〈집안비〉 전체의 내용 구성과 서술방식을 주목하고자 한다. 아래에서 상술하듯이 필자는 찬자가 비문을 시간의 흐름 순서에 따라 서술했다고 본다. 전체적으로 보면 추모왕으로부터 광개토왕까지의 역사적 추이에 따라 수묘제의 시행과 변천 과정을 기록했다는 것이다. 이와 같은 이해를 따른다면 〈집안비〉에 나타난 수묘제의 포고 방식에 대해서 새롭게 해석할 수 있는 여지가 생긴다.

비문의 전반부에 고구려 정부가 수묘인의 쇄잔에 대처하여 "수묘자를 …하여 새겼다〔□□守墓者 以銘〕."는 기록이 있다. 기왕의 연구는 대부분 이 대책을 광개토왕의 묘상입비墓上立碑를 가리킨다고 이해했다. 〈능비〉에 광개토왕이 처음으로 "묘 주위에 비를 세우고 수묘인을 기록하여 그의 차착差錯을 막았다."고 씌어 있기 때문이다.

그런데 광개토왕의 이 조치는 〈집안비〉의 서술 순서에 따라서 비문의 마지막 부분에 구체적으로 제시되어 있다. 따라서 여기서는 전반부의 "□□守墓者 以銘"의 구절을 기존 연구와 달리 1차 수묘비 건립으로 이해하고 광개토왕 때의 2차 수묘비와 구분하고자 한다. 이에 대해서도 유사한 지적이 있었으나⁵ 1·2차 수묘비의 차이에 대해서는 천착이 이뤄지지 못했다. 이를 통해서 수묘인의 처지가 열악해지는 상황에 맞서 고구려 조정이 수묘인을 통제하고 차출하는 방식을 변화시켜 나가는 양

---

4 조법종, 2013, 〈집안 고구려비를 통해 본 고구려비의 특성과 수묘제〉,《신발견 고구려비의 예비적 검토》, 고구려발해학회; 李成制, 2013, 〈〈集安 高句麗碑〉로 본 守墓制〉,《韓國古代史研究》70; 임기환, 2014, 〈집안고구려비와 광개토왕비를 통해 본 고구려 守墓制의 변천〉,《韓國史學報》54; 기경량, 2014, 〈집안고구려비의 성격과 고구려의 수묘제 개편〉,《韓國古代史研究》76.

5 이를 포함하여 관련 논고에 대해서는 이하 내용을 서술하면서 언급할 것이다.

상을 파악하고자 한다.

　현재 〈집안비〉에 대한 근접 조사가 어렵고 국내에서는 탁본조차 보고서에 인쇄되어 있는 것을 간접적으로 이용할 수밖에 없는 실정이다. 때문에 제시한 판독안이 불안정하고, 이를 기초로 하여 비문을 분석하는 작업 역시 근본적인 한계를 안고 있다. 다만 이러한 시도가 고구려 율령의 성립 기반과 확충 과정의 일면을 밝히는 데 보탬이 된다면 다행이겠다.

1. 비문의 구성과 서술방식

　〈집안비〉에 대한 그간의 판독과 해석을 기초로 하여 필자의 의견을 개진해 보겠다. 우선 비석이 깨져서 비문이 결락된 부분을 분명히 할 필요가 있다. 종래 3행의 3자(이하 3-3 방식으로 표기)와 4-1이 결락되었다고 본 견해가 있었으나 각기 우상부右上部가 일부 손상되었을 뿐 자흔字痕의 대부분을 확인할 수 있다. 최근 발간된《집안마선고구려비集安麻線高句麗碑》에 비문 탁본에 격자格子를 댄 도면이 실려 있어 이를 분명히 알 수 있게 되었다. 3-3은 판독할 수 없으나 4-1은 그 앞 글자가 烟이므로 '戸'로 추독하고자 한다.

　2-13은 많은 학자들이 '蔽'로 읽었으나 윗부분의 ++를 인정할 수 없다. 북위의 묘지명 자료를 이용하여 '假'자로 보는 견해를[6] 따르고자 한다.

　5-18은 寧 또는 武라는 견해가 있었다. 탁본상의 자형은 '亡'으로 보

6　徐建新, 2013, 〈中國新出"集安高句麗碑"試析〉,《東北史地》3, 20쪽.

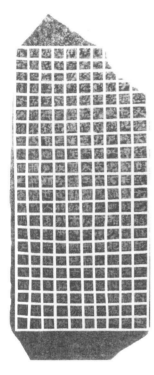

사진 10. 〈집안 고구려비〉의 글자 배치
(張福有 編, 2014, 《集安麻線高句麗碑》, 文物
出版社, 7쪽)

인다. 윗머리 부분이 '宀'으로도 보이지만 원래 획인지 나중에 패인 자
국인지 구분이 어렵고, 9-18의 亦의 윗머리도 비슷한 모양이어서 '亠'로
볼 수 있다고 생각된다. 亡으로 읽게 되면 좌우의 글자에 견주어 위쪽
으로 치우쳐 새겨졌다는 문제가 생기지만 5-9의 上, 5-11의 王도 같은
현상을 보인다. 근접 관찰이 필요하지만 치우침은 비면의 상태에 따라
불가피하게 나타난 현상일 수 있다. 글자의 아래쪽에 자흔이 있다고 하
므로[7] '忘' '妄' '衰'의 가능성이 있으나 일단 亡으로 잠정해 둔다.[8]

---

7 張福有 編, 2014, 앞의 책, 64쪽.

8 徐德源, 2013, 〈新發現集安高句麗碑銘文主人公及部分銘文釋讀之我見〉, 《高句麗與東北民
  族研究》 1, 吉林大學出版社, 7쪽은 이 글자를 '亡'으로 읽고 고국원왕의 敗死를 높여

표 8. 〈집안 고구려비〉 앞면의 판독안

10	9	8	7	6	5	4	3	2	1	
〔賣〕	〔守〕	□	□	〔祠〕	□	〔戶〕	×	×	×	1
□	墓	□	□	□	□	□	×	×	×	2
〔若〕	之	□	□	□	□	□	□	×	×	3
〔違〕	民	□	□	□	□	□	□	子	×	4
令	〔不〕	〔立〕	□	□	□	烟	各	河	世	5
者	得	碑	□	□	□	戶	〔家〕	伯	必	6
後	〔擅〕	銘	〔王〕	追	〔國〕	□	烟	之	授	7
世	買	其	日	〔述〕	罡	□	戶	孫	天	8
□	更	烟	自	先	上	□	以	神	道	9
嗣	相	戶	戊	聖	太	□	□	〔靈〕	自	10
〔之〕	〔轉〕	頭	〔子〕	〔功〕	王	〔富〕	河	□	承	11
□	賣	廿	定	勳		□	流	□	元	12
看	〔雖〕	人	〔律〕	〔彌〕	〔平〕	□	四	〔假〕	王	13
其	富	名	教	高	□	轉	時	〔陰〕	始	14
碑	足	〔數〕	〔內〕	〔然〕	〔太〕	賣	祭	〔開〕	祖	15
文	之	示	發	烈	王	□	祀	國	鄒	16
与	者	後	令	繼	神	□	然	辥	牟	17
其	亦	世	〔更〕	古	〔亡〕	〔守〕	而	土	王	18
罪	不	自	〔修〕	人	□	墓	〔世〕	繼	之	19
過	得	今	復	之	〔興〕	者	〔悠〕	胤	創	20
	其	以	各	慷	東	以	長	相	基	21
	買	後	於	慨	西	銘	烟	承	也	22

*범례 : ×은 비석이 깨져서 볼 수 없는 글자, □은 판독 불명자, 〔 〕은 추정자를 표시함.

6-1은 廟, 卝 등으로 보는 의견이 있었다. 여기서는 왼편 획이 ネ이라고 판단되어 '祠'로 읽고자 한다. 아래 부분의 획이 마치 '一'처럼 연결되어 보이지만 이것은 6-2 글자의 상단부라고 생각된다. 그러나 난점이 있다. 1-15의 祖, 3-16의 祀는 좌변이 분명치 않지만 5-17의 神은 좌변을 'ネ'가 아니라 '示'형으로 써서 祠자의 좌변과 차이가 있다. 그리고 祠의 오른편 司 부분의 바깥쪽에 보이는 가로획이 이 글자의 일부인

서 '神亡'으로 표현했다고 보았다.

지, 아니면 5-1의 일부인지 판단하기 어렵다. 하지만 자형상으로 祠에 가장 가깝다고 판단된다.

6-11은 '功'자 밑에 '灬'이 확인된다. 이러한 글자는 없으나 뒤에 나오는 勳을 감안하면 功의 이체자로 볼 수 있겠다. 6-13은 '彌'인데 우방의 '爾'를 약자인 '尒' 형태로 썼다. 6-17 '繼'의 우방과 10-17 '與'는 약자인 '与'를 이용했다. 그리고 8-15는 그동안 미상자 혹은 '以'라고 판독되었으나 '數'자로 보이며, 이를 앞의 名자와 연결하면 호적을 의미하는 '名數'가 된다.[9]

이상의 내용을 표로 정리해 보면 〈표 8〉과 같다. 그리고 다음과 같이 단락을 짓고 끊어 읽을 수 있다.

A. □□□□世 必授天道 自承元王 始祖鄒牟王之創基也
   □□□子 河伯之孫 神靈□□假蔭 開國辟土 繼胤相承

B. □□□□ 各墓烟戶 以□河流 四時祭祀 然而世悠長 烟
   戶□□□烟戶□□□□ 富□□轉賣 □□守墓者 以銘

C. □□□□□王 國罡上太王 □平□太王 神亡 □與東西
   祠□□□□□ 追述先聖功勳 彌高然烈 繼古人之慷慨

D. □□□□□□王曰 自戊子定律 教內發令 更修復 各於
   □□□□立碑 銘其烟戶頭廿人名數 示後世 自今以後
   守墓之民 不得擅買 更相轉賣 雖富足之者 亦不得其買
   賣 □若違令者 後世□嗣之 □看其碑文 与其罪過

이에 대한 해석의 시안은 아래와 같다.

---

9 李成市, 2019, 〈集安高句麗碑から見た廣開土王碑の立碑目的〉, 《古代東アジアの文字文化と社會》, 臨川書店.

A. ······ 때에 천도天道를 내려 받고[10] 스스로 원왕元王을 이었으니 시조 추모왕이 창업한 땅이다. (추모왕은) ······의 아들이고 하백의 손자로서, 신령이 ······ 하고 빌려 보호하여 나라를 열고 땅을 개척했다. 후계자가 서로 이어 ······

B. ······ 각 무덤의 연호烟戶는 ··· 하류河流로써 사시四時에 제사를 지냈다. 그러나 긴 세월이 흘러 연호가 ······ 하고 연호가 ······ 했다. 부유한 ···는 (이들을) 전매했다. (이 때문에) 수묘자를 ··· 하여 새겨 ······

C. ··· 했다. □□□□王, 國罡上太王, □平□太王의 신령이 훼손되니, 동서의 사祠에 수레를 ··· 하고 ······ 했다. (이로 말미암아) 선왕의 공훈이 점차 높아지고 경사로워[休] 뜨거워짐을 좇아 기리고 옛 사람의 강개慷慨를 이어받아

D. ······ 했다. □□□□王이 이르시길, "무자년에 수묘법守墓法을 정한 이래로 권역 내에 교를 내리고 령을 발하여 (훼손된 왕릉을) 다시 수복했다. (그러므로) 각 (무덤의) 주변에 비석을 세우고 연호의 우두머리 20인의 내역[名數]을 새겨 후세에 보이도록 한다. 이제부터는 수묘하는 백성을 함부로 사거나 다시 서로 돌려 팔 수 없다. 비록 부유한 자라고 할지라도 또한 (그들을) 매매할 수 없다. 만약 이 령을 어긴 자는 후세에 (수묘역守墓役을) 잇도록 하고, 그 비문을 ··· 하고 보아서 그 죄과를 부여한다."고 하셨다.

비석의 뒷면은 판독이 거의 불가능하다. 그러나 자흔이 드문드문 보여 원래 비문이 있었음은 분명하다. 특히 우려군于麗群의 탁본을 보면[11] 중앙부의 한 행에 '合'과 '人'(六 또는 八도 가능)의 자형이 확인된다. 이 행과 그 뒤에 나오는 행의 일부를 판독한 시안은[12] 다음과 같다.

---

10 授는 受와 가차하여 쓰며 '접수하다'는 뜻이라고 한다(徐建新, 2013, 앞의 논문, 19쪽).
11 張福有 編, 2014, 앞의 책, 376쪽.
12 위의 책, 370~377쪽.

□□國烟□守墓烟戶合卄家石工四烟戶頭六人

國　六人

　탁본상으로는 위의 판독문을 확인하기 어렵지만, 어떤 연호의 인원에 관한 내용이 포함되어 있다고 볼 수 있다.[13] 그 연호의 임무는 비문의 앞면에 언급된 수묘역이었을 것이다. 따라서 뒷면에 적힌 인원은, 각 무덤당 수묘인의 명단을 새기라는 조치에 따라 기록되었을 가능성이 크다.

　다시 앞면으로 돌아가 보면, 편의상 네 개의 단락으로 나누었지만 각 단락의 시작 부분에 불명확한 글자가 많아서 단락의 경계를 짓기는 어렵다. 그러나 네 단락의 주제는 비교적 분명히 구분이 된다. 곧 A. 고구려의 건국과 왕통 계승 B. 수묘제의 실시 및 변화와 이에 대한 대책 C. 왕릉의 훼손과 이에 대한 대책 및 효과 D. 어떤 왕의 교언敎言이라고 정리할 수 있다.

　앞면의 서술 순서는 시간의 흐름에 따라 이뤄졌다고 보인다. 왕통의 계승관계는 원왕元王-시조 추모왕-계윤繼胤으로 구성되어 있다. '개국벽토'는 《삼국사기》에 전하는 송양국松讓國, 행인국荇人國 등에 대한 추모왕의 정복활동을, '계윤상승'은 능비의 추모왕-유류왕儒留王-대주류왕大朱留王으로 이어지는 왕위 계승을 가리킨다.[14] 〈능비〉에는 이에 이어서 바로 광개토왕의 즉위가 서술된다. 그러나 〈집안비〉에는 "□□□□ 各墓

13　비석 뒷면의 왼쪽 편에 인공으로 쪼아냈으나 필획의 흔적이 보여 烟戶頭의 이름일 가능성이 있고, 자손에게 수묘역이 이어지는 것을 막기 위해 지우려 했을지 모른다는 지적이(耿鐵華·董峰, 2013, 〈新發現的集安高句麗碑初步研究〉, 《社會科學戰線》 215, 10쪽) 있다. 徐建新, 2013, 앞의 글, 19쪽 역시 뒷면의 훼손이 이러한 의도 때문에 생겼으리라고 파악했다.

14　耿鐵華·董峰, 위의 논문, 5쪽.

烟户 以□河流 四時祭祀"라 하여 수묘인의 임무와 활동이 언급되고 있다. 앞서 3장에서 살펴보았듯이 고구려에서 왕릉을 비롯한 주요 무덤을 수묘토록 한 제도는 늦어도 2세기 후반에는 시행되었다. 따라서 위의 수묘 관련 내용은 광개토왕 치세보다 앞선 시기의 사실을 기록한 것이다. 이후 수묘인의 쇠퇴현상을 기록한 것도 수묘제의 변화를 시간에 따라 서술한 결과이다.

C에 "□□□□王 國罡上太王 □平□太王"의 3대에 걸친 사실이 기록된 다음 D에 □□□□王이 등장한다. 이 왕의 말씀이 D 단락의 내용인데, 그 가운데 "各於□□□□立碑 銘其烟戶頭廿人名〔數〕示後世"는 〈능비〉의 "唯國罡上廣開土境好太王 盡爲祖先王 墓上立碑 銘其烟戶 不令差錯" 부분에 해당한다. 〈능비〉에서 이 조치를 취한 왕은 광개토왕으로 나오므로 〈집안비〉 D의 □□□□왕은 바로 광개토왕이라고 생각된다. 더불어 〈능비〉의 "又制守墓人 自今以後 不得更相轉賣 雖有富足之者 亦不得擅買 其有違令 賣者刑之 買人制令守墓之"라고 한 부분에서 이 명령을 내린 주체가 광개토왕인지 장수왕인지를 놓고 논란이 있었으나, 같은 내용이 〈집안비〉에 "自今以後 守墓之民 不得擅買 更相轉賣 雖富足之者 亦不得其買賣 □若違令者 後世□嗣之 □看其碑文 与其罪過"라 하여 □□□□王의 교언 속에 나오므로 수묘제 위반자에 대한 처벌 규정을 광개토왕이 정했음을 알 수 있게 되었다.

비문의 앞면을 전체적으로 보면, '원왕元王 이전 – 추모왕 – 역대왕 – 광개토왕'에 이르는 역사적 추이에 따라 고구려 왕권의 기원과 건국 및 발전, 그리고 수묘제의 시행과 변천 과정 및 그 위반자에 대한 처벌까지를 기록했다고 이해된다.[15] 그렇다고 하여 광개토왕 때까지의

---

[15] 임기환, 2014, 〈집안고구려비와 광개토왕비를 통해 본 고구려 守墓制의 변천〉, 《韓國史學報》 54, 101쪽도 〈집안비〉의 내용이 역사적 시간순서에 따라 서술되었다고 이해했다.

고구려 역사 전반을 간략히 정리한 약사略史의 성격은 아니다. B·C·D에 걸쳐서 제사, 연호烟戸, 수묘, 신망神亡, 추술追述 등이 언급되었으므로 비문의 중심 내용은 수묘제도이다. 특히 D의 왕왈王曰 부분이 가장 분량이 많고 구체적인 내용이 언급되었으므로 수묘인의 명단과 위반자에 대한 처벌이 〈집안비〉가 전달하려는 핵심사항의 하나라고 짐작된다. A의 건국담은 비석 건립 당시에 공식화된 일종의 상투구이면서, 동시에 수묘의 대상이 신성한 시조까지 미칠 정도로 수묘역이 중요한 임무임을 강조하기 위한 장치라고 생각된다. 결국 〈집안비〉의 건립 목적은 수묘제의 의의와 성립 과정, 현행 수묘제도의 내용과 관련 법규를 적고, 다른 면에 해당 수묘인의 명단을 기재하여 비석 주변에 거주하던 수묘인과 유력자를 포함한 주민에게 알리기 위해서였다. 따라서 신민臣民에 대한 포고문이면서 역임役任 대상자의 명단을 기록한 역역 수취문서로서의 기능과 성격을 함께 갖고 있었다.

2. 수묘법의 제정과 율령 추보

1) 교·령에 의한 수묘제의 성립

고구려는 소수림왕 3년(373)에 율령을 반포했다.[16] 율령은 인민과 토지를 일원적으로 지배하기 위한 형률과 제반의 통치제도를 규정한 것이다. 따라서 역대의 왕릉과 큰 공을 세운 인물의 무덤을 수호하는 수

---

16 《三國史記》 卷18, 高句麗本紀6 小獸林王 3年 "始頒律令"

묘에 관한 조항이 소수림왕대 반포된 율령에 포함되어 있었으리라고
보아 왔다. 〈능비〉에 기록되어 있는 수묘인연호守墓人烟戶의 내역과 수
묘인을 매매할 때 가해지는 처벌에 관한 규정이 기본적으로는 이때 제
정된 율령에 근거했을 것이라는 이해이다.

그런데 〈집안비〉의 7행을 보면, '戊□'년에 수묘에 관한 법제를 '定律'
했다고 한다. 판독에 차이가 있지만 무자년戊子年(388)이든[17] 무오년戊午
年이든[18] 그해는 모두 소수림왕이 율령을 반포하고 난 뒷시기에 해당한
다. 즉 373년에 반포된 율령에는 수묘제에 관한 규정이 없었다고 여겨
지는 것이다. 율령을 반포한 뒤에 새로운 법제를 추가로 제정한 것을
'정률'이라고 표현한 점은, 반포된 율령이 그 자체 완결된 것이 아니었
고 고구려의 왕권에 의해서 새로운 법률이 지속적으로 이 율령에 추보
追補되어 갔음을 시사한다.

그렇다면 '정률'하기 전에는 수묘가 이뤄지지 않은 것인가?

> 가을 9월에 국상 명림답부가 죽었다. 나이가 113세였다. 왕이 몸소 임하여
> 애통해 하며 정사를 7일 동안 멈췄다. 예의를 갖춰 질산質山에 장사 지내고 수
> 묘 20가를 두었다.
>
> (《삼국사기》 권16, 고구려본기4 신대왕 15년)

자료상으로 확인할 수 있는 것으로서는 위의 신대왕 15년(179) 사례
가 고구려에서 왕명으로 수묘가 이뤄진 최초의 것이다. 추정컨대 그전
부터 왕릉과 같은 고급무덤에 대해서는 어떤 방식으로든 보존과 관리
가 이뤄졌을 것이다. 명림답부는 신대왕의 즉위와 한군漢軍을 격퇴하는

---

17 여호규, 2013, 〈신발견 《集安高句麗碑》의 구성과 내용 고찰〉, 《韓國古代史研究》 70,
83쪽.

18 尹龍九, 2013, 〈集安 高句麗碑의 拓本과 判讀〉, 《韓國古代史研究》 70, 42쪽.

데 큰 공을 세웠으므로 그전에 왕릉에서 시행되던 수묘 방식을 그에게 적용시켜 준 것이다.

〈집안비〉에 수묘 활동에 관한 언급이 보인다. 3행을 보면 "…… 각 무덤의 연호烟戶는 … 하류로써 사시에 제사를 지냈다."고 했다. 수묘인은 하천의 물로써 혹은 물가에서 일 년에 네 번 제사를 지냈다. 마선 626호묘 동측 제대祭臺, 임강묘 동측 제대, 우산2110호묘 제사 관련 석대石臺, 천추총千秋塚 부근 제사건축지, 태왕릉 동측 제대, 장군총 제대 등 집안 지역의 대형무덤 부근에서 제사유적이 발견된 바 있다.[19] 제사의 형태는 알 수 없으나 수묘인이 봉행한 묘제와 관련된 유구일 것이다. 더욱이 〈집안비〉 서두에 원왕과 시조 추모왕, 그리고 그 후대 왕의 계승을 언급한 점을 고려하면 율령이 반포되기 전에 이미 왕릉 수묘가 시작되었음은 분명하다.

명림답부의 무덤에 대한 수묘 기사에 명시되어 있지는 않지만, 신대왕이 7일 동안 정사를 보지 않을 정도로 명림답부의 죽음을 애도했으므로 그 추모사업의 일환으로 국왕의 교·령에 따라 수묘가 이뤄졌다고 보인다. 수묘제의 기원을 더 소급해 보면, 청동기시대 이래의 지역 정치체 수장 무덤에 대한 보호의 습속에서 비롯되었을 것이다. 이것이 관행적으로 시행되어 오다가 2세기 중엽 이후에 교·령으로써 제도화·성문화되었다고 보인다.[20] 율령법이 시행되기 전에 이미 국가 차원의 왕릉 수묘제도가 있었다는 것을 《삼국사기》 명림답부전뿐 아니라 동시기의 금석문에서 확인할 수 있게 되었다는 점이 〈집안비〉 발견의 학술적 의의 가운데 하나이다.

---

19 吉林省文物考古研究所·集安市博物館 編, 2004, 《集安高句麗王陵》, 文物出版社.

20 고구려에서 敎令制는 중국으로부터 수용되어 2세기 중엽 무렵에 성립되었다(이 책의 3장 2절 참조).

고구려 초기부터 시행되던 수묘제는 몇 차례 변동을 겪으면서 발전했다. 〈집안비〉의 3~4행에 따르면, "긴 세월이 흘러 연호가 …… 하고 연호가 …… 했다. 부유한 …는 (이들을) 轉賣했다."고 한다. 이는 〈능비〉에도 언급된 수묘인의 이열화羸劣化 현상인데 언제 처음 나타났는지 분명치 않지만, 〈집안비〉의 기록에 따르면 수묘제가 성립된 이후 꽤 시간이 지난 다음부터 현저해지기 시작하여 광개토왕은 '입비立碑'하고 수묘인의 매매를 금지하기에 이르렀다.

주목되는 것은, 수묘인의 쇠잔에 대처하여 고구려 정부가 "수묘자를 … 하여 새겨 …… 했다."는 4행 말미부터 5행 초두의 기록이다. 그런데 7~8행에 "各於□□□□立碑 銘其烟户頭廿人名數"라고 하여 비슷한 내용이 다시 나온다. 비문의 분량이 많지 않은데 과연 같은 내용을 반복했을지 의문이 든다. 만약 반복된 것이라면 중간에 끼어 있는 5~6행, 곧 C 단락이 B와 어떻게 연결되는지, 그리고 전체 서술에서 C가 어떤 위치를 차지하는지 이해가 어려워진다. 앞서 파악한 대로 비문의 내용이 시간순서에 따라 구성되었다는 점을 감안하면 B에서 수묘자를 새겼다는 것은, 광개토왕대보다 앞서 발생한 사실이라고 보는 것이 순리이다. 이를 1차 수묘비라고 부르고자 한다.[21]

그렇다면 광개토왕 전에 수묘자를 새기도록 한 때는 언제이고 그 내용은 무엇이었을까? 〈능비〉에 따르면, 왕릉별 수묘인의 내역을 비석에 새겨 각 왕릉에 세우도록 한 것은 광개토왕이 처음 시행한 정책이었다. 그렇다면 그전에 수묘인을 기록한 것은 묘상입비墓上立碑와는 다른 형

---

21 임기환, 2014, 앞의 논문, 104~106쪽 역시 양자를 구분하여 이해했다. 한편, 武田幸男, 2013, 〈集安·高句麗二碑の研究に寄せて〉, 《プロジェクト研究》 9, 早稻田大學 總合研究機構는 비문 전반부와 후반부의 비석 건립을 구분하여 파악했으나, 〈집안비〉가 장수왕대에 만들어졌다고 보아 전반부의 것을 광개토왕, 후반부의 것을 장수왕 때 건립되었다고 했으므로 필자와 견해가 다르다.

태였을 것이다. "□□守墓者 以銘"이라고 했으므로 석비에 수묘자에 관한 사항을 새겨 넣은 것은 분명하다. 광개토왕의 조치와 비교하면 이때의 수묘비는 각 왕릉별로 수묘인을 기록하여 세운 것이 아니고, 기존에 왕릉을 수묘하고 있던 인원 전체를 하나의 비석에 새긴 것으로 추정된다.

이 구절의 불명자를 각각 '數' '衆'으로 판독하고 "轉賣數衆 守墓者 以銘"으로 끊어 읽은 견해가 있다.[22] 이 판독을 인정하되 "富□□轉賣 數衆 守墓者 以銘"으로 끊어 보면 "부유한 …… 전매하니 뭇 수묘자들을 헤아려[數] 새겼다."라고 해석할 수 있다. 이렇게 되면 광개토왕 때의 수묘비가 각 왕릉의 해당 수묘인이 기록되어 왕릉마다 세워진 것과 달리, 1차 수묘비는 기왕의 모든 수묘자를 하나의 비석에 새겨 어딘가에 세웠다고 볼 수 있어서 양자의 차이가 명확해진다.[23]

1차 수묘비가 건립된 시기는 〈집안비〉를 제외하고 관련 기록을 찾을 수 없으므로 추정이 어렵다. 다만 교·령에 따라 수묘가 제도화된 2세기 중엽으로부터 광개토왕 즉위 전까지의 기간 중에서 찾아보면 고구려에서 집권체제가 수립되는 3세기 후반~4세기 초가 가능성이 높지 않을까한다. 특히 동천왕 20년(246)에 위魏 관구검毌丘儉이 침입하여 왕성을

---

22 尹龍九, 2013, 앞의 논문, 45쪽.

23 강진원, 2016, 〈고구려 守墓碑 건립의 연혁과 배경〉, 《韓國古代史硏究》 83, 205~206 쪽은 1차 수묘비에 왕릉당 20가씩의 수묘인을 모두 수록하면 수백 인이 되므로 현실성이 낮다고 비판하고, '守墓者'를 '수묘하는 것'이라고 해석하여 후대에 비해 효율성이 떨어지는 내용을 담았을 것이라고 이해했다. 하지만 "富□□轉賣 數衆守墓者 以銘" 부분의 판독과 해석이 확정적이지 않으나 이 문맥에서 '守墓者'를 '수묘하는 것'이라고 막연하게 해석하기는 어렵다. 그리고 1차 수묘비에 수묘인의 가호를 모두 적었을지, 〈능비〉처럼 지역별 차출자 수만 적고 세부내역은 다른 문서에 기록했을지 알수 없다. 또한 1차 수묘비 역시 수묘인 매매, 수묘역 기피 등이 발생하면서 관련자들이 훼손했을 가능성이 있으며, 광개토왕대에 왕릉별로 2차 수묘비를 건립하면서 1차 수묘비에 변동이 가해졌을 수 있다.

함락시켰을 때 주변의 왕릉이 파괴되고 수묘인이 이산되는 등 기존의 수묘체제가 혼란에 빠졌을 터이고, 이것이 1차 수묘비가 건립되는 배경에 자리 잡고 있었다고 보인다.

이러한 형식의 수묘비라면 당시에 수묘역을 지고 있는 전체 인원은 파악할 수 있으나 어느 왕릉을 담당하고 있는지가 드러나지 않아서, 수묘인이 몰락하거나 도망치면 그 신원을 확인하고 행방을 찾기가 어렵다. 〈능비〉의 지적처럼 "守墓人烟戶의 差錯"이 나타날 수 있다. 시간이 지나 수묘인의 세대가 바뀌면 그 계승자를 확인하기는 더 어려워진다. 수묘인이 매매되는 경우 원래 어느 왕릉에 배속되어 있었는지 확인할 수 없으므로 추적이 어렵다. 이 때문에 1차 수묘비의 건립은 기대한 만큼 실효를 거두지 못했다고 생각된다. 그래서 〈집안비〉 5행에 나오듯이 몇 명의 국왕의 신령이 훼손되기에〔神亡〕 이르렀다.

2) 율령의 제정과 수묘법 추보

5행에 3명의 왕명이 연칭되었는데 그 가운데 '國岡上太王'은 고국원왕일 것으로 보인다.[24] 그 앞뒤의 왕에 대해서는 의견이 엇갈린다. 〈집안비〉의 서술이 역사적 시간순서에 따랐다는 이해에 서면 이들은 각각 미천왕 – 고국원왕 – 소수림왕이라고 생각된다. 미천왕릉은 고국원왕 12년(342)에 전연前燕 모용황慕容皝의 침공으로 시신이 탈취당했고, 고국원왕은 371년에 백제군에게 패사했다. 마지막 왕을 고국양왕이라 볼 수도 있으나, 이어지는 문장에 나오는 '동서사東西祠'가 고국양왕이 수리했다는 종묘시설을[25] 가리킨다고 보이므로 그에 앞서 사거한 왕은 소수림왕

---

24 濱田耕策, 1986, 〈高句麗廣開土王陵墓比定論の再檢討〉, 《朝鮮學報》 119·120; 武田幸男, 1989, 〈牟頭婁一族と高句麗王權〉, 《高句麗史と東アジア》, 岩波書店.

이 된다. 비명에 사거하거나 왕릉이 손상된 것을 '신망神亡'이라고 표현했다고 보인다.

> 궁실을 잘 지으니 거소의 좌우에 큰 집을 짓고 귀신을 제사하며 또한 영성靈星과 사직을 제사한다. …… 연(소)노부가 원래 국주國主였다. 지금은 비록 왕이 아니지만 그 적통대인適統大人은 고추가를 칭하고 종묘를 세울 수 있으며 영성, 사직을 제사 지낸다.
>
> (《삼국지》 권30, 위서30 오환선비동이전30 고구려)

3세기 전반의 상황을 전하는 위 기록에서 소노부 역시 계루부처럼 종묘를 갖고 있었다고 하므로 문두에 나오는 '좌우대옥左右大屋'은 계루부 지역에 있던 고구려 국가의 종묘시설을 가리킨다. 종묘가 역대 왕에 대한 제사시설이므로 그것이 처음 설치된 시기는 왕릉에 대한 수묘제의 실시와 연동되어 있었으리라 본다. 수묘제가 성립된 2세기 중엽 무렵이 고구려에서 국가 차원의 종묘가 설립된 시기로서 유력하다.

따라서 5·6행의 '동서사東西祠'는 바로 왕궁 좌우에 있던 종묘이며, 그 문장은 앞뒤의 불명자 때문에 의미를 알 수 없지만 391년에 고국양왕이 종묘를 수리한 사실을 가리킨다고 보인다.[26] 설립된 지 오래된 종묘를 이때 개수한 이유는, 앞서 지적했듯이 선왕의 왕릉이 훼손된 것과 관련이 있을 것이다.

고국양왕은 선왕에 대한 추숭 사업을 두 가지 방향으로 추진했다고 생각된다. 하나는 종묘를 수리하여 역대 왕에 대한 제사체계를 정비한

---

25 《三國史記》 卷18, 高句麗本紀6 故國壤王 9年 "三月 下敎 崇信佛法求福 命有司 立 國社 修宗廟"

26 여호규, 2013, 앞의 논문, 92쪽은 6-5·6자를 '世室'이라고 판독하고 종묘를 지칭한다고 보았다.

것이다. 〈집안비〉에 따르면, 이로써 "선왕의 공훈이 점차 높아지고 경사로워 뜨거워짐을 좇아 기리고 옛사람의 강개를 이어받아 …… 했다."고 하므로 어느 정도 성과를 거두었다고 평가할 수 있다. 하지만 이 조치로써 종래 왕릉에서 지내던 묘제墓祭가 폐지되고 종묘제사로 일원화되었는지는[27] 속단할 수 없다. 〈능비〉는 "선대의 왕[祖王先王]이 원근의 구민舊民만을 징발하여 수묘쇄소守墓洒掃하게 했다."고 적었는데, 이 시기에는 고국양왕이 종묘제사를 정비한 이후가 포함되기 때문이다. '수묘쇄소'는 왕릉의 수호, 청소는 물론이고 왕의 신령에 대한 제사까지 포괄하는 개념이라고 보아야 한다. 따라서 고국양왕 8년(391)에 종묘를 수리한 이후 묘제 대신 종묘제사만 지냈다고 단정하기 어렵다. 묘제를 유지하되 종래 수묘인이 제사를 맡던 것을 국가가 주관하는 방식으로 바뀌었을 수 있다.

다른 하나의 정책은 수묘법을 제정한 것이다. 수묘법은 소수림왕이 반포한 율령에는 들어 있지 않았다. 율령이 반포된 373년은 계유년디지만 수묘법이 제정된[定律] 해는 '戊□年'이기 때문이다. '정률'은 고구려의 율령 반포를 전제로 한 것이므로 373년 이후의 戊□年을 찾아야 한다. 373년 이후 50년의 기간 동안 무자戊子는 고국양왕 5년(388), 무신戊申은 광개토왕 18년(408), 무오戊午는 장수왕 6년(418)이 있다. 탁본의 자형字形을 보아 무신설戊申說은[28] 가능성이 낮다.

무오가 맞는다면 418년에 수묘법이 정해졌고 〈집안비〉는 그 뒤에 세워진 것이 된다. 그런데 비문을 보면, "모년某年에 정률定律한 이래로 권역 안에 교를 내리고 령을 발하여 다시 수복했다."는 진술을 광개토왕으로 추정되는 □□□□王이[29] 말하고 있다. 〈집안비〉에 "각 (무덤의)

---

27 강진원, 2013, 〈고구려 陵園制의 쇠퇴와 그 배경〉, 《韓國文化》 63, 207~213쪽.

28 張福有, 2013, 〈集安麻線高句麗碑探綜〉, 《社會科學戰線》 5.

주변에 비석을 세우고 연호두 20인의 명수를 새기라."고 했는데, 〈능비〉
에서 확인되듯이 고구려 역사에서 처음으로 각 왕릉에 묘상입비를 실
시한 것은 광개토왕이었다. 그렇다면 수묘법을 정률한 해는 광개토왕대
이전이 되어야 하므로 장수왕 재위 기간인 418년이라고 보기 어렵다.
따라서 현존하는 자료에 의거하는 한 수묘법은 고국양왕이 제정했다고
판단된다. 그해는 고국양왕 5년(388)인 무자년이다.[30]

  고국양왕은 종묘를 수리하고 제사체계를 정비하는 한편으로 수묘법
을 만들어 기성의 율령을 추보했던 것이다. 이것은 한국 고대 율령의
증보과정을 보여 주는 사례로서 주목된다. 그런데 앞서 지적한 바와 같
이 수묘제는 율령 반포가 있기 전부터 시행되고 있었다. 373년에 율령
이 반포되고 나서 15년 뒤에 수묘제를 법제화한 수묘법이 율령에 추가
되었다는 것은, 388년에 이르기까지 실시되어 온 수묘제도와 이를 뒷받
침한 교령법이 가진 현실적 힘을 시사해 준다. 수묘제도가 수묘법으로
제정된 직접적인 계기는 수묘제가 제대로 시행되지 않고 있었기 때문
이다. 〈집안비〉에 따르면 고국양왕이 재위하고 있을 때 미천왕, 고국원
왕, 소수림왕의 왕릉이 훼손되거나 제사에 문제가 생긴 상태였다. 고국
양왕은 이러한 사태를 해결하려면 수묘제에 관한 규정을 정비하고 그
것을 율령의 편목으로 넣어야만 가능하다고 판단했을 것이다.

  이때의 수묘법 조항에는 종묘에 관한 내용은 없고 왕릉 수묘에 관한
내용으로 구성되었다고 생각된다. 종묘제는 국가의 기본을 이루는 것이
므로 그에 관한 법제가 소수림왕의 율령에 이미 들어가 있었다고 보는

---

29 尹龍九, 2013, 앞의 논문, 38~41쪽은 이를 '好太聖王'이라고 읽고 광개토왕이라고
  보았다.

30 集安市博物館 編, 2013, 앞의 책, 119~122쪽은 '戊□'가 戊子로서 고국양왕 때일
  가능성이 크고, 〈집안비〉는 광개토왕이 父王인 고국양왕을 위해 그 무덤인 천추총 부
  근에 세운 것으로 보았다.

것이 순리이다. 고국양왕이 종묘를 수리한 것을 "정률" 등으로 표현하지 않고 "□輿東西祠"라고 한 것은 여기서 말미암은 듯하다. 고국양왕이 제정한 수묘법의 내용으로서 수묘 대상 무덤의 범위, 수호와 청소의 방법, 훼손된 무덤의 복구, 수묘인의 차출과 수호할 무덤의 배당 원칙, 직무유기 시의 처벌, 수묘역의 승계, 다른 역역 부담과 수묘역의 관계 등을 상정할 수 있다.

광개토왕은 선왕의 수묘법을 법원法源으로 하여 구체적인 조치를 교·령〔敎內發令〕의 형식으로 내렸다. 그 교·령의 핵심내용은 훼손된 왕릉의 수축에 관한 것이었으리라 추정된다. 종묘의 수리와 제사 정비는 이미 고국양왕대에 이뤄졌기 때문이다. 광개토왕의 조치는 실효를 거두어 무엇인가를 "다시 수복했다〔更修復〕."고 한다. 수복한 대상은 무엇일까? 고국양왕의 종묘 수리는 이미 성과를 거두었으니 남은 것은 훼손된 왕릉과 수묘인의 쇠잔, 그리고 매매 문제였다. 이 가운데 수묘인의 문제는 '更修復'의 뒤에 이어지는 부분에 언급이 있으므로 결국 이때 광개토왕의 교·령으로 수복된 것은 훼손된 왕릉이라고 생각된다.

따라서 "왕왈王曰" 이하의 광개토왕의 진술은 두 부분으로 나누어 이해할 수 있다. 전자는 훼손된 왕릉을 수복했다는 것이었다. 2003년 천추총千秋塚에서 출토된 '영락'명'永樂'銘 기와가 바로 광개토왕이 이 왕릉을 수리할 때 사용되었을 것이라는 견해가[31] 참조된다. 이로써 고국양왕이 종묘제사 문제를 해결한 데 이어서 광개토왕은 왕릉 복구의 문제를 해결했다. 마지막으로 남은 것은 수묘인의 차착差錯과 몰락, 그리고 매

---

31 王飛峰, 2014, 〈關于集安高句麗碑的幾個問題〉, 《集安麻線高句麗碑》, 文物出版社, 354 ~360쪽. 한편 梁志龍·靳軍, 2013, 〈集安麻線高句麗碑試讀〉, 《東北史地》 6, 文物出版社, 24쪽은 고구려 와당에 대한 편년을 근거로 하여 천추총, 우산2112호묘, 태왕릉이 광개토왕과 장수왕대에 修築되었다고 하였다.

매 문제이다. 진술의 뒷부분은 바로 이를 해결하기 위해 광개토왕이 새롭게 지시한 교라고 여겨진다. 비문 서술의 논리 면에서 보면, 고국양왕의 수묘법과 광개토왕의 앞선 교·령에 의해서 그 시점까지 수복된 왕릉을 앞으로 본격적으로 보호하기 위한 적절한 수순이라고 할 수 있다.

뒷부분의 새로운 교가 내려진 시점은 분명하지 않다. 7행의 시작을 '정미년'이라고 판독하여 광개토왕 17년(407)으로 보는 견해가[32] 있으나 자형이 분명하지 않다. 지금으로서는 광개토왕이 수묘법에 의거하여 교령을 내리고 훼손된 왕릉을 수복한 이후라고 추측할 수 있을 뿐이다.

새로운 교의 내용을 살펴보자. 이 부분은 두 가지 내용으로 구성되었다. 첫째는 묘상입비이고, 둘째는 수묘인 매매의 금지와 처벌에 관한 것이다. 1차 수묘비가 전체 수묘인을 하나의 비석에 수록했던 것과 달리 이번에는 "各於□□□ 立碑"라고 하여 무덤별로 하나씩 수묘비를 세우고 각 수묘비에는 해당 수묘인만 적도록 한 것이 최대의 특징이다. 이를 2차 수묘비로 부르도록 하자.

'연호두烟戶頭'에 대해서는 호주인지[33] 아니면 능비의 국연國烟과 같은[34] 수묘의 조별 책임자인지[35] 이견이 있다. 이 문제는 연호烟戶 집단의 개념과 구성에 대한 검토가 필요하다고 본다. 4~5세기의 생산력 수준을 고려하면 당시에 일반적인 호가 가족 단위로 이뤄졌다고 보기 힘들다. 가족 성원이 다수이면 가능하나, 그렇지 않을 경우에는 같은 친족에 속한 다른 가족원, 용작인傭作人, 전호佃戶, 노비 등 다양한 성격의

---

32 여호규, 2013, 앞의 논문, 82쪽.
33 여호규, 2013, 앞의 논문, 94쪽.
34 耿鐵華, 2013, 〈중국 집안에서 출토된 고구려비의 진위(眞僞) 문제〉, 《韓國古代史研究》70, 265쪽.
35 정호섭, 2013, 〈集安 高句麗碑의 性格과 주변의 高句麗 古墳〉, 《韓國古代史研究》70, 118~127쪽.

예속인이 하나의 호에 복합되어 있었을 것이다. 〈신라촌락문서〉에 나타난 공연孔烟의 내부구성을 분석해 보아도 이러한 양상을 확인할 수 있다. 따라서 연호는 가족 그 자체가 아니라 당시 생계를 같이 하는 집단으로서 생산과 수취의 최소 단위였다고 보아야 한다. 연호두는 이렇게 복합적 구성을 가진 어떤 연호의 우두머리라고 추정된다. 그가 자기 연호가 담당하게 된 수묘역을 지휘하고 책임졌을 것이다.

이러한 의미에서 연호두는 능비에 보이는 장수왕 때의 국연國烟과 다르고, '연호의 우두머리'라는 의미에서 호주라고 파악할 수 있다고 본다. 20명의 연호두는 신대왕이 명림답부에게 지정해 준 수묘인 20가의 전통을 이은 것이다. 20호의 수묘인 배정이 오래전부터 관행이 되어 있었고, 고국양왕이 "정률"할 때 이를 수묘법의 한 조목으로 정하여 법규로서 준수되었다고 보인다. 이 제도는 신라에 전해져 소지마립간 때 시조묘에 20가를 증치했고[36] 문무왕은 각 왕릉에 20호씩을 사민하도록 했다.[37]

이상의 고찰을 토대로 하여 〈집안비〉의 성격과 건립 시점을 추정해 보자. 앞서 지적했듯이 뒷면의 내용이 분명하지 않은 상태여서 한계가 있으나, 수묘인의 내역에 관해 뒷면에 기록되었다고 전제하면 〈집안비〉는 광개토왕의 묘상입비 지시에 따라 세워진 수묘비, 곧 2차 수묘비의 하나라고 생각된다. 뒷면의 내용은 해당 무덤의 이름 또는 묘주명, 수묘를 담당하는 연호두의 명단, 그리고 공간이 허락한다면 구체적인 직임 등으로 구성되었을 것이다. 대상 무덤이 누구의 것인지 공지公知의 사실일 경우는 무덤의 이름이 생략되었을 수 있다. 앞면은 수묘제의 성립 경위와 위반 시 조치 등 수묘제도 운영의 관련 근거를 제시하는 성격의 기록이다. 따라서 〈집안비〉 앞면의 기록은 일종의 투식套式으로서

---

36 《三國史記》卷3, 新羅本紀3 炤知麻立干 7年 "夏四月 親祀始祖廟 增置守廟二十家"

37 《三國史記》卷6, 新羅本紀6 文武王 4年 "二月 命有司 徙民於諸王陵園 各二十戶"

모든 2차 수묘비에 공통적으로 새겨졌을 가능성이 크다.

　건립시기를 특정할 수 없으나 광개토왕이 즉위한 391년에서 머지않은 시기라고 판단된다. 고국양왕이 수묘법을 제정한 것이 즉위 후 5년이라는 점을 참고할 수 있다. 장수왕 때 작성된 능비문과 〈모두루묘지〉에 따르면 추모왕이 북부여로부터 내려왔다고 되어 있지만, 〈집안비〉에는 그러한 언급이 없다. 시조의 북부여 출자설이 광개토왕대 후반에 들어 공식화되었고 〈능비〉와 〈모두루묘지〉에 비로소 실릴 수 있었다고 보면 이것도 〈집안비〉가 광개토왕 재위 전반기에 세워졌다는 방증이 된다.

3. 수묘제의 포고 방식과 수묘역守墓役의 차정差定

　〈집안비〉에 따르면 연호두의 명수를 2차 수묘비에 새겨서 "후세에 내려 보이게 했다[示後世]." 이 구절을 통해서 광개토왕이 새로이 수묘비를 세운 이유를 생각해 보자. 첫째는 수묘할 왕릉 주변에 비를 세움으로써 왕릉 간 수묘인의 차착差錯을 막을 수 있다. 둘째는 수묘역에 차출된 연호가 당대로 그치지 않고 이를 대대로 역임할 수 있게 강제할 수 있다. 후손이 끊겨 계승자가 없을 경우는 다른 연호를 차정差定한다고 할지라도 적어도 그때까지는 수묘인을 안정적으로 확보할 수 있다. 이 원칙이 언제 제도화되었는지 알 수 없으나 늦어도 고국양왕이 제정한 수묘법에 그 규정이 있었을 것이다.

　셋째로는 마지막 남은 수묘제의 문제, 곧 수묘인의 쇠잔과 매매현상을 2차 수묘비 건립을 통해 해결하려고 했다. 이는 새로운 교의 두 번째 내용과 연관된다. 곧 〈집안비〉의 9~10행에 나오는 수묘인의 매매 금지와 위반자 처벌에 관한 사항이 그것이다. 〈능비〉에 거의 유사한 내용이 광개토왕의 조치로서 나온다.

守墓人　自今以後　不得更相轉賣　雖有富足之者　亦不得擅買　其有違令　賣者 刑之　買人制令守墓之

이 구절은 의미가 분명치 않고 수묘인 매매현상에 관한 여러 요소를 내포하고 있어 그간 논란이 되어 왔다. 먼저 이 구절 전체가 광개토왕의 교인지, 아니면 매매 금지 부분만 교에 속하고 뒤의 처벌 부분은 별도로 선포한 것인지 검토해 보자. 〈집안비〉를 보면 말미에 "看其碑文　与 其罪過"라고 했다. 이 부분을 먼저 살펴보자.

各於□□□□立碑　銘其烟户頭廿人名數　示後世　自今以後　守墓之民　不得 擅買 …… □若違令者　後世□嗣之　□看其碑文　与其罪過

여기서 '비문'이 〈능비〉일 가능성이 높다거나[38] 〈집안비〉의 뒷면을 가리킨다는[39] 의견이 있으나, '비문'은 이 구절의 앞에 나오는 입비 조치에 의해 세워진 비의[40] 내용을 가리킨다. '其'가 있으므로 이렇게 보아야 문리가 자연스럽고 수묘비의 건립 경위가 순조롭게 이해된다. 따라서 "看其碑文　与其罪過"는 위반자가 생기면 "해당 왕릉에 세워진 수묘비의 명단과 대조해서 처벌하라."는 의미로 해석된다. 이처럼 하나의 문단 안에 '立碑'와 '看其碑文'처럼 상응하는 자구가 있으므로 위에 인용한 구

---

38 張福有, 2013 〈集安麻線高句麗碑探綜札記〉《集安麻線高句麗碑》, 文物出版社, 395쪽.
39 여호규, 2013, 앞의 논문, 95쪽.
40 〈집안비〉 역시 여기에 포함됨은 물론이다.

절은 모두 광개토왕의 교敎에 포함된다고 보인다. 따라서 앞서 인용한 〈능비〉에서 광개토왕의 명령은 후반의 위령자에 대한 처벌 부분까지 포괄한다.

수묘인 매매의 금지에 관해서는 기왕에 매매의 대상이 무엇이고 그로 말미암아 어떤 폐해가 발생했는지, 그리고 이와 관련해서 수묘인의 사회적 성격을 놓고 논란이 있었다. 〈능비〉에 따르면 "수묘인이 서로 전매하고 부유한 자가 사들였다."고 하므로 매매의 대상은 수묘인이 된다. 〈집안비〉는 '수묘지민'이 주어로 나와서 그들이 어떤 다른 대상물을 매매하는 것처럼 되어 있으나 〈능비〉를 참고하면 수묘인이 그 대상이었음이 분명하다. 그런데 수묘인이라고 하더라도 수묘인 자체인지 아니면 그가 지고 있던 수묘역인지 따져볼 필요가 있다.

수묘인이 자신을 팔았다면 그는 곧 매입자의 사적 예속인이 된다. 노비 혹은 용작인傭作人과 같은 존재로 전락했을 것이다. 그런데 금령에는 부유한 자라고 하더라도 이를 매매할 수 없다고 했다. 수묘인을 매입할 수 있을 정도면 당연히 일반 민보다 높은 수준의 경제력을 가졌을 것이다. 따라서 수묘인 자체를 사고팔았다면 그 매수자로서 부유한 자는 굳이 언급을 할 필요가 없다. 부유한 자가 매입한 것은 수묘인이 아니라 그가 지고 있던 수묘역일 가능성이 있는 것이다. 그리고 능비의 처벌 규정에 있는 "買人 制令守墓之"는 수묘역을 매입한 자로 하여금 실제로 수묘토록 한다고 이해할 수 있다. 그렇다면 적발되기 전에는 매입자가 수묘역을 수행하지 않았다는 말이 된다. 부유한 자는 수묘인에게 대가를 주고 수묘역을 사서 마치 자신이 역을 지고 있는 것처럼 하고 실제로는 여전히 수묘인으로 하여금 역을 지도록 했을 수 있다. 수묘역을 사서 수묘역을 지는 것처럼 위장함으로써 다른 역역, 예컨대 군역이나 요역을 면제받았을 가능성이 있다.

위와 같은 상정이 불가능하지는 않으나 몇 가지 난점이 있다. 우선 수묘인 사이에서 수묘역을 매매한다는 것은 의미가 없다. 수묘역을 파는 것은 이해할 수 있으나 매입자의 경우 이미 수묘역을 지고 있는데 또 다른 수묘역을 살 이유를 찾기 어렵다. 그렇다고 이 짧은 구절에서 수묘인은 인신人身을, 부족자富足者는 수묘역을 거래했다고 구분하는 것은 무리하다. 또 하나 부유한 자가 수묘역을 산 뒤에도 수묘역을 여전히 수묘인이 지고 있었다면 수묘비와 대조하여 그 위반 사실을 적발할 수 없다. 수묘비에 원原수묘인의 이름이 적혀 있기 때문이다. 이것은 수묘비에 적힌 명단을 이용하여 금령을 어긴 자를 가려내라는 광개토왕의 교언과 어긋난다.

이러한 점을 감안하면 이 금령에서 '부족지자'의 단서를 따로 단 이유는 다음과 같이 이해할 수 있지 않을까? 능비에서 "守墓人 自今以後 不得更相轉賣"는 그동안 수묘인끼리 서로 사고판다고 해석해 왔다. 그러나 〈집안비〉에 "守墓之民 不得擅買 更相轉賣"라고 되어 있어 누군가가 수묘인을 사고, 또 구입한 사람끼리 서로 전매한다는 의미라고 생각된다. 두 비문 모두 주어가 생략되어 있으므로 수묘인을 매매한 사람은 수묘인이 아니라 그 외의 주민이라고 유추할 수 있다. 부족지자는 그 가운데 특수한 계층을 다시 한정한 것이다.

〈집안비〉와 〈능비〉의 '부족지자'는 바로 귀족, 관인官人과 같은 상위지배층을 지칭한다고 생각된다. 그런데 "비록 부유한 이라고 하더라도"라고 하여 '雖'를 붙인 이유는, 당시 왕도의 현실이 귀족·관료가 국가의 역임을 맡고 있는 사람조차 사들일 수 있고, 이를 다시 다른 사람에게 팔 수 있는 존재였다는 점을 전제로 한다. 광개토왕은 이러한 유력자들조차 수묘인만큼은 매매할 수 없도록 금지했던 것이다. 그 교·령을 비문에 명기함으로써 개인의 경제력으로써 국가의 역역체계를 침해할 수 없다는 왕권의 의지를 천명했다고 보인다. 매매의 대상은 역시 수묘인 자체라고 보는 것이 여러 가지 변수를 고려할 때 가장 합리적이라고 판단된다.

광개토왕은 수묘인 매매가 그들의 쇠퇴와 직결되어 있음을 알고 있었다. 〈집안비〉의 전반부에 1차 수묘비를 세운 배경으로서 수묘인의 전매현상을 들었다. 명확하지 않은 글자가 많아 구체적 내용 파악이 어렵지만 추정컨대 수묘인이 쇠잔해지고 매매의 대상으로 전락하고 있었던 것이다. 수묘인 쇠퇴의 원인은 여러 가지를 상정할 수 있지만 수묘역의 수행이 최대의 원인이었다. 〈능비〉에 "원근의 구민舊民을 징발하여 수묘·청소하게 함으로써 그들이 이열羸劣해짐을 염려한다."고 했다. 광개토왕 재위 말년에 수묘인의 임무가 구체적으로 무엇이었는지 정확히 알 수 없으나 고역이었음에 틀림없다.

그런데 〈집안비〉 후반부에 실린 광개토왕의 교언에는 수묘인의 쇠퇴를 막을 대책에 관해서는 언급이 없어서 주목된다. 그 차착差錯을 막기 위한 입비와 매매를 막기 위한 처벌이 적혀 있을 뿐이다. 수묘인의 쇠퇴를 방지하려면 결국 수묘역을 경감시키거나 징발·입역立役 방식을 바꿔야 하는데 〈집안비〉를 세울 시점에 광개토왕은 수묘인의 처지 개선보다는 수묘제가 제대로 준수되도록 하는 데에 역점을 두었다. 그는 수묘 대상 무덤마다 비를 세워 연호두의 내역을 후세에 전함으로써 그 목적을 달성할 수 있다고 보았다. 이로써 수묘인을 안정적으로 확보하고자 했다는 것은 곧 수묘역을 정丁과 같은 해당 연령등급의 연한까지 지게 하는 종신제, 그리고 세습제로 운영했음을 뜻한다.

그런데 〈능비〉에 따르면 재위 말년에 광개토왕의 대도가 변화한다.

국강상광개토경호태왕이 살아계실 때 말씀하시기를, "조왕선왕祖王先王께서 원근의 구민舊民만을 징발하여 수묘·청소하게 하셨으니 나는 구민이 쇠잔해질까 염려한다. 내가 죽은 뒤[萬年之後] 수묘하는 자는 단지 내가 몸소 다니며 취해 온 한예韓穢로 하여금 청소를 말도록 하라."라고 하셨다.

　수묘인의 쇠퇴를 수묘인의 교체로써 해결하고자 한 것이다. 말년에 그는 징발 대상의 변화를 꾀했지만 수묘역의 내용에 관해서는 전과 마찬가지로 언급이 없다는 점에서 수묘역의 완수를 최우선시하는 그의 정책방향은 변하지 않았다고 할 수 있다.

　장수왕은 아버지의 교언을 이행하면서 이를 보완하는 방식으로 수묘역의 차출을 개편했다. 새로운 수묘인으로서 신래한예 220가를 차출하는 한편 수묘역 수행에 차질이 없도록 하기 위하여 구민 110가를 다시 징발한 것이다. 그리고 기존의 수묘비와 다른 형식으로써 〈광개토대왕릉비〉를 세웠다.

　〈능비〉에서 주목되는 점은 개별 수묘가의 연호두 명단을 적지 않았다는 것이다. 구민과 신래한예를 구분하고 이를 각각 다시 지역별로 나누어 차출 가호의 숫자를 국연國烟과 간연看烟으로 나누어 적고, 한과 예의 종족 계통을 밝혀 기재했다. 그렇다면 〈능비〉를 광개토왕의 수묘비라고 보기는 어려울 것이다. 비문에 "以甲寅年九月卄九日乙酉 遷就山陵 於是立碑 銘記勳績 以示後世焉"이라고 밝혔듯이 〈능비〉는 광개토왕의 생전 업적을 기리기 위한 것이 제일의 목적이었다.

　〈능비〉에 기록된 수묘인 연호의 내역은 기본적으로 광개토왕의 훈적勳績의 맥락에서 이해해야 한다. 그가 영토확장 과정에서 획득한 인민 가운데 일부를 신성한 수묘역에 충원함으로써 이종족異種族 집단까지 고구려의 왕통을 추숭하게 만들었음을 그 업적의 일부로서 과시한 것이다. 수묘인을 지역·종족별로 정리하여 신영토 및 새로 획득한 인민을 기존의 인민과 구분할 수 있게 표시한 것은 이러한 의도를 보여 준다.

　광개토왕릉의 수묘비는 그의 무덤 근처에 따로 세웠거나 다른 방식으로 수묘인의 내역을 기록했다고 생각된다. 광개토왕의 유훈에 따라 수묘인의 일부가 교체되었으므로[41] 기왕의 수묘비는 대부분 무용지물이 될 수밖에 없다. 장수왕은 이 문제를 어떻게 처리했을까? 기존의 수묘비를 수정하는 것은 불가능하다. 그렇다고 쓸모없게 된 옛 수묘비를 폐기하고 그 대신 새로운 수묘비를 일일이 건립하지도 않은 듯하다. 능비에 수묘제의 개편사실과 새로 차정된 수묘인의 내역을 기록하면서 수묘비에 관한 언급은 광개토왕대의 '묘상입비' 사실을 빼고는 전혀 없기 때문이다.

하지만 수묘인의 차출현황은 어떤 식으로든 정부가 장악하고 있어야 한다. 그것이 비석의 형태가 아니라면 목간이나 종이문서를 활용할 수 있다. 기왕에도 수묘역의 차정 현황은 수묘비뿐 아니라 동시에 호적류 문서에 기록이 이뤄졌을 것이다. 예컨대 수묘 연호의 대가 끊어져 새로운 연호를 차출해야 할 경우, 이미 수묘역을 지고 있는 가호의 중복 지정을 피하려면 가호별로 수묘역 부담 여부를 기록한 문서가 있어야 한다.

〈능비〉 건립을 기점으로 하여 광개토왕이 실시했던 무덤별 수묘비 건립방식은 폐지되었다고 생각된다. 장수왕이 수묘인을 교체함으로써 기존의 수묘비는 의미가 없어졌고, 수묘역이 고역苦役인 한 앞으로 이런 상황이 언제든 재현될 수 있다는 사실을 그 자신 충분히 예견할 수 있었기 때문이다. 장수왕은 광개토왕의 훈적을 기리는 차원에서 〈능비〉를 세우고 새로운 수묘인의 내역과 수묘에 관한 법령을 일괄하여 보여 주었다. 이를 마지막으로 하여 수묘제 관련 내용을 비석의 형태로 신민에게 포고하는 방식은 종결되었다고 보인다.

수묘비 건립이 중단되고 종이 혹은 목간문서가 작성되었다면 이와 연동하여 수묘역의 징발 입역방식의 변화를 예상할 수 있다. 예컨대 종

---

41 장수왕이 차출한 330가 광개토왕릉만을 수묘했다고 보기 어렵다. 그 능역이 상대적으로 광대하고 陪塚의 숫자가 많다고 하더라도 그간 무덤당 수묘인이 20호이던 것과 비교해서 지나치게 많기 때문이다. 330가의 수묘인을 배치한 대상 지역과 무덤, 수묘인의 편성과 국연·간연의 조합 등에 대해서는 별도의 고찰이 필요하다.

래의 종신·세습 원칙이 임기제任期制로 바뀌었을 수 있다. 그 기간을 결정하는 데는 문서의 폐기 연한이 고려되었을 것이다. 그리고 〈능비〉의 수묘인 연호 기재 방식을 고려하면, 그동안 국가가 수묘 연호를 지정하여 그 연호두 내역을 수묘비에 기록하는 방식으로부터, 장수왕 이후에는 지역별로 국연·간연의 숫자만 지정하면 각 지역의 지방관이 이를 책임지고 차정하는 방식으로 변화하는 양상을 상정할 수 있다.

제6장

신라 중·하대
율령의 개수

진덕왕 때 신라-당 군사동맹이 성립된 뒤 신라가 당제唐制를 도입한 사실에 관해서는 많은 연구가 이뤄진 바 있다. 율령과 관련해서는 법흥왕대의 율령이 고구려의 영향을 받았으나 김춘추가 태종의 문장文章과 율령격식을 받아옴으로써 당의 율령을 본받는 시대가 전개되었고,[1] 문무왕대의 율령격식은 당의 율령과 신라 왕의 교령으로 이뤄진 격식을 지칭한다고 보았다.[2] 그리고 이방부理方府가 설치된 진덕왕 5년(651)에 신라 율령이 율령격식으로 전면 개정되어 신문왕 5년(685)에 율령체제를 완비했다고 한다.[3]

근래 이러한 견해에 대해 반론이 제기되고 있다. 중대에 중국 율령의 영향이 크지 않았고 오히려 신라 중고기의 전통적 법제가 중심이었으며 이후에도 그 근간이 유지되었다는 것이다. 중대의 형률을 검토하여 그 모법母法이 당률이 아니라 남북조시기의 것이라고 보고,[4] 《삼국사기》 직관지의 기재방식을 분석하고 상복법 등을 당제와 비교한 결과 중대에도 중고기의 율령이 기본이었고 당의 법령을 개별적으로 추가·수정하는 정도에 머물렀다고 한다.[5] 651년에 당의 율령을 참고하여 나름

1 田鳳德, 1956, 〈新羅律令攷〉, 《서울大論文集》 4; 武田幸男, 1971, 〈朝鮮の律令制〉, 《岩波講座 世界歷史 6》, 岩波書店.

2 石上英一, 1979, 〈律令制時代への手引き7·8律令法と國家〉, 《歷史學研究》 222·223.

3 이인철, 1993, 〈8·9世紀 新羅의 支配體制〉, 《韓國古代史研究》 6.

4 尹善泰, 2003, 〈新羅 中代의 刑律 -中國律令 受容의 新羅的 特質과 관련하여〉, 《강좌 한국고대사 3》, (재)가락국사적개발연구원.

5 洪承佑, 2011, 앞의 논문; 홍승우, 2015, 〈《삼국사기》 직관지의 典據資料와 신라의

의 율령격식을 정비했으나 신라의 현실에 맞게 탄력적으로 수용했다거나[6] 주로 후한後漢·조위曹魏 계통의 율령이 신라에 영향을 끼쳤다는 이해[7] 역시 기본적으로 이러한 견지에 서 있다고 판단된다.

그간의 통설적 이해가 도전받는 상황에서 신라 중대 율령의 실체를 재검토해 볼 필요를 느낀다. 그 내용 면에서 법흥왕 때 반포된 율령과 달라진 점이 있는지, 달라졌다면 이를 어떤 방식으로 개수했는지, 그리고 그 결과 중대 율령의 체제와 구성은 어떠했는지 살펴보고자 한다. 율령의 변천과 개정은 정치·사회제도의 개혁과 밀접한 관련을 가질 수밖에 없다. 따라서 7세기 중엽 신라의 국제國制가 변동하는 양상을 피마避馬, 관인官印, 시호諡號 문제를 중심으로 먼저 고찰할 것이다. 이를 통해서 당시 신라와 수당 사이의 법제 교류 및 그 과정에서 중국 율령이 신라 측에 미친 영향, 그리고 율령의 개수와 제도개혁의 상호작용 양상이 드러나리라 기대한다.

1. 중대 제도의 변화 양상

신라가 중대 이후 지배체제를 재정비하고 중고기와 비교해서 유교정치이념이 확산된 사실은 일찍이 지적된 바이다.[8] 이를 기초로 하여, 신

관제 정비 과정〉, 《新羅文化》 45.

6 全德在, 2011, 〈신라 율령 반포의 배경과 의의〉, 《歷史敎育》 119.

7 鄭東俊, 2013, 〈新羅律令に對する中國律令の影響 －國家秩序維持關係の法令を中心に〉, 《法制史研究》 63.

8 李基白, 1964, 〈新羅 執事部의 成立〉, 《震檀學報》 25·26·27; 李基白, 1970, 〈新羅

문왕 때까지 당의 육전조직六典組織에 준하는 중앙관부와 '령令-경卿-대
사大舍-사지舍知-사史'로 이뤄지는 5단계의 관원 조직이 갖춰졌음이 밝
혀졌다.[9] 사회경제 분야에서는 〈신라촌락문서〉에 보이는 수취방식이 토
지면적보다는 인정, 곡물량 등으로 산정되는 자산資産에 근거했다고 보
고, 그 유례로서 양세법兩稅法 시행 이전 당 전기의 문서인 〈서주포창현
구등정부西州浦昌縣九等定簿〉를 들었다.[10]

　근래에는 왕경王京 유적, 목간, 그리고 왕릉비와 같은 물질자료를 활
용한 연구가 이뤄졌다. 이에 따르면, 중고기 도성의 중심부가 불교사찰
로 둘러싸여 있었다면 중대의 왕경은 이방제里坊制가 확대 실시되고 가
장자리에 중국식 제장祭場이 두어진다. 그 배경에 당례唐禮를 준용하고
유교적 정치이념을 공간적으로 구현하려는 의지가 자리 잡고 있었다.[11]
문서행정과 관련해서 월성해자 목간과 안압지 목간의 서식을 비교하여
통일기에 접어들면서 당 공식령公式令의 영향이 미쳤음을 상정하고,[12] 능
묘 문화로서 무열왕릉에 비를 세운 것이 신라 최초의 능비였고 그 배
경에 무열왕의 계보를 중국의 소호금천씨小昊金天氏와 연결시켜 가계를
현창하려는 정치적 의도가 있었다고 보았다.[13] 그리고 신라에서 5세기
후반부터 본격적으로 건립되기 시작한 석비가 통일신라에 들어와 당나
라의 영향을 받아서 귀부龜趺와 이수螭首가 마련된 전형적인 양식으로

　骨品體制下의 儒教的 政治理念〉,《大同文化研究》6·7；金哲埈, 1978, 〈統一新羅 支
　配體制의 再整備〉,《한국사 3》, 탐구당.
9 李基東, 1984, 〈新羅 中代의 官僚制와 骨品制〉,《新羅骨品制社會와 花郎徒》, 一潮閣.
10 全德在, 1997, 〈統一新羅時期 戶等制의 性格과 機能에 관한 研究〉,《震檀學報》84.
11 田中俊明, 1992, 〈新羅における王京の成立〉,《朝鮮史研究會論文集》30；余昊奎,
　2002, 〈新羅 都城의 空間構成과 王京制의 성립과정〉,《서울학연구》18.
12 윤선태, 2008, 〈목간으로 본 한자문화의 수용과 변용〉,《新羅文化》32.
13 朱甫暾, 2012, 〈통일신라의 (陵)墓碑에 대한 몇 가지 논의〉,《木簡과 文字》9.

발전했다고 한다.[14]

　이상 언급한 주요한 성과만을 보더라도 신라가 중대에 들어 정치, 경제, 문화, 종교 등 전 부면에 걸쳐 변화를 겪었음이 지적되었고 연구가 구체화되고 있음을 알 수 있다. 다음에서 몇 가지를 추가로 검토해 보고자 한다.

1) 피마제避馬制

　먼저 관료 간의 예제에 관해서이다. 관부가 증설되고 관료가 충원되면서 이들 사이의 관계를 설정하는 것이 새로운 과제로 대두된다. 관등에 따른 상하질서는 이미 법흥왕대 반포된 율령에 따라 법제화되었고 공복公服의 색깔로 대분되었다.[15] 그런데 중대가 되면 여기서 한 단계 더 나아간 모습이 엿보인다.

> 　신묘辛卯(21일)에 영당객사領唐客使 등이 아뢰기를, "당나라 사신이 행차할 때 좌우에 깃발을 세우고 또 병장기를 휴대합니다. 수행원도 앞뒤에 기를 세웁니다. 신등이 고례古例를 살펴보았으나 이러한 경우를 찾지 못했습니다. 이를 못하도록 금하는〔禁不之旨〕 처분을 내려주시기를 엎드려 청합니다."라고 했다. (이에 대하여) 병장기를 드는 것은 허용하고 깃발을 세우는 것은 금했다. 또 아뢰기를, "전에 견당사 속전조신진인粟田朝臣眞人 등이 초주楚州를 출발하여 장락역長樂驛에 도착했는데 (당나라의) 5품 사인舍人이 칙勅을 밝히고 위로했습니다. 이때 배사拜謝하는 예를 보지 못했습니다. 또한 신라의 조공사인 왕자 김태렴金泰廉이 평성경平城京에 들어오는 날 관부의 사자가 명을 밝히고 (행렬의) 말을 맞았습니다. 사절은 다만 고삐를 모아잡고〔斂轡〕 말 위에서 답사를 할 뿐이었습

---

14 엄기표, 2017, 〈新羅 5~6世紀 石碑의 전개와 특징〉, 《木簡과 文字》 18.

15 《三國史記》 卷4, 新羅本紀4 法興王 7年 "春正月 頒示律令 始制百官公服朱紫之秩"

니다. 발해의 사절만이 모두 말에서 내려 두 번 절하고 무답舞踏의 예를 취했습니다. 지금 당의 사절은 어떤 예에 따라 맞아야 합니까?"라고 했다. 진뢰의 의례와 행렬의 절차를 별도의 식式에 갖추어 싣고 영당객사에게 내려 보내어 마땅히 이 식에 의거하고 어김이 없도록 했다.

(《속일본기》 권35, 광인천황光仁天皇 보구宝亀 10년)

778년 4월 일본으로 귀국하던 견당사 일행을 따라서 조보영趙寶英 등의 당나라 사신이 일본으로 향했다. 그러나 그 배가 침몰하여 사절단 25명이 익사하고 11월에 일부만이 비후국肥後國에 표착했다.[16] 779년 이들을 영접하기 위해 파견된 영당객사가 영접의례를 문의하면서, 그 전례의 하나로서 752년에 방일한 신라 사절을 거론한 것이다.

일본 관료가 당나라 사절을 맞으면서 발생한 상황이므로 외교의례에 관한 사안이라고 볼 수 있다. 그런데 이에 해당하는 당의 빈례賓禮 규정을 보면, 의례의 장소와 주객主客의 문제, 객관客館에서 상호 간의 위치와 방향, 예물의 종류, 관련 행사의 절차 등에 관한 내용 위주이고,[17] 황제가 파견한 사신이 외국사신을 처음 만났을 때 어떻게 예를 표하고 영접해야 하는지, 이에 대한 외국사신의 답례는 어때야 하는지에 관한 세세한 규정은 없다. 고대 일본의 《양로령養老令》《연희식延喜式》은 당의 빈례와 기본적인 내용을 공유하고, 사행 인원의 점검과 제한, 입경入京 허가, 이동과 식료의 지급 등에 관한 내용이 좀 더 자세히 규정되어 있는 정도이다.[18] 이러한 한계 때문에 당사唐使를 맞은 일본 측 사자가 행

---

16 《續日本紀》 卷35, 光仁天皇 宝亀 9年.

17 唐 시기의 빈례는 732년에 편찬된 《大唐開元禮》에 집성되어 있는데, 이는 周代의 천자-제후 간에 이뤄진 觀禮를 모체로 하며 637년의 《貞觀禮》, 658년의 《永徽禮》를 거쳐 완성되었다고 한다(金成奎, 2003, 〈中國王朝에서 賓禮의 沿革〉, 《中國史研究》 23).

18 박이순, 2012, 〈日唐의 賓禮관련의 律令法式에 관한 고찰〉, 《인문과학연구》 33.

동요령을 자문했을 터이다.

752년에 방일한 신라의 김태렴 일행은 중국식 외교의례를 숙지하고 있었다. 사절의 왕래를 통한 대중對中 교섭과정에서 중국의 빈례가 신라에 알려졌고, 당례唐禮는 686년에 관련 서책이 수입됨으로써[19] 본격 도입되었기 때문이다.[20] 신라와 일본의 양측이 빈례의 예법에 관해 잘 알고 있었으나 입경할 때 김태렴 일행은 말을 타고 있었고, 이어지는 기록에 말에서 내린 발해의 사절이 대비되어 언급된 것으로 보아 신라 사절단은 하마下馬를 하지 않았음에 틀림없다. 중국식의 빈례에는 외국사 일행이 입경할 때 말을 탄 상태라면 말에서 내려야 하는지, 아니면 말 위에서 어떤 예를 취해야 하는지에 관한 규정이 보이지 않는다. 따라서 신라 사절이 "말에서 내리지 않은 채로 말고삐를 모아잡고 답례를 한" 예법은 중국식 빈례에 덧붙여진 신라 자체의 전통적인 외교법식이거나, 신라 국내 관료 간의 예법에서 비롯되었다고 여겨진다.

이와 관련하여 고려시기의 피마식避馬式을 유의하고자 한다.

> 현종 즉위년(1009) 예의사禮儀司가 아뢰어 문·무관이 길 위에서 상견相見하는 예법을 정하였다. 1품관에게 정3품 이상은 말을 탄 채로 공손히 읍하고, 종3품 이하는 말에서 내려 회피한다. ……
>
> (《고려사》 권84, 형법1 공식公式 피마식避馬式)

피마식은 관리들이 말을 타고 가다가 서로 만났을 때 하급자가 공경하여 길을 피하는 규정이다.[21] 1~9품까지 품관들의 예법이 규정되어 있

---

19 《舊唐書》卷199上, 列傳149上 新羅國 "垂拱二年 政明遣使來朝 因上表請唐禮一部幷雜文章 則天令所司寫吉凶要禮 幷於文館詞林採其詞涉規誠者 勒成五十卷以賜之".

20 채미하, 2011, 〈신라의 賓禮 -당 使臣을 중심으로〉, 《韓國史學報》 43.

21 蔡雄錫, 2009, 《《高麗史》刑法志 譯註》, 신서원, 125쪽.

고, 덕종과 선종대에 추가된 내용이 이어서 실려 있다. 위의 기록에서
고려의 피마식은 현종 때 제정되었다고 했는데, 그 원형은 이미 신라에
서 시행되고 있었다고 보인다. 752년 김태렴 일행이 도일하여 일본 측
의 영접사를 만났을 때 말에서 내리지 않고 답례한 것이 피마식의 예
법과 혹사하기 때문이다. 발해의 사절이 하마하여 무답舞踏한 것 역시
발해에서 시행되던 피마식을 따랐을 것이다.

당과 일본에서도 유사한 규정을 찾을 수 있다. 738년에 편찬된《당
육전》의 범치경지식凡致敬之式과[22] 일본의 탄정대식彈正臺式에 "凡三位以下
於路遇親王者 下馬而立 但大臣 斂馬側立"이라[23] 한 것을 들 수 있다. 그리
고 이들은 모두 국내 관리들의 상하질서를 지키기 위해 마련된 법식이
었다. 따라서 김태렴 일행이 방일한 상황에서 취한 태도는 신라의 고유
한 외교예법을 따랐다기보다는 뚜렷한 의거 기준이 없는 상황에서 신
라 국내의 피마 규정에 준하여 대응했을 가능성이 높다.

신라에서 이러한 규정이 고려의 피마식처럼 일종의 식으로 제정되었
을까? 문무왕은 그 21년(681)의 유조遺詔에서 "상복喪服의 가볍고 무거
움은 정해진 규정이 있으니 장례를 치르는 제도를 힘써 검약하게 하라.
…… 율령격식에 불편한 것이 있으면 곧 다시 고치도록 하라."고[24] 했
다. 번잡한 법령을 꼭 필요한 것만 남기도록 개정하는 것은 국왕이 덕
치德治를 내세우기 위해 즐겨 사용하는 방법이었고 유조의 상투구로
치부할 수도 있겠다. 그렇지만 위의 유조를 볼 때 문무왕대 신라 조정
에서 율령뿐 아니라 격·식에 관한 인식을 갖고 있었다는 사실은 분명
하다.

---

22 《唐六典》卷4, 尙書禮部 "諸官人在路相遇者 四品二下遇正一品 …… 皆下馬 ……"
23 靑木和夫 外, 1998,《續日本紀 五》, 92쪽에서 재인용.
24 《三國史記》卷7, 新羅本紀7 文武王 21年.

그렇다면 피마 관련 규정이 김태렴이 일본을 방문한 752년 이전에 식의 형태로 제정되어 있었을 가능성을 배제할 수 없다고 본다. 진흥왕 때 이미 유례가 보인다.

> 이때 (혜량惠亮 법사가) 무리를 이끌고 길로 나오니 거칠부居柒夫가 말에서 내리고 군례軍禮로써 예를 올렸다.
>
> 《삼국사기》 권44, 열전4 거칠부)

진흥왕 12년(551) 신라 군사가 한강 상류역을 점령했을 때, 지금의 충주인 고구려 국원성國原城 지역에 주석해 있던 혜량과[25] 거칠부가 만났다. 당시 두 사람은 이국인異國人이었으나 전에 거칠부가 고구려에 잠입하여 혜량의 설법을 들은 바 있으므로 재회했을 때는 사제간이라 할 수 있다. 거칠부는 자국에서 행해지던 피마 관련 예법을 외국인에게 적용하고 군례를 더해서 혜량을 예우했던 것이다.

따라서 법흥왕이 반포한 율령에 이미 피마와 관련된 조항이 있었고 이후 이에 대한 정리와 보완작업을 거쳐 7세기 중엽 이후에는 세부 사항에 대한 규정이 이뤄질 수 있었을 것이라고 예상된다.[26] 그 배경에 중국식 피마제의 영향과 함께 신라 관료제도의 발달이라는 현실이 자리잡고 있었다.

---

25 노태돈, 1999, 《고구려사 연구》, 398쪽.
26 下馬의 사례는 아니지만, 신문왕 3년(683) 金歆運의 딸이 입궐할 때 왕궁의 북문에서 下車하여 들어간 예(《三國史記》 卷8, 新羅本紀8 神文王 3年), 흥덕왕 9년(834)의 교서에 6두품이 진골 이상 貴人을 따라갈 때 수레의 휘장을 치지 않는다는 규정은 (같은 책, 卷33, 雜志2 車騎) 고위자를 수행할 때의 禮式 규정으로서 유의된다.

2) 관인제官印制

신라에서 언제부터 인장이 사용되기 시작했는지는 분명하지 않다. 3
세기 전반에 위魏나라가 낙랑군과 대방군을 통해 한韓의 소국 수장들에
게 인수印綬를 내려준 기사가[27] 문헌기록으로서는 최초라고 생각된다.[28]
여기서 인印은 '모읍군某邑君'이나 '모읍장某邑長'을 새긴 인장이고, 수綬
는 폭이 넓은 비단으로 허리에 두르게 만들어서 신분을 표시하는 위의
品威儀品이다.

인장은 메소포타미아에서 기원전 4000년기부터 사용되기 시작하여
주변 지역으로 퍼져나갔다고 알려져 있다.[29] 만주와 한반도 지역으로는
중국을 통해서 그 제도가 들어왔다고 보인다. 주지하듯이 낙랑군치樂浪
郡治가 있던 평양의 토성동 지역에서 관인官印이 찍힌 봉니封泥가 다수
출토되었는데, 이러한 사정을 실증하는 유물이다. 인장 실물로서는 평양
시 정백동貞栢洞 1호묘에서 나온 '부조예군夫租薉君' 은인銀印,[30] 길림성
집안에서 발견된 '진고구려솔선읍장晉高句麗率善邑長' 동인銅印,[31] 경북 포
항시 신광면의 '진솔선예백장晉率善穢伯長' 동인, 경북 상주 출토 '위솔선

---

27 《三國志》卷30, 魏書30 烏丸鮮卑東夷傳30 韓 "景初中 明帝密遣帶方太守劉昕樂浪太
守鮮于嗣 越海定二郡 諸韓國臣智 加賜邑君印綬 其次與邑長 其俗好衣幘 下戶詣郡朝謁
皆假衣幘 自服印綬衣幘 千有餘人"

28 《三國史記》南解次次雄 條에 "北溟人耕田 得濊王印 獻之"라는 기록과 《三國遺事》
馬韓 條의 "三國史云 溟州 古濊國 野人耕田 得濊王印 獻之"의 기록이 있으나 어느
시기의 사실인지 확인하기 어렵다.

29 국립중앙박물관, 2008, 《황금의 제국 페르시아》, 98쪽.

30 金基興, 1985, 〈夫租薉君에 대한 고찰 −漢의 對土着勢力 施策의 一例〉, 《韓國史
論》 12, 서울大學校 國史學科.

31 韓國古代社會研究所 編, 1992, 《譯註 韓國古代金石文 Ⅰ》, (財)駕洛國史蹟開發研究
院, 452쪽.

한백장魏率善韓佰長' 동인을 들 수 있다.[32] 앞에서 거론한 《삼국지》 한전韓傳의 기록을 포함하여 이들은 모두 만주 및 한반도 지역의 정치체와 漢한, 위魏, 그리고 서진西晉과의 외교관계를 보여 준다.

중국 왕조에서 이종족의 수장에게 인장을 사여한 이유는, 그를 외신外臣으로 책봉한다는 정치적 상징물의 성격과[33] 함께 실질적으로는 중국 황실로 외교문서를 보낼 때 그 도장을 날인하라는 요구가 담겨 있었을 것이다. 날인이나 서명은 문서의 사실성과 신뢰성을 보장하는 구실을 하기 때문이다. 그리고 도장의 인문印文을 통해서 정치체 사이의 상하 질서가 드러나게 된다.

관인은 중국으로부터 도입되었고 처음에는 외교교섭용으로 사용되었다. 그러나 관인의 의의와 효용성을 알게 되면서 점차 국내 행정용으로도 쓰이기 시작했을 것이다. 백제에서는 동진東晉이 근초고왕을 책봉한 것을 계기로 하여 늦어도 4세기 중엽에 중국으로부터 관인제官印制가 도입·시행되었고, 전북 고창에서 출토된 '복의장군지인'명伏義將軍之印銘 청동인장은 6세기 초 양梁에서 제작된 것으로서 백제 국내에서도 사용되었을 것이라고 한다.[34]

신라의 경우 어떤 용도로 국내에서 인장이 사용되기 시작했는지 분명하지 않다. 경주 지역의 기와, 전돌, 토기 가운데 인장 또는 타날판을 사용하여 문자나 기호가 찍힌 예가 있는데, 제작처, 사용처, 연호, 관부명, 길상구 등을 표시했다. 이 가운데 '생앙生昻' '남당南宮' 등 관부 또는 궁전으로 추정되는 기구명機構名이 새겨진 도장은 관인官印일 가능성

---

32 이 밖에 魏晉 시기에 만주, 한반도의 정치체에 지급된 官印으로서 현존하는 유물에 대해서는 이승호, 2012, 〈3세기 후반 〈晉高句麗率善〉印과 高句麗의 對西晉 관계〉, 《韓國古代史硏究》 67, 303~309쪽에 소개되어 있다.

33 栗原朋信, 1960, 〈外臣の璽印〉, 《秦漢史の硏究》, 吉川弘文館, 181~189쪽.

34 노중국, 2012, 〈백제의 文書行政과 官印制〉, 《백제와 주변세계》, 진인진.

이 높다.

이와 관련하여 주목되는 기사가 있다.

> 봄 정월에 구리로 백사百司와 주州, 군郡의 인장을 만들어 내려 주었다.
>
> 《《삼국사기》 권7, 신라본기7 문무왕 15년)

675년의 일인데 이때 처음으로 신라에서 관인官印이 만들어졌다고 볼 수는 없다. 상주 출토 '위솔선한백장' 동인으로 알 수 있듯이 이미 3세기 전반에 진한辰韓 사회에는 중국제 인장이 들어와 있었다. 현재 남아 있는 신라의 인장류는 사용시기가 7세기 말 이후로 비정된다고 하는 데,35 대부분이 인문印文의 판독조차 되어 있지 않다.36 이들 가운데 675년 동인을 반포하기 전에 관청에서 사용된 인장이 들어 있을 수 있는 것이다.

함안 성산산성 목간은 6세기 후반에 지방사회까지 문서행정이 침투해 있었음을 보여 준다. 문서행정의 조기에는 목산에 묵서墨書로 기호 표시를 하거나 수결手決을 써넣는 방식이었지만 점차 날인捺印이 보급되어 갔을 것이다. 이천 설봉산성, 포천 반월산성에서 출토된 기하문幾何紋의 납석제 도장은 이러한 봉인용封印用의 것으로 추정된다.37 중고기의 관부와 지방 행정치소는 문서 수발 과정에서의 보안을 위해서 나름대로 곱돌, 활석, 돌, 나무 등 다양한 소재를 이용한 인장을 사용했을 것이다.38 국가가 공식 제정한 도장이 아니므로 이를 엄밀한 의미에서는

---

35 차순철, 2009, 〈경주지역 명문자료에 대한 소고〉, 《木簡과 文字》 3.

36 國立慶州博物館, 2002, 《文字로 본 新羅》, 예맥출판사, 126~129쪽; 국립중앙박물관, 2003, 《統一新羅》, 통천문화사, 52~53·76~77쪽.

37 국립중앙박물관, 위의 책, 76쪽.

38 백제의 押印瓦에 보이는 것처럼 수공업품의 제작 주체를 표시하거나 완성품의 확인

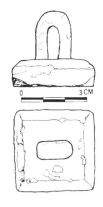

사진 11. 경기도 양주 대모산성 출토 청동인장의 실측도면과 인면印面
(翰林大學校 博物館, 1990,《楊州大母山城 發掘報告書》)

관인이라고 할 수 없다. 그러나 관청에서 사용한 도장이라는 의미에서
관인이라고 볼 수 있지 않을까 한다. 관인의 확산 과정을 상정하지 않
고 문무왕이 일시에 중앙과 지방에 관인제를 실시했다고 보기는 어렵다.

한편 양주楊州 대모산성에서는 기하문의 곱돌도장과 인문印文이 새겨
진 청동인장(사진 11)이 함께 출토되어 주목된다. 양자의 관계를 어떻
게 보아야 할까? 시기, 용도, 혹은 위계의 차이 등을 생각할 수 있겠
다. 그런데 곱돌인장은 중대 이후에도 사용되었다. 8세기 무렵 유리를
제작하던 관영수공업장 유구에서 '관인'을 새긴 곱돌도장이 출토되었
다.39 이 공방에서 생산된 물품임을 확인하고 관련 물품을 보관하는 창
고를 관리하기 위해서 이 도장이 필요했을 것이다. 개별 공방은 이렇게

용으로서(심상육, 2010, 〈백제 印刻瓦에 대하여〉,《木簡과 文字》5; 이병호, 2014,
〈7세기대 백제 기와의 전개 양상과 특징〉,《百濟文化》50) 신라의 官營工房에서 인
장이 사용되었을 가능성이 있다. 다만 앞서 언급한 대로 신라의 銘文 기와·전돌류는
대부분 통일기의 유물로 편년되어 있다.

39 東國大學校 慶州캠퍼스 博物館, 2002,《慶州 皇南洞 376 統一新羅時代 遺蹟》.

돌이나 나무를 가지고 자체 제작한 도장을 썼다고 보인다.

이들 관영공방을 주관하는 공장부工匠府나 경성주작전京城周作典 같은 중앙의 관부는 문무왕 15년에 배포된 구리도장을 썼을 것이다. 즉 675년 이후 중앙관사와 지방 치소에 동인銅印을 나눠줌으로써 고급 인장과 실무용 인장의 위계화가 이뤄졌다고 보인다. 대모산성 출토의 두 가지 관인 역시 청동인장을 모현某縣의 관인으로 볼 수 있다면,[40] 곱돌인장은 봉인封印과 같은 실무용이고, 청동인장은 종이문서처럼 격이 높은 문서에 날인하는 용도라고 나눠볼 수 있다. 관인 사이에 위계가 생기면서 자연히 용도의 차이가 현격해졌을 것이다. 따라서 동인과 기타 재료의 관인은 시기, 위계, 용도의 차이 모두를 반영한다고 할 수 있다.

중고기에도 관인은 부분적으로 사용되고 있었으나 이와 같이 고급 관인을 규격화함으로써 더욱 체계적인 행정이 가능해지고 관부와 지방에 대한 왕권의 통제력이 강화될 수 있었다. 관인의 사용이 이로써 일신되었고 이러한 측면에서 보면 신라에서 본격적인 관인제의 시작은 675년부터라고 할 수 있을 정도이다.

이와 유사한 조치가 당나라에서도 취해진 바 있다.

> 무릇 내외의 백사百司에게 모두 동인銅印 1뉴鈕를 지급한다. …… 그 인문印文은 '모사지인某司之印'이라 하니, (예를 들어) 동도東都라면 '동도모사지인東都某司之印'이라고 새긴다. 내외의 관사는 전부傳符와 동부銅符를 두는 곳이 있으니 각 관사에 봉부인封符印 1매를 지급한다. 역역驛을 나서면서 부부符와 어함魚函을 봉할 때 쓴다. 관사의 사자使者〔종행자從行者〕에게는 행종인行從印을 지급하니, 그 인문은 '모사행종지인某司行從之印'이며 가마가 돌아오면 본사本司에 봉납封納한다.
>
> (《당육전》 권4, 상서예부)

---

40 박성현, 2008, 〈신라 城址 출토 문자 자료의 현황과 분류〉, 《木簡과 文字》 2, 115쪽.

중앙과 지방의 관부에 동인銅印을 나눠 준 점, 그 인문이 신라의 '남궁지인南宮之印' '생앙지인生昻之印'과 같은 형식을 띠고 있는 점이 주목된다. 관부명 인장과 더불어 봉부인封符印, 행종인行從印이 분화되어 있는 점 역시 신라에서 인장이 위계에 따라 기능이 달랐던 것을 상기시킨다.

위 기사의 시점이 문제인데, 《당육전》은 8세기 초에 반포된 《개원령開元令》을 기준으로 편찬되었다고 한다.[41] 그러나 그전에 《정관령貞觀令》(637), 《영휘령永徽令》(651)이 있었고, 이들 당의 율령은 수나라의 《개황율령開皇律令》(582)을 모체로 했다.[42] 늦어도 당나라 초기에는 위와 같은 관인제의 기본골격이 성립되었다고 보아야 할 것이다. 그렇다면 문무왕 15년(675)의 동인 반사 조치는 이러한 수당 제도를 도입한 결과라고 생각된다.

3) 시호제諡號制

다음은 시법諡法에 관해 살펴보자.

> 왕이 돌아가셨다. 시호를 무열이라 하고 영경사永敬寺의 북쪽에 장사를 지냈다. 태종太宗이란 호를 올렸다.
>
> (《삼국사기》 권5, 신라본기5 태종무열왕 8년)

'태종'이란 호가 묘호廟號에 해당하는 것임은 신문왕 때 일어난 묘호 파동을[43] 통해서 알 수 있다. 당의 사신이 항의함으로써 문무왕 이후의

---

41 仁井田陞, 1964, 《唐令拾遺》, 東京大學出版會, 12쪽.

42 누노메 조후·구리하라 마쓰오 외 지음·임대희 옮김, 2001, 《중국의 역사 - 수당오대》, 혜안, 144~146쪽.

왕에 대해 '종宗'을 일컫는 묘호제는 더 이상 시행되지 못했으나 무열왕의 태종 묘호는 신라 말까지 유지되었다. 그리고 신문왕이 7년(687)에 조상의 5묘를 갖추어 제사 지냈으니, 이는 신라 왕실의 조상제사 체계에 중국식 종묘제가 수용된 결과였다.[44]

문제는 '무열'이라는 시호이다. 이것이 유교적 명칭으로서 그전의 불교식 왕명과 달라진 중대 사회의 시대적 특징을 보여 준다는 지적이 일찍이 있어왔다. 그런데 시호제 자체는 무열왕이 아니라 지증왕 때 시작되었다고[45] 한다. 《삼국사기》를 보면, 지증왕 이후 진덕왕까지 모두 그 사거한 해에 시호를 밝히고 있다. 그러나 이들 '시호'는 해당 국왕의 생전에 사용되고 있어서 죽은 뒤에 그 업적을 기려 올리는 중국식 시법이라 할 수 없다. 실질적인 시호제의 개시는 무열대부터라고 보아야 한다.[46]

그렇다면 지증왕~진덕왕 시기의 시법은 허구에 지나지 않는 것일까? 문헌과 금석문에 나타난 각각의 휘諱(생전 이름)와 시諡를 대비해 보면 다음과 같다.

지증智證은 지철로, 지도로 등의 신라식 고유 이름을 아화雅化된 한자로 표기한 것이다. '지증'이 '지철로' '중절로' 등과 발음이 비슷하므로 음을 땄는지, 아니면 뜻을 딴 것인지 알기 어렵다. 그런데 소지마립간의 사례가 참고가 된다. 즉 소지는 일명 '비처毗處'라고 불렸다.[47] '비처(비쳐, 비취)'라는 신라어가 있었고 여기서 유래한 고유명을 한자로 의

---

43 《三國史記》 卷8, 新羅本紀8 神文王 12年.

44 나희라, 2003, 《신라의 국가제사》, 지식산업사, 171~175쪽.

45 《三國史記》 卷4, 新羅本紀4 智證麻立干 15年 "王薨 諡曰智證 新羅諡法始於此"

46 武田幸男, 1975, 〈新羅骨品制の再檢討〉, 《東洋文化硏究所紀要》 67, 東洋文化硏究所, 162쪽.

47 《三國史記》 卷3, 新羅本紀3 炤知麻立干 元年 "炤知(一云 毗處)麻立干立 慈悲王長子"

표 9. 지증왕~진덕왕대의 휘와 시호

諱	智哲老 知(智)度路 智大路 中折盧[48]	另(无)卽智 牟卽智 募秦 原宗	深□夫支 深麥夫 彡(三)麥宗	舍輪 金輪	白淨	德曼	勝曼
諡號	智證	法興	眞興	眞智	眞平	善德	眞德

역하여 '소지炤知' 혹은 '조지照知'라고 한 것이다. 지증 역시 지철로의 뜻을 새겨 한자로 옮긴 이름이라고 생각된다.

'지증'이란 이름이 그의 생전에 사용된 흔적은 보이지 않는다. 그러나 그의 바로 앞 임금이 '소지'였으므로 한자식 아명雅名은 소지대 전부터 일부가 사용되고 있었다고 보인다.[49] 즉 소지, 지증과 같은 한자식 이름이 전부터 일부 왕에게 사용되었으나, 왕의 재위 시 혹은 사후에 정식으로 정한 한자식 이름이 신라의 이른바 '시호'였다고 보인다. 이 때문에 '비처'마립간의 경우 '소지' 혹은 '조지'라는 두 가지 이름이 병용되었으나 '지증' 이후로 한자식 이름은 하나로 통일될 수 있었다.

그러나 신라식 '시호'는 공식적으로 지정된 한자식 아명일 뿐 국왕 생전에도 사용되었으므로[50] 중국식 시법과 달랐다. 신라인들은 왕명을 한자식으로 공식 지정한 것을 시호라고 오인했던 듯하다. 이러한 신라식 시법諡法은 언제 처음 제정되었을까?

---

48 '中折盧'는 〈포항 중성리비〉에 따른 것으로 이 글자의 판독에 대해서는 이견이 있다.

49 始祖라는 특수성이 있지만 '불구내'를 '赫居世'라고 의역하고 시조묘를 세워 제사한 것은 3세기 말~4세기 초라고 여겨진다(金昌錫, 2007, 〈신라 始祖廟의 성립과 그 祭祀의 성격〉, 《역사문화연구》 26, 209~212쪽).

50 법흥왕, 진흥왕 등의 시호가 국왕 재위 시에 중국으로 보내는 외교문서뿐 아니라 신라 국내에서 사용된 사실은 '聖法興大王節'(〈천전리서석 을묘명〉), '眞興太王'(〈북한산 진흥왕순수비〉)의 사례를 통해 알 수 있다.

제23대 법흥왕은 이름이 원종原宗이고 김씨이다. 책부원구冊府元龜에는 성이
모募이고 이름은 진秦이라고 했다. …… 법흥이 시호이니 시諡는 이로부터 시작
되었다.

《삼국유사》 권1, 왕력1)

앞서 살펴본 대로 《삼국사기》에 따르면 지증왕 15년에 시법이 시작
되었다고 하는데, 《삼국유사》는 이를 법흥왕 때로 전하고 있다. 지증왕
15년(514)은 지증왕 말년이면서 법흥왕이 즉위한 해이기도 하다. 다른
방증자료가 없는 현재로서는 시법이 지증왕 말년 또는 법흥왕 초년에
제정되었으리라고 추정할 수밖에 없다.

유의할 점은 지증왕 말년 또는 법흥왕 초년이 신라에서 율령이 반포
된 법흥왕 7년(520)보다 앞선 시기라는 사실이다. 이때는 국왕의 시호
를 정하는 시법이 왕의 교·령에 의해 법제화되고 시행되었을 것이다.
교령법의 일환으로서 시법이 제정된 것이다. 법흥왕은 율령을 반포하면
서 이미 시행되고 있었던 시법을 율령의 한 편목으로 채용했을 것이다.
시법의 성격상 행정령의 범주에 속했다고 보인다. 따라서 '법흥'이라는
시호는 율령으로 편제된 시법 규정에 따라 지어졌을 가능성이 높다. 보
통普通 2년(521)에 양梁나라에 파견된 신라 사신이 왕명을 '모진募秦'이
라고 하여 휘를 그대로 쓰고[51] 524년에 건립된 〈울진 봉평비〉에 '모즉지
매금왕牟卽智寐錦王'이라고 나오는 사실은 '법흥'이란 시호가 율령이 반
포된 뒤에 제정되었음을 시사한다.

그런데 신라의 율령에 따른 시호였음에도 불구하고 '법흥'은 앞에서
지적했듯이 왕의 사후만이 아니라 이미 생존 시에 쓰였다. 따라서 신라
중고기의 시법은 중국식 법체계인 율령의 틀에 포섭되어 재편되는 과

---

[51] 《梁書》 卷54, 列傳48 新羅 "普通二年 王姓募 名秦 始使 使隨百濟 奉獻方物"

정에서 일정한 변용이 가해졌을 것이라고 짐작되지만, 시호제의 기본
내용과 기능은 중국식 시법이 아니라 교령법 시기 신라의 전통 시법을
계승했다고 보아야 한다. 앞서 언급한 대로 김춘추 사후 '무열'이라는
시호를 붙인 이후 비로소 신라의 시법은 해당 인물의 사후에 존숭의
의미로 부여하는 중국식 시호제의 취지와 부합되게 시행되었다. 그 계
기로서 신라 중대 율령의 개정 문제를 고려하지 않을 수 없다.

　이상 피마제, 관인제, 시호제의 세 측면에서 중고기~중대 초에 이르
는 제도의 변화상을 검토해 보았다. 이들은 모두 국가의 중요 예제이고
왕권 및 관료제와 직결된다는 점에서 유의할 만하다. 결론은 각 제도에
해당하는 신라 나름의 전통적인 법제가 실시되고 있었으나 중대로 접
어들면서 변화를 겪었다는 것이다. 그 내용은 사로국 이래의 법속과 교
령법을 수렴하여 성립한 중고기의 법제(율령법)로부터 수당의 제도를
지향하는 변모라고 요약할 수 있다.

2. 수당 율령의 수용과 국제 개혁

　신라가 처음 율령을 반포한 것은 법흥왕 7년(520)인데 그 실체는 앞
서 교·령의 형태로 법제화 된 단행법령과 판례를 중국식의 율령법 체
계에 맞춰[52] 형률과 행정령으로 대분하고 몇 개의 편목으로 분류하여

---

52 이때 모델이 된 중국식 율령법이 과연 어떤 것이었는지에 대해서는 주지하듯이 이
　견이 있다. 2장 3절에서 지적한바, 《泰始律令》을 모체로 한 고구려 율령, 양나라의
　《天監律令》 등이 그것이다. 그러나 《삼국사기》 색복지에서 법흥왕대 율령을 '夷俗'이었
　다고 한 것으로 보아 중국식 율령법의 형식, 체제를 참조하는 데 그쳤다고 생각한다.

정리한 것이라고 추정된다. 내용은 마립간 시기의 교령법을 근간으로
하고, 형식과 체계는 중국식을 따랐다고 할 수 있다.

  그렇다고 해서 교령법 이전에는 신라의 전통적인 고유법제만 있었다
고 볼 수 없다. 낙랑군은 한漢의 법제를 변군邊郡에 적용한 낙랑설령樂
浪挈令을 시행하였는데,[53] 진한辰韓은 낙랑군, 대방군과 책봉-조공관계를
통해 외교교섭을 벌이고 교역하였다.[54] 3세기 후반 사로국의 수장이 진
한을 대표하여 서진西晉과 교섭했고[55] 4세기 후반이 되면 전진前秦과의
교섭이 이어진다.

  이 과정에서 사로국의 소국법, 마립간 시기의 교령법에 한나라, 서진,
북조, 남조의 법제가 직·간접적으로 영향을 미쳤을 것이다. 고구려, 백
제의 법제 역시 영향을 주었다. 이러한 외부환경 속에서 신라의 교·령
이 축적되고 있었고 이를 기초로 율령의 형식을 갖춰 520년에 반포된
것이다. 그 뒤에도 신라 율령은 사회의 발전을 따라 보완의 과정을 거
쳤다고 보이며, 북위北魏, 북제北齊 등 주변국의 법제가 영향을 끼쳤을
것이다.

  1) 수·당과 신라의 법제 교류

  북위가 동·서위를 거쳐 북제北齊와 북주北周로 분열된 뒤 신라는 북

---

53 한편 任仲爀, 2016, 〈秦漢 율령사 연구의 제문제〉, 《中國古中世史硏究》 37, 17쪽에
   따르면, 挈令은 '獨''特'의 의미로서 특정 관부에서 사용하는 법령을 가리키며, 기존
   의 單行令, 事類令, 또는 干支令에 있던 것을 일정한 표준에 의거하여 재편찬해 만들
   어졌다고 한다.

54 李賢惠, 1994, 〈三韓의 對外交易體系〉, 《李基白先生古稀紀念韓國史學論叢 上》, 一潮
   閣; 尹龍九, 2004, 〈三韓과 樂浪의 교섭〉, 《韓國古代史硏究》 34.

55 《晉書》 卷97, 列傳67 辰韓 "武帝太康元年 其王遣使獻方物 二年復來朝貢 七年又來"

제와 교섭하여 진흥왕이 조공하고 책봉을 받았을 뿐[56] 북주와 교섭은 없었다. 신라 조정이 북제는 물론 양梁, 진陳과 같은 남조 정권과 교섭하면서, 동시기의 북주와 외교를 벌이지 못한 것은, 그 도성인 장안성長安城이 서쪽 내륙에 있어서 북제를 통과해야만 도달할 수 있다는 지리적 격절성 때문이라고 생각된다.

북주의 양견楊堅이 581년에 수隋를 건국하고, 즉위한 다음 해(582) 《개황율령開皇律令》을 공포했다. 그리고 589년에 비로소 중국을 재통일했다. 개황 14년(594)에 신라는 처음 수나라에 견사하고 진평왕이 책봉을 받았다.[57] 605~616년에 이르는 대업大業 연간에는 매해 견사했는데, 그 가운데 진평왕 33년(611)의 사절은 원광圓光이 지은 걸사표乞師表를 가져갔으며[58] 613년에는 왕세의王世儀가 이끄는 수나라 사절이 황룡사皇龍寺를 방문하여 원광의 설법을 들었다.[59] 이것이 신라-수 사이의 마지막 교섭이고 618년 수나라는 당으로 교체되었다.

일련의 교섭과정에서 《개황율령》이 전해지거나 수나라의 제도가 수용된 흔적은 보이지 않는다. 진평왕이 위화부位和府(581), 조부調府(584), 예부禮部(586)를 신설했으나 모두 수나라와 정식 교섭이 있기 전에 이뤄진 일이다. 진평왕 22년(600) 원광圓光이, 24년(602)에 지명智明이, 27

---

56 《北齊書》卷7, 補帝紀7 武成帝 河淸 3年 "是歲 高麗·靺羯·新羅 并遣使朝貢"; 같은 책, 武成帝 河淸 4年 "二月 甲寅 詔以新羅國王金眞興 爲使持節東夷校尉樂浪郡公新羅王"; 같은 책, 後主 武平 3年 "是歲 新羅 百濟·勿古·突厥 并遣使朝貢"

57 《隋書》卷81, 列傳46 東夷 新羅 "傳祚至金眞平 開皇十四年 遣使貢方物 高祖拜眞平 爲上開府樂浪郡公新羅王" 한편 같은 책, 音樂志에 "개황 연간 초에 7部樂을 두도록 했고, 雜樂에 新羅伎가 있었다."라는 기사가 있으나, 이때의 신라 伎樂은 西晉, 前秦 이래 북조 정권과 교류하면서 중국에 전해진 신라 음악이지 수나라가 건국 초에 신라와 접촉한 결과는 아니다.

58 《三國史記》卷4, 新羅本紀4 眞平王 33年 "王遣使隋 奉表請師 隋煬帝許之"

59 위의 책, 同王 35年 "秋七月 隋使王世儀至皇龍寺 設百高座 邀圓光等法師 說經"

년(605)에는 고승 담육曇育이 각각 수에 파견되었던 신라 사절을 따라 돌아왔다.[60] 지명과 담육은 귀국한 뒤 진평왕의 우대를 받은 저명한 승려였으나 교학敎學 외의 활동을 벌인 행적은 보이지 않는다.[61] 원광의 경우 점찰계법占察戒法의 홍포, 세속오계 전수, 걸사표 작성과 같은 외교 자문활동에 더해서 일종의 문한기구文翰機構인 상문사祥文司를 설치하는 데 기여한 것으로 추정된다.[62] 하지만 그 역시 신라 내정이나 예법에 직결된 제도의 개혁을 건의하거나 이에 참여한 자취를 찾을 수 없다.

이 시기 신라와 수나라의 문물의 차이를 보여 주는 일화가 있다.

> 이자웅李子雄이 말을 잘하고 재주가 있어 황제가 그를 깊이 신임했다. 신라가 일찍이 사절을 보내 조공할 때 자웅이 조당朝堂에 가서 대화를 나누었다. 그 나라의 관제冠制가 어디서 비롯되었는지를 물으니, 사자가 이르기를, "피변皮弁이 남은 자취이니 어찌 대국의 군자가 이를 모른단 말입니까?"라고 했다. 자웅이 이르기를, "중국에 예가 사라지면 사이四夷에게서 구합니다."라고 했다. 사자가 이르기를, "여기 온 이래로 이 말씀처럼 무례한 말은 듣지 못했습니다."라고 했다. 헌사憲司가 자웅의 말이 예의에 어긋난다고 하여 그 일로써 탄핵하니 마침내 면직되었다.
>
> (《수서》 권70, 열전35 이자웅)

이자웅은 수의 무장으로 북주가 북제를 멸망시킬 때 전공을 세웠다. 황제로부터 신임을 받아 신라 사절을 만났다가 실례를 범하여 면직되

---

[60] 《三國史記》, 卷4, 新羅本紀4 眞平王 22·24·27년.

[61] 《海東高僧傳》(覺訓 撰) 卷2, 流通1-2 釋智明(附 曇育).

[62] 원광의 생애와 활동에 관해서는 崔鈆植, 1995, 〈圓光의 생애와 사상〉, 《泰東古典硏究》 12; 김복순, 2006, 〈원광법사의 행적에 관한 종합적 고찰〉, 《新羅文化》 28; 이문기, 2012, 〈圓光의 生涯 復原 試論〉, 《新羅文化祭學術發表會論文集》 33을 참조.

었으나 곧 복직했다. 그 뒤 이자웅은 고구려 정벌전에 참전하고 613년 양현감楊玄感의 반란에 가담했다가 복주되었다고 하므로, 그가 만난 신라 사절단은 처음 견사가 이뤄진 594년으로부터 612년에 이르는 사이에 파견된 이들이라고 추정된다.

당시 신라 사절은 피변皮弁과 비슷한 관을 쓰고 있었다. 고깔[弁]은 중국 고전문화의 하나로 간주되어 역대 정사에서 동이東夷 사회가 이 복식을 유지한 것을 반복해서 특기하고 있다.[63] 진한辰韓 시기의 복식은 변한과 같다고 했는데, 변한의 복식에 관해서 "衣服絜淸 長髮"이라고 하여[64] 관모에 대한 언급이 없다. 그런데 위의 《수서》 자료에서 '피변'은 가죽으로 만든 고깔을 뜻한다. 신라 사절이 이와 비슷한 관을 썼다는 것인데, 이와 관련하여 고구려의 절풍折風이 중국 상고의 고깔[弁]과 유사했다는 기록이[65] 주목된다. 신라 사절의 관이 '피변'의 유풍이라면 마찬가지 평가를 받던 고구려의 절풍이 신라로 수용되었다고 보는 것이 합리적이다.

진한 시기에는 변한처럼 특정한 관冠을 쓰지 않다가 그 뒤 어느 시기엔가 고구려와의 교류를 통해서 절풍이 신라로 들어왔고, 594년 이전에 신라의 공식 관모 가운데 하나로 채택되었을 것이다. 그 결과 594~612년 사이에 수나라에 파견된 신라 사절이 이 관모를 썼고, 수의 관료였던 이자웅은 그 유래를 물었다. 중앙의 유력한 관료에게 신라 사절단의 복식이 생소하게 느껴졌다면 당시 수의 관복과 신라의 관복, 나아가 고깔이 사라진 뒤의 중국 관복과 신라 관복은 분명히 달랐다고 할 수 있다.

---

63 《後漢書》卷85, 東夷列傳75 前言 "東夷率皆土著 憙飮酒歌舞 或冠弁衣錦 器用俎豆 所謂中國失禮 求之四夷者也";《南齊書》卷58, 列傳39 高麗國 "使人在京師 中書郎王 融戲之日 服之不夷 身之災也 頭上定是何物 答日 此卽古弁之遺像也"

64 《三國志》卷30, 魏書30 烏丸鮮卑東夷傳30 韓.

65 위의 책, 同傳, 高句麗 "其小加著折風 形如弁"

적어도 6세기 말·7세기 초까지 신라 복식을 비롯한 여러 국제가 수의 그것과 달랐으며, 이는 법흥왕대의 율령에 기초한 지배체제와 질서가 그때까지 큰 변화 없이 유지되고 있던 현실을 보여 준다.

당 이후의 상황은 어땠을까? 이연李淵이 618년에 당을 건국한 다음 수의 《대업율령大業律令》을 폐지하고 신격新格 53조를 공포했다. 624년에는 《무덕율령武德律令》을 완성했는데, 그 기본방향은 수 문제 때의 《개황율령》으로 회귀하고 여기에 53조를 삽입하여 보완한 것이라고 한다. 이를 기초로 하여 태종이 《정관율령》(637)을, 고종이 《영휘율령》(651)을 편찬함으로써 당의 법제가 정비되었다. 따라서 현종 때인 719년에 반포된 《개원율령》이 737년 대폭 개정되기 전까지 당의 율령은 수나라 《개황율령》의 체계와 내용을 기초로 한 것이었다.

신라가 당나라에 처음 사절을 파견한 것은 진평왕 43년(621)이었다. 608년에 수나라에 들어갔던 일본의 유학승, 유학의留學醫 등이 신라사新羅使의 귀국행을 따라 신라로 왔고, 다시 623년에 방일訪日하는 신라 사절을 따라 모국으로 돌아갔다. 그들이 귀국하여 "당나라에 남아 공부하는 자는 모두 학업을 이루었으므로 불러들여야 한다. 당은 법식이 잘 갖추어진 보석 같은 나라이니 항상 왕래해야 한다."고 보고한 점이[66] 주목된다. 이들이 유학한 시기는 수·당 교체의 혼란기였으나 당시의 일본과 비교하면 중국의 법제가 정비된 편이었고 이를 인상적으로 여겨 조정에 건의했으리라 짐작된다.

신라의 경우도 사정이 크게 다르지 않았다. 법흥왕 7년(520)에 반포한 율령은 "복색服色과 존비尊卑의 제도를 정했지만 여전히 이속夷俗"이었고,[67] 100여 년을 시행하며 율령의 부분적인 보완이 이뤄졌을 터이지

---

66 《日本書紀》卷22, 推古天皇 31年 7月.
67 《三國史記》卷33, 雜志2 色服 "至第二十三葉法興王 始定六部人服色尊卑之制 猶是夷俗"

만 7세기 초까지 신라 국제의 구조적 변화를 찾기 어려운 점은 앞에서
살펴본 바이다. 따라서 수~당 초기에 유학한 신라인 역시 신라와 비교
하여 중국 법제의 선진성을 인식했을 것이다. 신라에서 중국에 유학생
을 파견한 것은 선덕왕 9년(640)에 왕족의 자제를 당 국학國學에 입학
시킨 것이[68] 시초였다. 이들 가운데 일부가 귀국하여 당의 문물을 소개
했을 가능성이 있으나 관련 자료를 확인할 수 없다. 당제가 국가 차원
에서 수용되어 영향을 미치게 된 결정적 계기는 역시 진덕왕 2년(648)
김춘추 일행의 방문이라고 생각된다.[69]

649년 김춘추가 귀국한 이후 괄목할 만한 개혁조치가 취해졌다. 진덕
왕이 당의 의관제衣冠制를 수용하여 공복公服을 바꾸고[70] 문무왕 4년(664)
에는 부인婦人 또한 중국의 의상을 입도록 했다.[71] 진덕왕 4년에 진골로
서 관등을 가진 자는 중국식 관품官品 표지로서 5품 이상관이 쓰는 상
아제 아홀牙笏을 잡게 하고, 이해부터 중국의 연호를 쓰기 시작했다.[72]

신라는 법흥왕이 율령을 반포한 지 16년 뒤에 '건원建元'이란 연호를

---

68 《三國史記》卷5, 新羅本紀5 善德王 9年 "夏五月 王遣子弟於唐 請入國學 …… 於是
高句麗·百濟·高昌·吐蕃 亦遣子弟入學"

69 638~643년 당에서 체류한 慈藏이 귀국한 뒤 신라의 服式을 개혁했다는 일련의 자
료가 있으나 이것은 金春秋 세력과 자장을 중심으로 한 세력이 對唐 관계의 주도권
을 놓고 벌인 경쟁을 반영하고, 전자의 승리로 귀결되었다(南東信, 1992,〈慈藏의 佛
敎思想과 佛敎治國策〉,《韓國史硏究》76, 40~42쪽). 또 당시 신라가 주요 교섭 대
상국을 고구려로부터 당으로 전환한다거나 당에 보내는 乞師表를 작성하는 데 자장
이 간여한 듯하다(李成市, 1995,〈新羅僧慈藏의 政治·外交上의 役割〉,《朝鮮文化硏究》
2). 따라서 자장은 대당 관계의 진전에 기여했으나, 불교 외에 당의 문물이 신라로
수용되는 과정에서 주요한 역할을 했다고 보기는 어렵다.

70 《三國史記》卷5, 新羅本紀5 眞德王 3年 "春正月 始服中朝衣冠"

71 위의 책, 卷6 新羅本紀6 文武王 4年 "下敎 婦人亦服中朝衣裳"

72 위의 책, 卷5, 新羅本紀5 眞德王 4年 "下敎 以眞骨在位者 執牙笏 …… 是歲 始行中
國永徽年號"

사용하기 시작했다. 따라서 법흥왕의 율령에는 연호 사용에 대한 규정
이 없었고, 그 23년(536)에 관련 교·령을 내려 연호를 사용하기 시작했
다고 보인다. 그렇다면 진덕왕 4년에 고유연호를 폐지하고 '영휘'라는
중국 연호를 사용할 때 율령을 개정할 필요 없이 이에 관한 왕교가 내
려져 개시되었을 가능성이 높다.

진덕왕 5년(651) 정월에는 중국식 신년의례인 하정례賀正禮를 도입했
고 집사부執事部를 창설하여 죽지竹旨를 중시中侍로 삼았다.[73] 그리고 같은
해에 이방부理方府를 설치했다.[74] 《삼국사기》 직관지에는 이때 '좌이방부'
를 두었다고 되어 있지만 문무왕 7년(667) 우이방부右理方府를 설립하
면서 이미 있던 이방부를 좌이방부라고 개칭했을 것이다. 이방부는 나
중에 이름을 '의방부議方府'로 바꾸고 소속 관원에 '평사評事'가 있던 것
으로 보아 법률의 제정과 심의, 소송, 형벌 집행을 맡았다고 보인다.[75]
651년에 이방부가 설치되고 문무왕 때 증설된 것은, 법률과 관련된 수
요가 그만큼 있었기 때문일 것이다.[76]

《삼국사기》 색복지 서문은 "김춘추가 당의 복식을 갖고 돌아와 시행
함으로써 이夷를 화華로 바꾸었다."라고 전한다. 최치원이 〈성주사聖住寺
낭혜화상탑비郎慧和尙塔碑〉(890년 이후 건립)에서 648년 김춘추 일행의

---

73 《三國史記》 卷5, 新羅本紀5, 眞德王 5年.

74 위의 책, 卷38, 雜志7 職官 上.

75 《唐六典》 卷18, 大理寺 條에 따르면, 대리시는 범행의 정황을 살펴 量刑한 다음 이
를 刑部에 보고한다. 또 소속 관원에 評事가 있어 刑獄과 推按을 맡았다고 하여 신
라 理方府의 職掌과 조직을 이해하는 데 참고가 된다.

76 한편 686년에 설치된 例作府가 법제 관련 업무를 맡았을 것이라는 견해가 있다(朴
南守, 1996, 《新羅手工業史》, 신서원, 142쪽). '例'가 법식 또는 형벌의 體例를 가리
키는 용어이고, 이에 해당하는 여러 용례를 찾을 수 있다. 현재로서는 이러한 간접
자료 외에 예작부의 임무, 기능을 전하는 자료가 없으나 예작부가 법제 관련 관부일
가능성은 열어 두고자 한다.

활약으로 당의 문물이 도입되어 비로소 "우리 강토가 일변하여 노魯나라가 되었다."고 평가했다. 화이론적 세계관을 가진 이들의 문화관이 투영된 과장된 표현이지만, 7세기 중엽에 신라의 주요 국제가 중국을 지향하여 변화한 사실이 내재되어 있음을 부정할 수 없다. 신라 국체의 이러한 근본적 변화는[77] 기성의 율령에 반영되고, 관인법, 시법처럼 중국의 제도를 모델로 한 법규가 신설됨으로써 역으로 제도개혁을 불러오기도 했을 것이다. 이제 이 양자의 관계에 대해서 살펴보자.

2) 율령의 체제와 개수 방식

김춘추가 당을 방문하여 신라−당의 군사동맹을 체결하고 돌아온 진덕왕 3년(649) 이래 광범한 국제 개혁이 이뤄졌다. 실권을 장악하고 있던 김춘추가[78] 이를 기획하고 진덕왕이 왕교를 내려 실행되었다고 여겨진다. 이 정도의 개혁이 이뤄지려면 율령의 전면 개정이 전제되어야 한다. 그러나 649년을 즈음해서 기존의 율령 조항을 대폭 개정하거나 새로운 율령을 반포한 흔적이 없으므로 해당 조치에 관한 교·령이 내려져 시행되었다고 보는 것이다. 중고기 역시 법흥왕대 율령이 반포된 뒤에 왕교는 계속 내려졌고, 그것이 만약 기성 율령법과 충돌할 경우 율령보다 우선하여 시행되었다.[79]

---

[77] 신라−唐 동맹의 체결에 따른 책봉−조공관계의 강화와 신라 국체의 변동에 관해서는 김창석, 2010, 〈6~8세기의 동아시아와 한중관계〉, 《동아시아 국제질서 속의 한중관계사》, 동북아역사재단을 참조할 것.

[78] 김춘추는 진덕왕 때 관등이 伊飡이었고, 당을 방문할 때 '國相'을 칭하고 당 태종으로부터 '特進'을 제수받았다. 647년 毗曇을 이어 閼川이 상대등이 되었으나 《三國遺事》 眞德王 條에 보이듯이 金庾信이 대등회의를 장악하고 있었으며, 주지하듯이 유신은 춘추와 제휴하여 그를 군사적으로 지원했다.

[79] 이 책의 4장 4절 참고.

앞서 〈집안비〉를 통해 살펴본 고구려의 예에 비춰 보자면, 신라 중 고기에는 이러한 것 가운데 법으로서의 항구성이 있다고 판단되는 왕 교와 령을 율령에 추보追補하는 방식으로 기성의 율령을 보완해 나갔을 것이다. 그런데 중대가 되면 다른 양상을 발견할 수 있다.

> 이방부령 양수良首 등에게 명하여 율령을 상세하게 살펴서〔詳酌〕 이방부격理 方府格 60여 조를 가다듬어 정하게〔修定〕 했다.
>
> (《삼국사기》 권5, 신라본기5 무열왕 원년)

김춘추는 즉위 원년(654)에 이방부격을 수정하도록 했다. 이방부격은 이방부의 조직, 임무 등에 관한 규정을 담았을 것이다. 그런데 이 법규 가 '격格'의 형태를 취하고 있어 주목된다. 한대漢代부터 제制·칙勅을 정 리해 두었다가 이 가운데 영구히 법칙으로 삼을 만한 것을 '고사故事'로 삼았고, 양梁나라는 이를 '과科'로 바꾸었으며 동위東魏가 다시 '격格'으 로 바꾸어 《인지격麟趾格》을 편찬했다. 당에서는 《정관격貞觀格》 18권 이 래 《개원전격開元前格》《개원신격開元新格》 등이 편찬되었는데, 모두 상 서성尙書省의 24사司를 격의 편목으로 삼았다.[80]

당의 사례를 참고하면, 이방부격은 주로 이방부에 관한 그간의 왕교 를 모아 격으로서 제정한 것이라고 할 수 있다.[81] 그러나 4장에서 지적 했듯이 중고기에 율령법이 시행된 이후 왕교뿐 아니라 관부 혹은 부서장 이 내리는 명령이 '교'라고 일컬어졌다. 따라서 이방부격은 진덕왕 3년 이래 국제 개혁을 위해 내려진 다기한 왕교 가운데 이방부와 관련된 법제, 규정과 더불어 이방부령이 발포한 교를 취합, 정리하여 격의 형

---

80 《唐六典》 卷6, 尙書刑部.
81 洪承佑, 2011, 앞의 논문, 259~261쪽.

식으로 정비했다고 보인다.[82] 그렇다면 이방부뿐 아니라 병부兵部, 위화
부位和府, 조부調府, 예부禮部, 집사부執事部 등이 각기 자기 관부의 격을
갖고 있었을 것이다. 이방부가 법제 관련 업무를 맡고 있었으므로 무열
왕이 먼저 그 격을 정비하도록 했고, 기록에 남지 않았지만 이어서 다
른 관부의 격에 대한 수정 작업이 이방부 주도로 이뤄졌을 것이다.[83]

  신라 국가에서 격이 654년 이전에 이미 존재했다면 그 배경으로 중
국 율령을 생각하지 않을 수 없다. 중국에서 율-령-격-식의 형식 분화
가 이뤄진 것은 《개황율령》부터라고[84] 한다. 신라가 이로부터 격의 형식
과 체제를 수용했다면 김춘추 일행이 방문한 648년으로부터 이방부격이
등장하는 654년까지의 기간에 이뤄졌을 것이다. 그 시기에 수용 가능한
율령법은 《정관율령》(637)과 《영휘율령》(651)이다.

  실제로 신라가 당의 율령을 도입하고 이를 모범으로 삼아 격을 제정
했을까? 앞서 지적했듯이 582년 《개황율령》이 편찬된 이후 648년까지
수당 율령이 신라로 입수된 흔적은 찾기 어렵다. 649년에 귀국하는 김
춘추 일행에게 주어진 물품은 온탕비문溫湯碑文, 진사비문晉祠碑文, 《진서

---

82 《삼국사기》에 이방부 '격'이라고 되어 있으나 실제로는 이것이 이방부에 관한 주요한
  敎를 모은 것에 불과했고, '율령'을 詳酌하여 수정한 다음 비로소 格의 체제를 갖추
  었을 것이라고 볼 여지가 있다. 나중에 격으로 성립한 것이지만 《삼국사기》를 편찬하
  면서 이를 소급하여 기록했으리라는 시각이다. 그러나 무리한 추정보다는 사료를 존
  중하여 상작 작업 전에 이미 격이 제정되었다고 보고자 한다.

83 신라의 율령 관련 관부로서 理方府 외에 律令典이 있다. 《三國史記》 職官志에 따르
  면, 율령전에 律令博士 6인이 속해 있었다. 그 職掌에 관해서는 언급이 없으나, 內省
  에 소속된 관부이고 國學에 律學이 설치되어 있지 않은 것을 근거로 하여 율령전이
  唐의 율령을 신라에 준용하는 업무를 담당했으리라는 견해가 있다(김영하, 2007, 〈儒
  學의 수용과 지배윤리〉, 《新羅中代社會研究》, 一志社, 218쪽). 율령전의 기능과 역할
  에 관해서는 이 책의 6장 3절에서 상술했다.

84 堀敏一, 1982, 〈中國における律令制の展開〉, 《日本古代史講座 6》, 學生社; 滋賀秀
  三, 2003, 〈法典編纂の歷史〉, 《中國法制史論集 －法典と刑罰》, 創文社.

晉書》와[85] 당나라의 관복官服,[86] 그리고 따로 춘추에게 하사한 금백金帛이었다. 〈온탕비〉와 〈진사비〉는 태종의 문장과 글씨를 보이기 위한 것으로 율령과 무관하고, 《진서》에는 형법지刑法志가 있으나 서西·동진東晉 때는 아직 격이 출현하지 않은 상태여서 이를 참고하여 신라 관부의 격이 만들어졌다고 볼 수 없다.

신라에서 격이 제정되었다면 막연히 '격'이라는 용어만 들여와서 이뤄지기는 불가능하다. 형률·행정령과는 다른 내용과 성격을 가진 격이라는 새로운 부문이 설정되는 것이기 때문이다. 따라서 기록에는 남아 있지 않으나 648~654년 사이에 《정관율령》 또는 《영휘율령》이 신라에 도입되었고,[87] 이를 참고하여 우선 각 관부의 격이 제정되었다고 보는 것이 합리적이다. 중국 율령의 새로운 체계에 대한 이해가 없이 종래의 율–령을 율–령–격의 체제로 발전시키기는 어려웠을 것이기 때문이다.

그렇다면 654년 5월에 이방부격 60여 조를 정하기 위해 상세하게 살피도록 한 '율령'은 당 율령이 아니라 법흥왕 때 반포되어 추보되어 온 신라의 율령이라고 보인다. 만약 중국계 율령이었다면 당을 직접 방문하고 중국 지향의 제도개혁을 앞장서 온 무열왕이 이를 명시하지 않고 '율령'이라고만 칭했을 리 없다. 《삼국사기》 편찬자의 화이론적華夷論的 인식을 고려해도 이것이 당의 율령이었다면 당연히 신라의 율령과 구

---

85 《舊唐書》卷199上, 列傳149上 新羅國 "春秋請詣國學觀釋奠及講論 太宗因賜以所制溫湯及晉祠碑幷新撰晉書"

86 《新唐書》卷220, 列傳145 新羅 "明年 遣子文王 及弟伊贊子春秋 來朝 拜文王左武衛將軍 春秋特進 因請改章服 從中國制 內出珍服賜之"

87 주보돈, 2018, 《김춘추와 그의 사람들》, 지식산업사, 94·110쪽은 김춘추가 647년에 渡倭하여 일본 大化改新의 성과를 수입했으리라고 추정했다. 당시 신라는 백제의 공격으로 수세에 몰려 왜의 지원을 얻고자 했으나 실패했다. 법체계의 도입은 지배질서의 변동을 야기하기 마련인데, 과연 왜로부터 어떤 반대급부를 얻지 못하는 상황에서 그 법체계를 도입한다는 것은 현실성이 높지 않다.

분하여 기록하고자 했을 것이다. 이방부격을 비롯한 여러 격이 수당의 격을 참고하여 제정되었으므로 기성의 신라 율령과 내용 및 형식 면에서 모순이 생길 수 있다. 무열왕 원년의 '상작詳酌' 조치는 바로 이를 우려하여 취해졌다고 이해된다.

신라에서 격의 체제를 수용함으로써 그간 율령을 개수해 가던 방식에 변화가 일어났으리라 예상된다. 중국에서는 조詔, 칙勅, 격格을 사용하여 기성의 율령을 보완해 왔고[88] 영문令文을 수정, 보충하는 경우 '저우령著于令'이라고 하여 해당 조문을 바꾸지 않고 그 뒤에 첩첩簽貼한 다음 이것이 어느 정도 모이면 격 또는 격후칙格後勅으로 편찬했다고 한다.[89] 신라의 경우는 법흥왕대 뒤에 새로운 율령이 반포되지 않은 사실로 미루어 보아 축적되어 온 왕교 가운데 항구적 법률로서 의미가 있는 것을 기성의 율령에 새로운 조문으로 추보追補하는 방식이었을 것이다. 이 방식은 신라 말까지 지속된 듯하다. 그런데 7세기 중엽 당으로부터 격의 체제가 도입됨으로써 왕교 가운데 일부, 특히 관부조직과 업무 분장에 관한 주요한 왕교를 중심으로 새로운 율령 조항 대상을 선정하고 이방부의 감수를 거쳐 격으로 확정하는 방식이 더해졌다.

위와 같은 이해를 바탕으로 삼아 신라 율령의 체제와 구성이 7세기 중엽을 고비로 하여 어떻게 바뀌었는지 검토해 보자. 520년에 반포된 신라 율령 가운데 행정령으로서 전사법佃舍法, 노인법奴人法, 대법代法 등 '모법某法'으로 명명된 예가 확인되었다. 이들은 중국과 일본 율령 가운데 행정령의 편목에 해당한다고 추정된다. 이를 딘시로 하여 520년의 신라 율령의 내용체계와 형식을 앞의 4장 4절에서 상정해 본 바 있다. 명칭을 확인할 수 없어 명시하지 못했으나 관등官等, 관인官印, 시市와

88 鄭炳俊, 2015, 〈唐 後期의 律令制 崩壞論〉, 《中國古中世史硏究》, 37, 93~97쪽.

89 戴建國, 2010, 〈令文的局部修正補充〉, 《唐宋變革時期的法律與社會》, 上海古籍出版社.

상세商稅에[90] 관한 규정도 법흥왕대의 령에 '모법'의 형태로 들어가 있었으리라 추정된다.

수나라의 《개황율령》을 계승한 당의 율령이 648년 이후 도입됨으로써 신라 율령은 점차 율-령-격-식의 체제를 갖추게 되었다. 령 중에서는 육전조직六典組織을 방불케 하는 중앙관부가 갖춰지면서 당의 관품령官品令에 해당하는 행정령이,[91] 문서행정이 정착되면서 공식령公式令이 수당 율령법을 수용하여 새로 제정되거나 보완되었을 것이다. 당령唐令에 보이는 9등호제九等戶制가 〈신라촌락문서〉에 보이는 것은, 신라에 당의 제도를 모범으로 한 호령戶令이 존재했고, 문무왕 8년(668) 고구려를 멸망시킨 뒤 포상을 할 때 구율求律이 제일의 공을 세웠음에도 군령軍令을 어겼다고 하여 '불록不錄'된 것은[92] 고과령考課令의 존재를 보여준다.[93] 또한 국학國學을 도입하면서 학령學令, 당 복식에 관한 의복령衣服令, 그리고 영선령營繕令[94] 등이 제정되어 시행되었으리라 추정된다.

무열왕 이전에 격까지 제정된 상황에서 율·령·격의 시행을 위한 세칙이 필요해졌을 터이고 식式이 포함된 당 율령을 알고 있었으므로, 소관 관부가 식의 초안을 제정하면 이방부의 감수를 거쳐 확정 짓는 방식으로 식이 확충되어 나갔을 것이다. 앞서 살펴본 피마제 관련 식이

90 金昌錫, 2016, 〈新羅 왕경 내 市場의 위치와 운영〉, 《韓國文化》 75, 146~150쪽.
91 官品令이 제정되었다고 하더라도 신라에서 骨品制가 멸망 시까지 존속했으므로 골품제의 원리가 관품령의 내용에 배합되었으리라는 것은 분명하다. 중고기 말에 隋唐 율령법이 수용되면서 골품제의 운영 면에서 官品制的 질서가 유입된 양상에 대해서는 金昌錫, 2019, 〈신라 중·하대 골품제의 변화상과 그 배경〉, 《韓國史硏究》 184; 김창석, 2019, 〈7세기의 골품제와 관등제 -주민의 편적(編籍)과 이주를 중심으로〉, 《역사비평》 127을 참고할 것.
92 《三國史記》 卷6, 新羅本紀6 文武王 8年.
93 李仁哲, 1994, 〈新羅律令의 編目과 그 內容〉, 《정신문화연구》 17-1, 147쪽.
94 양정석, 2007, 〈營繕令을 통해 본 《三國史記》 屋舍條〉, 《韓國史學報》 28.

그 예이다.

7세기 중엽 이후 격, 식을 포함한 신라 율령의 체제는 다음과 같이 추정해 볼 수 있다.

표 10. 7세기 중엽 이후 신라 율령의 구성 체계

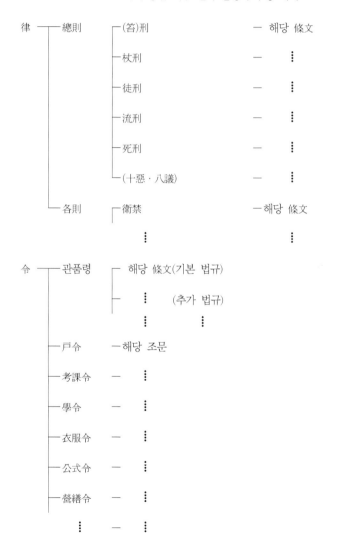

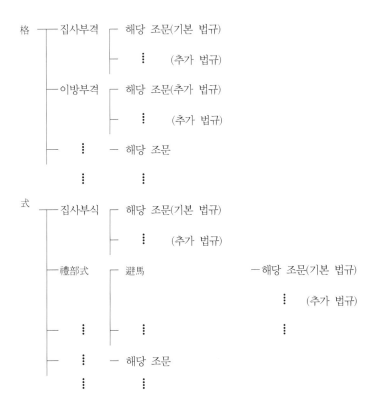

이때는 격, 식이라는 당 율령의 새로운 체제가 도입·적용되었을 뿐
아니라 이로 말미암아 율령을 개수하는 방식에 변화가 생겼다. 종래 행
정령의 모'법'이라는 명칭이 중국식인 모'령'某'令'으로 바뀌었을 가능성
이 있어서 위의 표는 모'령'으로 표기했다. 이상에서 살펴본 바와 같이
7세기 중엽에 들어서 신라 율령의 형식과 체제가 구조적으로 바뀌었을
뿐 아니라, 이와 연동하여 추진된 국제 개혁의 내용은 신라의 국체 변
동과 관련된 것이었다. 이 시기는 신라 법제의 발전도상에서 형식과 내
용 양면에 걸쳐 획기적 의미를 가진 것이라고 하지 않을 수 없다.

3. 하대의 법률 제정과 격格ㆍ식式

1) 율령박사律令博士와 율령전律令典의 신설

신라는 중고기 말~중대 초에 수당 율령을 수용하여 율령격식의 기본 체제를 갖췄다. 이후 기성의 율령법을 보완하고 확충하려는 노력이 이어졌다.

> 여름 4월에 의관醫官으로서 의학을 깊이 연구한 사람을 뽑아 내공봉內供奉에 충당하고, 율령박사律令博士 2인을 두었다.
>
> (《삼국사기》 권9, 신라본기9 경덕왕 17년)

> 율령전律令典은 박사가 6인이다.
>
> (위의 책, 권39, 잡지8 직관 중)

율령전에 소속된 박사 6인은 경덕왕 17년(758)에 둔 율령박사가 연원이 되었을 것이다. 이때 의관의 일부를 선발하여 내공봉을 삼았다고 했는데, 내공봉은 내성內省에 소속되어 공봉供奉의 업무를 수행하는 관리를 가리킨다. 《삼국사기》 직관지 중에 나오는 '供奉醫師'가 이에 해당한다고 생각된다. 공봉의사는 정원이 없었으므로 왕실의 질병치료를 위해 뛰어난 의관을 우선 보임했을 것이다. 그렇다면 이어서 나오는 율령박사 2인 역시 내성에 소속되었을 가능성이 높다. 그리고 율령전이 내성 예하의 관부이다. 경덕왕 17년에 설치한 율령박사 2인으로부터 출발하여 어느 시기엔가 율령전이 설립되고 소속 박사도 6명으로 증원되었다고 여겨진다.[95]

---

[95] 三池賢一, 1972, 〈新羅內廷官制考(下)〉, 《朝鮮學報》 62, 27~28쪽.

율령전의 임무는 무엇일까?《삼국사기》직관지에는 소속 관원이 박사
6인이라는 기록뿐 이들의 직장에 관해서는 언급이 없다. 신라에서 박사
는 통문박사通文博士, 의박사醫博士, 산박사筭博士, 천문박사天文博士, 누각
박사漏刻博士 등 특정 분야의 관직명이거나 전문적인 수공업 장인을 가
리켰다.[96] 경덕왕 6년(747)에는 국학國學에 박사직을 신설했다.[97] 이로써
보면, 율령박사는 율령법에 관한 전문지식을 갖춘 관료이고 이를 교육하
는 업무까지 맡았을 가능성이 있다. 당나라의 경우 국학에 소속된 율학
박사律學博士 1명이 율령격식 등 법률을 가르쳤고,[98] 일본은 신구神龜 5년
(728) 대학료大學寮에 율학박사 2명 등을 두어 학생 20명을 가르쳤다.[99]

신라의 국학은 유교경전, 사서,《문선文選》, 제자백가서, 산학算學을
가르쳤다고 한다.[100] 잡학雜學에 속하는 율律·의醫·서書·산학算學 등 가운
데서는 산학만 국학에서 교수된 셈이다. 당과 일본의 예를 볼 때 사료
가 누락되었을 여지가 없지 않다. 그런데 내성 관하에 효소왕 원년(692)
에 설치된 의학醫學 관부가 있어 의생醫生에게《본초경本草經》등의 여
러 의서를 가르쳤다. 여기 소속된 박사 2명이 교수 업무를 맡았다.[101] 또
누각전漏刻典에 누각박사가 소속된 것으로 보아, 산학을 제외한 잡학은
유관 관부가 각각 전공하는 학생을 교육했다고 추정된다.

율령전에 소속된 율령박사 역시 율령을 교육하는 업무를 맡았을 것
이다. 여기서 교육받은 율생律生들이 이방부理方府로 배속되어 사법 실
무를 담당했다고 보인다. 그런데 율령박사가 6명이나 되어 당의 1명,

96 김창석, 2016,〈장인·상인의 활동과 지위〉,《신라사대계 9》, 경상북도, 231~232쪽.
97 《三國史記》卷9, 新羅本紀9 景德王 6年.
98 《唐六典》卷21, 國子監 律學博士.
99 《類聚三代格》卷4, 加減諸司官員幷廢置事 雜任 勅 大学寮.
100 《三國史記》卷38, 雜志7 職官 上 國學.
101 위의 책, 卷39, 雜志8 職官 中 醫學.

일본의 2명보다 월등히 많아 교육만 담당했으리라고 보이지 않는다. 사법 행정은 문무왕대 이래 좌·우이방부가 관장하고 있었고, 앞서 살폈듯이 이방부격을 비롯한 여러 관부의 격 제정을 이방부가 주도했으므로 새로운 법률의 제정과 심의 업무까지 맡았을 것이다. 이방부가 엄존하는 상황에서 율령전을 신설하고 율령박사를 6명 소속시킨 이유는, 교육과 더불어서 율령 자체에 관한 조사와 연구가 필요했기 때문이라고 여겨진다.

율령박사 2인을 두기 1년 전인 경덕왕 16년(757)에 녹읍祿邑을 부활하고, 주·군·현의 영속관계領屬關係를 조정하며 지명을 아화雅化된 한자를 써서 바꿨다. 동왕同王 18년에는 일부 관부와 관직명을 마찬가지로 개정했다. 이른바 한화정책漢化政策을 펼친 것이다. 또 원성왕 4년(788)에는 독서삼품제讀書三品制를 실시하여 국학 졸업생의 출사出仕 규정을 마련하였다. 율령박사와 율령전은 이러한 지방제도, 관제 및 관리 선발제도의 개혁 조치와 무관하지 않다. 기왕의 관련 법규를 상고商考하고 정책의 법적 근거를 율령에 반영하기 위해 새로운 관직과 관부가 설치되었다고 보인다. 율령박사들은 이때 당나라의 법전을 주로 참조하고 법률 개정의 기준으로 삼았을 것이다.[102]

> 2월에 교를 내려, 중앙과 지방의 관리가 휴가를 청하여 60일을 채운 자는 해관解官하게 하였다.
>
> (《삼국사기》 권9, 신라본기9 경덕왕 17년)

이것은 2개월 휴가를 쓴 관리를 면직하도록 한 왕교이다. 관리의 복

---

102 김영하, 2016, 〈古代王權의 전개와 전환 – 신라 왕권의 추이를 중심으로〉, 《韓國古代史硏究》 83, 82~83쪽. 그러나 율령전이 교육기능을 갖지 않았다고 보고 활동범위가 당 율령을 신라에 준용하는 데 그쳤다고 한 점은 동의할 수 없다.

무 규정에 해당하는 명령이라고 할 수 있다. 그리고 두 달 뒤인 같은
해 4월에 율령박사가 설치되었다. 위의 해관解官 규정은 관리의 선발, 고
과, 면직 등을 정한 선거령選擧令, 휴가 지급을 정한 가녕령假寧令과[103]
관련이 있다.

경덕왕 17년 전에 관리가 1년에 며칠의 휴가를 쓸 수 있었고, 언제
부터 이러한 휴가제가 실시되었는지 자료가 없어 알 수 없다. 그러나
최대 휴가일수를 넘겼을 경우 면직토록 한 것은 당령을 참조한 결과이
다.[104] 다만 당나라의 기한이 100일인 것과 달리, 신라는 60일인 것은
함안 성산산성 목간을 통해 검출한 '60일대법代法'에서 보이듯이 신라
사회에서 60일이 국가적인 역역力役 수취의 단위기간이었던 사실과 관
련이 있을 것이다.

당령을 참조해서 새로운 제도를 입안하고 발포하면서 당나라의 법제
를 연구할 전문기구의 필요성을 절감하여 율령박사를 신설했다. 그리고
이때 제정된 해관 규정은 경덕왕의 하교로 이뤄졌으므로 격의 형식으로
율령에 추가되었을 터이다. 이렇게 법제 관련 왕교가 나왔을 때 이를 분
류하여 해당 편목에 편입시키는 업무는 이방부가 맡았다.

법제와 관련된 왕교는 혜공왕대 이후에도 계속 발포되었다.

> 봄 정월에 교를 내려, 관직의 이름을 모두 옛것으로 회복시켰다.
> 　　　　　　　　　　　　　(《삼국사기》 권9, 신라본기9 혜공왕 12년)

> (왕이) 하교하기를, "새로운 절 짓기를 금하고 오직 고치는 것만을 허락한다.
> 또 비단에 수를 놓아 불사佛事에 쓰는 것과 금은으로 그릇 만드는 것을 금한다.

---

103 丸山裕美子, 2008, 〈律令國家と假寧制度 －令と禮の繼受をめぐって〉, 《日唐律令比
　　較硏究の新段階》, 山川出版社.
104 洪承佑, 2011, 앞의 논문, 243~246쪽.

소관 관청으로 하여금 널리 알리고 시행토록 하라."고 하였다.

(위의 책, 권10, 신라본기10 애장왕 7년)

흥덕왕 9년, 태화太和 8년에 하교하여 말하기를, "사람은 높고 낮음이 있고, 지위에는 존귀하고 비천함이 있으니 명칭과 법칙이 같지 않으며 의복 또한 다르다. 습속이 점차 경박해지고 백성들이 다투어 사치와 호화로움을 일삼으며 …… 풍속은 언덕이 평평해지듯이 (쇠퇴하기에) 이르렀다. 감히 구장舊章을 따라서 밝은 명령을 버리니, 만약 고의로 어기는 사람은 진실로 마땅한 형벌을 받을 것이다."라고 했다.

(위의 책, 권33, 잡지2 색복)

이러한 교서를 보존하고 그 가운데 율령에 추가할 조항을 선별하며, 기성의 조항과 모순·충돌 여부를 확인하고 산수刪修하는 역할은 율령전이 맡았을 것이다. 율령박사를 설치한 이후 제도 개혁 및 형률 관련 왕교는 발포되기 전 율령전의 자문을 거쳤으리라 여겨진다.

이 과정에서 이방부와의 업무 조정이 요구되었다. 즉 종래 법제 관련 왕교를 하달받아 내용별로 분류하여 목目·조條·항項 등으로 나누고 법조문을 작성하는 작업이 율령전으로 이관되었을 것이다. 이방부의 직장은 사법행정과 법률 제정·개정의 실무에 비중이 두어졌다. 문무왕 7년(667) 이방부를 좌우로 분사分司하고, 문무왕 18년(678)에 경卿을 증원하는 등 조직 확대가 계속되다가, 원성왕 13년(797)에 좌리방부의 사史가 15명에서 10명으로 5명 감축되었다. 정원 감축 조치는 업무의 축소가 선제되는 것이므로 경덕왕 17년(758)의 율령박사 신설을 떠올리지 않을 수 없다. 율령박사 2인이 이방부의 업무 일부를 분담해간 것이다. 그렇다면 율령전이 정식 관부로 출범하거나 그 소속 박사가 6명으로 확충된 시기가 원성왕 13년 무렵일 가능성이 높다.

이상 살펴본 율령전을 비롯하여 의학醫學, 누각전漏刻典, 상문사詳文司

는 모두 내성內省 예하의 관부이다. 국학의 교수 과목 가운데 유학儒學, 사학史學을 제외하고 이른바 잡학雜學과 관련되어 있다. 그리고 이들 관부는 율령박사, 의박사, 누각박사, 통문박사通文博士와 같은 박사직을 거느리고 있었다. 천문박사天文博士는 소속 관부가 밝혀져 있지 않지만 같은 성격의 관직으로 포함시킬 수 있는데, 이 역시 내성 관하이다.

이것을 어떻게 이해해야 할까? 그간 내성을 왕실 재정, 왕실 직속 수공업 관사, 공봉供奉 업무를 중심으로 이해해 왔으나, 율생律生, 의생醫生에 대한 교육·연구, 그리고 행정관부와의 협조관계를 유의한다면 기왕의 이해는 협애하거나 성격의 일면만을 보아온 것이라고 할 수 있다. 더욱이 위의 관부가 담당한 분야가 법, 시간, 문장, 천문과 같이 전통적으로 제왕학帝王學에 속하므로 왕권과 직결된다. 그 직무는 국가 운영의 원리를 찾아내고 해석, 응용하는 것이었다. 이런 측면에서 내성 관부의 기능과 하대 왕권의 성격 변화에 대한 재검토가 필요하다고 본다.

2) 애장왕대 공식公式 제정의 의의

중대 초 이래 격이 제정되었는데, 이를 포함하여 율령법을 시행하고 확충된 관부를 원활하게 운영하기 위해서는 여러 형식의 하위 법규가 필요했다. 제도를 시행하기 위한 관련 사항의 규정, 각 관부별의 내규內規가 폭증했을 것이다.

> 가을 8월에 공식 20여 조를 반시頒示했다.
>
> 　　　　　　　　　　　　(《삼국사기》 권10, 신라본기10 애장왕 6년)

애장왕이 805년에 선포한 공식 20여 조는 실체가 무엇일까? 율령격식의 범주가 아니라 관리에 관한 각종 규정에 불과하다거나,[105] 령 가운데 공식령이라고 이해하여 행정 수요가 증가하자 문서행정에 관한 규정인 공식령을 추가했다는 견해,[106] 그리고 공무 처리와 관련된 식式을 집성한 법전이라는 견해가[107] 있었다.

법흥왕대 이래 실시되던 신라의 율령법이 중고기 말~중대 초에 수당 법전을 받아들여 무열왕 때 적어도 율·령·격의 체제를 갖추었으므로 하대에 선포된 위의 '공식公式'을 율령법과 무관하게 파악할 수는 없다. 그리고 앞서 검토했듯이, 문무왕대 신라 조정은 율령뿐 아니라 격·식에 관한 인식을 갖고 있었고 이후 피마식과 같은 일부 식을 제정하여 사용하고 있었다.

공식이라는 용어가 문제인데, 과문이지만 중국, 일본의 고대 율령에서 '공식'이란 독립된 용어를 찾을 수 없고 공식령을 '공식'이라고 약칭한 예도 없었다. 그런데 《고려사》 형법지에 '공식'이란 편명이 실려 있다. 이 형법지는 《원사元史》 형법지의 체재를 모델로 삼아 서문, 명례名例로부터 시작하여 노비까지 14편으로 구성되어 있다. 이 가운데 공식, 노비 편은 《원사》 형법지에 없는 내용이다.[108] 그렇다면 애장왕 때 반포된 공식은 고려시기의 공식과 계보가 이어지는 것이라고 보아야 한다.

그럼 고려시기의 공식이란 무엇일까? 《고려사》 형법지의 공식 편에는 상피相避, 관리급가官吏給暇, 피마식避馬式, 공첩상통식公牒相通式이 실려 있다. 피마'식'과 공첩상통'식'은 모두 식이 붙어 있어서 식의 일종임을 바로 알 수 있다. 피마식은 관료가 마주쳤을 때 길을 가는 우선순위

105 北村秀人, 1982, 〈朝鮮における律令制の變質〉, 《東アジア世界における 日本古代史講座 7》, 學生社. 185쪽.

106 田鳳德, 1968, 〈新羅律令攷〉, 《韓國法制史研究》, 서울大學校出版部, 263쪽; 武田幸男, 1971, 〈律令國家群の形成(朝鮮の律令制)〉, 《岩波講座 世界歷史 6》, 岩波書店, 68쪽.

107 洪承佑, 2011, 앞의 논문, 257쪽.

108 邊太燮, 1982 《《高麗史》의 研究》, 三英社, 92~95쪽.

와 표해야 할 예법을, 공첩상통식은 공문서의 서식과 용어, 이첩하는 절차 등을 세세하게 밝히고 있어 율·령·격의 시행세칙이라는 식의 본의와 어울리는 내용이다.

927년에 찬진된 일본의 《연희식延喜式》을 참고해 보자. 그전에 《홍인식弘仁式》《정관식貞觀式》이 병행 사용되어 이들을 통합·개정할 필요가 있었고, 이를 위해 당나라의 《개원식開元式》《영휘식永徽式》을 참조하여 편찬한 것이 《연희식》이다. 전 50권은 신기神祇, 태정관太政官 이하 여러 관부의 식式과 잡식雜式으로 구성되었으며, 율·령·격의 법규를 실행하기 위해 필요한 세부규정을 모아놓은 시행세칙집이다. 《연희식》은 관사별로 필요 규정을 모아서 담당 관리가 업무를 집행하는 것을 실무적으로 지원하는 기능을 했다.[109]

문제는 《고려사》 형법지의 상피조와 관리급가조이다. 이들은 표제에 모'식'이라고 표시되어 있지 않기 때문이다. 그런데 고려 선종대에 상피식이 반포된 바 있다.[110] 이 상피식의 내용은 전하지 않지만 형법지의 상피조가 선종 때의 상피식을 근거자료로 삼았음은 분명하다. 관리급가는 중국과 일본에서 가녕령假寧令에 규정이 들어 있다. 관리의 휴가 규정은 이처럼 행정령의 성격을 갖고 있지만, 이 역시 성종대에 급가식給暇式이 정해진 바 있다.[111] 성종 4년(985)의 급가식은 형법지의 관리급가조에서 그 조문을 인용하고 있다. 따라서 상피와 관리급가조는 식 자체는 아니지만 그것을 중심 내용으로 하고 관련 법제 및 왕교王敎, 판判,

---

109 虎尾俊哉, 2000, 〈解說〉, 《延喜式 上》, 集英社, 8~17쪽.

110 《高麗史節要》 卷6, 宣宗 9年 11月 "定五服相避式"

111 《高麗史》 卷64, 志18 禮6 凶禮 "(成宗) 十五年七月 定朝官遭喪給暇式 忌暇各三日 每月朔望祭 暇各一日 大小祥祭 暇各七日 大祥後 經六十日 行禫祭 暇五日"

同書, 卷84 志38 刑法1 公式 官吏給暇 "(成宗) 四年 新定五服給暇式 斬衰·齊衰三年 給百日 齊衰期年 給三十日 大功九月 給二十日 小功五月 給十五日 緦麻三月 給七日"

제制 등의 편년기사를 정리해 놓은 것이라고 할 수 있다. 상피와 관리 급가조를 모식某式이라고 칭하지 않은 이유가 여기 있지 않을까 한다.

《고려사》 형법지의 공식 편은 고려시기에 제정된 일부 식과 이와 관련된 율·령·격의 조항, 그리고 관련 왕언으로 구성되어 있었다. 그 중심은 고려시기의 식이었고, 다수의 식 가운데 형법지의 찬자들이 위의 4개 조를 관료제도를 운영하는 데 긴요하고 필수적이라고 판단한 것이다.[112] 물론 판단의 기준으로 조선시기에 들어서도 효용성이 있는지 여부를 고려했을 터이고, 편찬 시에 자료가 남아 있었다는 단순한 이유 때문에 4개 조가 공식으로 실렸을 수 있겠다.

여하튼 고려시기에 공식이라고 불린 법제는 식이 중심이었음을 알 수 있다. 그렇다면 신라 하대 애장왕 때의 '공식 20여 조'도 유사한 성격의 법제였을 가능성이 높다고 본다. 이러한 추정은 공식이라는 같은 용어가 사용되었기 때문만은 아니다. 고려의 법제 자체가 여러 계통의 법률을 수용하여 형성되었다.

> 고려 일대의 제도는 무릇 모두 당을 본받았으니 형법에 이르러서도 또한 당률을 채택하고 시의를 참작하여 사용하였다. 이르기를, 옥관령獄官令 2조, 명례名例 12조, 위금衛禁 4조, 직제職制 14조, 호혼戶婚 4조, 구고廐庫 3조, 천흥擅興 3조, 도적盜賊 6조, 투송鬪訟 7조, 사위詐僞 2조, 잡율雜律 2조, 포망捕亡 8조, 단옥斷獄 4조이니 모두 71조이다.
>
> (《고려사》 권84, 지38 형법1)

위의 형법지 서문에서 고려는 당나라의 제도를 전적으로 수용했으며 형률 역시 마찬가지라고 했다. 열거된 형률의 편목은 옥관령을 빼면 당

---

[112] 고려시기의 式으로 위의 4개 외에 學式, 醫業式, 諸牧監場畜馬料式이 보인다.

률의 그것과 완전히 일치한다. 그런데 6장 2절에서 검토했듯이 신라는 중고기 말부터 당의 법률과 제도를 적극 수용하여 국제를 개혁했다. 법흥왕대 제정된 형률, 그리고 그 뒤 교·령으로 추보된 형률이 이 과정에서 수당 법제의 영향을 받아 개정, 보완되었을 것이다.

> 영암군 태수인 일길찬 제일諸逸이 공公을 등지고 사私를 꾀하니 형을 내려 장 1백을 때리고 섬에 들어가게 했다.
>
> (《삼국사기》 권8, 신라본기8 효소왕 10년)

> 한산주 표천현瓢川縣에서 요사스러운 인물이 빨리 부자가 되는 술수가 있다고 말하니, 뭇사람들이 자못 현혹되었다. 왕이 이를 듣고 말씀하기를, "좌도左道로써 군중을 유혹하는 자를 처형하는 것은 선왕의 법이다."라고 하며, 그를 먼 섬에 유배했다[投界].
>
> (위의 책, 권10 신라본기10 흥덕왕 3년)

효소왕 10년(701) '배공영사背公營私'했다고 하여 지방관을 장형과 유배형에 처했다. 제일諸逸에 대한 형벌은 장형과 유배형을 결합시켰는데 당나라의 결장배류決杖配流 방식을 따른 것이다.[113] 주목되는 것은 신라에서 유형流刑이 실시되었다는 사실이다. 현존하는 자료에서 삼국시기에 신라에서 유형이 확인되지 않는다. 그렇다면 유배형은 7세기 중엽 당의 법전이 도입되어 실시된 새로운 형률에 의한 형벌로 여겨진다. 위의 흥덕왕대 자료에도 유배형의 사례가 보인다.

장형은 〈울진 봉평비〉에서 이미 100대, 60대의 장형이 실시되었음이 확인되고, 문무왕대 인물인 김원정金元貞이 구근仇近을 장벌에 처한 바 있다.[114] 따라서 장형은 중고기부터 실시되던 것이 중대에도 계속되었으며,

---

113 韓鈴和, 2011,《韓國 古代의 刑律 研究》, 成均館大學校 博士學位論文, 180~184쪽; 채웅석, 2015, 〈고려시대의 杖流刑과 黥配刑〉,《韓國文化》70, 248~250쪽.

유형은 중대 초에 실시되기 시작하여 하대까지 이어지고 있었다고 볼 수 있다. 이것은 수당 율령법의 5형제五刑制가 신라에 도입된 결과이다.

제일諸逸의 경우 '배공영사'의 구체적인 내용을 알 수 없다. 그런데 유사한 전례를 찾을 수 있다. 곧 7세기 초 창예창唱翳倉의 관리들이 창곡倉穀을 훔친 행위가 범죄로 서술되어 있다.[115] 법흥왕대 율령부터 공물公物을 횡령하는 것은 금지되어 있었고 이러한 전통이 제일의 처벌로 이어졌다. 그런데 《당률소의》를 보면, 관리가 감림監臨할 때 횡령, 뇌물 수수, 식리殖利 사업을 벌이는 행위 등에 대해 세세한 규정이 실려 있다.[116] 제일은 효소왕 때 인물이지만 공익을 저버리고 사리를 도모했다고 하여 처벌받은 것은, 중대 초에 당 형률로부터 영향을 받아 신라 형률의 죄목이 더욱 체계화되고 세분되어 그 적용을 받은 결과일 가능성이 있다.

경문왕 14년(874) 이찬 근종近宗이 반역을 일으키자 그 무리를 거열형車裂刑에 처한 사실을[117] 근거로 하여, 당나라의 오형五刑과 다른 신라 고유의 형벌이 법흥왕대 이래 하대까지 이어졌다고 보거나[118] 492년에 반포된 북위 《태화율령》의 영향을 강조한 견해가[119] 있다. 그러나 수당에서도 율과 별도로 거열車裂, 지해支解 등 혹형酷刑이 행해졌다. 신라의 거열형과 무열왕 때 검일黔日을 잔혹하게 처벌한 사례는[120] 대역죄를 범

114 《三國史記》卷47, 列傳7 仇近.

115 위의 책, 卷48 列傳8 劍君 "郎曰 胡不言於有司 劍君曰 畏己死 使衆人入罪 情所不忍也"

116 《唐律疏議》卷2~5, 名例 篇의 十惡反逆緣坐, 奸盜略人受財, 彼此俱罪之贓, 會赦改正徵收, 盜詐取人財物 等 條를 참조.

117 《三國史記》卷11, 新羅本紀11 景文王 14年.

118 金龍善, 1982, 〈新羅 法興王代의 律令頒布를 둘러싼 몇 가지 問題〉, 《加羅文化》1, 130쪽.

119 李仁哲, 1994, 앞의 논문, 158쪽.

한 자에게 형률 외적인 방식을 사용한 것이므로 이를 가지고 수당 형률의 수용을 부정할 수 없다.[121]

신라의 율령법은 중대 이래 수당 율령을 수용하여 폭넓은 개정·보완이 이뤄졌고 형률 역시 당률이 큰 영향을 끼쳤다. 위에서 지적한 당률의 요소는 그 결과인 것이다. 신라율이 중대부터 이미 당률의 체계와 조항을 포함하고 있었고 하대를 거쳐 고려까지 일부가 계승되었다고 보는 것이[122] 합리적이다. 《고려사》 형법지 서문에서 "당률을 채택"했다고 한 것은 내용상으로는 맞는 서술이지만, 그 외피를 이루고 있는 신라율의 전통을 축소, 배제하려는 의도가 엿보인다. 고려 형률의 편목 13개 가운데 12개가 당률과 일치하게 된 것은, 고려율이 성립하는 과정에서 신라 형률의 몸통을 이루고 있는 당률을 주로 활용하고 신라적 요소의 잔재는 상당히 제거하였음을 시사한다. 그럼에도 불구하고 고려 형률이 모범으로 삼은 당률이 중·하대 신라율의 변용을 거친 것이라는 사실이 중요하다.

그렇다면 《고려사》 형법지에 실린 공식 편의 계보를 신라 애장왕이 반시頒示한 '공식 20여 조'까지 소급하여 연결시킬 수 있다고 본다. 형

---

120 《三國史記》 卷5, 新羅本紀5 武烈王 7年.

121 한영화, 2015, 〈신라와 고려의 형률 운용과 계승성 − 모반죄·불효죄와 결장배류형을 중심으로〉, 《韓國古代史硏究》 80, 200~207쪽.
   한편 정병준, 2017, 〈新羅 文武王 9년(669) 赦書에 보이는 '五逆'의 再檢討〉, 《東國史學》 62는 문무왕의 赦免敎書를 분석하여 법제 용어, 죄목, 사면 형식 등에 唐律이 도입되었음을 주장하였다.

122 韓容根, 1991, 〈高麗律의 成立에 관한 一考察〉, 《國史館論叢》 21; 同, 1992, 〈統一新羅의 刑律〉, 《中齋張忠植博士華甲紀念論叢》, 檀國大學校出版部.
   한편 李佑成, 1989, 〈高麗土地·課役關係'判·制'에 끼친 唐令의 影響 −新羅 律令國家說의 檢討를 兼하여〉, 《大東文化硏究》 23은 고려 초에 신라와 태봉의 제도가 계승되어 한 축을 이룬 점을 중시하고 고려시기 문헌에 나오는 '舊制' '令文'을 그 일부라고 본 바 있다.

법지의 공식의 중심이 식이었듯이 애장왕 때 반포된 공식도 식이었을 것이다. 그러나 이것이 법전의 형식을 갖추어 편찬되었고 '20여 조'가 그 편목을 가리킨다고[123] 보이지는 않는다. 우선 이것이 편목이었다면 20여 '조'라는 용어와 어울리지 않는다. 무열왕대 이방부격 60여 '조'를 정할 때[124] 조는 이방부격의 편명이 아니라 그 격의 하위에 있는 법규로서의 조였다. 그래서 조의 숫자를 정확히 밝히지 않고 '60여'라고 기록한 것이다. 공식 '20여 조'는 이러한 용례와 부합한다.

그리고 수대 이후 중국에서 격과 식이 법전으로 편찬되는 경우 동시에 이뤄졌고, 고대일본에서는 보통 격이 먼저 찬진되고 나서 식이 찬진되었다. 예컨대 수나라의 《개황율령격식》이 581~583년, 당나라의 《정관율령격식》이 637년, 《영휘율령격식》이 651년에 편찬되었다. 일본의 《홍인격》과 《홍인식》은 820년에 같이 찬진되었지만 《정관격》은 869년, 《정관식》은 871년에, 그리고 《연희격》은 907년, 《연희식》은 927년에 찬진되었다.

그러나 신라에서는 애장왕 6년 공식이 반시될 당시나 그전에 격이 법전의 형태로 편찬되었다는 기록이 없다. 무열왕 원년에 이방부격을 수정한 다음 다른 관부의 격도 정비되었다고 보이지만, 《개원격》《홍인격》처럼 관부별로 편목을 이룬 법전 혹은 《유취삼대격類聚三代格》처럼 사업별로 편목을 나눈 법전으로서 편찬되었다는 증거가 없다. 애장왕대 20여 편을 갖춘 식전式典이 반포되었는데 그 이전에 격전格典이 보이지 않는다는 것은 상상하기 어렵다. 6징 1절에서 살펴본 바 8세기 중엽 이전의 피마에 관한 식처럼 시행세칙으로서의 식이 별도로 제정되어 있

---

123 洪承佑, 2011, 앞의 논문, 257~258쪽.

124 《三國史記》卷5, 新羅本紀5 武烈王 元年 "命理方府令良首等 詳酌律令 修定理方府格 六十餘條"

었다. 공식 20여 조는 법전이 아니라 이처럼 전부터 있던 식에 20여 조를 추가한 것이다.

거듭 말하지만, 신라는 법흥왕대 율령 반포 이후 축적되어 온 왕교와 행정명령, 관부별 규정 가운데 항구적 법률로서 의미가 있는 것을 기성의 율령에 새로운 조항으로 추보追補하여 사용했다. 7세기 중엽 당으로부터 수용된 격格·식式의 체제와 형식은 이러한 방식을 더욱 체계적으로 이뤄질 수 있도록 했다. 애장왕은 식을 증설하여 기왕의 율령법을 보완한 것이다. 《연희식》을 보면, 성립 시점이 다른 단행법령單行法令에 의거해서 조문條文을 수록함으로써 조문 사이에 차이가 발생하는 예가 확인된다.[125] 이 역시 기왕에 축적된 여러 갈래의 단행법이 율령 조항으로 편입되고, 다시 이들이 기준에 따라 집성되는 과정을 거쳐 결국 식전式典으로 편찬되었음을 알려 준다.

신라에서 식전은 편찬되지 못했으나 836년 즈음 작성된 〈흥덕왕릉비편興德王陵碑片〉의 "格式是皆" 명문에서 보듯이 신라 하대에 식은 격과 병칭될 정도의 위상을 갖고 있었다. 다만 그 존재 형태를 알기 어렵다. 당대의 《개원식》, 일본의 《홍인식》《정관식》《연희식》의 편목이 모두 관부별로 설정된 것을 감안하면 신라의 식도 제정된 다음에는 관부별로 배당되어 활용되었을 것이다.

격·식을 제정하여 율령법을 보완해 나가는 방식은 신라 말까지 지속되었고[126] 이것이 고려 율령의 편찬으로 이어졌다고 보인다. 형률은 내용상 당률이 주류를 이루었으나 행정령, 격·식에는 신라 중대 이래의 법제가 깊은 영향을 끼쳤고, 그 가운데 애장왕 때 제정된 공식 20여 조

---

[125] 虎尾俊哉, 2000, 앞의 논문, 19쪽.
[126] 全德在, 2011, 〈신라 율령 반포의 배경과 의의〉, 《歷史敎育》 119는 이러한 견지에서 신라 하대를 律令보다는 格式의 시대라고 규정한 바 있다.

가 포함되었을 것이다.

《고려사》 형법지에는 고려시기의 왕대王代 기년紀年이 붙은 편년 기사와 이것이 없는 과조적科條的 기사가 실려 있다. 과조적 기사는 법률 조문의 형식을 띠고 있지만 그 성격이 단일하지 않다. 그 전거典據는 성종대 편찬되었다고 추정되는 기본법전이 아니고, 식목도감式目都監이 집성한 법령 가운데 필요한 조문이 편람便覽처럼 재가공·집록輯錄되었고 여기서 자료가 채록되었을 것이라고 한다.[127] 하지만 그렇다고 하더라도 과조적 기사가 고려시기 들어 처음 작성되었다는 보장은 될 수 없다. 식목도감의 편찬물에 수록된 법령이 고려에 들어와 정리되었다고 하더라도 위에서 살펴보았듯이 그 원천은 신라 시기의 율령법으로부터 비롯되었다고 보이기 때문이다. 애장왕이 반시한 공식 20여 조와 《고려사》 형법지에 실린 공식의 법제사적 의의를 여기서 찾을 수 있다. 앞으로 형법지의 과조적 기사를 당, 송, 금, 원 등의 조문과 면밀히 비교 검토하고 그것과 차이가 나는 조문의 출처를 찾는 작업이 필요하다.

---

127 蔡雄錫, 2009, 〈《高麗史》 刑法志의 성격과 사료적 가치〉, 《《高麗史》 刑法志 譯註》, 신서원, 36~50쪽.

제1장

복수관復讐觀을 통해 본
고대의 법문화

복수란 타인으로부터 입은 신체·물질·정신적 피해를 가해자나 그 연고자에게 되돌려 갚는 행위를 말한다. 피해자 혹은 그 친족이 가해자에 대해 분원忿怨을 품어 복수로써 이를 해소하려는 것은 인간 본능의 하나이고 자연발생적 현상이라고 할 수 있다. 피해자 측은 이러한 보복행위를 통해서 가해자 측을 응징하고 설욕하는 효과를 얻게 된다.

그러나 복수는 그 사유가 정당하다고 판단되더라도 사적으로 자행되기 때문에 현대사회에서는 법으로 엄격히 금지된다. 고대사회에서 공공연히 이뤄지던 복수가 점차 규제를 받게 되고 국가의 사법권이 개인의 보복행위를 대신하게 된다는 것이 일반적인 이해이다. 서양에서는 16세기 이후 북서 유럽으로부터 사형私刑을 불법화하고 국가가 폭력을 독점해 가는 추세가 나타난다고 한다.[1]

우리의 경우는 복수가 조선 후기에도 지속되었다. 18세기의 예를 보면, 죽어 마땅한 죄를 지은 사람을 죽일 권리가 있는 사람이 죽이는 경우는 의로운 살인으로서 인정받아 감형 혹은 방면의 대상이 되었다.[2] 다산은 반드시 갚아야 할 원수에 대해 복수한 자에게는 죄가 없다고 보았다.[3] 엄격한 제한이 있었지만 합당한 보복이라고 인정될 경우는 처벌받을 때 정상이 참작되었다.

[1] 홍선영 옮김, 2001, 《살인의 역사》, 개마고원(원저는 Pieter Spirenburg, 2008, *A History of Murder*, Cambridge: Polity Press).

[2] 김 호, 2012, 〈'의살(義殺)'의 조건과 한계 -다산(茶山)의 《흠흠신서(欽欽新書)》를 중심으로〉, 《역사와 현실》 84.

[3] 윤재현, 2002, 〈다산 정약용의 복수론〉, 《다산학》 3.

그렇다면 고대사회에서 복수는 어떤 모습이었을까? 이에 관한 전론은 아직 없는 듯하다. 법사학계에서 복수의 문제를 다룬 선구적 업적은[4] 중국 당대 이후의 복수론을 법치法治와 유교적 예치禮治의 갈등이라는 관점에서 검토했다. 그러나 한국사와 관련해서는 고려 이후의 사례만을 연구 대상으로 삼았고 복수를 유교의 윤리로만 이해한 점이 아쉽다.

한편 중국사학계에서는 일찍이 《춘추공양전春秋公羊傳》《예기禮記》 등의 유교 경전과 《사기史記》 이래 정사에 실린 자객刺客·효의孝義 등의 열전에 실린 관련 사료를 이용하여 고대의 복수사례가 정리되었고, 복수와 법에 의한 응보應報의 관계 등이 다뤄졌다.[5] 중·일 학계에서 관한 관심은 근래까지 이어지고 있다.[6]

여기서는 위와 같은 기왕의 연구를 참고하여 한국 고대의 복수에 관한 몇 가지 문제를 검토해 보려고 한다. 복수의 구체적인 양상, 곧 그 주체와 대상, 방식 등을 해명해야 하지만 이에 관한 자료는 극히 적다. 따라서 자료가 허락하는 한에서 고대인의 복수에 대한 인식, 그동안 논란이 되었던 유교 윤리와 복수의 관계, 그리고 복수에 대한 처벌 여부 등 국가의 대처방식을 살펴볼 것이다. 특히 복수에 대한 사회적 인식의 변화 과정에 유의하여 이를 중국의 사례와 대비해 보고자 한다.

---

4 沈羲基, 1983, 〈復讐考序說〉, 《法學研究》 26-1, 부산대학교 법학연구소.

5 穗積陳重, 1931, 《復讐と法律》, 岩波書店; 西田太一郎, 1974, 〈復讐と刑罰〉, 《中國刑法史研究》, 岩波書店; 牧野巽, 1980, 〈漢代における復讐〉, 《牧野巽著作集 2 −中國家族研究(下)》, お茶の水書房.

6 張建國, 1997, 《中國法系的形成與發達》, 北京大學出版社; 竹內康浩, 2009, 《中國の復讐者たち》, 大修館書店; 富谷 至, 2011, 〈復讐と儀禮〉, 《東アジアにおける儀禮と刑罰》, 日本學術振興會.

1. 초기 고대국가의 법속과 복수

인류사회는 보편적으로 살인이 공동체의 유대를 파괴하는 범죄라고 하여 우선 규제의 대상으로 삼았다. 고조선의 경우를 살펴보자.

> 상대가 죽이면 당시에 죽임으로써 갚는다. 상대가 상해를 입히면 곡물로써 배상하도록 한다. 상대가 도둑질하면 남자는 그 집의 노奴를 삼고 여자는 비婢를 삼는다. 이를 면하려면 1인당 50만을 내야 한다. ······
>
> 《《한서》 권28하, 지리지8하 연지燕地)

살인죄가 가장 먼저 언급된 것은 고조선 사회에서 살인이 가장 중죄로서 취급되었기 때문이다. 고조선에서는 살인자를 사형으로 처벌했는데, 이 역시 고대사회에서 일반적으로 나타나는 탈리오의 법칙(Les Talionis), 곧 동해보복同害報復의 원칙과 부합한다.[7] 고대 중국에서도 일찍이 "살인자는 죽인다[殺人者死]"는 처벌방식이 확립되었다.

범금의 경우 살인죄를 보면, "사람을 죽이면 그때를 당하여 살인자를 죽인다."라고 하여 상해죄, 절도죄와 달리 '당시當時'가 들어가 있다. 살인과 같은 중죄에 대해서 사형 집행을 늦추지 않는다는 의미로서 고조선 법속의 엄중성을 강조한 표현이다. 그런데 여기서 개인 간 복수의 편린을 엿볼 수 있어서 주목된다. 가해자를 즉시 혹은 시간을 지체하지 않고 죽이는 방법 가운데는 피해자의 친족이 살인의 현장에서 복수하는 방법이 있기 때문이다.

곧 이 조항은 고조선 사회에서 살인이 발생하면 그에 대한 피해자 측의 보복이 이뤄지고 있던 현실을 반영한다고 생각된다.[8] 살인자에 대

---

7 李丙燾, 1976, 〈'箕子朝鮮'의 正體와 所謂 '箕子八條教'에 대한 新考察〉, 《韓國古代史 研究》, 博英社, 63쪽.

한 보복살인이 일반적으로 행해지고 반복되면서 관습법으로서 굳어진 결과가 범금8조의 첫 번째 조항이라고 본다. 중국도 후대까지 비슷한 상황이었으니, 조선에서 형률로 받아들인 《대명률大明律》에 "부모나 조부모가 살해될 때 즉시 흉인凶人을 죽였다면 죄를 묻지 않는다."고 했다.[9] 무죄로 인정받을 수 있는 정당한 복수의 요건을 밝힌 조항인데 여기에 고대 이래의 복수의 흔적이 남아 있는 것이다.

고조선 시기에 복수는 관습법으로 정착될 정도로 공공연하게 이뤄진 듯하지만 실제 사례는 남아 있지 않다. 다만 한나라 사신 섭하涉何의 예는 참고가 된다. 그는 우거왕右渠王을 회유하려다 실패하고, 귀국하던 중 고조선의 전송 사절을 살해했다. 그 공으로 요동군의 동부도위東部都尉가 된 섭하를 고조선 측이 '원망하여〔怨〕' 군사가 기습하여 죽였다.[10] 사적인 복수가 아니라 외교교섭 과정에서 일어난 분쟁사건이지만 유의할 점이 있다. 피해를 입힌 한나라를 응징할 수 있는 여러 가지 군사·외교적 방안이 있었을 터인데 사단을 일으킨 섭하를 지목하여 처단했다. 이는 "살인자는 죽인다."는 범금 조항을 대외에 적용한 것이고, 더 나아가 생각하면 고조선 사회에서 이뤄지던 복수살인의 연장이라고 할 수 있을 것이다. 복수의 습속이 관습법으로 정착되고 대외정책에 영향을 미칠 정도였다면 고조선에서 개인 간의 복수 행위가 금지되었다고 보기 어렵다.

젊은이를 귀하게 늙은이를 천하게 여긴다. 그들의 성품은 사납고 오만하다. 분노하면 아버지와 형조차 죽이지만 결코 어머니는 해치지 않는다. 어머니에게

---

8 韓鈴和, 2011, 앞의 논문, 20~21쪽.
9 《大明律》卷20, 刑律 鬪毆 父祖被毆.
10 《史記》卷115, 列傳55 朝鮮.

는 그 족류族類가 있지만, 아버지와 형은 같은 종種에 속하기 때문에 보복할 사
람이 없기 때문이다.

(《삼국지》권30, 위서30 오환선비동이전30 오환)

오환족烏丸族은 필요에 따라 부형父兄까지 제거하는 경우가 있었지만
어머니는 살해의 대상이 되지 않았다. 주목되는 점은 그 이유인데, 부
형과 본인은 같은 집단에 속하여 보복의 우려가 없지만 어머니를 해칠
경우 외가 쪽 집단이 복수를 해 오므로 이를 두려워하기 때문이라는
것이다. 이러한 원리는 형사취수혼兄死娶嫂婚이 이뤄지는 배경이 되었던
처가 집단 쪽에도[11] 적용되었을 터이다. 즉 모母, 처妻의 족류처럼 자신
이 소속되지 않은 집단은 원래 자기 집단 소속이었던 성원(혼인에 의해
다른 집단으로 소속이 바뀐 모 혹은 처)이 살해당하면 이에 대해 보복하
는 것이 의무였다. 형사취수혼 등 오환과 유사한 습속을 갖고 있던 고
구려에서도 지역집단끼리의 보복은 자기 공동체 성원의 유대를 유지하
기 위해 이뤄지고 있있을 것이다.

부여의 상황은 어땠을까? 3세기 전반의 부여의 법속은 고조선보다
발전된 모습을 보여 준다.

형벌이〔用刑〕 엄하고 신속하다. 살인자는 죽이고 그 가족을 노비로 삼는다.
절도하면 훔친 물건의 12배를 물린다. ……

(《삼국지》권30, 위서30 오환선비동이전30 부여)

살인자를 사형에 처하는 것은 고조선과 마찬가지이지만 더하여 그
가족을 노비로 삼도록 했다. 무엇보다 '형벌의 사용〔用刑〕'이 언급되고

---

11 盧泰敦, 1983, 〈高句麗 초기의 娶嫂婚에 관한 一考察〉, 《金哲埈博士華甲紀念史學論
叢》, 知識産業社.

있으므로 살인 사건의 처리에 국가권력이 개입했음을 분명히 알 수 있다. 그렇다면 복수로 일어난 살인이 처벌의 대상에 포함되었을지 궁금해진다.

부여는 은정월殷正月에 열린 영고迎鼓 행사에서 형옥을 결단하고 죄수를 석방했다. 영고는 하늘에 제사하는 국중대회였으므로 이때 열린 재판에서는 중대범죄를 판결했을 것이다. 살인죄 역시 중죄이므로 영고에서 다뤄졌음에 틀림없다. 그러나 1년에 한 번 개최되는 영고에서 모든 살인 사건을 재판했다고 보기 어렵다. 그 가운데서 상징성이 있는 사건, 그리고 제천행사이니만큼 신성을 모독한 범죄나 대역죄를 처결했다고 생각된다.[12]

이러한 추정이 허용된다면, 부여에서 살인은 엄금되고 살인자는 처벌받았지만 복수살인은 처벌되지 않았을 가능성이 높지 않을까 한다. 국가는 복수를 유발하는 원인이 되는 살인을 금지함으로써 복수살인의 소지를 없애는 역할을 하였다. 그러나 일단 살인이 벌어지고 국가의 사법권이 미치기 전에 피해자 측의 복수가 이뤄지면 이에 간여하지 않은 듯하다. 이를 조금 더 확대해서 해석하면 복수살인이 국가의 사법권 행사를 보완하는 역할을 했다고도 할 수 있다.[13]

한편 《춘추공양전》에 "아비가 (국가에 의해) 주살되지 않았다면 자식은 복수할 수 있다."라고 하거나, 《예기》에서 아비의 원수를 "같은 하늘 아래 더불어 살 수 없는(不與共戴天)"이라고 규정했듯이 유교는 복수를 긍정했다. 그리고 "임금을 시해한 자를 토벌하지 않으면 신하가 아니고,

---

12 부여에서 기후가 불순하여 흉년이 들면 국왕을 교체하거나 살해하자는 논의가 일어났는데(《三國志》 夫餘傳), 天神을 제사하는 영고에서 廢位에 관한 논의가 이뤄졌을 것이다.

13 조선 후기에도 사형에 처할 죄인, 곧 죄상이 명백한 죄인을 피해자 가족이 죽이면 공권력을 대신한 것으로 간주되었다(김 호, 2012, 앞의 논문, 337~338쪽).

아비의 원수를 갚지 않으면 자식이 아니다."라고 하여[14] 복수를 이행하지 못한 자를 비난하기까지 했다.

유교경전의 내용을 근거로 하여 중국 고대의 복수가 단순히 사자死者를 위로하거나 원수에게 보복하는 행위에 그치지 않고, 일종의 유교적 의례로서 이뤄졌다고 이해한 견해가 있다.[15] 복수는 유교적 예치禮治를 실천하는 것이므로 율령에 입각한 법치法治의 대상에서 벗어나 있었고, 따라서 살인은 형률에 따르면 엄연히 범죄이지만 유교윤리에 합당한 복수살인은 처벌되지 않았다고 한다.[16]

고조선의 복수가 이러한 유교의 예교를 따랐기 때문에 제재를 받지 않은 것일까? 범금8조 가운데 상해와 절도에 대한 처벌은 배상형 혹은 신분형身分刑과 같은 발전적 요소가 보이므로 중국의 영향을 상정할 수 있다.[17] 그러나 살인죄에 대한 사형 규정은 원시사회 이래의 응보應報의 원리를 따라 행해지던 보편적인 처벌 형태였다.

그 기반을 이룬 고조선인의 복수 습속을 곧바로 유교윤리와 연관 짓기는 어렵다. 복수 행위는 피해에 따른 자연스러운 반작용이고 당시로서는 가해자에 대한 정당한 응징이었으므로 유교의 영향을 받기 전부터 강력한 동인을 갖고 있었다. 예컨대 친족이 살해당했을 때는 당연히 원수를 갚아 설욕을 해야 하며, 이를 이행하지 않는 자는 수치를 느끼고 비난을 받았다. 자연법칙으로서의 응보율을 거슬렀기 때문이다. 초기 국가 시기에 복수는 유족에게 남겨진 일종의 의무였고, 이 때문에 복수살인의 빌미를 제공하게 되는 원래의 살인이 일어나는 것을 예방하는

14 《春秋公羊傳》隱公 11年 "子曰 君弑 臣不討賊非臣也 不復讐非子也"
15 富谷 至, 2011, 앞의 논문, 15~16쪽.
16 위의 논문, 17~18쪽.
17 이 책의 1장 1절을 참조할 것.

효과가 있었으므로 사회적으로 장려된 것이다.

유교의 예법 자체가 유가에 의해서 모두 창시된 것이 아니고 서주西周 이전의 습속과 범죄 및 속죄 관념을 수용·흡수한 바탕 위에서 형성되었다. 원수의 목을 베어 피해자의 묘소에 바치고 제사하는 의식은[18] 유교만의 고유한 의례 요소가 아니다. 예를 들어, 서구인들은 복수를 할 때 얼굴 또는 머리를 주로 공격했다. 이 부위가 사람의 명예를 상징하므로 그의 모자를 벗기거나 얼굴을 공격함으로써 큰 모욕을 줄 수 있었다. 복수를 포함하여 폭력이 의례성과 상징성을 갖고 행사되는 것은 보편적인 현상이었다.[19] 신라군이 관산성 전투에서 사로잡은 성왕을 노비 출신을 시켜 참수하게 하고 그 목을 왕경으로 가져가 북청北廳의 계단 밑에 묻은 사실도 유교의례이기보다는 신라의 주술적인 수불修祓 행위였다.[20]

이상과 같은 이유로 중국 고대의 복수를 유교의 맥락에서만 파악할 수 있을지 의문이다. 더욱이 고조선, 부여처럼 동아시아의 변경에 속한 사회에서 이뤄진 복수는 유교적 예법이 아니라 그 지역의 법속과 문화적 전통 속에서[21] 파악되어야 한다. 이들 나라에서 복수살인에 대해 국가의 공권력이 개입한 적극적인 증거는 없다. 오히려 사적인 복수나 예濊의 책화責禍처럼 읍락 단위의 보복이 전통적인 방식의 처벌로서 관습법과 함께 병존하고 있었다고 추정된다.

이는 다른 측면에서 보면, 살인자의 검거·수감·재판·처형 등에 소요되는 행정력과 비용이 복수 사건까지 미치지 못했기 때문에 나타난 현

---

18 富谷 至, 2011, 앞의 논문, 15쪽.
19 Pieter Spirenburg·홍선영 옮김, 2001, 앞의 책, 56·114쪽.
20 金昌錫, 1997, 〈한국 고대 市의 原形과 그 성격 변화〉, 《韓國史研究》 99·100, 87쪽.
21 金哲埈, 1975, 〈三國時代의 禮俗과 儒敎思想〉, 《韓國古代社會研究》, 知識産業社.

상이었다. 그러나 복수살인도 분명히 살인의 일종이고, 부여의 영고迎鼓에서 보이듯이 국가가 살인죄를 처벌했다는 점에서 국가권력과 복수 사이의 거리는 가까워지고 있었다.

2. 유교 이념과 복수관

이제 고구려의 상황을 살펴보자.

> 10월에 하늘에 제사하는데 왕도[國中]에서 크게 모이니 동맹이라고 한다. …… 감옥이 없다. 범죄를 저지르면 여러 가加들이 평의하여 곧 죽이고 그 처 자는 노비를 삼는다.
>
> (《삼국지》 권30, 위서30 오환선비동이전30 고구려)

3세기 전반의 고구려 법속은 부여와 공통점이 있고 차이도 있었다. 양국 모두 재판이 국중대회와 관련되었고 사형과 적몰형籍沒刑이 주요한 형벌이었다. 그러나 고구려는 이 시기가 되면 동맹제東盟祭와 별도로 5부의 대가大加들이 제가회의諸加會議를 열어서 살인죄와 같은 중죄를 평결했다.[22] 제가회의가 얼마나 자주 열렸는지는 알 수 없으나 연 1회 개최되는 국중대회와 비교하면 많은 범죄를 처결했다고 보아 좋을 것이다.

"감옥이 없었다."는 언급은 이어지는 "죄를 지으면 제가가 평의하여

---

22 余昊奎, 1998, 〈高句麗 初期의 諸加會議와 國相〉,《韓國古代史研究》13, 43~53쪽.

곧 죽인다."는 것과 연관 지워 보면, 고구려 형벌제도의 엄중성을 강조하기 위해서 실제보다 과장되었을 가능성이 높다. 문면 대로라면 죄인을 투옥하거나 징역형에 처하지 않고 곧 재판을 벌여 사형시킨다는 것인데, 모든 범죄자를 사형에 처했을 리는 없고 살인을 포함한 중죄인만 그 대상이 되었을 것이다.

고구려에서 사형의 평결은 제가회의를 통해서 내려졌으므로 사형을 받은 이들은 부여보다 상대적으로 늘어났다고 보아야 한다. 그렇다면 복수살인도 평의의 대상이 되었을까? 이에 답하기 위해서 모본왕 폐위에 관한 기사를 살펴보자.

> 두로杜魯가 임금을 죽였다. 두로는 모본 사람으로 왕을 가까이에서 모셨다. (왕에게) 죽임을 당할까 염려하여 우니, 어떤 사람이 말하였다. "대장부가 왜 우느냐? 옛사람이 말하기를 '나를 쓰다듬으면 임금이요, 나를 학대하면 원수'라고 했다. 지금 왕이 학정虐政을 행하여 뭇사람을 죽이니 백성의 원수다. 네가 그를 도모하여라." 두로가 칼을 숨기고 왕 앞으로 나아가니 왕이 (그를) 끌어 (그 위에) 앉았다. 이때 칼을 뽑아 왕을 죽였다. 마침내 (왕을) 모본의 언덕에 장사 지내고 왕호를 모본왕慕本王이라고 했다.
>
> (《삼국사기》 권14, 고구려본기2 모본왕 6년)

위의 기록은 고구려 초기의 왕계 변동 상황을 고려하면 4세기 후반에 정리된 자료를 기초로 했다고 여겨진다.[23] 두로라는 인물이 폭정을 이유로 모본왕을 시해했다는 뼈대는 사실로 믿을 수 있다. 그러나 모본왕의 포악상과 그를 제거하기 위해 제시된 유교적 명분에는 후대의 과장과 윤색이 들어 있다고 생각된다.[24]

---

23 노태돈, 1999, 〈초기 왕계의 구성〉, 《고구려사 연구》, 사계절.
24 金哲埈, 1975, 앞의 논문, 307쪽은 기사의 표현에 후대의 분식이 있으나 내용의 사

특히 모본왕이 재위했다고 추정되는 1세기 중·후반의 시기에《서경書經》 태서泰誓 편에 나오는 "나를 학대하면 (임금일지라도) 원수[虐我則讐]"라는 구절이 인용될 정도로 고구려 사회에 유교경전이 보급되어 있었을지 의문이다. 이 부분은 모본왕 당대의 사실이 아니라 태학太學이 설립되어 유교 정치이념에 대한 교육이 시행되던 4세기 후반에 고구려의 초기 왕계와 사적事績을 정리하면서 보입한 결과라고 보아야 할 것이다.

따라서《서경》에 실린 복수관이 고구려에서 통용된 시기는 4세기 후반 이후라고 생각된다. 이것은 원래 주나라 무왕武王이 상商의 주왕紂王을 치면서 "폭군을 축출하는 전쟁은 의롭다."는 의전론義戰論의 근거로서 제시한 것이다. 학정을 끝내는 것은 곧 백성을 위로하고 죄악을 토벌하는[弔民伐罪] 일이다.《삼국사기》모본왕 조는 이 원리를 적용하여, 모본왕은 두로를 포함한 모든 백성을 학대했으므로 비록 임금이지만 제거할 수 있다는 논리를 펼친 것이다.

현존 사료의 여건에서 말미암은 바도 있을 테지만 여하튼 4세기 후반 이후에 확인되는 유교 이념과 복수의 결합은 고조선, 부여, 그리고 고구려 초기에는 찾아볼 수 없는 새로운 현상이다. 그동안 유교가 고구려 사회에 보급되고 태학을 통해 체계적인 교육이 이뤄진 결과로 보인다.

임금이 학정을 펴면 폐위시킬 수 있다는 언급에서 알 수 있듯이 유교는 복수론을 정치이념의 수준으로 발전시켰다. 이렇게 복수 대상의 범위를 군주까지 확대한 것은 유교의 창안이라고 할 수 있다. 4세기 후반의 고구려인들은 복수를 유교이념을 통해서 정당화하고 충·효·의와 같은 가치로 분식했을 것이다.

《서경》의 언급에서 주목되는 점은, 임금이라고 하더라도 나의 '원수'

실성은 인정할 수 있다고 보았다.

가 되면 제거할 수 있다는 주장이다. 군주의 폭정이 근본 원인이지만 그를 축출해야 하는 직접적인 이유로서 군주가 백성의 원수가 되었다는 점을 들고 있다. 원수는 반드시 갚아야 한다는 초기 고대국가 이래의 복수관이 당시에도 고구려인에게 받아들여지고 있었고, 이 논리를 통해서 모본왕의 폐위를 합리적으로 설명하고자 했다.

이러한 상황을 염두에 둔다면 4세기 후반 고구려 사회에서 원수에 대한 복수는 앞 시기와 마찬가지로 지당한 것이라고 인식되었다고 보아야 한다. 전통적인 복수의 관습이 사회의 밑바탕에 깔려 있었으므로 유교의 국왕폐위론도 설득력을 발휘할 수 있었다. 초기 고대국가 이래의 복수관은 소멸된 것이 아니라 유교이념과 결합함으로써 더욱 세련된 논리를 갖추게 되었다. 따라서 앞서 제기했던 문제, 곧 3세기 전반에 고구려에서 복수가 금지되었거나 복수살인을 저지른 자에 대해서 제가회의에서 살인죄로 처단을 결의하는 일은 없었다고 생각된다.

3. 집권체제와 복수관의 변화

1) 율령법 질서와 복수

문제는 4세기 후반 소수림왕대에 율령이 반포되었다는[25] 사실이다. 중국의 율령 지배체제가 본격 도입됨으로써 고구려 조정의 사회 통제력은 향상되었을 것이다. 그럼에도 불구하고 복수 행위가 유교 가치로

---

25 《三國史記》 卷18, 高句麗本紀6 小獸林王 3年.

써 치장되고 공공연하게 정당화되었던 현실은 당혹스럽다. 사적인 복수의 횡행이 국가의 공권력 행사에 장애가 되고 율령법과 충돌할 수 있기 때문이다.

백제에서 이러한 상황을 확인할 수 있다.

> 처음에 왕이 백가苩加로 하여금 가림성加林城에 진주하게 했다. 그는 가기를 꺼려 병을 핑계로 사양했으나 왕이 허락하지 않았다. 이 때문에 백가가 왕을 원망했다. 이때에 이르러 사람을 시켜 왕을 찔렀고 12월이 되자 왕이 돌아가셨다.
>
> 《《삼국사기》》 권26, 백제본기4 동성왕 23년)

501년에 위사좌평衛士佐平이던 백가가 자객을 시켜 동성왕을 시해했다. 동성왕이 웅진의 토착세력을 억압하자 이에 백가가 중심이 된 귀족세력이 반발하여 동성왕을 제거하고 무녕왕을 옹립했다고 여겨진다.[26] 그런데 《일본서기》를 보면 《백제신찬百濟新撰》을 인용하여, "말다왕末多王(동성왕)이 무도하고 백성에게 포학하니 국인이 함께 제거했다."는 기사가 쓰여 있다.[27] 4세기 후반 고구려에서 유포된 《서경》의 복수론과 같은 논리이다. 백제에서도 율령이 시행되던 상황에서 유교적 복수론을 배경으로 한 국왕 시해가 벌어진 것이다.

중국 고대의 경우 이에 관한 논란이 있었다. 삼국~당대에 걸쳐 복수를 금지하는 몇 차례의 조詔가 내려진 바 있고, 조위曹魏 시기의 율령에 무고誣告와 복수를 금지하는 조항이 있었다.[28] 이를 들어서 중국 고대에 복수가 법률로써 금지되었다는 주장이 있다.[29] 그러나 이 자료에

---

26 鄭載潤, 1997, 〈東城王 23年 政變과 武寧王의 執權〉, 《韓國史研究》 99·100; 문동석, 2007, 《백제 지배세력 연구》, 혜안, 168~175쪽.

27 《日本書紀》 卷16, 武烈天皇 4年.

28 張晋藩 主編·한기종 외 옮김, 2006, 《중국법제사》, 소나무, 351쪽.

대해서 왕조 교체기의 혼란을 진정시키기 위한 조치 혹은 과도하거나 부당한 복수 행위만을 금지한 것이라고 이해하는 반론이 있다.[30] 이에 따르면 복수는 유교윤리에 바탕을 둔 예적禮的 행위이므로 율령의 규정으로는 복수를 금할 수 없고, 복수살인의 경우에도 초법적인 조치를 통해서 처벌을 면할 수 있었다. 유교적 예교를 배경으로 한 예치의 질서가 율령에 입각한 법치보다 상위에 자리 잡고 있었다는 것이다.

한국 고대의 경우는 이와 사정이 다른 듯하다. 앞서 살펴보았듯이 유교윤리가 도입되기 전부터 복수는 행해지고 있었고, 고조선, 부여, 그리고 고구려 초기에는 복수의 습속에 기반을 두고 성립한 관습법을 국가가 시행하였다. 따라서 앞서 지적했듯이 사사로운 복수와 일반 살인범에 대한 국가의 처형은 상보相補하는 관계였다고 보인다. 개인 간의 복수를 통해서 범죄자가 처단되고 이것이 또한 범죄를 사전에 막는 효과를 가져올 수 있으므로 국가가 굳이 복수를 금지하지 않았다.

이와 관련하여 신라에서 일어난 익선益宣과 죽지랑竹旨郎의 분쟁사건을 참고할 수 있다. 익선이 죽지랑의 요청을 거부하자 화랑 조직을 관장하던 조정의 관리가 익선의 아들을 대신 잡아 처벌했다.[31] 처벌을 주도한 것은 조정의 화주花主였다. 그런데 익선이 부정한 행위를 저질렀으므로 그 더러운 때(垢醜)를 벗겨야 한다는 관념, 그리고 당사자가 아닌 아들을 실제로 정화시키기 위해서 한겨울에 목욕시켜 동사시킨 점은 국가의 공적인 처형이라고 보기 어렵게 한다. 공권력을 이용했을 수는 있으나 화랑도의 명예와 권위를 침해한 행위에 대해 조직 차원에서 응

---

29 천진호 외 옮김, 1998, 《중국형법사 연구》, 신서원(원저는 西田太一郎, 1974, 《中國刑法史硏究》, 岩波書店), 117~120쪽.

30 富谷 至, 2011, 앞의 논문, 16~18쪽.

31 《三國遺事》卷2, 紀異 孝昭王代 竹旨郎.

징한 보복의 성격이 강하다. 진평왕 때 일어났다고 생각되는 사건이므로 율령법에 의거하여 처리해야 마땅하나 보복의 형태로 처벌이 이뤄진 것이다.

이러한 대응에 대해서 국왕도 동조하여 익선이 속한 모량부 출신의 사람들이 관직에 진출하거나 승려가 되는 것을 금지했다. 당시의 신라 율령에 복수살인을 금지하는 조항이 있었다면 상상할 수 없는 상황이다. 한국 고대에는 이처럼 율령법 질서와 복수 현상이 공존하고 있었다. 삼국의 율령에는 일반적인 중죄에 대한 사형 조항만 있었기 때문에 복수는 율령 반포 뒤에도 지속되었고, 정당한 원한관계에 따른 복수라면 용인될 수 있었다고 보인다.

여기서 유의하고자 하는 바는 율령 시행을 고비로 하여 복수에 대한 인식이 크게 변화했으리라는 점이다. 관습법이 통용되던 시기에 복수살인은 아예 범죄라고 인식되지 않았을 가능성이 높다. 복수의 습속이 오랜 역사를 갖고 있고 보복행위 자체가 응보의 원리에 따른 자연스러운 대응이었기 때문이다. 유교의 폭군 축출 논리도 복수의 이러한 자연법적 요소를 차용한 것이었다.

그러나 관련 교령법 조항이 축적되고 이어서 율령법이 제정되면 살인죄에 대한 규정이 더 엄밀해지고 그 적용 범위도 구체화된다. 이를 시행하는 과정에서 일반살인과 복수살인을 대비하게 되고 양자의 공통점과 차이에 대한 인식이 생겨났을 것이다. 추정컨대 복수살인도 살인이므로 만약 소송이 벌어지면 재판 과정에서 일단 조사와 처벌의 대상 선상에 올랐을 것이다.

복수 자체를 금지하거나 처벌하지는 않았지만 그전과 달리 복수 행위도 율령 지배의 테두리 속으로 들어왔으리라는 뜻이다. 전통적인 법속이 지배하던 시기에는 복수가 당연시되고 장려되기까지 했었다. 교령법이 시행되고 이후 이를 기초로 한 율령이 반포된 뒤에도 복수는 지속되었다. 하지만 이 시기에는 복수가 권장의 대상이 아니라 국법 질서 안에서 용인·묵인되는 행위였다는 점에서 복수관이 질적으로 변화했다고 할 수 있다.

2) 복수의 국가이념화

한국 고대국가에서는 복수의 사회적 효용성이 인정되어 율령 반포 후에도 사적 복수가 용인되었다. 삼국은 한 걸음 더 나아가 복수의 이념을 국가 차원에서 활용했다. 《삼국사기》의 우로于老에 관한 기록을 보면, 우로는 왕족으로서 일찍이 혁혁한 전공을 세웠으나 왜와의 분쟁 과정에서 불에 타죽었다. 나중에 우로의 부인이 신라를 방문한 왜의 사신을 유인하여 불태워 죽임으로써 원한을 갚았다고 한다.[32]

우로 전설은 원래 동해안 남부지역에 있던 소국 수장의 활약상을 신라가 이 지역으로 진출하면서 석씨昔氏 집단 설화의 일부로 흡수하여 형성되었다고[33] 생각된다. 따라서 이 기사를 가지고 세부적인 사실관계를 추구하기는 어렵다. 다만 신라 국가가 변경에서 일어난 고사故事를 중앙의 핵심 정치집단의 설화로 수용하여 대대로 전승하고 기록하여 남긴 의도를 유의하고자 한다. 이 설화에는 우로의 영웅적 활약상과 더불어 비명에 적장의 손에 죽은 남편을 위해 복수한 우로 부인의 이야기가 나오기 때문이다. 신라 조정은 왜에 대한 적개심을 고취하고 치열한 삼국전쟁의 와중에서 인민들의 충절을 유도하는 데 이 설화를 활용

---

32 《三國史記》卷2, 新羅本紀2 奈解尼師今; 같은 책, 卷45, 列傳5 昔于老.
33 李基東, 1997, 〈于老傳說의 世界 −新羅史上의 英雄時代〉, 《新羅社會史研究》, 一潮閣. 한편 《日本書紀》神功紀에 보이는 倭의 신라 침공 기사를 于老 전승과 관련시켜, 昔于老를 4세기 중반의 對倭 전쟁과 辰韓의 통합과정에서 활약한 王族 출신의 인물이라고 보기도 한다(강종훈, 2011, 《삼국사기 사료비판론》, 여유당, 182~193쪽).

했을 것이다.

　이 설화에서 또 하나 주목되는 점은, 우로의 부인이 왜의 사신을 불태워 죽임으로써 남편이 당한 것과 똑같은 방식으로 원수를 갚았다는 것이다. 진흥왕 때 《국사國史》를 편찬하면서 이 설화를 채록했다면, 고조선의 범금8조에서 확인되는 동해보복의 양상이 신라 중고기에도 이어지고 있음을 엿볼 수 있다.[34]

　관산성에서 성왕이 패사한 이후 백제는 설욕을 위해 부심하며 결국 대야성大耶城을 함락시켰고, 이후 김유신은 백제를 "나라의 원수〔國之讎〕"라고 지목했다.[35] 주지하듯이 신라는 보복을 위해 당과 동맹을 맺고 사비성泗沘城까지 진격했다. 6세기 후반부터 백제 멸망까지 이어지는 일련의 과정을 살펴보면 최고 권력자의 원한관계가 백제와 신라 사이의 전쟁과 중첩되고 전쟁의 전개도 보복·응징전의 양상을 띠었다는 것을 알 수 있다.

　신라가 성왕을 참수한 데 대해서 백제는 대야성을 함락한 뒤 김품석金品釋과 그 부인을 처형하고 그 시신을 백제의 감옥 바닥에 묻었다. 검일黔日은 김품석의 막하에 있다가 아내를 빼앗기자 이를 원망하여, 백제로 망명한 모척毛尺과 내통했다. 신라군은 사비성을 빼앗은 뒤 특별히 검일을 사로잡아 추궁하고 잔혹하게 처단했으며,[36] 모척은 참수하고 그 가족을 적몰하여 흥륜사興輪寺의 노비로 삼았는데 그 후손이 고려 말까지 사노寺奴로 이어졌다.[37]

　대야성을 함락시킨 뒤에 백제군이 포로를 처리한 방식을 보면 관산

---

34 實聖이 왕이 된 뒤 자신을 고구려에 인질로 보냈던 奈勿을 원망하여 그의 아들인 訥祇를 고구려에 보낸 것도(《三國史記》 卷3, 新羅本紀3 訥祇麻立干) 동일한 양상이다.

35 《三國史記》 卷42, 列傳2 金庾信 中.

36 《三國史記》 卷47, 列傳7 竹竹; 같은 책, 卷5, 新羅本紀5 太宗武烈王 7年.

37 《三國遺事》 卷3, 興法 原宗興法 猒髑滅身.

성의 패전을 의식한 조치라고 하지 않을 수 없다. 사비성을 함락시킨 다음 신라군이 취한 방식 역시 대야성의 패배를 철저히 되갚는 것이었다. 검일은 김품석에 대한 개인적 원한을 적국의 힘을 빌려 복수했지만 다시 모국母國에 의해 보복당했다.[38]

복수의 논리가 국가이념으로 전화되어 삼국 간 전쟁에 활용되는 모습은 신라에서 부자父子를 함께 출전시키거나 부친이 전사한 지역에 그 아들을 부임시켜 설욕하게 하는 것에서도 확인된다. 대표적인 사례만 들더라도 김흠춘金欽春은 아들 반굴盤屈과 함께 황산벌 싸움에 출전했고, 그 손자인 김영윤金令胤은 보덕국報德國의 반란을 진압하기 위해 참전했다.[39]

비녕자丕寧子가 대백제전에서 전사하자 아들 거진擧眞은 "아버지가 죽는 것을 보고 구차히 살면 어찌 효자라고 할 수 있겠는가."라 하고 싸우다 죽었다. 이들을 따라간 노비 합절合節 역시 주인을 따라 전사했다.[40] 찬덕讚德은 진평왕 때 가잠성椵岑城의 성주로 있다가 백제군에게 패사당했다. 그의 아들 해론奚論이 가잠성을 수복했으나 다시 백제군의 공격을 받았다. 해론은 이때 "나의 아버지가 이곳에서 돌아가셨는데 지금은 내가 다시 여기서 백제군과 싸우게 되었다. 따라서 오늘이 내가 죽을 날이다."라며 맞서 싸우다 전사했다.[41]

신라뿐 아니라 삼국 모두는 복수윤리를 국가의 이념으로 승화시켜 인민들로 하여금 감투정신을 발휘하도록 고무했다. 이 과정에서 복수의 논리가 순국殉國의 이념으로 확대되고 부자간의 효애孝愛, 그리고 화랑

---

38 이에 대해서는 金昌錫, 2009, 〈6세기 후반~7세기 전반 百濟·新羅의 전쟁과 大耶城〉, 《新羅文化》 34, 90~94쪽을 참조.

39 《三國史記》 卷47, 列傳7 金令胤.

40 위의 책, 卷47, 列傳7 丕寧子.

41 위의 책, 卷47, 列傳7 奚論.

도의 사우死友 관계처럼 죽음을 무릅쓰고 신의를 지키고자 하는 덕목과 결합되었다.

4. 복수의 제어와 관용寬容의 상찬

복수가 삼국 간 각축전의 이념적 배경으로까지 작동하게 된 것은, 그만큼 삼국 사회 내부에서 복수 행위와 그에 수반된 관념, 의례 등이 편만遍滿했기 때문이다. 삼국시기까지 살인을 엄금한 형률은 복수의 사회적·국가적 순기능을 고려하여 정당한 복수살인에 대해서는 규제를 가하지 않았다. 하지만 복수의 횡행을 방기하면 국가권력의 행사가 침해당할 위험성이 있다. 복수가 율령 지배와 상보관계에 있다고 하더라도 양자 사이에는 원초적으로 긴장이 생길 수밖에 없는 것이다.

앞서 언급했듯이 율령이 제정될 때 이미 복수에 대한 인식은 전환을 맞은 것으로 보인다. 율령 질서 속에서 복수는 결과적으로 용인되지만 그것이 살인이나 상해를 수반하는 이상 처벌의 논의선상에서 벗어날 수 없었다. 그리고 복수를 가장한 범죄도 발생할 수 있으므로 그 사실성을 가릴 때, 또 정당한 복수인지 여부를 판정하는 데 국가가 개입할 수 있는 여지가 생긴다.

신라의 율령은 반포 이후에 증수增修 작업이 계속되었다. 선별된 판례判例와 교령敎令이 법조문화되었고 중국 율령의 체제를 따라 개수가 이뤄지기도 했다. 이 가운데 특히 7세기 전반에 편찬된 《정관율령》과 《영휘율령》은 당나라가 신라와 정치·군사적으로 유착하는 과정에서 신라로 도입되어 신라의 율령 지배체제에 깊은 영향을 주었다.[42]

남북조시대까지 중국 형률에 복수금지 조항이 있었는지 분명하지 않다. 그러나 북주北周의 무제武帝는 "비로소 천하의 복수를 금한다. 만약 이를 범하면 살인죄로 논한다."라는[43] 금령을 내렸다. 그리고 당률에 "조부모, 부모가 다른 사람에게 맞은 경우 …… 자손이 구타자를 살해하면 일반 형률에 따라 벌을 내린다."라고 규정했다.[44] 늦어도 당대가 되면 정부가 복수살인의 범위를 엄격히 정하고 여기서 벗어나는 복수 행위를 처벌했다.

신라에서 율령이 반포된 이후 복수에 대한 인식이 장려에서 용인으로 변화하던 추세를 감안하면 당나라의 이 조항이 신라의 형률에 영향을 끼쳤을 가능성은 충분하다. 후술하듯이 실제 7세기 이후가 되면 복수를 자제하는 사례가 발견되는 것이다. 따라서 신라는 대략 7세기 중엽이 되면 처벌을 면할 수 있는 복수의 요건, 곧 복수자의 범위, 시기, 방법 등에 관한 규정과 그 제한을 벗어나면 형률로써 처벌한다는 조항을 법률로 제정했으리라고 상정할 수 있다.

한국 고대사회에서는 법률 외의 다른 요소에 의해서도 복수가 제어되었다.

> 이때 물계자勿稽子가 가장 큰 공을 세웠으나 태자太子에게 미움을 샀으므로 보상을 받지 못했다. 어떤 사람이 묻기를, "이 싸움은 당신 때문에 승리한 것이나 다름없는데 상을 받지 못하였으니 태자를 원망하지 않는가?"라고 하니, 대답하기를 "임금이 위에 계신데 어찌 신하를 원망하리요?"라고 하였다. 또 묻기를, "그러면 어찌 왕에게 아뢰지 않는가?" 하니, "공을 자랑하고 왕명王命을 다투며 자기를 높이고 남을 덮는 것은 뜻 있는 사람이 할 바가 아니다. 힘써 후

---

42 이 책의 6장 2절을 참고할 것.

43 《北史》卷10, 周本紀 下10 高祖 武帝 保定3年.

44 《唐律疏議》卷23, 鬪訟35.

일을 기다릴 뿐이다."라고 하였다. …… (물계자는) 드디어 머리를 풀고 거문고를 들고 사체산師彘山으로 들어갔다. …… 은거하여 다시 세상에 나오지 않았다.

(《삼국유사》 권5, 피은 물계자)

신라의 물계자는 왕자 날음捺音의 시기 때문에 전공을 인정받지 못했다. 하지만 그를 원망하지 않고, 오히려 자신이 순국하지 못한 것을 자책하면서 거문고를 들고 산으로 들어가 은둔했다. 날음을 견제할 수 있는 길이 있는데도 불구하고 물계자는 이를 포기했다.

그는 4세기 전반기에 활약했다고 보이므로 신라에서 율령이 반포되기 전의 인물이다. 물계자가 처한 상황에서 국왕에게 주청하는 등의 조처를 취하는 것이 일반적인 대응이었으므로, 이를 포기한 물계자의 자세가 널리 알려지고 기록으로 남겨지게 되었을 터이다. 예외적인 사례이긴 하나, 명망을 다투는 세간世間을 떠남으로써 보복이 일어나지 않는 경우가 있었다는 사실이 주목된다.

7세기 초의 인물인 김군劍君의 사례를 검토해 보자.

검군劍君은 대사大舍 구문仇文의 아들로 사량궁沙梁宮의 사인舍人이었다. 건복建福 44년의 가을 8월에 서리가 내려 농작물을 죽였으므로 다음 해 봄부터 여름까지 큰 기근이 들었다. …… 이때 궁중의 여러 사인들이 모의하여 창예창唱翳창翳倉의 곡식을 훔쳐 나누었는데 검군만이 홀로 받지 않았다. …… 검군이 웃으면서 말하기를 "나는 근랑近郎의 화랑도에 이름을 올리고 수행하였다. 진실로 의로운 것이 아니면 천금의 이익이라도 마음을 움직일 수 없다."라고 하였다. …… 사인들이 몰래 의논하기를 "이 사람을 죽이지 않으면 반드시 말이 새어나갈 것이다."라고 하며 검군을 불렀다. 검군이 자기를 모살할 계획을 알았으므로 근랑에게 밀하기를, "오늘 이후에는 서로 다시 만날 수 없다."라고 하였다. …… 근랑이 "어찌 관청에 알리지 않는가?" 물으니, 대답하기를 "자기의 죽음을 두려워하여 뭇사람으로 하여금 죄에 빠지게 하는 것은 차마 할 수 없다."라고 하였다. "그렇다면 어찌 도망가지 않는가?" 하니 "저들이 굽고 나는 곧은데

도리어 스스로 도망가는 것은 대장부가 할 일이 아니다."라 하고, 드디어 모임 장소에 갔다. …… 검군이 음식에 독이 들었음을 알고도 먹고 죽었다.

(《삼국사기》 권48, 열전8 검군)

검군은 율령을 준수해야 하는 궁중의 관리였다. 그러므로 동료의 불법행위에 가담하지 않은 것은 당연하다. 그런데 자신을 살해하려는 동료들을 고발하여 법에 따라 응징할 수 있었음에도 동료의 처형을 막기 위해 실행하지 않았다. 또한 자신의 떳떳함을 지키기 위해 죽음을 선택했다.

검군의 경우는 가해자 측을 향한 대응을 거부했다는 점에서 물계자와 동일하지만, 현실로부터 도피하지 않고 자신의 의로움을 복수가 아닌 다른 방법으로 증명했다는 점이 유의할 만하다. 자기희생과 죽음의 방식이 그것이다.[45] 이는 종래 즉자적인 보복을 통해 명예를 회복하고 가해자를 응징하거나 물계자처럼 현실에서 도피하는 방식과 다른 모습이다.

복수를 회피하는 현상이 나타나고 확산되는 데는 불교의 영향도 작용한 듯하다. 살생을 금하고 자비를 강조하는 불교에서 복수는 극복의 대상이었을 것이다. 이를 보여 주는 자료가 전한다.

용이 이미 정공鄭恭에게 원한을 갚고 기장산機張山으로 가서 곰(熊) 신이 되었다. 악독함이 더욱 심해져 민이 많은 해를 입었다. 혜통惠通이 산에 들어가 용을 달래고 불살계不殺戒를 주니 마침내 재앙이 잠잠해졌다. 처음에 신문왕이

---

[45] 《三國史記》 卷48, 列傳8 實兮를 보면, 그는 검군과 동시기의 인물이고 역시 舍人이었다. 하급자의 참소를 받아 지방으로 좌천되었으나, 충신이 배척당하는 것은 예로부터 있던 일이라고 하여 疏明하기를 거부하고 대신 長歌를 지어 자신의 뜻을 드러냈다. 검군처럼 伸冤과 보복을 피한 사례라 할 수 있다.

등에 종기가 나서 혜통에게 보기를 청했다. 그가 와서 주문을 외우니 곧 나았다. 이에 아뢰기를, "폐하께서 전생에〔曩昔〕 재상이었을 때 신충信忠의 죄를 잘못 판결하여 노비로 삼았으니 그가 원한을 품어 보복할 마음을 품었습니다. 지금 이 등창도 신충의 저주 때문이니 마땅히 그를 위해 가람을 짓고 명복을 빌어 풀어야 합니다."라고 했다.

(《삼국유사》 권5, 신주 혜통항룡)

7세기 후반의 승려인 혜통이 독룡을 물리친 이야기이다. 독룡은 원한을 복수로 푼 데 견주어 혜통은 독룡을 달래고 계율을 주어 악행을 그치도록 했다. 또 억울하게 죽은 신충을 위해 사찰을 지어 그의 원한을 풀어 주도록 했다. 7세기 이후 교리 연구가 진전되고 대중화운동을 통해 불교 신자가 증가하면서 복수가 아닌 불력과 자비심으로 원한관계를 해소하는 불교식 해결방식이 점차 확산되어 갔을 것이다.

신라 정부가 복수가 자행되는 것을 막기 위해 의도적으로 불교를 홍포하고 검군과 물계자처럼 복수를 거부한 인물을 현양했는지는 알 수 없다. 여하튼 중대가 되면 복수가 행해진 자료를 찾기 어렵고 오히려 가해자에게 관용을 베푼 사례들이 증가한다. 이렇게 복수가 제어되고 있었다면 물계자가 보여 준 은둔사상, 불교의 계율, 그리고 검군처럼 보복을 하지 않고서도 의로움을 드러내는 방식, 그리고 무엇보다도 7세기 중엽에 신설되었다고 여겨지는 율령의 복수 처벌 조항이 현실에 영향을 미쳐 이런 변화를 일으켰다고 볼 수 있을 것이다.

중국 사천성에서 발견된 후한後漢 시기의 석관石棺 가운데 원숭이 악마Ape-demon 설화의 도상이 새겨진 것이 있다.

도상은 부인을 납치한 원숭이를 남편이 추격하여 죽이는 장면을 묘사한 것이다. 부인을 위한 복수는 찬양을 받았고 남편은 영웅시되었다. 중국에서는 남북조시대를 거쳐 당대까지 이 설화가 유행하고 송·원대에 손오공 이야기로까지 발전했다.[46]

사진 12. 중국 사천성 신진新津 출토 후한대 석관의 도상 탁본
(왼쪽부터 납치된 부인, 부인을 납치한 원숭이 악마, 원숭이를 공격하는 남편, 그리고 남편의 시종
의 모습이 보인다.)

이 설화는 1세기의 저술인 《역림易林》에도 실려 있다. 그런데 《송서宋書》 백제전에 따르면, 비유왕毗有王이 송으로부터 《역림》과 식점式占을 들여왔다고 하므로 늦어도 5세기 이후에는 악마 원숭이 설화를 삼국인들이 알고 있었다고 보아야 한다. 그런데도 한국 고대국가에서는 이 설화가 유행한 흔적이 없는 것은, 이 시기에 중국처럼 복수가 광범하게 발생하지 않고 있었음을 시사한다. 특히 7세기 중엽 이후에 중국과 견주어 복수담의 사례가 현격하게 적은 것은, 복수 행위가 법적으로뿐 아니라 사회적으로도 제어되고 있었기 때문이다.

시기가 내려갈수록 복수를 회피하고 관용을 베푸는 사례는 증가한다. 8세기 초 성덕왕 때의 수로부인 설화는[47] 부녀자의 납치 모티프라는 점에서 원숭이 악마 설화와 비슷하다. 하지만 주가呪歌를 이용하여 독룡을 위협할 뿐이고 이를 퇴치하거나 보복하는 모습은 보이지 않는다. 김양金陽은 정적인 김제륭金悌隆과 김명金明에게 복수하고 신무왕神武王을 옹립했으나 시가전에서 자신을 활로 쏘아 맞혔던 배훤백裵萱伯은 용서

---

46 Wu Hung, 1987, "The Earliest Pictorial Representations of Ape Tales", *T'ong Pao, Second Series, Vol.* 73, *Livr.* 1/3

47 《三國遺事》 卷2, 紀異 水路夫人.

하였다.[48]

9세기 후반 헌강왕대憲康王代의 처용處容 설화를 보면, 그는 아내를 감염시킨 역신疫神을 징치하지 않고 관용함으로써 굴복시켰다. 그리고 처용은 구역驅疫의 영웅으로 형상화되었다. 상황은 같지 않지만 5세기 후반에 재위한 소지마립간이 간통을 저지른 궁인을 사살했다는 사금갑 설화와[49] 대비된다. 처용 설화에서 "제가 공의 아내를 사모하여 지금 그녀를 범하였는데, 공은 노여움을 나타내지 않으시니 감동하여 찬미하는 바입니다."라는 역신의 말은 곧 신라 조정과 인민들이 지향하던 복수관을 표현한 것이라고 보아야 하겠다.

하대의 신라인들은 보복이 아니라 관용으로써 원수를 굴복시키고 결과적으로 명예를 회복한 처용의 대처방식에 공감하고 찬사를 보냈다. 처용으로 상징되는 관후한 인격은 당시 왕위쟁탈전이 가열되면서 피의 보복이 재연되는 상황에서 정치·사회적 안정이 긴요했던 신라 국가의 이해관계와도 부합하는 것이었다고 생각한다.

고대 중국의 사료에는 다수의 복수담이 전하고 있다. 천신만고 끝에 복수를 완수한 인물을 열전에 싣고 널리 현양했다. 악마 원숭이 설화도 이러한 환경에서 유행할 수 있었다. 이에 견주면 한국 고대의 복수담은 숫자도 적을 뿐 아니라 복수 사실만을 단독으로 전하는 예도 없다. 역사 경험의 양의 차이 혹은 현전하는 사료가 적은 탓도 있겠으나 실제로 한국 고대사회에서는 복수가 횡행하지 않았던 듯하다.

그것은 복수가 제어되고 있었기 때문이다. 특히 7세기 중엽 이후 불살생의 불교계율이 확산되었고 검군에게서 보이는 복수 외의 명예 회

---

48 《三國史記》卷44, 列傳4 金陽.
49 《三國遺事》卷1, 紀異 射琴匣.

복의 방법이 이러한 현실에 영향을 미쳤다고 생각된다. 국가도 복수가 자행되는 것을 바라지 않았으므로 이 시기가 되면 율령법에 복수를 처벌하는 조항을 신설했다고 생각된다.

신라 하대의 왕위쟁탈전을 상기하면 복수에 대한 법적·종교적 규제가 가진 한계를 분명히 알 수 있다. 그만큼 복수살인은 강한 전통을 갖고 있었고 정치상황에 따라 언제라도 재연될 수 있었다. 고조선 시기부터 복수는 훼손된 명예를 회복하고 설욕하는 당연한 절차로 여겨졌고, 죽은 자를 위로하기 위한 산 자의 의무였다. 복수를 지당한 자연의 이치로 보는 토양 위에서 삼국시기에는 유교의 복수관과 폭군 축출론도 수용되고 실현될 수 있었다.

삼국시기까지는 정당한 복수가 사적인 치죄 행위로 간주되어 사회질서를 유지하는 데 율령과 함께 상보적 역할을 수행했다. 그러나 율령법 아래에서는 범죄에 대한 규정과 범위가 체계화되면서 복수살인에 대한 인식이 변화를 맞았다. 종래 복수는 유족의 의무로서 장려의 대상이었으나, 율령 반포 이후 7세기 전반까지는 복수살인도 국법 질서의 테두리 안으로 들어왔고, 다만 그 특수성을 인정받아 용인되는 것으로 바뀌었으니 이 시기가 한국 고대 복수관이 근본적으로 변화한 고비였다.

결론

고대 법의 변천과
교령법의 의의

여러 고대국가의 모체를 이룬 집단은 물론이고 수많은 지역집단들이 청동기시대를 경과하면서 하나의 정치체로서 등장했을 때 그 수장은 제사장祭司長의 기능을 겸하고 있었다. 따라서 그들이 주관한 재판과 판결은 주술적 성격이 강한 신판神判으로써 이뤄졌다. 신정정치 시기의 법제가 신정법인데, 여기에는 신판법은 물론이고 제의 과정에서 이뤄지는 처형과 사면, 주술적 처벌방식까지 포함된다.

신판 형태의 법속은 권력의 세속적 성격이 증가하면서 종교성이 희석되고 주술의 비중이 작아졌다. 속법이라고 할지라도 초기에는 관습법으로서 형성되었으며 한자가 도입되기 전에는 당연히 불문법의 형태였다. 이러한 관습법, 불문법이 사회가 분화·복합화되며 주변 정치체와 교류가 이뤄지면서 변화해 갔다. 변화의 방향은 속법화의 강화, 범금팔조 3조의 속형 규정과 같이 단서但書 조항의 부가, 조항의 증설이었다.

고조선의 관습법이 시간이 흐르면서 일부가 탈락하고 추가되면서 범금팔조의 원형을 이루었다. 그리고 멸망 직후 한漢 형률의 영향을 받아 현전하는 범금팔조로 성립되었다. 고조선의 전통 법제와 중국 법제가 결합한 결과이다. 그리고 범금팔조는 지금의 평양을 중심으로 설정된 낙랑군 지역의 주민들이 준행하던 법률이었다. 한의 점령군이 왕험성을 함락시킨 뒤 그곳을 중심으로 시행되던 법제가 기초가 되어 형성된 것이다. 그 밖의 지역에서는 각 정치체가 나름의 전통 법제를 가졌다. 범금팔조는 고조선 전체가 아니라 그 가운데 최선진지역인 정치적·문화적 센터에서 행해졌다는 지역적 한계를 갖고 있었다.

소국들은 소국 단위의 자체 법 규범을 갖고 있었다. 이것은 청동기

시대 이래 오랜 기간을 거치면서 정치적 사회를 유지하고 규율하던 경험을 토대로 하여 형성된 것이다. 여러 소국들이 처한 자연·지리적 조건과 사회 복합도의 차이, 외부 정치체와의 접촉 여건의 차이 등을 고려하면 소국 단위의 전통에서 비롯된 소국간 법제의 차이가 작지 않았다. 이를 소국법이라고 부를 수 있다.

소국법의 특성은 처벌방식의 집단성과 종교적 성격이었다. 제정 미분리 시기의 신정법의 전통이 이러한 성격 형성에 영향을 미쳤다. 즉 청동기문화를 배경으로 한 신정 시기의 집단성과 종교성이 이후 개별 소국들이 각기 독자적인 법속을 갖게 했다. 소국 단위의 종교적 전통과 공동체의 제약은, 소국법이 각기 특색을 갖도록 했고, 한 소국의 법속이 여타 소국들에게 적용될 수 있는 보편성은 결여되었다. 각 소국의 법은 그 소국이 관할하는 범위 안에서만 적용되었다는 점에서 이를 소국법의 국지성이라고 할 수 있다.

소국법은 세속법이지만 소국 차원의 법제이다. 제사와 정치가 분리되어 세속권력이 명확히 성립된 이후의 법제이므로 신정법을 넘어선 것이다. 법제의 성격과 기능의 역사적 변천이라는 측면에서 신정법과 소국법으로 단계 구분을 하였으나 소국 초기에 신정법을 경험했고 그 유제가 남게 된다. 이로 말미암아 신정법과 소국법은 현실에서 중복, 혼재되어 나타난다. 곧 신정법이 공동체 질서에 기초한 지역별 독자성, 폐쇄성, 국지성, 집단성을 보이고, 소국법에 종교성, 주술성이 존속하게 되는 것이다. 그러나 법제의 발전이라는 시각에서 보면 신정법은 청동기시대로부터 기원한 지역 정치체의 법제이고, 소국법은 원삼국시대 소국 단위의 법제로서 역사적 발전에서 다른 단계를 차지한다.

한국 고대국가에서 부체제가 성립하면서 교령법이 행정활동의 법적 근거가 되었다. 교령법은 국왕을 포함한 최상위 지배자들의 정령인 교를 법적 효력의 근원으로 하고 령이라는 실행명령을 통해 시행되었다.

그리고 중앙과 지방의 행정체계가 확충되어 감에 따라 서서히 중앙의 부部 모두와 지방의 자연 촌락 및 그 주민에게까지 법적 효력이 미치게 되었다.

앞선 시기의 교·령은 문자로 기록되어 있었으므로 나중에 판례로 이용될 수 있었다. 그것이 〈포항 중성리비〉와 〈포항 냉수리비〉처럼 비문의 형태였는지, 아니면 목간이나 종이문서의 형태였는지는 알 수 없다. 교·령을 비석에 새겨서 포고하는 것은 행정 실행의 결과를 장기간 보존하고 지역 주민에 대한 국가 행정의 침투력을 과시하기 위해서였다고 보인다. 신정법과 소국법은 시기적으로 보아 불문의 관습법일 가능성이 높다. 이와 비교해서 성문화된 교령법은 상대적으로 안정성이 높고, 문서화되어 있었으므로 자의적인 적용을 막을 수 있다는 점에서 획기적이다.

그러나 교령법이 시행되던 시기에 행정과 법제의 한계가 엿보인다. 중앙과 지방의 행정조직이 불비하여 나타나는 비체계성은 말할 것도 없고, 행정체계 자체가 일관된 구조로 계서화되지 못한 상태였다. 〈포항 중성리비〉를 보면, 평의에 참여한 본피부本彼部는 자신의 주장을 펼치기 위해 두 명의 간干을 파견했고, 집행의 실무를 맡은 자연촌락의 수장도 '간'을 칭하며 휘하에 가신 성격의 인물을 거느리고 있었다. 마립간 시기의 후기에 해당하는 6세기 초임에도 불구하고, 각 부는 물론 지방의 촌락들까지도 진한辰韓 소국 이래 지역집단의 수장들이 운영하던 독자적인 행정체계를 변형된 형태로나마 유지하고 있었다. 이것이 중앙의 핵심 부가 내린 교와 령이 여타의 부, 그리고 지방의 촌락민까지 미치는 데 높은 문턱으로 작용했다.

이러한 지배체제의 한계를 법제의 차원에서 극복한 것이 '율령'이었다. 교령법이 사건별 대응에서 비롯된 단행법單行法이라는 단점을 안고 있었던 것과 달리, 율령은 그동안 축적되어 온 교와 령을 한 수준 높여 일반화시켜 법률조항으로서 제정한 것이다. 교령법의 적용 대상 범위가 확대되는 추세는 결국 율령법의 성립으로 귀결되었고, 이로써 왕권을 중심으로 중앙과 지방을 일원적으로 통치할 수 있는 법적 기준이 마련되었다.

〈집안 고구려비〉는 율령 조항이 기록되어 있지는 않지만, 수묘법의 제정 경위와 수묘역의 내용, 수묘인의 처지, 그리고 수묘인 매매에 관한 처벌 규정 등을 전해 준다. 그리고 서술의 순서는 추모왕부터 광개토왕대까지 역사적 추이에 따라 구성되었다.

〈집안비〉에 따르면 소수림왕대에 반포된 율령에는 수묘제에 관한 규정이 없었고, 그 뒤 고국양왕 때 수묘법을 율령에 추보했다. 수묘법이 제정되기 전에 행해진 수묘는 국왕의 교·령에 의해서 이뤄졌다. 수묘제는 관행적으로 시행되어 오다가 고구려의 경우 2세기 중엽 이후에 왕릉에 20호 정도를 사민徙民하여 수호하고 제사를 지내도록 교령으로써 제도화·성문화되었다.

고구려 수묘제는 몇 차례 변동을 겪으면서 발전했다. 수묘제가 성립된 이후 서서히 수묘인의 이열화羸劣化 현상이 나타나자 정부는 광개토왕 전, 추정컨대 3세기 후반~4세기 초 무렵에 이미 1차 수묘비를 세웠다고 생각된다. 이때의 수묘비는 각 무덤별로 수묘인을 기록하여 세운 것이 아니고, 기존의 수묘인 전체를 하나의 비석에 새긴 것으로 보인다. 이러한 형식의 수묘비는 실효를 거두지 못하여 〈광개토왕릉비〉의 지적처럼 "守墓人烟戶의 差錯"이 나타나게 되었다. 나아가 몇몇 국왕의 무덤이 훼손되기에 이르렀다. 이를 시정하기 위해 고국양왕은 동서사東西祠를 수리하여 역대 왕에 대한 제사체계를 정비하고 수묘법을 제정하였다. 이것은 고구려 율령이 그 자체 완결된 것이 아니고 현실의 필요와 여건 변화에 따라 개수와 증보가 지속적으로 이뤄졌음을 보여 준다.

광개토왕은 수묘법을 법원으로 하여 구체적인 조치를 다시 교·령의 형식으로 내렸다. 교령은 훼손된 왕릉의 수축, 묘상입비墓上立碑, 그리고 수묘인 매매 금지의 내용으로 구성되었다. 이때 건립된 2차 수묘비는 무덤별로 하나씩 세우고 해당 수묘인만 적도록 했다. 광개토왕은 이로써 왕릉 간 수묘인의 차착差錯을 막고 차출된 연호烟戶로 하여금 수묘역을 종신·세습제로 역임하도록 강제하려고 했다. 수묘인의 쇠잔衰殘을 수묘인의 일시적인 교체로 해결하고자 했을 뿐 최대의 역점은 수묘제가 제대로 준수되는지에 두어졌다.

장수왕은 부왕父王의 교언敎言을 이행하면서 이를 보완하는 방식으로 수묘역의 차출을 개편했다. 장수왕이 일부 수묘인을 교체했으므로 기존의 수묘비는 의미가 없어져 광개토왕의 수묘비는 따로 세우지 않고 별도의 문서 형식으로 이를 대신했다. 수묘역에 관한 한 〈능비〉의 건립을 계기로 하여 그 포고 방식이 수묘비를 통한 직접 전달로부터 목간 혹은 종이문서를 활용하는 것으로 전환되었다.

《삼국사기》에 따르면, 고구려가 소수림왕 3년(373), 신라는 법흥왕 7년(520)에 율령을 반포했으나, 백제는 이를 전하는 기사가 없다. 16등 관등제를 비롯한 정치제도, 담로 및 방方-군郡-성城의 지방행정제도, 부세제, 형률 등을 고려하면 백제에서 지배의 법적 규준으로서 율령은 분명히 시행되고 있었다고 보인다. 다만 그 시행 시기, 백제가 독자적으로 율령을 반포했는지 여부는 현재의 자료 여건에서 판단하기 어렵다.

나주 복암리 출토 목간들은 전반적으로 백제의 지방관부가 작성하여 수발한 공문서와 장부류帳簿類라고 파악된다. 이를 통해서 백제 국가가 영산강 유역의 지방사회를 군郡-성城·촌村-호戶의 행정체계를 통해서 지배·통제했음이 드러난다. 국가권력은 주민들을 개별 인신 단위로 연령 등급에 따라 분류하여 장악했으며, 그 노동력을 수취하여 지방통치의 기반으로 삼고 있었다.

부여 능산리사지, 쌍북리를 비롯한 여러 유적에서 출토된 목간을 보면, 왕도에서 호적을 통한 인구의 파악이 이뤄지고 있었음을 알 수 있다. 그리고 나주 복암리 목간 1, 3, 5는 인민의 노동력을 동원하는 세역제가 영산강 유역의 지방사회에서까지 실시되고 있었음을 보여 주었다. 그 방식은 호를 단위로 하고 연령등급을 기준으로 대상 인원을 파악·동원하는 것이었다.

왕도와 지방을 막론하고 국왕과 이를 대리하는 왕족 또는 지방관에 의해 행정이 이뤄졌으며, 그 경제기반으로서 토지가 확보되고 인민으로부터 세역이 수취되었다. 늦어도 사비기의 통치방식은 이처럼 중앙과 지방 사이에 차이를 찾아보기 힘들 정도이다. 그 시발점이 언제였는지 알기 어렵지만 배경에 율령이 자리 잡고 있었음은 분명하다. 복암리에서 출토된 지방 목간과 궁남지, 능산리사지, 쌍북리 등의 왕도 목간에서 '정丁'과 같은 연령등급, '형兄' '부婦'와 같은 친족관계 호칭이 공통적으로 확인되는 것은, 중앙과 지방이 법규에 따라 일원적으로 장악·통제되었음을 보여 준다.

함안 성산산성에서 출토된 가야5598 목간에 나오는 '육십일대법'은 60일 동안의 역역 동원과 관련된 법이었다. 신라에서는 율령에 들어 있는 어떤 편목이 노인법, 전사법처럼 '모법某法'이라고 불렸다. 대법은 중국과 일본 고대의 부역령賦役令 혹은 군방령軍防令에 해당하는 편목으로서 그 하위에 60일 혹은 30일 동안 동원해야 하는 역역의 종류, 각 역종役種의 기간과 역임役任, 차출 대상과 방식, 통솔과 관리, 인정人丁과 통솔자에 대한 식료 지급 등에 관한 조문을 두었을 것이다.

한국 고대 율령의 기본적인 성격은 부체제 시기에 생산되어 축적되어 온 교령법을 한 수준 높게 일반화시켜 법률조항으로서 제정했다는 것이다. 교령법은 단행법이었으므로 수많은 다양한 사건에 대해 사안별로 대응할 수밖에 없다는 단점이 있다. 판례를 동원한다고 해도 적용 범위의 한계가 뚜렷하다. 더욱이 쟁인의 평의를 거치고 국왕이 유력 부의 대표자들과 공론을 거쳐 판결을 내려야 하므로 중앙의 부部가 연루된 사건의 경우는 관련된 부의 발언권을 제어하기 어려운 상황이 빚어질 수 있다. 이러한 한계를 돌파할 수 있는 방법이 기성의 교·령과 판례들을 종합하여 사안별로 분류하고 이를 추상화·일반화시켜서 법률조항으로 만드는 것이다. 특정 사건에 대응하여 발포된 단행법이었던 교령법이 이로써 상대적으로 보편성을 가진 법률조항으로 제정될 수 있었다.

　신정법, 소국법, 교령법으로 전개되어 온 법제를 중국의 율령법을 전면 수용하여 대체하지 않고, 전통적인 법체계의 기반 위에서 주변국의 일부 조항을 흡수하고 율령의 형식을 빌려 종래의 교·령과 판례들을 일반적인 법 조문으로 전환시킨 것이다. 그간의 사법 행정이 〈포항 냉수리비〉에서 확인할 수 있듯이 앞서 시행된 비슷한 유형의 판례를 찾아서 기계적으로 적용하는 방식이었다면, 이제 율령 조항을 통해서 개별 사건에 대해 더욱 표준화되고 체계적인 대응이 가능해졌다. 관련된 조항을 기준으로 삼지만, 현재 벌어진 사건의 다양한 요소를 고려하고 참작함으로써 더 합리적인 판결과 양형量刑이 가능해졌다. 이를 교령법과 구분하여 율령법이라고 부를 수 있다.

　한국 고대의 율령은 율과 령이 분화된 남북조시대 이후의 율령의 영향을 받은 것이어서 기성 교령법의 법령을 내용상 분류하여 형률과 행정령으로 분류하여 재정리했을 것이라고 예상된다. 그러나 법흥왕 때 반포된 율령은 〈울진 봉평비〉의 노인법奴人法을 통해 볼 때 율과 령이 기본적으로는 구분되었지만 7세기의 당제나 8세기의 일본 율령처럼 명확하게 분리되고 체계화되지는 못한 상태였다.

　노인법奴人法과 전사법佃舍法은 각각 신라 율령의 편목이다. 그 아래 여러 개의 하위법령과 판례를 거느리고 있었다. 성산산성 출토 가야5598 목간 역시 대법이라는 편목 아래 60일대법이라는 하위 조항이 존재했음을 보여 준다. 이러한 율령법의 구성 체계는 종래 단행법이었던 교령법의 한계를 넘어선 모습이다. 율령의 반포는 이러한 측면에서 볼 때 기성의 판례법의 집성에 그치지 않는 질적 전환을 이룬 것이다.

하지만 율령법이 시행되는 상황에서 하교가 여전히 이뤄지고 있었다. 국왕은 율령법 시기에 왕권 중심의 집권체제가 갖춰졌으므로 법률 행위의 최고 주체였다. 그리고 이제 국왕 단독 명의의 하교가 가능해졌다. 교가 율령법 조항과 충돌하는 경우도 있었을 터인데, 이때는 교가 율령법보다 우선했다. 율령법 시행 이후 계속된 교의 발포는 율령 시행을 보완한다는 측면에서 이해할 수 있다. 삼국에서 율령의 재반포가 없었다면 지배체제의 정비를 위해서 교의 발포는 필수적이다.

신라의 피마제, 관인제, 시호제를 살펴본 결과 각각은 그 제도에 해당하는 나름의 전통적인 법제가 실시되고 있었다. 그러나 중대로 접어들면서 수당의 제도를 지향하는 변화를 겪었다. 변모한 제도들은 지배체제의 근간을 이루는 것으로서 신라의 국체와 직결된다. 중고기 말~중대 초의 변화 속에 지속과 혁신의 양면이 공존하지만 후자의 측면이 주조를 이루었다.

신라는 594년 수나라에 처음 견사遣使하였으나 일련의 교섭 과정에서 수의 《개황율령》이 전해지거나 그 제도가 수용된 흔적은 보이지 않는다. 법흥왕대의 율령에 기초한 지배체제와 질서가 이때까지 유지되고 있었다. 진덕왕 3년(649) 김춘추 일행이 당에서 귀국한 이후 일련의 국제 개혁을 단행했다. 신라는 648~654년 사이 《정관율령》 혹은 《영휘율령》을 직접 들여왔고, 신라 중잉관부의 조직과 업무에 관해 내려졌던 왕교를 이 법전의 격을 모범으로 하여 각 관부의 격으로서 제정했다.

신라에서 율령을 개수하는 방식은 축적되어 온 왕교 가운데 항구직 법률로서 의미가 있는 것을 기성의 율령에 새로운 조문으로 추보하는 방식이었다. 7세기 중엽에는 왕교 가운데 일부를 선정하고 이방부理方府의 감수를 거쳐 격으로 확정하는 방식이 더해졌다. 이때 신라 율령의 형식과 체제가 구조적으로 바뀌었을 뿐 아니라 이와 연동하여 추진된 국제의 개혁이 신라의 국체 변동을 불러왔다. 따라서 7세기 중엽은 신라 법제의 발전도상에서 획기적 의미를 가진 것이라고 평가할 수 있다.

신라는 중고기 말~중대 초에 수당 율령을 수용하여 율령격식의 기본 체제를 갖췄다. 이후 기성의 율령법을 보완하고 확충하려는 노력이 이어졌다. 경덕왕 17년(758)에 둔 율령박사는 율령법에 관한 전문지식을 갖춘 관료이고, 율생律生을 교육하는 업무까지 맡았다고 보인다. 이 방부가 엄존하는 상황에서 율령전을 신설하고 율령박사를 6명 소속시킨 이유는, 교육과 더불어서 율령 자체에 관한 조사와 연구 활동이 필요했기 때문이다.

기왕의 관련 법규를 상고商考하고 정책의 법적 근거를 율령에 반영하기 위해 율령박사와 율령전과 같은 새로운 관직과 관부가 설치되었다. 율령박사들은 당나라의 법전을 주로 참조하고 법률 개정의 기준으로 삼고자 했다. 교서敎書를 보존하고 그 가운데 율령에 추가할 조항을 선별하며, 기성의 조항과 모순·충돌 여부를 확인하고 산수刪修하는 역할도 율령전이 맡았다. 율령박사를 설치한 이후 제도개혁 및 형률 관련 왕교는 발포되기 전 율령전의 자문을 거쳤으리라 여겨진다.

고려 형률이 모범으로 삼은 당률은 중·하대 신라율의 변용을 거친 것이었다. 《고려사》 형법지에 실린 공식公式 편의 계보를 신라 애장왕이 반시頒示한 '공식 20여 조'까지 소급하여 연결시킬 수 있다. 형법지의 공식의 중심이 식이었듯이 애장왕 때 반포된 공식도 식이었다. 공식 20여 조는 법전이 아니라 전부터 있던 식에 20여 조를 추가한 것이다. 애장왕은 식을 증설하여 기왕의 율령법을 보완한 것이다.

격·식을 제정하여 율령법을 보완해 나가는 방식은 신라 말까지 지속되었고 이것이 고려 율령의 편찬으로 이어졌다. 《고려사》 형법지의 과조적科條的 기사가 식목도감式目都監이 편찬한 법령을 채록한 것이라고 하더라도 그 원천은 신라 시기의 율령법으로부터 비롯되었다고 보인다. 애장왕이 반시한 공식 20여 조와 《고려사》 형법지에 실린 공식의 법제 사적 의의를 여기서 찾을 수 있다.

　이상이 이 책의 본론에서 다룬 내용이다. 이를 통해서 한국 고대의 법제가 대략 신정법, 소국법, 교령법, 율령법의 과정을 거쳐 변천, 성장해 왔음을 가늠할 수 있었다. 마치 어린아이가 어른으로 자라듯 하나의 방향으로만 일관된 단계를 밟아간 것처럼 그려진 듯하다. 그 이유는 각각의 법제를 시간이 흐르면서 나타나는 특징을 중심으로 새로운 요소를 부각시켜 개념을 규정했고, 집권적 왕권의 성립과 전국에 대한 일원적 지배의 방향으로 지배체제가 발전해 가는 과정에서 법제가 수행한 역할을 강조했기 때문이라고 변명하고 싶다.

　따라서 내가 제시한 고대 법제의 변천 추세는 이념형의 성격이 강하다. 현존하는 자료를 통해 볼 때 그 전개양상을 이 정도로 그려볼 수 있다는 것에 지나지 않는다. 모든 정치체가 이러한 과정을 밟았다고 할 수 없으며, 새로운 자료가 출현하면 중간에 다른 단계를 설정할 수 있음은 물론이다. 그리고 누차 강조했듯이 시간이 흐르면서 앞 시기의 법제가 청산되는 것이 아니라 새로 형성된 정치·사회질서의 바탕에 겹겹이 쌓이고, 그 잔재가 오랜 기간 온존되며 현행의 법제에 깊은 영향을 주었음을 간과하면 안 된다. 신라에서 율령법이 시행된 지 100년 가까이 지났음에도 불구하고 진평왕대에 모량부 소속의 익선益宣 아간阿干을 처벌하기 위해서 보복의 성격이 강한 주술적, 집단적 처형이 가해진 것이 단적인 예이다.

　이 책이 한국 고대의 법 가운데 특히 주목한 것은 교령법이다. 나는 교령법이 고대 왕권의 성립과 집권적 지배체제의 형성 과정에서 추요樞要한 역할을 했다고 생각한다. 교령법의 정치사적 의의를 어디서 찾을 수 있을까?

신라사에서 3~5세기는 요람기에 해당하므로 고대국가로서 신라가 성립되는 과정을 이해하는 데 관문과 같은 의의가 있다. 진한辰韓 소국시기에 행정작용은 이루어지고 있었으나 수장의 휘하에 있던 가신과 같은 존재들이 행정의 전면에서 활약했다. 이들은 수장에게 직속되어 현안이 있을 때마다 자문에 응하거나 수장의 지시에 따라 업무를 처리했다. 소국은 고대국가와 같은 통치체제를 갖추지 못했고 아직 특정한 업무를 전담하는 관부는 설치되지 않았다.

소국 수장의 자의적 지시나 가신 집단의 편의적 행정 처리는 소국법의 규제를 받았다. 소국법은 처벌방식이 종교성을 띠었고 개인의 범죄라고 하더라도 공동체 차원의 집단적 대응이 이뤄졌다. 이 법은 적용 범위가 해당 소국에만 한정되어, 사로국이 진한의 맹주가 된 다음에도 그 수장이 연맹소국을 통제하고 정책을 집행하는 데 한계가 있었다.

4세기 후반의 이사금과 5세기의 마립간들은 남당南堂에서 열리는 제간회의諸干會議를 통해 6부部의 협력을 얻을 수 있었다. 〈포항 냉수리비〉를 보면, 중앙의 유력자들이 모여 '공론共論'을 거쳐 현안을 의결하였다. 행정에서는 특정 업무에 맞는 재능을 갖춘 인물이 발탁되고 소속 부의 한계를 뛰어넘어 임용이 이뤄졌다. 특정 업무를 전담하는 관료가 출현한 것이다. 그리고 초기 관부로서 재정 운영, 물자 유통을 맡은 품주稟主, 동시전東市典이 등장했다. 초기 관부는 이후 기능을 확장해 갔지만 아직 전문관리가 부족하고 조직은 세분화·체계화되지 못했다.

마립간 시기는 공론을 통한 결정이 '교'로서 발포되면, 이에 의거하여 집행자에게 '령'이 내려져 실행되는 체계로 행정이 이뤄졌다. 이는 〈포항 중성리비〉로써 입증된다. 중성리비에서 교를 내린 주체는 갈문왕과 훼부·사훼부의 아간지였다. 신라의 최상위 지배자에 해당한다. 교의 내용은 판결한 내용과 처리방법을 구체적으로 담았다. 분쟁 대상물을 원소유자에게 반환하도록 했으므로 분명히 법으로서의 효력을 발휘하고 있다. 그리고 교의 내용은 나소독지 도사 등 사인의 '령'을 통해서 실제 집행자인 간거벌 이하 4개 촌의 수장층에게 전달되었다. 하교가 먼저 이뤄졌고 그 내용에 근거하여 령이 내려졌으며, 다시 이에 근거하여 집행이 이뤄진 것이다. '교 → 령'의 행정절차와 상하관계를 〈중성리비〉를 통해서 알 수 있다.

고구려에서는 고국천왕 때 계루부가 아닌 다른 부 소속의 유력자를 처벌하고자 했고 이들은 이에 항거하여 모반했다. 이는 부체제 시기의 정치체제에 대한 그간의 일반적인 이해를 잘 뒷받침해 준다. 부체제 시기에 왕명에 의한 처벌 지시라고 하더라도 국왕의 출신 부가 아니라 다른 부에 적용되었을 때 심각한 반발과 부작용을 초래했다. 공론을 통한 교령법에 의거하더라도 유사한 상황을 맞았을 것이다. 사안이 왕권이나 부장권部長權 같은 권력과 관계되었으므로 강한 저항을 불러온 것이다. 부체제 초기에는 이렇게 계루부 밖의 다른 부가 교·령에 대해 승복하지 않고 반발하기도 했을 터이지만 점차 이를 수용할 수밖에 없었다. 교령법을 수용하지 않는 것은, 곧 제가(간)회의의 결정에 불복한다는 의미이고 이는 부체제로부터의 이탈로 귀결될 것이기 때문이다.

고구려에서 문헌사료상으로는 차대왕, 고국천왕대까지 거슬러 올라가 '교'의 용례가 확인되며, 2세기 중엽 무렵에 교령제가 제도적으로 성립되었다. 신라에서는 고구려와 밀접한 관계를 맺고 있던 내물~실성마립간 때 고구려의 교·령 제도가 수용되어 신라의 교령법이 성립되었다.

〈포항 중성리비〉의 판결과 교·령은 현재 흥해興海 지역에 있던 나소독지를 중심으로 한 여러 읍락까지 침투하여 적용되었나. 지역 정치체의 내부까지 신라의 법제가 침투했다는 사실은, 중앙의 6부 세력이 진출한 경제적·군사적 요충 지역부터 소국법의 장벽이 무너지고 있었음을 뜻한다. 6세기 초가 되면 재지 사회의 일부 자연촌락까지 신라 법의 적

용 범위가 확대되고 있었다. 중앙의 부들이 각기 운용했던 법 사이의
간극도 상당히 해소되었다.

부체제 아래에서는 기본적으로 각 부의 사법권이 존중되어 범죄를
자율적으로 처결했다. 그러나 중대한 범죄나 분쟁이 발생하면 국왕과
각 부의 유력자가 참가하는 제가(간)회의가 소집되어 공론을 통해 판결
을 내리고 이를 교·령으로 하달하여 집행했다. 공론을 통해서 여러 부
의 의사가 취합되고 이견을 줄이는 의사결정 과정을 거쳤다. 이것이 꼭
왕권에 유리한 결정이라고 보장할 수 없으나, 중심 부와 왕권이 제가
(간)회의를 통해 다른 부, 나아가 전략적 지역의 현안과 분쟁에 개입할
수 있는 합법적 통로가 열린 것이다.

부체제 국가에서는 종래 각 부와 지역별로 소국법 형태의 법을 자율
적으로 운영해 왔다. 그런데 제가(간)회의의 공론 구조가 정착하면서
회의체에서 논의되고 결정된 사항은 교령법의 형태로서 종래 각 부가
행사했던 사법권을 부정하고 강제 집행될 수 있었다. 범죄 및 분쟁을
조사, 판결, 처벌하는 과정에서 물리력을 합법적으로 동원하여 대상이
되는 부의 저항을 최소화하고 왕권을 중심으로 지배질서를 재편할 수
있었다. 이로써 조성된 길항관계가 기존의 부체제의 기본질서와 성장해
가는 왕권이 충돌하는 가장 첨예한 대척점이었다. 교령법은 각 부가 자
체적으로 행사하던 사법권을 잠식하여 왕권 측으로 집중시키고 계루부,
훼부, 사훼부처럼 국왕을 배출하여 중핵이 된 부가 여타 부의 내부로
침투할 수 있는 통로를 개척했다는 점에서 부체제를 허무는 효과를 가
져왔다.

제가(간)회의의 성원인 가·간은 왕이 사여하는 관등을 받았고 그 등
급에 따라 위계가 정해졌으며 관등제가 일원화되어 가는 추세를 보이
므로 이 회의체는 근본적으로 왕권 아래 종속되어 있었다. 제가(간)회
의의 형식은 공론이었지만 계루부, 훼부 등의 중심 부가 논의를 주도했

을 것이다. 공론이라는 명분을 등에 업고 교령법은 각 부가 누려왔던 전통적 법의 장벽을 넘어서고 있었던 것이다. 교령법이 부체제 시기의 법체계이지만 역설적이게도 부체제를 해체하고 집권체제로 이행하는 데 첨병과 같은 역할을 수행했다고 생각된다.

집권체제가 형성되기 전 왕명이 교령법으로 형성되어 발휘한 법제적 의의를 이와 같이 이해할 수 있다면, 한국은 물론이고 중국과 일본 고대 정치체의 법제 형성과정을 검토하는 데 이러한 방향의 접근과 방법론이 유효할 수 있다. 서론에서 지적했듯이 근래 중국, 일본의 고대 법제사 연구에서 《태시율령》 이전의 법제를 어떻게 이해하고 그 법원을 어떻게 파악할 것인가, 7세기 일본 국제의 연원이 어디에 있었는가 하는 문제가 주요 관심사가 되고 있다. 율령 반포 전 한국 고대국가에서 교령법이 발휘한 기능과 성격에 대한 연구가 중국, 일본을 포함한 동아시아의 초기 법제를 이해하기 위한 단서를 제공할 수 있다고 본다. 이러한 검토를 통해 동아시아의 법률문화를 율령이라는 단일한 잣대가 아니라 각 정치체의 전통적인 법체계가 발전하면서 새로운 체계의 법제를 만나 변용되어 가는 과정으로서 계기적으로 이해할 수 있을 것이다.

마지막으로 국왕의 명령이 율령과 병존했고, 율령보다 왕명이 우선하는 양상은 고려 이후에도 마찬가지라는 의견에 대해 언급하고자 한다. 교령법이 삼국시기를 비롯한 고대만의 법제가 아니라 전근대 왕국체제 아래서는 보편적으로 확인된다는 지적이다. 실제로 《고려사》 형법지를 보면, 편년기사는 대부분 왕의 제制, 판判 등으로 구성되어 있으며, 이러한 왕명문서王命文書가 법조문의 역할을 하였다. 조선에 들어와서도 《경국대전》 서문에서 "宏規懿範 播在令章者 曰元續六典謄錄 又有累降敎旨 法非不美"라고 하여 교지敎旨의 중요성이 언급되었다. 숙종조에 편찬된 《수교집록受敎輯錄》은 법률 관련 왕교 및 조례를 《승정원일기》 등에서 뽑아 6전典의 임무에 맞춰 집성한 것이다. 조선 후기까지 법전과 왕교가 병행하였으며, 현실에서 법제를 운용하는 데 교·령은 효용성을 잃지 않았다.

문제는 이러한 체제의 단초가 고대의 부체제 시기에 열렸다는 사실이다. 당시는 아직 율령이 반포되기 전이어서 교령법과 율령법의 병행 체제가 아니었고, 왕권은 다른 부장部長들이 가진 부장권과 비교하여 질적으로 우월하지 못했다. 이런 지배구조 아래서 교령법이 등장하여 소국법의 한계를 넘어서고 부별 사법권을 장악해 갔다. 교령법의 경험을 거친 다음에 비로소 율령이 반포, 시행될 수 있었던 이유는, 교령법을 통해 부체제가 해체되어 나갔고 왕권 중심의 집권화가 추진됨으로써 율령법이 시행될 수 있는 토대가 마련되었기 때문이다.

법체계의 발전이라는 측면에서 볼 때 율령법 시기는 기본적으로 삼국에서 율령이 반포된 이후 조선시기까지 지속되었다. 이 시기에도 왕명이 법적 효력을 발휘한 것은 사실이다. 그러나 당시는 왕권이 확립된 상태에서 법전과 더불어 작동했으므로, 부체제 시기의 교령법과 역사적 환경 및 정치적 의미가 다르다는 점을 강조하고 싶다. 부체제 시기의 교령법은 이후 왕명이 법적 효력을 갖고 현실에서 작동하게 되는 체제의 시원을 이루었다는 점에서 역사적 의의가 각별하다.

Abstract

Kingship and Law;

Formation and Development of Law System in Ancient Korea

Changseok Kim

Dept. of History Education

Kangwon Nat'l Univ.

The laws of ancient times were promulgated in Silla sometime in the late 4th century, under the influence of Koguryŏ. The ancient codes of law established in Silla were the so-called small state laws(小國法) which were applicable within each of the tribal states or chiefdoms. Small state laws derived from primitive laws, whose first emergence dated from the early Bronze Age.

With progress made toward the formation of an ancient state, a more sophisticated and comprehensive system of government was eventually put into place, and as part of this process, small state laws were replaced by the kind of ordinances. Ordinances(教令法) engraved on the Silla Stele in Jungseong-ri中城里, Pohang and on the Naengsu-ri冷水里 Stele in Pohang are great examples of this transition. Remedying the limited geographical applicability of small state laws, the ordinance system gradually came of age, as precedents accumulated over time. This transition period also corresponded to a period during which local chiefdoms, while deferring to the central authority, maintained order within their community through their own autonomous laws, customs and practices.

A radical shift in Silla's system of laws occurred later, during the reign of King Beopheung法興. A new law with universal applicability across Silla territory and ethnic boundaries contained within it, which repealed all previous laws developed over many centuries in tribal communities, was promulgated. The new law was created by putting Silla's existing ordinances and precedents into the form of Law Codes(律令法), by adding some of the clauses borrowed from the laws of neighboring countries.

It is necessary to examine the structure and changes of the royal order system of the Koguryŏ society in order to understand the legislation and its development. In the early stage the chief of Kyelu-bu桂婁部 directly engaged in the administrative actions, and gave instructions to the qualified persons or the relevant offices. This is 'Myŏng命', the royal orders which was stated in the initial records of "Samkugsaki三國史記"

During the early Koguryŏ, the royal orders had effective legal force on implementing the systems and judging the unlawfulness of crimes and punishments. Although the legal stability and sustainability were weak, some of the royal orders and customs had formed the king's law, which had mandatory control and thus effectively operated in the Koguryŏ society.

The Kyo-Ryŏng教令 ordinances were accommodated from China and established as a system at around the mid 2nd century. 'Kyo教' had dealt with the important matters of the state, such as strengthening the authority of the highest officials, external relations, and the royal funerals and memorial services. 'Ryŏng令' was lower rank order which carried out specific action commands according to the relevant Kyo. The Kyo-Ryŏng law system(教令法) rooted in the royal orders can be also found in Koguryŏ. They were special laws that would exert legal functions and work as precedents as well.

Although the Kyo-Ryŏng ordinances were based on the traditional laws and customs of the central district, they were gradually applied to other districts. Thus, it can be said that they exceeded the limit of laws in chiefdom or small state. The fact that the judicial power of the central district exercised on other districts appeared from the era of the Bu部 System, and this performed as an advance guard for accomplishing the centralized system.

In the early Silla period from the Saro斯盧 state till the Isageum尼師今 era, vassals would administer state affairs under direct orders of the rulers of small states and report the results to them. The vassals had no definite missions or roles, with the ruler entrusting at his own discretion the task to any vassal as the occasion demanded. Therefore, it depended upon his personal ties with the ruler whether a certain vassal attended to state affairs, and competent ones tended to be in charge of all kinds of administrative affairs irrespective of their expertise.

However, the arbitrary instructions and administration by the ruler and vassal groups were subject to the regulations under the laws of the small states. As the jurisdiction of laws was confined to the state involved, the ruler of Saro had limitations in controlling and administering policies to the small states in Jinhan 辰韓 confederacy, even after Saro became the leading state of the confederacy.

During the rule of Maripgan麻立干, the decisions made at collective discussion session were announced in the form of royal instructions, which in turn were implemented as Ordinances. This is confirmed by the inscriptions on Jungseong−ri and Naengsu−ri Steles in Pohang. Those in power made decisions on crucial state affairs at the Conference of Elders(諸干會議), and the decisions were carried out in the order of instruction − ordinance − execution of the ordinance − reports of the results. Bureaucrats in charge of certain tasks emerged, and the public offices administering financial and logistics affairs were established during this period.

Administrative ordinances were the legal basis of the state administration during the reign of Maripgan. The binding power of the Ordinances originated in the instructions issued by the ruler and those in power, which in turn took effects as administrative ordinances. As administrative system gradually settled at the central and local provinces, the administrative ordinances started to be enforced at the 6 central polities and local villages, affecting the residents in the provincial areas.

According to the Koguryŏ Stele of Jian集安高句麗碑, no regulations on Sumyo

守墓, a tomb-guarding and management system appeared in Law Codes that were promulgated during the reign of King Sosurim小獸林. Sumyo of the royal tombs before the promulgation of the Law Codes was conducted by the King's Kyo and Ryŏng. Later, during the reign of King Kogukyang故國壤, the Sumyo Law was added.

It is assumed that the first Sumyo monument was built before King Gwang'gaeto廣開土, when Sumyo subjects were on the decline sometime after the establishment of Sumyo Law. The Sumyo monument at that time was believed to contain a list of all of the royal tomb guards inscribed on a single tombstone. King Kogukyang organized the memorial service system for the royal ancestors, and established Sumyo Law.

The second Sumyo monuments were built for each royal tomb, and each monument had inscribed the names of Sumyo persons relevant only to the particular royal tomb. Thus, King Gwang'gaeto was able to avoid the mixing of Sumyo persons, and he intended to impose Sumyo labor for generations on subjects assigned to the post.

Given that King Jangsu長壽 replaced some of the Sumyo subjects, the original Sumyo monument lost its significance. It appears that a Sumyo monument for King Gwang'gaeto was not built, but it was recorded in a document. Through this, changes in the requisition and recruitment of Sumyo labor can be anticipated.

In the middle of the 5th century, at the latest, the family register appeared in Baekje. In the early 6th century, specific numbers of dwelling unit appear in the reign of King Munyeong武寧. A wooden tally unearthed from Boggam-ri伏岩里, Naju indicates that extended family existed, while an administrative office, such as Jeomgu-bu點口部, took control of population using the age grade.

In Baekje, the administration was carried out by the king and his royal family or local officials, regardless of the capital or province. Land was prepared as its economic base and received taxes from the people. At the latest, it is hard to find a difference between the central and provincial governments in the period of

Sabi泗沘. It's hard to know when it started, but it's clear that there were Law Codes in the background. Age grades and family names are commonly identified in the wooden tallies excavated from the capital and province. This clearly shows that the central and local governments were under unified control and in accordance with the regulations. Through this, the local government could directly dominate the individuals. Of course, Baekje's kingship existed at the height of its reign.

Silla accepted from Koguryŏ a number of advanced culture and institutions, including the family registry system. However, after the mid-5th century, the effects from Baekje should also be considered. By the 6th century, the residents had been identified with a sophisticated way of identifying them by gradually granting them an age rating. Based on this, as shown in wooden tallies from Seongsan城山 Mountain Fortress, Haman, in the latter half of the 6th century, individual tax-bearers could be confirmed.

The system of meeting courtesies(避馬制), official seal, and posthumous titles were changed to more closely resemble Chinese practices in the middle of the 7th century. These systems were originally established and legislated during the reign of King Bepheung. Related to the system of government, these changes meant the reformation of Silla's national constitution.

A political faction led by Kim, Choonchu金春秋 conducted these reforms after his return from Tang唐. Zhenguan貞觀 or Yonghui永徽 Law Codes were embraced by it, which served as a model for the new chapter of Law Codes called Gyeok 格. However, Royal Ordinances on the organization and duties of central administrative offices were the basis for this conduct.

The traditional method of revising the Law Codes of Silla was to supplement the new acts at the end of the each chapter. In addition, some Royal Ordinances could be converted into acts after the survey of an office concerned, Libang-bu理方府. The middle of the 7th century was a critical period in terms of the development of both the content and form of Silla's Law Codes.

Silla supplemented the king's orders and government-related regulations, which had been accumulated since the proclamation of Law Codes, as a new clause in them. The system and form of Gyeok格 and Sik式, which were accepted from the Tang Dynasty in the mid−7th century, enabled this method to be more systematic. King Aejang哀莊 complemented Law Codes by extending this Sik, the rules for operation. In Silla, Sik was not compiled in the form of Law Codes, but it had the status to match Gyeok. Though it is difficult to understand the existence of Sik, it would have been allocated to each government office to be used.

The method of supplementing Law Codes by enacting Gyeok and Sik was continued until the end of Silla. This seems to have led to the compilation of the Koryŏ Law Codes. Although the criminal law of Koryŏ Dynasty was mainly based on the content of Tang's, the laws since the middle of the 7th century had a profound influence on the administrative decree, Gyeok, and Sik of Koryŏ. Among them would have been about 20 Siks established during the reign of King Aejang.

* This work was supported by the Ministry of Education of the Republic of Korea and the National Research Foundation of Korea.

(NRF−2017S1A6A4A01020159)

표 및 사진 목차

참고문헌

1. 사료 및 사전류

《三國史記》《三國遺事》《海東高僧傳》《高麗史》《高麗史節要》《經國大典》《受教輯錄》
《史記》《漢書》《三國志》《後漢書》《晉書》《梁書》《北齊書》《南齊書》《周書》《北史》
《隋書》《舊唐書》《新唐書》《唐會要》
《春秋公羊傳》《獨斷》《文心雕龍》《唐律疏議》《唐六典》《大唐開元禮》《大明律》
《日本書紀》《續日本紀》《延喜式》《類聚三代格》

〈集安 高句麗碑〉〈廣開土大王陵碑〉〈牟頭婁墓誌〉
〈浦項 中城里碑〉〈浦項 冷水里碑〉〈蔚珍 鳳坪碑〉〈丹陽 赤城碑〉〈南山新城碑〉
〈昌寧 眞興王拓境碑〉〈北漢山 眞興王巡狩碑〉〈川前里書石 乙卯銘〉〈興德王陵碑片〉
〈聖住寺 郎慧和尙塔碑〉

국립가야문화재연구소, 2017,《韓國의 古代木簡Ⅱ》.
文化財廳·國立加耶文化財研究所, 2011,《韓國 木簡字典》, 국립가야문화재연구소.
徐榮洙 外, 1987,《中國正史 朝鮮傳 譯註 一》, 國史編纂委員會.
윤재석, 2010,《수호지진묘죽간 역주》, 소명출판.
李丙燾, 1977,《國譯 三國史記》, 乙酉文化社.
제임스 B. 프리처드·강승일 외 번역, 2016,〈함무라비 법전〉,《고대 근동 문학 선집》, CLC.
蔡雄錫, 2009,《《高麗史》刑法志 譯註》, 신서원.
韓國古代社會硏究所 編, 1992,《譯註 韓國古代金石文 Ⅰ》, (財)駕洛國史蹟開發硏究院.

段玉裁 注, 1985,《說文解字注》, 黎明文化事業公司.
張福有 編, 2014,《集安麻線高句麗碑》, 文物出版社.
《漢語大詞典》 디지털판.

《大書源》, 2007, 二玄社.
東京帝國大學文科大學 史料編纂掛 編纂, 1901,《大日本古文書 一》, 東京帝國大學印刷局.

歷史學硏究會 編, 2005,《日本史史料 1》, 岩波書店.

仁井田陞, 1964,《唐令拾遺》, 東京大學出版會.

井上光貞 外, 1976,《律令》, 岩波書店.

正倉院文書 데이터 베이스(http://somoda.media.osaka-cu.ac.jp/shosoin_db/)

諸橋轍次, 1985,《大漢和辭典 (修訂版) 三》, 大修館書店.

諸橋轍次, 1985,《大漢和辭典 (修訂版) 十一》, 大修館書店.

靑木和夫 外, 1998,《續日本紀 五》, 岩波書店.

2. 박물관 자료 및 도록

國立慶州博物館, 2002,《文字로 본 新羅》, 예맥출판사.

국립부여박물관·국립가야문화재연구소, 2009《나무 속 암호 목간》, 예맥.

국립중앙박물관, 2003,《統一新羅》, 통천문화사.

국립중앙박물관, 2008,《황금의 제국 페르시아》.

東國大學校 慶州캠퍼스 博物館, 2002,《慶州 皇南洞 376 統一新羅時代 遺蹟》.

吉林省文物考古研究所·集安市博物館 編, 2004,《集安高句麗王陵》, 文物出版社.

集安市博物館 編, 2013,《集安高句麗碑》, 吉林大學出版社.

國立歷史民俗博物館, 1992,《正倉院文書拾遺》, 便利堂.

國立歷史民俗博物館, 2002,《古代日本 文字のある風景》, 朝日新聞社.

3. 연구서

깅종훈, 2011,《삼국사기 사료비판론》, 여유낭.

김기흥, 1991,《삼국 및 통일신라 세제의 연구》, 역사비평사.

김창석, 2004,《삼국과 통일신라의 유통체계 연구》, 일조각.

김창석, 2013,《한국 고대 대외교역의 형성과 전개》, 서울대학교출판문화원.

金泰植, 1993,《加耶聯盟史》, 一潮閣.

나희라, 2003,《신라의 국가제사》, 지식산업사.

노명호 외, 2000,《韓國古代中世古文書研究(上)》, 서울대학교출판부.

노중국, 2010, 《백제사회사상사》, 지식산업사.

노중국, 2018, 《백제정치사》, 일조각.

노태돈, 1999, 《고구려사 연구》, 사계절.

누노메 조후·구리하라 마쓰오 외 지음·임대희 옮김, 2001, 《중국의 역사 –수당 오대》, 혜안.

문동석, 2007, 《백제 지배세력 연구》, 혜안.

미야자키 이치사다 지음·임대희 외 옮김, 2002, 《구품관인법의 연구》, 소나무.

朴根七, 1996, 《唐代 籍帳制의 運營과 收取制度에 관한 研究》, 서울大學校 東洋史 學科 博士學位論文.

朴南守, 1996, 《新羅手工業史》, 신서원.

白川靜 지음·고인덕 옮김, 2008, 《漢字의 世界》, 솔.

邊太燮, 1982, 《《高麗史》의 研究》, 三英社.

山本孝文, 2006, 《三國時代 律令의 考古學的 研究》, 서경.

徐程錫, 2002, 《百濟의 城郭 –熊津·泗沘時代를 中心으로》, 學研文化社.

李春寧, 1989, 《한국농학사》, 民音社.

임기환, 2004, 《고구려 정치사 연구》, 한나래.

주보돈, 2018, 《한국 고대사의 기본 사료》, 주류성.

張晋藩 主編·한기종 외 옮김, 2006, 《중국법제사》, 소나무.

全德在, 1996, 《新羅六部體制研究》, 一潮閣.

프레이저·장병길 역, 1990, 《황금가지 I》, 삼성출판사

한상수, 2008, 《함무라비 법전 –인류 법문화의 원형》, 인제대학교출판부.

韓鈴和, 2011, 《韓國 古代의 刑律 研究》, 成均館大學校 史學科 博士學位論文.

洪承佑, 2011, 《韓國 古代 律令의 性格》, 서울大學校 國史學科 博士學位論文.

홍희유, 1989, 《조선상업사 –고대·중세》, 과학백과사전종합출판사.

A. 반 게넵·全京秀 譯, 1992, 《通過儀禮》, 을유문화사.

張建國, 1997, 《中國法系的形成與發達》, 北京大學出版社.

廣瀨薰雄, 2010, 《秦漢律令研究》, 汲古書院.

西田太一郎, 1974, 《中國刑法史研究》, 岩波書店.

西村眞次, 1930, 《文化移動論》, ロゴス書院.

松丸道雄 外, 1996, 《中國史 2 三國~唐》, 山川出版社.

鄭 東俊, 2019, 《古代東アジアにおける法制度受容の研究》, 早稻田大學出版部.

竹內康浩, 2009, 《中國の復讐者たち》, 大修館書店.

池田 溫, 1979,《中國古代籍帳研究 －槪觀·錄文》, 東京大學出版會.

天野元之助, 1979,《中國農業史研究 增補版》, 御茶の水書房.

Pieter Spirenburg, 2008, *A History of Murder*, Cambridge: Polity Press.

4. 연구 논문

강나리, 2019, 〈신라 중고기의 '代法'과 역역동원체계 －함안 성산산성 출토 218호 목간을 중심으로〉,《韓國古代史研究》93.

姜鳳龍, 1992, 〈三國時期의 律令과 '民'의 存在形態〉,《韓國史研究》78.

강종훈, 2000,《신라상고사연구》, 서울대학교 출판부.

강종훈, 2009, 〈포항중성리신라비의 내용과 성격〉,《韓國古代史研究》56.

강진원, 2013, 〈고구려 陵園制의 쇠퇴와 그 배경〉,《韓國文化》63.

강진원, 2013, 〈신발견 〈集安高句麗碑〉의 판독과 연구 현황〉,《木簡과 文字》13.

강진원, 2016, 〈고구려 守墓碑 건립의 연혁과 배경〉,《韓國古代史研究》83.

姜晋哲, 1980, 〈公田·私田의 差率收租의 問題〉,《高麗土地制度史研究》, 高麗大學校 出版部.

耿鐵華, 2013, 〈중국 집안에서 출토된 고구려비의 진위(眞僞) 문제〉,《韓國古代史 研究》70.

郭鍾喆, 1992, 〈한국과 일본의 고대 농업기술 －김해지역과 북부 구주지역과의 비교검토를 위한 기초작업〉,《韓國古代史論叢 4》, (財)駕洛國史蹟開發研究院.

權仁瀚, 2015, 〈古代 東아시아의 合文에 대한 一考察〉,《木簡과 文字》14.

기경량, 2014, 〈집안고구려비의 성격과 고구려의 수묘제 개편〉,《韓國古代史研究》76.

金基興, 1985, 〈夫租薉君에 대한 고찰 －漢의 對土着勢力 施策의 一例〉,《韓國史 論》12, 서울大學校 國史學科.

金秉駿, 2006, 〈중국고내 簡牘사료를 통해 본 낙랑군의 군현지배〉,《歷史學報》189.

김병준, 2011, 〈낙랑군의 한자 사용과 변용〉,《고대 동아시아의 문자교류와 소통》, 동북아역사재단.

김복순, 2006, 〈원광법사의 행적에 관한 종합적 고찰〉,《新羅文化》28.

金成奎, 2003, 〈中國王朝에서 賓禮의 沿革〉,《中國史研究》23.

김수태, 2013, 〈〈집안 고구려비〉에 보이는 율령제〉,《韓國古代史研究》72.

김영하, 2007, 〈儒學의 수용과 지배윤리〉,《新羅中代社會研究》, 一志社.

김영하, 2016, 〈古代王權의 전개와 전환 - 신라 왕권의 추이를 중심으로〉, 《韓國古代史研究》 83.

金龍善, 1982, 〈新羅 法興王代의 律令頒布를 둘러싼 몇 가지 問題〉, 《加羅文化》 1.

金昌錫, 1997, 〈한국 고대 市의 原形과 그 성격 변화〉, 《韓國史研究》 99·100.

김창석, 2001, 〈삼국 및 통일신라의 현물화폐 유통과 재정〉, 《역사와 현실》 42.

金昌錫, 2001, 〈신라 倉庫制의 성립과 租稅 運送〉, 《韓國古代史研究》 22.

金昌錫, 2005, 〈古代 領域 관념의 형성과 王土意識〉, 《韓國史研究》 129.

金昌錫, 2007, 〈신라 始祖廟의 성립과 그 祭祀의 성격〉, 《역사문화연구》 26.

金昌錫, 2009, 〈6세기 후반~7세기 전반 百濟·新羅의 전쟁과 大耶城〉, 《新羅文化》 34.

金昌錫, 2009, 〈新羅 中古期의 奴人과 奴婢 -城山山城 木簡과 〈鳳坪碑〉의 분석을 중심으로〉, 《韓國古代史研究》 54.

金昌錫, 2009, 〈포항 中城里新羅碑에 관한 몇 가지 고찰〉, 《韓國史研究》 147.

김창석, 2010, 〈6~8세기의 동아시아와 한중관계〉, 《동아시아 국제질서 속의 한중관계사》, 동북아역사재단.

김창석, 2011, 〈7세기 초 榮山江 유역의 戶口와 農作 -羅州 伏岩里 木簡의 분석〉, 《百濟學報》 6.

김창석, 2012, 〈고대 交易場의 중립성과 연맹의 성립 -3~4세기 加耶聯盟體를 중심으로〉, 《歷史學報》 216.

김창석, 2016, 〈장인·상인의 활동과 지위〉, 《신라사대계 9》, 경상북도.

金昌錫, 2016, 〈新羅 왕경 내 市場의 위치와 운영〉, 《韓國文化》 75.

金昌錫, 2019, 〈포항 중성리비의 '宮'과 상고기 신라의 地域支配〉, 《韓國古代史研究》 96.

金哲埈, 1956, 〈高句麗·新羅의 官階組織의 成立過程〉, 《斗溪李丙燾博士華甲記念論叢》, 一潮閣.

金哲埈, 1975, 〈三國時代의 禮俗과 儒敎思想〉, 《韓國古代社會研究》, 知識産業社.

金哲埈, 1978, 〈統一新羅 支配體制의 再整備〉, 《한국사 3》, 탐구당.

金哲埈, 1990, 〈新羅上代의 Dual Organization〉, 《韓國古代社會研究》, 서울大學校出版部.

金哲埈, 1990, 〈新羅時代의 親族集團〉, 《韓國古代社會研究》, 서울大學校出版部.

김현숙, 2013, 〈集安高句麗碑의 건립시기와 성격〉, 《韓國古代史研究》 72.

김 호, 2012, 〈'의살(義殺)'의 조건과 한계 -다산(茶山)의 《흠흠신서(欽欽新書)》를 중심으로〉, 《역사와 현실》 84.

南東信, 1992, 〈慈藏의 佛敎思想과 佛敎治國策〉, 《韓國史研究》 76.

盧明鎬, 1988, 〈羅末麗初 親族制度의 변동〉, 《又仁金龍德博士停年紀念史學論叢》.

盧明鎬, 1997, 〈高麗後期의 功臣錄券과 功臣敎書〉, 《古文書研究》 13.

盧鏞弼, 2007, 〈新羅時代 律令의 擴充과 修撰〉, 《新羅高麗初政治史研究》, 韓國史學.

盧重國, 1979, 〈高句麗律令에 關한 一試論〉, 《東方學志》 21.

盧重國, 1992, 〈迎日 冷水里碑〉, 《譯註 韓國古代金石文 Ⅱ》, (財)駕洛國史蹟開發研究院.

노중국, 2010, 〈戶口 파악과 호적의 정비〉, 《백제사회사상사》, 지식산업사.

노중국, 2012, 〈백제의 文書行政과 官印制〉, 《백제와 주변세계》, 진인진.

盧泰敦, 1975, 〈三國時代의 '部'에 關한 研究〉, 《韓國史論》 2, 서울大學校 國史學科.

盧泰敦, 1983, 〈高句麗 초기의 娶嫂婚에 관한 一考察〉, 《金哲埈博士華甲紀念史學論叢》, 知識産業社.

盧泰敦, 1989, 〈蔚珍鳳坪新羅碑와 新羅의 官等制〉, 《韓國古代史研究》 2.

盧泰敦, 1993, 〈朱蒙의 出自傳承과 桂婁部의 起源〉, 《韓國古代史論叢 5》.

盧泰敦, 1994, 〈古朝鮮의 變遷〉, 《檀君》, 서울대학교출판부.

노태돈, 1999, 〈고구려 초기의 정치체제와 사회〉, 《고구려사 연구》, 사계절.

노태돈, 1999, 〈高句麗의 初期王系에 대한 一考察〉, 《고구려사 연구》, 사계절.

노태돈, 1999, 〈주몽설화와 계루부(桂婁部)의 기원〉, 《고구려사 연구》, 사계절.

노태돈, 1999, 〈초기 왕계의 구성〉, 《고구려사 연구》, 사계절.

노태돈, 2009, 〈삼국시대의 부와 부체제; 부체제론 비판에 대한 재검토〉, 《한국 고대사의 이론과 쟁점》, 집문당.

노태돈, 2010, 〈古代 東아시아 國際秩序의 再編과 韓日關係 −7~9세기〉, 《제2기 한일역사공동연구보고서 1》, 한일역사공동연구위원회

노태돈, 2010, 〈포항중성리신라비와 外位〉, 《韓國古代史研究》 59.

大津 透, 2007, 〈古代 日本에서 律令의 受容〉, 《民族文化論叢》 37.

朴根七, 1996, 〈唐 前期 手實·計帳에 대한 再檢討〉, 《魏晉隋唐史研究》 2.

박남수, 2017, 〈신라 법흥왕대 '及伐尺'과 성산산성 출토 목간의 '役法'〉, 《新羅史學報》 40.

박성현, 2008, 〈신라 城址 출토 문자 자료의 현황과 분류〉, 《木簡과 文字》 2.

박이순, 2012, 〈日唐의 賓禮관련의 律令法式에 관한 고찰〉, 《인문과학연구》 33.

사카우에 야스토시·모리 기미유키, 2010, 〈古代 東아시아 國際秩序의 再編과 日韓關係 −7~9세기〉, 《제2기 한일역사공동연구보고서 1》, 한일역사공동연구위원회.

徐永大, 1992, 〈東濊社會의 虎神崇拜에 대하여〉, 《歷史民俗學》 2.

손환일, 2017, 〈함안 성산산성 출토 목간의 의미와 서체 −17차 발굴조사 성과 발표문을 중심으로〉, 《韓國史學史學報》 35.

宋基豪, 2002, 〈고대의 문자생활 −비교와 시기구분〉, 《강좌 한국고대사 5》, 가락국사적개발연구원.

심상육, 2010, 〈백제 印刻瓦에 대하여〉, 《木簡과 文字》 5.

심상육·이미현·이효중, 2011, 〈부여 '중앙성결교회유적' 및 '뒷개유적' 출토 목간 보고〉, 《木簡과 文字》 7.

沈羲基, 1983, 〈復讐考序說〉, 《法學硏究》 26-1, 부산대학교 법학연구소.

양기석, 2013, 〈泗沘遷都와 그 배경〉, 《백제 정치사의 전개과정》, 서경문화사.

梁正錫, 1999, 〈新羅 公式令의 王命文書樣式 考察〉, 《韓國古代史硏究》 15.

梁正錫, 2002, 〈新羅 宮闕構造에 대한 試論 -東西堂制의 採用問題를 중심으로〉, 《韓國史硏究》 119.

梁正錫, 2007, 〈新羅 王京人의 住居空間 -《三國史記》 屋舍條와 王京遺蹟의 關係를 중심으로〉, 《신라문화제학술논문집》 28.

양정석, 2007, 〈營繕令을 통해 본 《三國史記》 屋舍條〉, 《韓國史學報》 28.

엄기표, 2017, 〈新羅 5~6世紀 石碑의 전개와 특징〉, 《木簡과 文字》 18.

余昊奎, 1992, 〈高句麗 初期 那部統治體制의 成立과 運營〉, 《韓國史論》 27, 서울大學校 國史學科.

余昊奎, 1998, 〈高句麗 初期의 諸加會議와 國相〉, 《韓國古代史硏究》 13.

余昊奎, 2002, 〈新羅 都城의 空間構成과 王京制의 성립과정〉, 《서울학연구》 18.

여호규, 2013, 〈신발견 〈集安高句麗碑〉의 구성과 내용 고찰〉, 《韓國古代史硏究》 70.

여호규, 2014, 〈高句麗 國內 都城의 구성요소와 수공업 생산체계 -기와 생산체계를 중심으로〉, 《역사문화연구》 52.

魏恩淑, 1985, 〈나말여초 농업생산력 발전과 그 주도세력〉, 《釜大史學》 9.

尹善泰, 2003, 〈新羅 中代의 刑律 -中國律令 受容의 新羅的 特質과 관련하여〉, 《강좌 한국고대사 3》, (재)가락국사적개발연구원.

윤선태, 2005, 〈월성해자 출토 신라 문서목간〉, 《역사와 현실》 56.

尹善泰, 2006, 〈百濟 泗沘都城과 '嵎夷' -木簡으로 본 泗沘都城의 안과 밖〉, 《東亞考古論壇》 2, (財)忠淸文化財硏究院.

윤선태, 2007, 〈雁鴨池 出土 '門號木簡'과 新羅 東宮의 警備 -國立慶州博物館 촬영 赤外線善本寫眞을 중심으로〉, 《新羅文物硏究》 創刊號.

윤선태, 2008, 〈목간으로 본 한자문화의 수용과 변용〉, 《新羅文化》 32.

윤선태, 2010, 〈나주 복암리 출토 백제목간의 용도〉, 《6~7세기 영산강유역과 백제》, 국립나주문화재연구소.

윤선태, 2012, 〈〈포항 중성리 신라비〉가 보여주는 '소리' -정보전달에 있어 구두와 문자의 기능〉, 《신라 최고의 금석문 포항 중성리비와 냉수리비》, 주류성.

윤선태, 2016, 〈新羅의 初期 外位體系와 '及伐尺'〉, 《東國史學》 61.

尹龍九, 2004, 〈三韓과 樂浪의 교섭〉, 《韓國古代史硏究》 34.

尹龍九, 2013, 〈集安 高句麗碑의 拓本과 判讀〉, 《韓國古代史研究》 70.

윤용구, 2019, 〈'낙랑군 호구부' 연구의 동향〉, 《역사문화연구》 72.

尹在碩, 2007, 〈彭浩·陳偉·工藤元男 主編 《二年律令與奏讞書》(上海古籍出版社, 2007年) 에 대하여〉, 《木簡과 文字》 創刊號.

윤재현, 2002, 〈다산 정약용의 복수론〉, 《다산학》 3.

殷和秀, 1999, 〈韓國 出土 卜骨에 對한 考察〉, 《湖南考古學報》 10.

李景植, 1986, 〈高麗前期의 平田과 山田〉, 《李元淳敎授華甲紀念史學論叢》.

李基東, 1984, 〈新羅 官等制度의 成立年代 問題와 赤城碑의 發見〉, 《新羅骨品制社會와 花郎徒》, 一潮閣.

李基東, 1984, 〈新羅 中代의 官僚制와 骨品制〉, 《新羅骨品制社會와 花郎徒》, 一潮閣.

李基東, 1984, 〈雁鴨池에서 出土된 新羅木簡에 대하여〉, 《新羅骨品制社會와 花郎徒》, 一潮閣.

李基東, 1997, 〈于老傳說의 世界 −新羅史上의 英雄時代〉, 《新羅社會史研究》, 一潮閣.

李基白, 1959, 〈高句麗王妃族考〉, 《震檀學報》 20.

李基白, 1964, 〈新羅 執事部의 成立〉, 《震檀學報》 25·26·27.

李基白, 1970, 〈新羅 骨品體制下의 儒敎的 政治理念〉, 《大同文化研究》 6·7.

李基白, 1974, 〈稟主考〉, 《新羅政治社會史研究》, 一潮閣.

이문기, 2005, 〈雁鴨池 출토 木簡으로 본 新羅의 宮廷業務 −宮中雜役의 遂行과 宮廷警備 관련 木簡을 중심으로〉, 《韓國古代史研究》 39.

李文基, 2009, 〈포항中城里新羅碑의 발견과 그 의의 −〈冷水里碑〉의 재음미를 겸하여〉, 《韓國古代史研究》 56.

이문기, 2012, 〈圓光의 生涯 復原 試論〉, 《新羅文化祭學術發表會論文集》 33.

李丙燾, 1975, 〈古代南堂考〉, 《韓國古代史研究》, 博英社.

李丙燾, 1976, 〈'箕子朝鮮'의 正體와 所謂 '箕子八條敎'에 대한 新考察〉, 《韓國古代史研究》, 博英社.

이병호, 2014, 〈7세기대 백제 기와의 전개 양상과 특징〉, 《百濟文化》 50.

李成九, 1991, 〈中國古代의 市의 觀念과 機能〉, 《東洋史學研究》 36.

李成珪, 2002, 〈문헌에 보이는 한민족문화의 원류〉, 《한국사1 (총설)》, 국사편찬위원회.

李成珪, 2003, 〈韓國 古代 國家의 形成과 漢字 受容〉, 《韓國古代史研究》 32.

이성시, 2008, 〈광개토대왕비의 건립목적에 관한 시론〉, 《韓國古代史研究》 50.

李成制, 2013, 〈《集安 高句麗碑》로 본 守墓制〉, 《韓國古代史研究》 70.

이수훈, 2017, 〈함안 성산산성 출토 4면 목간의 '代' −17차 발굴조사 출토 23번 목간을 중심으로〉, 《역사와 경계》 105.

李承宰, 2013, 〈함안 성산산성 221번 목간의 해독〉,《韓國文化》61.

이승호, 2012, 〈3세기 후반 〈晉高句麗率善〉印과 高句麗의 對西晉 관계〉,《韓國古代史研究》67.

李鎔賢, 1999, 〈扶餘 宮南池 出土 木簡의 年代와 性格〉,《宮南池 發掘調査報告書》, 國立扶餘文化財研究所.

李鎔賢·金昌錫, 2002, 〈경주황남동 376유적 출토 木簡의 고찰〉,《慶州 皇南洞 376 統一新羅時代 遺蹟》, 東國大學校 慶州캠퍼스 博物館.

이용현, 2015, 〈함안 성산산성 출토 목간 221번의 국어학적 의의〉,《口訣研究》34.

이용현, 2017, 〈포항 중성리 신라비〉,《新羅文字資料 Ⅰ》, 국립경주박물관.

李佑成, 1989, 〈高麗土地·課役關係'判·制'에 끼친 唐令의 影響 -新羅 律令國家說의 檢討를 兼하여〉,《大東文化研究》23.

李宇泰, 1992, 〈丹陽 新羅 赤城碑 建立의 背景 -也尓次의 功籍과 恩典의 性格을 중심으로〉,《泰東古典研究》8.

이우태, 2009, 〈포항 중성리신라비의 건립 연대와 성격〉,《浦項 中城里新羅碑》, 국립경주문화재연구소.

李恩奉 編, 2000, 〈신판의 종교적 의미〉,《神判 -神明裁判》, 新書苑.

李仁哲, 1993, 〈新羅 中央行政官府의 組織과 運營〉,《新羅政治制度史研究》, 一志社.

이인철, 1993, 〈8·9世紀 新羅의 支配體制〉,《韓國古代史研究》6.

李仁哲, 1994, 〈新羅律令의 編目과 그 內容〉,《정신문화연구》17-1.

이재환, 2019, 〈함안 성산산성 출토 문서목간과 力役 동원의 문서 행정〉,《木簡과 文字》22.

李春寧, 1992, 〈韓國 古代의 農業技術과 生産力研究〉,《國史館論叢》31.

李泰鎭, 1986, 〈14·15세기 農業技術의 발달과 新興士族〉,《韓國社會史研究 -農業技術의 발달과 社會變動》, 지식산업사.

李泰鎭, 1986, 〈畦田考 -統一新羅·高麗時代 水稻作法의 類推〉,《韓國社會史研究》, 지식산업사.

이태진, 2002, 〈14~15세기의 火耕 금지〉,《의술과 인구 그리고 농업기술 -조선 유교국가의 경제발전 모델》, 태학사.

李賢惠, 1994, 〈三韓의 對外交易體系〉,《李基白先生古稀紀念韓國史學論叢 上》, 一潮閣.

李賢惠, 1998, 〈한국 古代의 밭농사〉,《韓國 古代의 생산과 교역》, 一潮閣.

李弘植, 1971, 〈三國史記 高句麗人傳의 檢討〉,《韓國古代史의 研究》, 新丘文化社.

李弘植, 1971, 〈延壽在銘 新羅 銀合杅에 대한 一·二의 考察〉,《韓國古代史의 研究》, 新丘文化社.

李弘植, 1987, 〈삼국유사 竹旨郎條 雜考〉,《韓國古代史의 研究》, 新丘文化社.

李喜寬, 1989, 〈統一新羅時代의 官謨田·畓〉, 《韓國史研究》 66.

임경희·최연식, 2010, 〈태안 마도 수중 출토 목간 판독과 내용〉, 《木簡과 文字》 5.

林起煥, 2004, 〈漢城期 百濟의 對外交涉 −3~5세기를 중심으로〉, 《漢城期 百濟의 물류시스템과 對外交涉》, 학연문화사.

임기환, 2014, 〈집안고구려비와 광개토왕비를 통해 본 고구려 守墓制의 변천〉, 《韓國史學報》 54.

林炳德, 2006, 〈江陵張家山漢墓出土《二年律令》〈賊律〉·〈盜律〉集注釋〉, 《湖西史學》 44.

임영진, 2010, 〈나주 복암리 일대 6~7세기대의 경관〉, 《6~7세기 영산강유역과 백제》, 국립나주문화재연구소.

任仲爀, 2016, 〈秦漢 율령사 연구의 제문제〉, 《中國古中世史研究》 37.

任仲爀, 2016, 〈秦漢시기 詔書의 律令化〉, 《中國古中世史研究》 42.

全德在, 1997, 〈統一新羅時期 戶等制의 性格과 機能에 관한 硏究〉, 《震檀學報》 84.

전덕재, 2009, 〈포항중성리신라비의 내용과 신라 6부에 대한 새로운 이해〉, 《韓國古代史研究》 56.

全德在, 2011, 〈신라 율령 반포의 배경과 의의〉, 《歷史敎育》 119.

전덕재, 2017, 〈중고기 신라의 대(代)와 대법(代法)에 대한 고찰〉, 《역사와 현실》 105.

전덕재, 2020, 〈三國의 量制와 百濟 田積制에 대한 고찰〉, 《木簡과 文字》 24.

田鳳德, 1968, 〈新羅律令攷〉, 《韓國法制史研究》, 서울大學校出版部.

田中史生, 2019, 〈屯倉과 韓國木簡 −倭國史에서의 韓國木簡의 가능성〉, 《木簡과 文字》 22.

鄭炳俊, 2015, 〈唐 後期의 律令制 崩壞論〉, 《中國古中世史研究》 37.

정병준, 2017, 〈新羅 文武王 9년(669) 赦書에 보이는 '五逆'의 再檢討〉, 《東國史學》 62.

鄭載潤, 1997, 〈東城王 23年 政變과 武寧王의 執權〉, 《韓國史研究》 99·100.

정호섭, 2013, 〈集安 高句麗碑의 性格과 주변의 高句麗 古墳〉, 《韓國古代史研究》 70.

정훈진, 2016, 〈부여 쌍북리 백제유적 출토 목간의 성격 −201−4번지 및 328−2번지 출토 목간을 중심으로〉, 《木簡과 文字》 16.

조법종, 2013, 〈집안 고구려비를 통해 본 고구려비의 특성과 수묘제〉, 《신발견 고구려비의 예비적 검토》, 고구려발해학회.

주보돈, 2018, 〈함안 성산산성 출토 목간 연구의 진전을 위한 제언〉, 《함안 성산산성 출토 목간의 국제적 위상》, 국립가야문화재연구소.

朱甫暾, 1984, 〈新羅時代의 連坐制〉, 《大丘史學》 25.

朱甫暾, 1989, 〈蔚珍鳳坪新羅碑와 法興王代 律令〉, 《韓國古代史研究》 2.

朱甫暾, 2001, 〈新羅에서의 漢文字 定着 過程과 佛教 受容〉, 《嶺南學》 창간호.

朱甫暾, 2012, 〈통일신라의 (陵)墓碑에 대한 몇 가지 논의〉, 《木簡과 文字》 9.

朱甫暾, 2012, 〈포항중성리신라비의 構造와 내용〉, 《韓國古代史研究》 65.

차순철, 2009, 〈경주지역 명문자료에 대한 소고〉, 《木簡과 文字》 3.

채미하, 2011, 〈신라의 賓禮 −당 使臣을 중심으로〉, 《韓國史學報》 43.

蔡雄錫, 2009, 〈《高麗史》 刑法志의 성격과 사료적 가치〉, 《《高麗史》 刑法志 譯註》, 신서원.

채웅석, 2015, 〈고려시대의 杖流刑과 黥配刑〉, 《韓國文化》 70.

崔秉祚, 1991, 〈十二表法 (對譯)〉, 《法學》 32, 서울大 法科大學.

崔柄憲, 1978, 〈新羅末 金海地方의 豪族勢力과 禪宗〉, 《韓國史論》 4, 서울大學校 國史學科.

崔鈆植, 1995, 〈圓光의 생애와 사상〉, 《泰東古典研究》 12.

최장미, 2017, 〈함안 성산산성 17차 발굴조사 출토 목간 자료 검토〉, 《木簡과 文字》 18.

최홍조, 2009, 〈新羅 哀莊王代의 政治改革과 그 性格〉, 《韓國古代史研究》 54.

팜 레 후이, 2017, 〈베트남의 10세기 이전 石碑에 대하여 −새롭게 발견된 陶璜廟碑를 중심으로〉, 《木簡과 文字》 18.

平川 南, 2010, 〈日本古代の地方木簡と羅州木簡〉, 《6~7세기 영산강유역과 백제》, 국립나주문화재연구소.

한영화, 2015, 〈신라와 고려의 형률 운용과 계승성 −모반죄·불효죄와 결장배류형을 중심으로〉, 《韓國古代史研究》 80.

韓容根, 1989, 〈三國時代의 刑律研究〉, 《龍巖車文燮教授 華甲紀念史學論叢》.

韓容根, 1991, 〈高麗律의 成立에 관한 一考察〉, 《國史館論叢》 21.

韓容根, 1992, 〈統一新羅의 刑律〉, 《中齋張忠植博士華甲紀念論叢》, 檀國大學校出版部.

함순섭, 2007, 〈국립경주박물관 소장 안압지 목간의 새로운 판독〉, 《新羅文物研究》 創刊號.

洪承佑, 2004, 〈新羅律의 基本性格 −刑罰體系를 중심으로〉, 《韓國史論》 50.

洪承佑, 2009, 〈百濟 律令 반포 시기와 지방지배〉, 《韓國古代史研究》 54.

홍승우, 2013, 〈〈集安高句麗碑〉에 나타난 高句麗 律令의 형식과 守墓制〉, 《韓國古代史研究》 72.

홍승우, 2013, 〈扶餘 지역 출토 백제 목간의 연구 현황과 전망〉, 《木簡과 文字》 10.

홍승우, 2015, 〈《삼국사기》 직관지의 典據資料와 신라의 관제 정비 과정〉, 《新羅文化》 45.

耿鐵華·董峰, 2013, 〈新發現的集安高句麗碑初步研究〉, 《社會科學戰線》 215.

戴建國, 2010, 〈令文的局部修正補充〉, 《唐宋變革時期的法律與社會》, 上海古籍出版社.

徐建新, 2013, 〈中國新出"集安高句麗碑"試析〉, 《東北史地》 3.

徐德源, 2013, 〈新發現集安高句麗碑銘文主人公及部分銘文釋讀之我見〉, 《高句麗與東北
　　　民族研究》 1, 吉林大學出版社.

梁志龍·靳軍, 2013, 〈集安麻線高句麗碑試讀〉, 《東北史地》 6, 文物出版社.

王飛峰, 2014, 〈關于集安高句麗碑的幾個問題〉, 《集安麻線高句麗碑》, 文物出版社.

尹在碩, 2002, 〈古代韓中法制交流淺析 –以"犯禁八條"爲中心〉, 《中國文化研究》 2002
　　　年冬之卷(總第38期).

張德芳, 2018, 〈从出土汉简看两汉时期对北部边疆的有效管理 –汉简中的乐浪郡〉,
　　　《簡牘자료를 通해 본 고대 동아시아아사 연구 국제학술회의 발표 논문집》, 慶北
　　　大學校 史學科 BK事業團.

張福有, 2013, 〈集安麻線高句麗碑探綜〉, 《社會科學戰線》 5.

張福有, 2013, 〈集安麻線高句麗碑探綜札記〉, 《集安麻線高句麗碑》, 文物出版社.

橋本 繁, 2011, 〈浦項中城里新羅碑の研究〉, 《朝鮮學報》 220.

堀敏一, 1982, 〈中國における律令制の展開〉, 《日本古代史講座 6》, 學生社.

宮嶋博史, 1980, 〈朝鮮農業史上における十五世紀〉, 《朝鮮史叢》 3.

旗田巍, 1972, 〈新羅の村落 –正倉院にある新羅村落文書の研究〉, 《朝鮮中世社會史の
　　　研究》, 法政大學出版局.

吉村武彦, 1993, 〈倭國と大和王權〉, 《岩波講座 日本通史 2》(古代1), 岩波書店.

大隅淸陽, 2008, 〈大寶令の歷史的位相〉, 《日唐律令比較研究の新段階》, 山川出版社.

大庭 脩, 1982, 〈漢代制詔の形態〉, 《秦漢法制史の研究》, 創文社.

大津透, 2001, 〈律令法と固有法的秩序 –日唐の比較を中心に〉, 《新體系日本史2 法社
　　　會史》, 山川出版社.

東野治之, 1996, 〈長屋王家木簡の文體と用語〉, 《長屋王家木簡の研究》, 塙書房.

武田幸男, 1971, 〈律令國家群の形成(朝鮮の律令制)〉, 《岩波講座 世界歷史 6》, 岩波
　　　書店.

武田幸男, 1971, 〈朝鮮の律令制〉, 《岩波講座 世界歷史 6》, 岩波書店.

武田幸男, 1974, 〈新羅法興王代の律令と衣冠制〉, 《古代朝鮮と日本》, 龍溪書舍.

武田幸男, 1975, 〈新羅骨品制の再檢討〉, 《東洋文化研究所紀要》 67, 東洋文化研究所.

武田幸男, 1979, 〈新羅官位制の成立〉, 《旗田巍記念朝鮮歷史論集 上》, 龍溪書舍.

武田幸男, 1979, 〈眞興王代における新羅の赤城經營〉, 《朝鮮學報》 93.

武田幸男, 1989, 〈牟頭婁一族と高句麗王權〉, 《高句麗史と東アジア》, 岩波書店.

358

武田幸男, 2003, 〈新羅·蔚珍鳳坪碑の'敎事'主體と奴人法〉, 《朝鮮學報》 187.

武田幸男, 2013, 〈集安·高句麗二碑の研究に寄せて〉, 《プロジェクト研究》 9, 早稻田大學 總合研究機構.

富谷 至, 2011, 〈復讐と儀禮〉, 《東アジアにおける儀禮と刑罰》, 日本學術振興會.

北村秀人, 1982, 〈朝鮮における律令制の變質〉, 《東アジア世界における 日本古代史講座 7》, 學生社.

濱田耕策, 1986, 〈高句麗廣開土王陵墓比定論の再檢討〉, 《朝鮮學報》 119·120.

三上喜孝, 2006, 〈北陸·東北地域の古代稻作 -種子札·勞動·農耕儀禮〉, 《日本海域歷史大系 2》, 淸文堂.

三池賢一, 1972, 〈新羅內廷官制考(下)〉, 《朝鮮學報》 62.

相田 洋, 1997, 〈市と異人〉, 《異人と市 -境界の中國古代史》, 硏文出版.

石母田 正, 1973, 〈古代法の成立について〉, 《日本古代國家論 1 -官僚制と法の問題》, 岩波書店.

石母田 正, 1973, 〈古代法小史〉, 《日本古代國家論 1 -官僚制と法の問題》, 岩波書店.

石上英一, 1979, 〈律令制時代への手引き7·8律令法と國家〉, 《歷史學研究》 222·223.

篠原啓方, 2013, 〈6世紀前葉から中葉における新羅の'敎'とその主體について〉, 《東アジア文化交涉研究》 6.

鈴木靖民, 2002, 〈倭國と東アジア〉, 《倭國と東アジア》(日本の時代史 2), 吉川弘文館.

栗原朋信, 1960, 〈外臣の璽印〉, 《秦漢史の研究》, 吉川弘文館.

李成市, 1995, 〈新羅僧慈藏の政治·外交上の役割〉, 《朝鮮文化研究》 2.

李成市, 2010, 〈韓國古代社會における羅州伏岩里木簡の位置〉, 《6~7세기 영산강유역과 백제》, 국립나주문화재연구소.

李成市, 2011, 〈新羅浦項中城里碑にみる6世紀新羅碑の特質〉, 《특별전 문자, 그 이후 기념 심포지엄》, 국립중앙박물관.

李成市, 2019, 〈集安高句麗碑から見た廣開土王碑の立碑目的〉, 《古代東アジアの文字文化と社會》, 臨川書店.

林 紀昭, 1967, 〈新羅律令に關する二·三の問題〉, 《法制史研究》 17.

滋賀秀三, 2003, 〈法典編纂の歷史〉, 《中國法制史論集 -法典と刑罰》, 創文社.

田中俊明, 1992, 〈新羅における王京の成立〉, 《朝鮮史研究會論文集》 30.

鄭東俊, 2013, 〈新羅律令に對する中國律令の影響 -國家秩序維持關係の法令を中心に〉, 《法制史研究》 63.

井上秀雄, 1974, 〈《三國史記》にあらわれた新羅の中央行政官制について〉, 《新羅史基礎研究》, 東出版.

鄭早苗, 1983, 〈開仙寺石燈記〉, 《朝鮮學報》 10.

鐘江宏之, 2011, 〈日本の七世紀史再考 -遣隋使から大寶律令まで〉,《學習院史學》49.

中田薫, 1964, 〈古法雜觀〉,《法制史論集 4(補遺)》, 岩波書店.

中村裕一, 1991, 〈敎 -少林寺武德八年(六二五)秦王'敎'を中心に〉,《唐代官文書硏究》, 中文出版社.

川崎晃, 2012, 〈古代日本の王言について〉,《古代學論究 -古代日本の漢字文化と佛敎》, 慶應義塾大學出版會.

靑木和夫, 1992, 〈淨御原令と古代官僚制〉,《日本律令國家論考》, 岩波書店.

平川 南, 2003, 〈種子札と古代の稻作〉,《古代地方木簡の硏究》, 吉川弘文館.

平川 南, 2010, 〈正倉院佐波理加盤付屬文書の再檢討〉,《日本歷史》750.

虎尾俊哉, 2000, 〈解說〉,《延喜式 上》, 集英社.

丸山裕美子, 2008, 〈律令國家と假寧制度 -令と禮の繼受をめぐって〉,《日唐律令比較硏究の新段階》, 山川出版社.

KIM Chang-seok, 2017, "Public Administration and the Laws of Silla from the 3rd-5th Centuries", *Korea Journal*, vol. 57, no. 3.

Wu Hung, 1987, "The Earliest Pictorial Representations of Ape Tales", *T'ong Pao*, *Second Series, Vol. 73, Livr. 1/3.*

찾아보기

ㄱ